미래를 여는
우리 근현대사

미래를 여는
우리 근현대사

한영우

한국 근현대사를 보는 눈

이 책에서 다룬 근현대사의 시간적 공간은 대략 고종이 즉위한 1863년 이후부터 오늘에 이르는 150여 년의 역사를 말한다. 그 속에는 근대사가 있고, 현대사가 있다. 여기서 근대는 고종시대에서 대한제국기를 말하며, 현대는 8·15 광복 이후를 가리킨다. 근대와 현대 사이에 낀 일제강점기는 근대도 아니고 현대도 아닌 식민지시대이지만, 우리 스스로 현대를 준비하는 시기다.

근대가 갖는 의미는 한국 역사상 처음으로 서양을 비롯한 국제사회와 직접 만나 서구문화를 받아들이면서 전통문화를 접목시켜 주체적으로 근대국가를 수립한 시기라는 것이다. 대한제국은 형식상 주권, 국민, 영토를 가진 국가라는 점에서 최초의 근대국가로 볼 수 있고, 고종시대에서 대한제국에 이르는 34년간은 근대국가를 준비하는 시기이다. 다만, 당시의 국제정세가 약육강식의 제국주의 시대였으므로 강자의 위치에 서지 못한 약한 나라는 어느 근대국가든지 강대국의 희생물이 되었다. 대한제국이 14년만에 문을 닫고 말았지만, 그것으로 근대국가로서의 대한제국을 부인할 필요는 없다.

일제강점기는 주권, 국민, 영토가 모두 없어졌으므로 근대라고 부를 수 없다. 일제가 침략의 수단으로 기술적인 측면에서 근대적인 시설을 만들었다고 해서 이를 '식민지 근대'로 부를 수는 없다. 그러므로 이 시기는 '근대의 박탈기'로 부르는 것이 좋겠다. 다만 이 시기에 임시정부를 통해서 또 지식인의 문화운동을 통해서 현대국가를 준비하려는 한국인의 주체적인 노력이 있었으므로 이 시기를 '현대의 준비기'로 부르기로 한다.

근대와 현대의 차이는, 정치적으로 근대가 황제전제시대였음에 비하여 현대는 공화정시대라는 점이다. 하지만, 근대와 현대는 자본주의 경제를 지향했다는 점에서 공통점이 있다. 물론, 사회주의자들은 사회주의체제를 현대로 부르고 있지만, 그것은 역사의 주류가 아니다.

그러면 근대 이전은 어떤 시대인가? 그 시대를 '봉건시대'로 보는 해석도 있고, 막연히 '전근대'로 부르는 경우도 있지만, 이 두 가지는 모두 잘못이다. 왜냐하면 고종시대 이전은 봉건사회가 아니었기 때문이다. 한편, '전근대'라는 말은 아무 뜻이 없는 개념으로 '전근대'와 '근대'의 차이점이 무엇인지 분명치 않다.

한국사에 있어서 고종 이전의 조선시대는 '근세'로 보는 것이 가장 진실에 가깝다. 여기서 근세는 서구식 봉건사회도 아니고, 서구식 자본주의사회도 아니면서, 정치적으로나 사회적으로는 근대에 매우 가깝게 접근한 시대라는 뜻이다. 예를 들어 고도로 발달한 중앙집권적 관료제도, 토지사유제, 신분제도의 유연성, 시험에 의한 관료 충원, 언론의 자유와 활성화, 감사제도의 발달, 기록문화의 발달, 민본 및 민국의 지향 등은 봉건사회에서는 찾아볼 수 없는 특징들로서 근현대 민주사회의 특징과 매우 근접했거나 때로는 그보다 앞서고 있다.

이 책의 큰 틀은 위와 같은 시각에서 집필된 것이기 때문에 일제가 만든 식민사관과 전혀 다를 뿐 아니라 좌파의 시각과도 다르며, 요즘 식민사관을 재탕하고 있는 일부 우파의 시각과도 다르고, 외세와의 투쟁만을 강조하고 있는 극단적 민족주의적 시각과도 다르다.

여기서 한 가지 언급해야 할 것은 현재 북한에서 내세우는 주체사상 기반의 근현대사의 문제점이다. 그들은 조선시대를 봉건사회, 1866년 제너럴 셔먼 호 사건 이후를 근대, 김일성이 15세 때 조직했다는 타도제국주의동맹이 나타난 1926년 이후를 현대로 보고 있다. 그리고 8·15 광복 이후는 사회주의를 완성시킨 시기로 본다. 특히 1926년을 현대의 시발점으로 보는 이유는 김일성이 조직한 타도제국주의동맹이 처음으로 공산주의와 민중을 결합시켰으며, 그밖의 공산주의운동은 모두가 민중과 결합하지 못한 관념적인 공산주의로 보기 때문이다.

북한이 근현대사를 보는 시각은 전적으로 김일성일가의 업적을 기준으로 삼고 있다. 곧 김일성의 증조부가 제너럴 셔먼 호를 격침시키는 데 주동적인 역할을 하여 반제국주의운동의 효시를 이루었기 때문에 근대의 시작이 되고, 김일성의 아버지 김형직이 3·1 운동을 주도하여 반제운동을 계승했으며, 김일성이 민중과 결합한 공산주의운동을 처음으로 시작했기 때문에 현대가 열렸다고 보는 것이다.

이렇게 한국사의 거대한 시대구분을 한 집안의 행적을 기준으로 삼는 것은 역사의 주체를 국민 전체로 보아야 한다는 원칙을 벗어난 것이기 때문에 북한주민을 통치하기 위한 정치이데올로기의 한계를 지니고 있다.

한국 근현대사를 어떻게 보느냐는 현재 대한민국의 정치적 문화적 정체성을 어떻게 보느냐의 문제와 연결되어 있을 뿐 아니라, 나아가 통일을 어떤 시각에서 바라보느냐의 문제와도 연결되어 있어 중대한 의미를 지니고 있다. 또 한 걸음 나아가 전통과 서구문화, 그리고 일제의 식민정책과 충돌하면서 빚어진 근현대사의 빛과 그림자를 어떻게 극복하여 인류공영의 신 문명을 건설하느냐는 미래의 문제와도 연결되어 있다.

한국사의 서술에서 근현대사는 이렇듯 중차대한 의미를 지니고 있어 폭넓고 균형 잡힌 문화사의 안목을 가진 사람만이 감히 도전할 수 있는 시대이다. 그럼에도 자신이 처하고 경험하고 신봉하는 편협된 이데올로기를 가지고 일부 사실을 과대 포장하여 '이것이 진실'이라고 나서는 것은 참으로 위험하고 무책임한 일이다.

나는 이미 《다시 찾는 우리역사》를 1997년에 집필하여 한국사 서술의 큰 틀을 제시한 바 있다. 그러나 이 책에서는 제한된 지면 때문에 근현대사를 심층적으로 다루지 못하였다. 그 아쉬움의 일부를 풀고자 하는 마음에서 따로 이 책을 쓰게 되었다. 그러나 막상 쓰고나니 후련함보다는 두려움이 더 크다. 특히 이 책을 출간하기 직전에 한국사교과서의 국정화를 둘러싸고 격렬한 찬반 논쟁이 벌어져 당혹감을 감출 수 없다.

현행 검인정교과서가 좌편향되어 있어 대한민국의 정통성을 강화하는 올바른 국정교과서의 편찬이 절대 필요하다는 정부·여당의 주장에 맞서 야당은 '역사쿠데타'라고 비난하고 있지만, 현행 교과서의 문제점에 대해서는 아무런 반성이 없다. 여당과 야당의 입장이 너무 한쪽으로 치우쳐 있다.

우선, 국정교과서는 그 내용 여부를 떠나 다양한 학설을 존중하는 민주사회에 맞지 않는다는 것이 가장 큰 문제점이기 때문에 국정교과서가 나오더라도 교육현장에서는 다양한 목소리가 난무하면서 역사교육이 더욱 혼란해질 우려가 있다. 하지만 현행 검인정교과서도 대한민국의 국제적 위상이 높아지고 남북 간의 체제경쟁이 이미 끝난 오늘의 시점에서 보면 부족한 점이 있는 것도 사실이다. 그래서 대한민국의 역사적 정통성을 한층 높이는 새로운 근현대사 서술이 필요하다는 점에 동의하고 있다. 이 책은 바로 이런 문제의식에서 집필된 것이다.

이 책에서 서술한 근현대사의 주요 관점은 다음과 같다.

첫째, 이승만의 대한민국 건설을 긍정적으로 서술했다. 분단국가의 출현이 이상적인 모습일 수는 없지만, 북한의 정권수립이 실질적으로는 남한보다 앞섰기 때문에 자유민주주의 국가의 건설이 시급한 상황이었고, 그런 시점에서 이승만의 결단은 잘못된 것이 아니다.

둘째, 남북분단의 1차적인 책임은 일본에 있고, 2차적인 책임이 소련과 미국에 있다고 보았다. 일제의 식민지가 아니었다면 미국과 소련이 이땅에 들어올 이유가 없었기 때문이다.

셋째, 대한민국의 출범이 '정부수립'이냐 '건국'이냐의 문제는 택일적으로 바라볼 일이 아니다. 1948년에 대한민국이 탄생할 때 '정부수립'이라고 표방한 것은 사실이고, 그 이유는 3·1운동으로 건립된 대한민국의 독립정신을 계승하여 새로운 민주국가를 재건한다고 스스로 〈제헌헌법〉에서 표방했기 때문이다. 〈1987년 헌법〉에서는 이를 더욱 강조하여 "임시정부의 법통을 계승한다"고 하여 임시정부와의 관계를 한층 선명하게 표방했으므로 1948년의 대한민국을 '정부수립'이나 '대한민국의 재건'이라고 불러도 하등 잘못이 없다. 하지만, 임시정부와 1948년의 대한민국이 이렇게 역사적으로나 정신적으로는 계승 관계를 갖고 있지만, 임시정부는 보통선거로 세워진 정식 정부가 아닐 뿐 아니라, 국민, 주권, 영토를 실질적으로 갖고 있지 못한 반면에 1948년의 대한민국은 국민, 주권, 영토를 모두 갖추고 민주적인 보통선거에 의해 수립되었기 때문에 법적으로 보면 '건국'이나 다름 없다. 그래서 대한민국은 '재건'이요 '정부수립'인 동시에 '새로운 국가의 건설'이기도 했으므로 지나치게 양자택일로 바라보는 것은 옳지 못하다고 본다. '건국'을 지나치게 강조하면 오히려 대한민국이 뿌리없는 국가처럼 되어 정통성이 약화될 우려가 있다.

대한민국의 정통성은 임시정부를 계승하고, 유엔으로부터도 '한반도의 유일한 합법정부'로 승인받았기 때문에 의심할 여지가 없지만, '대한민국'이라는 국호와 '태극기'라는 국기도 역사적 정통성을 높이는 데 기여했다고 본다. 일제강점기에 독립운동가들은 '대한'의 광복을 외치면서 독립운동을 벌였으며, '태극기'를 국권회복의 상징물로 사랑했다. 그런데 '대한'과 '태극기'는 바로 대한제국 때 확정된 것이 임시정부를 거쳐 대한민국으로 이어져 온 것이다. 또, '태극기'는 조선시대에 중국 사신을 맞이할 때 우리가 국기처럼 들고나간 깃발이기도 하여 오랜 역사성을 지닌 자랑스런 깃발이었다.

일제강점기에 좌파들은 '대한'이라는 용어를 쓰지 않고 '조선'이라는 용어를 애용했는데, '조선'은 대한제국을 부인한 총독부가 한반도를 가리키는 지명으로 강요한 호칭이었다. 좌파들이 이 호칭을 애용한 것은 결과적으로 총독부의 방침에 순응한 것을 말해준다. 또 그들은 '태극기'를 버리고 국제공산주의자들이 애용한 '별'을 따서 국기를 만들었는데, 전통적으로 한국인들이 '별'을 깃발이나 민족적 상징물로 애용한

일은 없다.

또 1948년 대한민국의 3부 요인들이 대부분 임시정부에서 활동한 독립운동가라는 것도 대한민국의 정통성을 높여주었다.

넷째, 대한제국을 근대국가로 본 것은, 영토, 주권, 국민이 형성되었고, 교통, 산업, 통신, 교육 등 모든 분야에서 근대화가 추진되었기 때문이다. '대한'이라는 국호에는 광대했던 삼국의 영토를 모두 통일하여 대제국으로 도약하겠다는 웅지가 담긴 것이며, 그래서 간도이민을 촉진하고, 서북철도를 건설하려 하고, 독도를 영토로 확립했던 것이다. 혹자는 신분제도를 들어 '국민'의 형성을 부인할지도 모르지만, 서얼제도나 노비세습제도는 이미 갑오경장 이전에 철폐되었음을 알아야 한다.

다섯째, 일제강점기를 '근대화'로 보고, 그것이 바탕이 되어 대한민국의 산업화나 근대화가 가능했다고 보는 일부 뉴라이트의 학설은 매우 잘못된 것이다. 만약 그것이 사실이라면 일제강점기 산업시설이 많았던 북한의 경제가 왜 산업시설이 열악했던 남한에 뒤처지게 되었는지 설명할 수가 없다. 또한 이런 이론은 일본 아베 정권의 주장에 결과적으로 힘을 실어준다는 점도 반성할 필요가 있다. 오히려 일제강점기가 없었다면 우리는 산업화와 민주화를 한층 주체적으로 빨리 건설할 수 있었을 것이다.

여섯째, 대한민국이 세계 역사상 유례를 보기 어려울 정도로 빠른 기간 안에 산업화와 민주화에 성공한 것은 지도층과 국민의 피땀 어린 노력의 대가이지만, 그 바탕에는 우리 국민의 치열한 교육열, 성취욕, 근면성, 홍익인간의 도덕성, 민본사상, 애국심을 존중한 선비정신이 되살아나면서 여기에 서양에서 배운 과학기술문화가 접목되어 가능했음을 잊어서는 안 될 것이다.

일곱째, 대한민국의 최고가치는 자유민주주의라는 데 이견이 있을 수 없지만, 이것이 산업화 과정에서 민주화와 갈등을 일으킨 점도 부인할 수 없는 사실이다. 자유대한을 건설하는데 큰 공을 세운 이승만도 말년에 자유민주주의를 손상시켜 유종의 미를 거두지 못했고, 산업화에 큰 공을 세운 박정희 정부도 유신체제로 자유민주주의를 훼손시킨 것이 사실이다. 그 뒤를 이은 역대 정부도 산업화와 민주화에 대한 공로가 있으면서, 동시에 실정도 없는 것이 아니다. 하지만 그 모든 시행착오와 갈등을 극복하면서 오늘의 대한민국은 선진국대열에 들어선 것이다. 어두운 그늘도 시간이 지나서 보면 발전을 위한 하나의 진통으로 볼 수 있다.

산업화와 민주화가 동시에 달성되지 못하고 정부에 따라 한쪽으로 치우치면서 갈등이 일어난 것은 사실이지만, 두 가지를 모두 졸업한 오늘의 시점에서 보면 양쪽에 모두 고마움을 가질 필요가 있다. 원래 자유민주주의는 경제가 안정되고 중산층이 형성되지 않으면 제대로 꽃피울 수 없기에 적지 않은 부작용에도 불구하고 산업화가 결과적으로 민주주의를 꽃피게 하는 바탕을 마련한 것이다. 하지만 그 과정에 인권이 유린되고 적지 않은 부작용이 일어난 것에 대한 반성도 반드시 필요하다. 따라서 산업화와 민주화의 갈등이 최고조에 이르렀던 1970~1980년대의 양극적인 시각을 가지고 오늘의 대한민국을 바라보거나 후세들을 가르치려는 것은 보편적인 국민정서에도 맞지 않거니와 사회통합에도 역행한다는 점을 고려할 필요가 있다.

역사교육은 기성인들의 자기 정당화를 위해 하는 것이 아니라 과거를 직접 경험하지 못하고 오늘의 발전된 현실 속에서 살아가는 청소년들이나 일반 서민들에게 희망과 자부심을 주기 위해 필요하다. 이들은 갈등의 당사자가 아니었기에 제3자의 눈으로 과거를 바라볼 수 있는 여유가 있다. 이런 세대에게 과거의 시각을 지나치게 강요하는 것은 설득력이 부족하고, 바람직하지 않다.

역사에는 빛과 그늘이 항상 있기 마련이다. 이 둘을 조화롭게 바라보면서 자부심을 갖고 잘못은 반성하며 새로운 미래의 대안을 찾아가는 노력이 지혜로운 일이다. 오늘의 우리는 바로 그런 시각과 시점에서 근현대사를 바라보아야 할 것이다.

2016년 1월
관악산 호산재에서 **한 영 우**

차례

2＿ 일제강점과 독립운동　107

3_ 남북분단과 대한민국의 발전

1 개화정책과 대한제국의 탄생

제1장 대원군의 내정개혁과 프랑스, 미국과의 전쟁

1. 16세기 동서양의 만남

15세기 말은 세계사적으로 큰 변화가 일어나는 시기였다. 서유럽의 스페인과 포르투갈이 각각 아메리카 대륙과 아시아로 가는 바닷길을 발견하고 진출하기 시작한 것이다. 이를 서양인들은 '지리상의 발견' 또는 '대항해시대' 라고도 부른다.

육식을 주로 하는 서양인들은 썩은 고기 냄새를 제거해주는 향신료를 생활필수품으로 여겼는데, 이를 구하기 위해 향신료의 주산지로 알려진 인도 및 아시아와 교역하기 위해 바닷길 개척에 나섰다. 먼저 스페인의 이사벨라 여왕의 지원을 받은 이탈리아 항해사 크리스토퍼 콜럼버스(Christopher Columbus; 1451~1506)는 스페인을 떠나 서쪽으로 대서양을 건너 항해한 끝에 1492년 지금 중앙아메리카의 바하마 제도에 도착했다. 그 뒤에도 그는 여러 차례 항해하여 쿠바 등지에 도착한 후 돌아왔는데, 그곳을 인도의 일부로 착각하여 원주민을 인디언[또는 인디오]이라 칭

크리스토퍼 콜럼버스, 아메리고 베스푸치, 바스코 다 가마

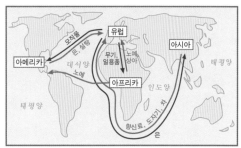
해양 실크로드

하고, 카리브 해안의 여러 섬을 서인도제도라 불렀다. 그러나 그 뒤 이탈리아인 아메리고 베스푸치(Amerigo Vespucci; 1454~1512)가 다시 항해하여 인도가 아닌 것을 알게 되어 신대륙을 아메리카로 부르게 되었다.

신대륙을 발견한 스페인은 이곳에 금을 비롯한 물자가 풍부한 것을 알고 군대를 보내 대대적인 정복사업에 나서 16세기 중엽에는 아메리카 대륙의 대부분을 식민지로 만들었다.

한편, 스페인 옆에 위치한 포르투갈도 인도 및 동양과의 동방무역을 위해 항해사 바스코 다 가마(Vasco da Gama; 1469~1524)를 시켜 남쪽으로 항해한 끝에 아프리카의 최남단 희망봉을 돌아 마침내 1498년 인도의 코지코드(구 캘리컷)에 도착했다. 그 뒤 포르투갈은 인도에서 다시 동방으로 항해를 계속하여 16세기 초에는 중국 남방의 마카오와 대만, 인도네시아 등지로 진출하고, 16세기 중엽에는 일본 규슈의 나가사키(長崎)에 진출하여 일본과도 교역하기 시작했다. 포르투갈은 일본에서 은(銀)을 사서 중국에 수출하고, 중국에서 비단을 사서 유럽에 팔았다. 이때부터 육로로 비단을 팔던 실크로드가 해양실크로드로 바뀐 것이다.

이렇게 포르투갈이 아시아 무역에서 큰 이득을 보자 스페인도 아시아 진출에 나서 두 나라 사이에 패권다툼이 일어났는데, 이를 로마 교황청이 중재하여 대서양 한 가운데에 남북선을 긋고 그 동쪽은 포르투갈, 서쪽은 스페인이 경영하도록 했다. 그 결과 스페인은 아메리카 대륙의 대부분을 경영하게 되었는데, 브라질만은 남북선의 동쪽에 위치하여 유일하게 포르투갈의 식민지가 되었다.

그러나 스페인은 뒤에 그 약속을 지키지 않고 동양진출에 나서 필리핀을 점령하고, 중국 및 일본과도 교역하기 시작했다. 그러다가 16세기 말에 이르러 유럽의 형세는 다시 바뀌었다. 북유럽의 네덜란드와 영국이 해상권을 장악하고 동인도회사를 만들어 적극적으로 아시아 진출에 나선 것이다. 특히 네덜란드는 일본과의 교류가 활발하여 일본

하멜 표류기

은 네덜란드를 통해 서양문화를 받아들이고 이해하는 창구로 삼았다. 당시 일본에서는 서양학문을 '난학(蘭學)'이라고 불렀는데, 이는 네덜란드를 화란(和蘭)이라고 한 데서 유래한 것이다. 일본이 16세기 말에 임진왜란을 일으킨 배경에는 서양에서 우수한 총포(銃砲) 기술을 받아들여 전쟁능력이 강화되고, 서양인들의 노예장사에 눈을 떠서 한국인을 노예로 팔기 위한 목적도 담겨 있었다.

이렇게 16세기 이후로 동서양이 만나면서 상품만 교류한 것이 아니라 제수이트 교단(Jesuit; 耶蘇會) 소속의 천주교 신부들이 아시아에 들어와서 자연스레 동서 문화가 활발하게 교류하는 길이 열렸다. 임진왜란 이후 우리나라에 담배, 고추, 감자, 고구마 등이 들어온 것도 아메리카 대륙에서 유럽을 거쳐 아시아로 들어온 것이 한국에까지 전해진 것이다.

그런데 동서양이 활발하게 만나던 16세기에 조선만은 서양인이 직접 찾아오지 않았다. 그 이유는 한반도가 지리적으로 동방항로에서 멀리 벗어났을 뿐 아니라 은, 비단, 향료 같은 동서무역에 필요한 특산품이 없었던 까닭이다. 1627년 인조 때 네덜란드인 벨테브레(J. J. Weltevree; 한국이름 朴淵)가 들어오고, 1653년 효종 때도 네덜란드의 동인도회사 상인 하멜(Hendrik Hamel) 일행이 규슈의 나가사키로 가던 중 배가 난파되어 제주도에 표류해 온 것이지 조선을 목표로 온 것이 아니었다. 그래도 조선은 이들로부터 무기 만드는 기술을 배우기 위해 훈련도감에 소속시켜 정착시키려고 노력했다.

조선은 서양문화에 관심을 가지고 북경으로 가는 사신을 통해 간접적으로 과학기술에 관한 기구와 천주교 관련 서적을 들여왔으므로 서양에 관해 매우 단편적인 지식밖에 없었다. 조선이 쇄국정책을 쓴 것이 아니라 서양이 조선을 외면했다. 조선이 정치 문화적으로는 일본에 앞서 있었으나 임진왜란으로 고통을 받고 뒤이어 일본에 강점당하게 된 것은 서양과의 만남이 일본에 비해 300년이나 뒤늦은 것이 가장 큰 이유다. 다시 말해 일본은 서양화가 빨라 경제와 군사적인 면에서 조선을 앞지르기 시작했다.

2. 19세기 중엽 서양 열강과 동양의 충돌

서양 열강은 18세기 후반기에 이르러 산업혁명을 달성하여 경제력과 과학기술면에서 막강한 세력으로 성장했다. 산업혁명을 거친 지 100년이 지난 19세기 후반에는 자본주의 경제가 더욱 발전하면서 넘쳐나는 자본과 상품을 팔고 원료를 공급할 수 있는 식민지를 찾아 나섰다. 문물이 풍성하고 산업화가 늦은 아시아는 매력적인 대상이었다. 이제는 범선을 타고 와서 평화적으로 교역하던 시대가 지나고 군함과 폭탄, 기선, 기차, 비행기 등 강력한 교통수단과 무기를 가지고 무력으로 정복하는 이른바 제국주의시대가 열린 것이다.

서양은 기독교문명을 가진 자신들만이 문명국이고, 아시아, 아프리카 여러 나라를 야만국으로 보았으며, 문명국이 야만국을 식민지로 만드는 것을 스펜서(Spencer)가 주장한 사회진화론을 가지고 정당화했다. 사회진화론에 따르면, 강자와 우수한 자가 약하고 열등한 자를 억압하고 정복하는 것은 사회를 진화시키는 일로 보았다.

서양 자본주의국가의 침략을 가장 먼저 받은 나라는 인도로 18세기 후반기에 이미 영국의 식민지가 되었다. 그 다음 동아시아국가 가운데 가장 먼저 공격을 받은 것은 중국[청]이었다. 영국은 처음에 주로 모직물과 인도산 무명을 팔고 차(茶)를 수입하는 교역을 했으나, 무역적자를 해소하기 위해 인도산 아편을 중국에 팔았다. 그러나 중국은 국민건강에 해로운 아편을 막기 위해 임칙서(林則徐)를 광동에 보내 단속한 것이 빌미가 되어 영국이 전쟁을 벌여 승리했다. 이를 제1차 아편전쟁(1839~1842)이라 한다. 영국은 중국에 불평등한 조항을 강요한 난징조약(南京條約; 1842)을 맺고 상하이 등 5개 항구를 열게 하고, 홍콩(香港)을 할양받았다. 이때는 조선의 헌종 8년에 해당한다.

그러나 영국이 여기에 만족하지 못하던 중 1856년에 애로(Arrow) 호 사건이 터졌다. 영국인이 선주로 되어 있는 애로 호에는 청나라 해적들이 타고 있었는데 청나라가 이들을 단속하는 과정에 영국 국기를 훼손하는 사건이 일어나자 이를 구실로 삼아 영국은 제2차 아편전쟁(1856~1860)을 일으켰다. 그런데 이번에는 선교사가 처형당했다는 이

중국의 문호 개방

유를 들어 프랑스가 영국과 손잡고 연합군을 형성하여 1860년에 수도 베이징(北京)을 점령했는데, 마침 남진정책을 추구하던 러시아가 중간에서 주선하여 베이징조약(北京條約)을 맺었다. 그 결과 영국과 프랑스는 청의 주요 항구를 모두 개방시키고 내륙의 하천을 통행하는 권리를 얻어냈으며, 러시아는 청으로부터 두만강 북쪽의 연해주(沿海州)를 얻었다. 이해는 조선의 철종 11년에 해당한다.

세계의 중심 국가를 자처하고, 서양을 오랑캐로 보던 청나라가 받은 상처는 대단히 컸다. 서양에 굴복한 중국은 자신들만이 문명국이라 자부하는 서양인들이 만든 만국공법(萬國公法; 국제법)에 따라 그들의 치외법권(治外法權)을 인정하는 불평등조약을 맺고

서양과 교류하는 처지가 되었다.

　서양 열강에 굴복한 것은 일본도 예외가 아니었다. 이미 열강 대열에 오른 미국은 아시아로 진출하기 위해 먼저 일본을 겨냥했다. 1853년에 미국은 페리(M.C. Perry) 제독이 이끄는 함대를 보내 대포로 위협한 끝에 1858년에 불평등한 통상조약을 맺고 도쿠가와 정권의 오랜 쇄국정책을 끝냈다. 그러나 일본 무사계급은 이에 분발하여 쇼군[將軍]이 지배하던 도쿠가와 정권을 무너뜨리고 강력한 천황국가를 건설하기 위해 1868년에 이른바 메이지유신(明治維新)을 단행하고 부국강병 정책에 박차를 가했다. 이 해가 대원군이 집권하던 고종 5년이다.

　그러나 앞서 언급했듯이 일본이 서양과 만난 것은 미국이 처음이 아니었다. 이미 16세기 중엽부터 포르투갈 상인과 야소회(제수이트) 선교사들이 규슈의 나가사키(長崎)에 들어와 무역을 시작하고, 16세기 말부터는 네덜란드[화란], 영국과 교역했으며, 규슈 상인들은 동남아 각국에 진출하여 무역활동을 활발하게 전개했다. 베트남의 호이안 지역에는 이미 16세기 후반에 일본 상인이 진출하여 상가(商街)를 건설하기도 했다. 그 뒤 19세기 중엽에는 서양의 산업혁명문화를 받아들여 아시아에서 가장 먼저 산업혁명을 시작했다. 그래서 일본은 메이지유신 이후 더욱 강력한 산업국가로 탈바꿈했다.

　일본이 중국과 비슷한 시기에 서양과 접촉했으나, 중국에 비해 서양화가 빨랐던 이유는 동아시아문명권의 가장 변방에 위치해 중국이나 조선처럼 높은 유교문명을 가지지 못해 서양문명에 대한 거부감이 상대적으로 적었던 까닭이다. 하지만 서양문명과 함께 들어온 천주교에 대해서는 심한 박해를 가해 그 신도들을 모두 국수종교인 신도(神道)와 불교로 개종시켰다. 그 결과 지금까지도 일본에는 천주교도와 기독교도가 거의 없는 나라가 되었다. 다시 말해 일본은 서양의 과학기술 문화는 적극 받아들였으나 정신적으로는 국수주의와 군국주의를 잃지 않고 지켰다. 이를 '화혼양재'(和魂洋才; 화혼은 일본의 전통적 정신, 양재는 서양의 기술을 말한다)로 부른다. 그 전통은 지금까지도 이어지고 있다.

페리 제독의 일본 개국　　　일본 상인이 건설한 베트남 호이안의 내원교

서양 제국주의 침략이 일어나기 이전의 동아시아사회는 중국을 중심으로 한 사대조공(事大朝貢) 관계를 유지하고 있었다. 사대조공 관계는 형식상으로 보면 중국이 천자(天子) 행세를 하고, 주변 나라들은 중국의 달력을 사용하고, 임금은 중국의 신하, 즉 제후(諸侯)로서 천자의 임명장을 받았으며, 중국에 조공품(朝貢品)을 바치고 그 답례로 회사품(回賜品)을 받아오는 형식으로 문물을 교류했다.

그러나 사대조공 관계는 형식상으로는 다소 불평등해 보이지만, 내용상으로는 주변 국가들의 정치·문화적 자주성이 보장되어 실제로는 독립국가나 다름없었다. 그런데 서양인들이 아시아에 적용한 국제질서는 이러한 사대조공 관계와는 달리 서양인들의 특권을 보장하는 치외법권(治外法權)을 강조하고, 나아가 다른 나라의 정치적 주권을 박탈하는 식민지로 만드는 것이었다. 이러한 제국주의 질서로 인해 인도가 영국의 식민지로 떨어지고, 중국이 영국의 반식민지가 되고, 일본이 미국과 불평등관계를 맺게 되었던 것이다.

3. 19세기 전반기 한국의 정세

중국과 일본이 서양의 무력에 굴복하여 불평등조약을 맺고 통상을 시작하던 19세기 중엽의 한반도 정세는 어떠했는가. 18세기 동안 뛰어난 임금 영조와 정조가 잇달아 집권하면서 왕조의 중흥을 이룩하고, 동아시아의 문화선진국으로 올라선 조선왕조는 19세기에 들어와 쇠퇴의 길로 접어들고 있었다.

무엇보다 서양과의 접촉이 거의 없어서 산업혁명의 영향을 직접적으로 받지 못했을 뿐 아니라, 어린 임금이 잇달아 즉위하면서 왕권이 약해지고 왕비집안인 안동김씨(安東金氏), 풍양조씨(豊壤趙氏), 반남박씨(潘南朴氏) 등이 권력을 쥐고 정치를 주도하면서 국가기강이 무너지고 사회갈등이 커졌다.

1800년에 정조의 뒤를 이어 즉위한 순조(純祖; 재위 1800~1834)는 11세의 어린나이였으므로 영조의 계비 정순왕후(貞純王后) 김씨가 대비(大妃)가 되어 수렴청정을 하고, 정조와 대립하던 보수적인 노론벽파가 권력을 쥐고 정조의 정책을 후퇴시켰다. 임금을 호위하던 장용영(壯勇營) 부대를 폐지하고, 인재를 길러내고 문화정치의 두뇌역할을 하던 규장각(奎章閣) 학사의 기능은 세도가의 명예직으로 전락했다.

정순왕후는 왕실 소속의 내노비와 각 관청 소속의 시노비(寺奴婢) 등 약 6만 5천 명의 관노비를 혁파하는 좋은 일도 했지만, 천주교도를 탄압하는 조치를 취해 노론과 대립하던 진보적인 남인세력을 약화시켰다. 정조가 아끼던 남인 실학자 정약용(丁若鏞)이 유배를 간 이유도 여기에 있었다.

정순왕후의 수렴청정이 끝나자 이제는 순조의 왕비인 순원왕후(純元王后)의 친족들이 권력을 쥐면서 안동김문의 세도정치(勢道政治)가 시작되었다. 순원왕후는 정조가 아끼던 신하 김조순(金祖淳)의 딸이고, 김조순은 호란 때 척화파(斥和派)의 선봉에 섰던 김상헌(金尙憲)의 후예로서, 숙종~영조 때에는 김수항, 김창협, 김창집 등 명신을 배출한 노론집안이었으나, 순조 때 권력을 잡으면서 부정부패를 저지른 인물이 많이 나와 가문의 명예를 떨어뜨렸다. 순조는 아들 익종(翼宗; 孝明世子)에게 대리청정(1827~1830)을 시키면서 세도정치를 막고 임금의 권위를 다시 세워 정조의 정책을 이어가려고 했으나, 3년 만인 22세에 요절하여 제대로 뜻을 이루지 못했다.

익종이 죽자, 익종의 8세 된 아들 헌종(憲宗; 재위 1834~1849)이 뒤를 이었다. 역사상 가장 어린 임금이다. 권력은 익종의 왕비족인 풍양조씨(豊壤趙氏)와 헌종의 왕비족인 안동김문으로 돌아갔다. 김조근(金祖根)의 딸이 헌종의 왕비가 되자 두 번이나 왕비를 낸 안동김문의 위세는 풍양조씨를 압도하여 세도정치를 주도했다.

헌종은 제대로 임금 노릇을 못한 채 23세로 세상을 떠났는데 후사가 없어서 강화도에서 농사를 짓고 있던 종친 이원범(李元範)을 임금으로 맞이했다. 그가 25대 임금 철종(哲宗; 재위 1849~1863)이다. 이원범은 정조의 이복동생인 은언군(恩彦君; 李裀)의 손자였는데, 정조 때 권신이던 홍국영(洪國榮)이 은언군의 아들(완풍군 담)을 임금으로 추대하려다 발각되어 완풍군이 자살하자 은언군은 강화도로 쫓겨나서 살게 되었다. 시골에서 자란 이원범은 왕자수업을 받지 못하고 19세에 임금이 되었는데 안동김문은 다시 김문근(金汶根)의 딸을 왕비로 삼게 하여 세 번째로 왕비족이 되었다. 이제 안동김문의 세도와 부패는 극에 이르고 돈을 받고 관직을 파는 일이 유행처럼 되었다. 철종은 임금노릇을 제대로 하지 못한 가운데, 사회갈등의 골은 더욱 깊어져서 진주민란(1862)을 비롯하여 전국적인 농민반란이 일어나고, 중인층(中人層)도 신분해방 운동을 거세게 펼치기 시작했다.

김조순

정약용

당시 지방사회에는 상업을 통해 재산을 축적한 부자[饒戶富民, 요호부민]들이 성장하였으나, 관직으로 나가는 길이 막히고, 지역에 할당한 총액제(總額制)로 군역세(軍役稅), 대동세(大同稅), 환곡(還穀) 등 삼정(三政)의 부담을 지고 있어서 불만이 컸다. 그래서 부자들은 가난한 농민들을 끌어모아 반란을 일으키게 되었다.

이양선

철종시대는 바로 중국이 영국에 굴복하고, 일본이 미국에 굴복하여 문호를 연 시기로 국제정세가 매우 급박하게 바뀌고 있었으나, 우리나라에는 아직 제국주의 열강이 직접 들어오지 않고, 다만 연안 바다를 측량하는 배들을 보내는 정도에 그쳤다. 큰 배가 들어올 수 있는 항로를 만들기 위해서였다. 당시 모양이 이상한 서양 배들을 이양선(異樣船)이라고 불렀다. 조선은 1860년에 영국과 프랑스가 베이징을 점령할 때까지 심각한 위기를 느끼지 못하다가 베이징이 점령당했다는 소식이 전해지면서 비로소 위기감이 생기기 시작했다. 그로부터 6년이 지난 1866년에 조선이 미국의 상선(商船)과 프랑스의 군함을 만나면서 전쟁이 시작된 것이다.

4. 고종의 즉위와 대원군의 10년 개혁

1) 대원군의 내정개혁

1863년에 철종이 33세로 세상을 떠났는데 후사가 없었다. 그래서 왕실의 최고 어른인 익종[순조의 아들]의 부인 신정왕후 조씨(神貞王后 趙氏; 1808~1890)가 대왕대비가 되어 임금을 선택했다. 조대비는 안동김문의 세도를 누르기 위해 안동김문의 세도정치에 설움을 받으며 살던 종친 이하응(李昰應; 1820~1898)과 손을 잡고 그의 둘째 아들 이재황(李載晃)을 임금의 자리에 앉히고 자신의 양아들로 삼았다. 그가 26대 임금 고종(高宗; 재위 1863~1907)이다. 능력으로 본다면 이하응 자신이 임금이 될 수도 있었으나, 그의 항렬이 익종과 같아 조대비의 입장에서는 거북한 일이었다.

이하응은 철종의 조부인 은언군의 친동생 은신군(恩信君)의 손자(양손자)로서, 19세의 큰 아들 이재면(李載冕; 1845~1912)이 있었으나 그를 임금으로 삼지 않았다. 아마 자신이 직접 권력을 잡고 개혁을 추진하기 위해 일부러 나이 어린 12세의 둘째 아들을 선택한 것 같다. 15세 이전의 임금은 실권을 가질 수 없다는 법도가 있었다.

이하응은 대원군(大院君)이라는 직위에 앉아 실권을 장악하고 10년간 개혁정치를 강력하게 밀고 나갔는데, 고종이 15세가 될 때까지 3년 동안은 조대비의 수렴청정을 받는 형식을 취했지만, 조대비가 물러난 뒤에는 임금이 자립할 수 있었는데도 대원군이 실권을 장악했다. 그의 개혁목표는 안동김문 왕비족에 의해 실추되고 굴절된 세도정치를 국왕 중심의 관료정치로 되돌리고, 민생을 안정시키는 것이었다. 구체적 내용은 다음과 같다.

첫째, 정치적으로는 세도가문의 연합적 정치기구로 변신한 비변사(備邊司)를 혁파하고, 허구화된 의정부(議政府)의 기능을 복구했다. 그러나 대원군은 의정부보다는 종친부(宗親府)의 기능을 강화하여 실질적인 정치기구로 개편하여 왕실족보를 편찬하는 종부시(宗簿寺)를 종친부

고종황제 원광대학교박물관 소장, 채용신 그림, 70×137cm

흥선대원군 1869년경, 비단에 채색, 132×67.9cm

종친부 서울 종로구 소격동, 지금 국립현대미술관 뒤쪽

에 통합하고, 과거시험에서 종친들을 대거 급제시켜 왕실의 울타리로 만들었다. 이때가 전주이씨 출신 관료가 집중적으로 배출된 시기다. 또, 종전에 규장각(奎章閣)에서 하던 임금의 어진(御眞; 초상화) 봉안을 종친부로 옮겼으며, 규장각 도서도 종친부로 옮겼다. 그동안 규장각에 눌려 유명무실한 홍문관(弘文館) 기능을 강화하여 새로운 문신세력을 길러냈다. 그 결과 규장각을 장악하던 세도가들의 위상이 약화되었다.

대원군은 안동김문을 견제하기 위해 그동안 소외되었던 종친뿐 아니라 북인과 남인 개혁세력을 등용하고, 무신을 우대했다. 숙종 때 노론명신인 민유중(閔維重)의 후손인 민치록(閔致祿)의 딸[명성황후]을 고종의 왕비로 맞아들인 것도 세도가문을 견제하려는 의도가 담겨 있었다. 그러나 안동김문 가운데 대원군에 협조적인 김병학(金炳學), 김병국(金炳國) 등은 그대로 용납했으며, 조대비 집안인 풍양조씨의 진출도 활발해졌다. 이로써 다시금 탕평적 권력안배가 이루어지고 대원군의 권력기반이 안정되었다.

둘째, 비변사가 정치기구로 변질되어 약화된 군무기능을 시정하기 위해 최고군사

기구인 삼군부(三軍府)를 새로 설치하고, 세도가들이 장악하고 있던 중앙과 지방 각 군영(軍營)의 지휘관을 무장(武將)으로 바꾸고 그들의 위상을 판서급으로 올려 우대했다. 그리고 군사의 전투력을 높이기 위해 총을 다루는 포수(砲手), 활을 다루는 사수(射手), 창과 칼을 다루는 살수(殺手) 등 삼수병(三手兵)을 포수 중심으로 개편했다. 1866년 병인양요 때 서양과 전쟁하면서 포수의 중요성을 절감했기 때문이다.

셋째, 임진왜란 때 타버린 경복궁(景福宮)을 1865년(고종 2)에 중건하기 시작하여 1868년(고종 5)에 준공했다.[1] 왜란 이후 창덕궁(昌德宮), 창경궁(昌慶宮)을 중건하고, 경희궁(慶熙宮)을 새로 건설하여 세 궁을 오가며 국정을 운영하면서 경복궁은 풍수상 문제가 있다고 하여 중건하지 않았는데, 대원군은 경복궁이 태조가 세운 가장 위엄 있는 법궁(法宮)일 뿐 아니라, 한양이 경복궁을 중심축으로 하여 건설된 도시이기 때문에 상징성이 크다는 점을 고려한 것이다. 경복궁이 중건되자 그 앞의 육조거리가 되살아나고 서울의 도시경관이 원래의 정체성을 되찾게 되었다.

그러나 경복궁 복원사업과 군비조달에 필요한 경비를 마련하기 위해 그동안 부를 축적한 안동김문과 부자들로부터 원납전(願納錢)이라는 이름으로 기부금을 강제 징수하고, 기존의 동전보다 액면가를 100배로 올린 당백전(當百錢)이라는 불량화폐를 발행하기도 했으며, 조잡한 청전(淸錢)을 들여와 유통시키기도 했다. 이 때문에 민원이 일어나고 물가가 오르는 등 부작용이 나타난 것도 사실이다.

넷째, 정조 때 편찬한 《대전통편(大典通編)》 이후 바뀐 법제와 대원군의 정치개혁으로 바뀐 권력구조를 법제화시키기 위해 《대전회통(大典會通)》을 1865년(고종 2)에 편찬하고, 《육전조례(六典條例)》, 《은대조례(銀臺條例)》, 《종친부조례(宗親府條例)》, 《홍문관지(弘文館志)》 등을 차례로 간행했다.

다섯째, 경제적으로는 민생을 개선하고 국가의 재정수입을 늘리기 위해 양전(量田) 사업을 통해 숨어 있는 토지를 토지대장[量案]에 등록시켜 세금을 받아내고, 평민에게만 받던 군역세(軍役稅)인 군포(軍布)를 호포(戶布) 또는 동포(洞布)로 이름을 바꾸어 양반에게서도 받아냈다. 또 고리대(高利貸)로 변질된 환곡제(還穀制)를 상당 부분 폐지하고, 지방민

---

1) 1868년에 준공된 경복궁은 1873년 고종이 친정을 시작하면서 새로운 공간으로 경복궁 뒤편에 건청궁(乾淸宮)을 새로 지었다(8월). 그런데 이해(고종 10) 12월에 큰 화재가 발생하여 자경전을 비롯하여 400여 칸이 불타 없어지고, 1876년(고종 13) 11월에 또 불이 일어나 교태전, 인지당, 건순각, 자미당, 덕선당, 자경전, 협경당, 복안당, 순희당, 연생전, 경성전, 함원전, 흠경각, 홍월각, 강녕전 등 830여 칸이 불타 없어졌다. 그래서 왕비가 거처하던 내전이 거의 소실되고, 근정전, 사정전 등 외전만이 남았다. 고종은 창덕궁에서 정사를 보다가 경복궁이 수리되자 1885년(고종 22) 1월에 경복궁으로 다시 돌아갔다.

이 공동투자하여 운영되는 사창제(社倉制)를 실시하여 탐관
오리와 토호들의 중간수탈을 억눌렀다. 이런 조치는 양반
들의 불만을 샀지만 국가재정이 전보다 호전되었다.

운현궁 흥선대원군 자택, 서울 종로구 운니동

　여섯째, 사회적으로 폐단이 많은 서원(書院)을 대폭적
으로 정리했다. 서원은 본래 향촌사회에 건설된 사립학교
로 유학을 가르치고 선현(先賢)에게 제사를 지내는 순기능
을 가지고 출발했으나, 뒤에는 세금이 면제되고 군역을
피하는 곳으로 바뀌고, 당쟁(黨爭)을 뒷받침하는 정치집단
으로 변해 그 역기능이 갈수록 커졌다. 그래서 영조와 정

경복궁(1927)

조 시대에는 서원의 증설을 막는 정책을 취하기 시작했
는데, 대원군은 이를 계승하여 1865년(고종 2)에 노론의 정
신적 기둥인 충청도 괴산(槐山)의 만동묘(萬東廟)[2]를 철폐하
고, 1868년(고종 5)에는 국가에서 면세의 특권을 내려준 사
액서원(賜額書院)을 제외한 1천여 개의 서원에서 세금을 받
아냈으며, 1871년(고종 8)에는 사액서원 가운데 47개 소만
남겨 놓고 나머지를 모두 헐어버렸다. 서원철폐는 지방유
생들의 거센 반발을 불렀으나 대원군은 "백성을 해치는

만동묘 터

자는 공자가 다시 살아난다 해도 내가 용서하지 않겠다"는 단호한 태도로 철퇴를 내
렸다. 이러한 조치는 양반사회의 정치적, 경제적 특권을 무너뜨리는 데 기여했다.

　일곱째, 고종 원년(1864) 봄에 수렴청정을 하던 조대비가 인사권을 맡은 이조와 병
조에 언교(言敎)를 내려 서얼에 대한 규례(規例)에 얽매이지 말고 재능에 따라 등용하라
고 지시했다. 그리하여 실제로 고종대에는 서얼은 물론이고, 양반과 평민을 가리지 않
고 과거응시가 가능해졌으며, 고종이 친정하던 고종 23년(1886)에는 노비세습제를 철폐
하여 신분제도가 완전히 철폐되었다.

---

2) 만동묘는 왜란 때 원병을 보내준 명나라 신종(神宗)과 호란 때 원병을 보내주려고 했던 명나라의 마지막 황제인 의
　종(毅宗)을 제사하기 위해 권상하(權尙夏)가 송시열(宋時烈)의 유지를 받들어 1703년(숙종 29)에 세운 사당이다.
　1705년(숙종 31)에 창덕궁 후원에 세운 대보단(大報壇)과 비슷한 성격을 지니고 있다.

2) 병인양요 (1866)

19세기 중엽부터 미국, 영국, 프랑스 배들이 한반도 연안지역에 나타나 해로(海路)를 측량하자 조야의 민심이 긴장하기 시작했는데, 제2차 아편전쟁으로 1860년에 베이징이 영국과 프랑스 연합군에 함락당했다는 소식이 들려오자 큰 충격을 받은 조정은 그 위협이 조선에도 닥칠 것으로 예상하고 대비책을 세우기 시작했다. 대원군은 원래 부인[민씨]이 천주교도여서 천주교에 적대적인 태도를 보이지 않았으나, 프랑스의 중국 침략에 신부들이 관여하고, 또 중국에서도 천주교인을 살해했다는 소식을 듣고 이에 자극을 받아 1866년(고종 3) 1월에서 시작하여 1871년에 이르는 6년 동안 천주교 금압령을 내리고 대대적인 탄압에 나섰다. 병인양요(1866)와 오페르트 사건(1868), 신미양요(1871) 등의 사건이 겹쳐 탄압이 더욱 강화된 것이다.

병인박해 결과 베르뇌(Berneux), 다블뤼(Daveluy) 등 9명의 프랑스 외방전교회 출신 신부와 홍봉주, 남종삼, 김명호, 정의배를 비롯한 약 8천 명의 신도를 붙잡아 서울의 새남터[지금의 용산구 이촌동]와 충청도 보령 갈매못 등지에서 처형했다. 병인년에 시작된 이 사건을 당시는 병인사옥(丙寅邪獄)이라 부르고, 교인들은 병인박해라고 부른다.

1860년 이후 서양에 대한 경계심이 높아지는 가운데 1866년(고종 3) 8월 대포로 무장한 미국 상선 제너럴 셔먼(General Sherman) 호가 중국에서 출발하여 대동강을 거슬러 올라왔다. 이 배에는 모두 24명이 타고 있었는데, 미국인은 선주, 선장, 항해사 등 3명이고, 영국인은 통역관을 포함하여 2명이고, 19명의 선원은 말레이시아인이었다. 통역관

베르뇌 신부와 다블뤼 신부

제너럴 셔먼 호

은 프랑스 신부를 죽인 보복으로 프랑스 함대가 올 것이라고 위협하면서 통상과 교역을 요구했으나 조선 관리는 통상과 교역이 국법으로 금지되어 있고 외국 배가 내강을 항행(航行)하는 것도 영토침해라고 주장하면서 물러갈 것을 요구했다.

그러나 셔먼 호는 조선의 반대를 무릅쓰고 항해를 거듭하여 평양의 만경대까지 왔다. 당시 평양감사는 박지원의 손자로 개화파에 속했던 박규수(朴珪壽)로서, 서양인들이 비록 법을 어겼지만 먼 데서 온 사람을 잘 대접해야 한다고 여겨 식사를 대접하기도 하는 등 도움을 주었다. 그런데 장맛비가 그친 뒤 대동강의 수위가 갑자기 낮아져 배가 나가지 못하게 되자 초조해진 그들은 중군(中軍)을 납치하는 등

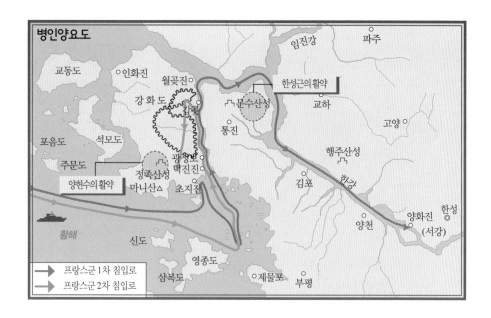

병인양요도

교동도 ○인화진 월곶진○ 임진강 파주○

강화도 ○한성근의활약

○문수산성 교하

○남문

통진○ 고양○

포음도 석모도 행주산성

주문도 광성보 ○덕진진 김포○ 한강

양헌수의활약 정족산성 마니산△ 초지진○ 양천○ 양화진 한성
(서강)

황해 신도

프랑스군 1차 침입로 영종도
프랑스군 2차 침입로 삼복도 ○제물포 부평

난폭한 행동을 하여 평양 군민(軍民)과 충돌이 생겨 군민 몇 명이 죽었다. 이에 분개한 평양 군민은 박규수의 명에 따라 배를 불태워 침몰시켜 모든 선원이 죽었다.

천주교 탄압과 미국 상선 사건은 프랑스와 미국에게 무력으로 조선을 압박하여 통상의 길을 틀 수 있는 기회와 구실을 마련해 주었다. 먼저 프랑스는 병인박해 때 살아남은 3인의 신부 가운데 리델(Ridel) 신부가 중국으로 탈출하여 박해사실을 알리자 프랑스 공사는 이에 분개하여 1866년 9월 18일 톈진(天津)에 주둔하고 있던 로즈(Roze) 제독의 프랑스 극동함대를 조선에 파견했다. 프랑스군은 먼저 군함 3척을 거느리고 강화도 해협을 지나 서울 양화진까지 와서 수로(水路)를 조사한 다음 돌아갔다가 10월 11일 다시 2차로 군함 7척에 대포 10문, 1천 명의 병력을 거느리고 와서 10월 14일 강화도를 점령한 다음 프랑스 신부 9명을 죽인 대가로 조선인 9천 명을 죽이겠다고 포고하고, 살해자에 대한 처벌과 통상조약 체결을 조선 측에 요구했다.

청나라와 일본이 서양에 굴복한 사실을 잘 알고 있던 대원군은 무력을 앞세운 프랑스의 요구를 침략으로 받아들이고, 협상을 거부하는 대신 전쟁으로 맞섰다. 이미 서양의 강화도 침투를 예견하고 강화도 일대에 포대(砲臺)를 확충하고, 이경하(李景夏)를 대장, 이용희(李容熙)를 중군, 양헌수(梁憲洙)를 천총으로 삼아 순무영(巡撫營)을 설치하고, 군비(軍費; 포량미)를 마련해 놓고 있었다. 그러나 워낙 화력의 차이가 커서 강화도 해협의 양편에서 대포를 쏘았으나 군함을 격파하지 못하고, 강화도가 점령당하자 군사들

강화행궁 현 고려궁지 북쪽. 행궁 오른편에 외규장각
이 있었다. 국립중앙도서관 소장

외규장각 현재 고려궁지 안에 있는 외규장각 건물은 프랑스군이 1866년
불태우고 간 것을 1995년 발굴조사를 시작하여 2003년 복원한 것이다.

이 모두 흩어졌다. 10월 26일에는 통진의 문수산성(文殊山城)에서 전투가 벌어졌으나 또
다시 조선군이 패했다. 조선은 정면충돌로는 화력이 월등한 프랑스군을 이기기 어렵
다는 것을 알고 기습작전을 택했다. 11월 7일 양헌수는 덕포에서 549명의 기습병을
거느리고 밤중에 강화해협을 건너 강화도로 들어가 정족산성(鼎足山城)을 기습 점령했
다. 이에 놀란 프랑스군은 조선군대를 얕잡아 보고 160명의 분견대를 보내 정족산성
을 공격했으나 오히려 60~70명의 사상자를 내고 퇴각했다. 이밖에 한성근(韓聖根) 부대
는 통진 문수산성(文殊山城)에서 프랑스군을 기습하여 타격을 입혔다. 이에 프랑스군은
11월 10일 함대를 철수하였다. 당시 프랑스는 베트남 침략에 집중하고 있었으므로 조
선과의 전쟁을 지속하기가 어려웠는데, 이 전쟁을 병인양요(丙寅洋擾)라 한다.

　　프랑스군은 퇴각하면서 약 6천 권의 귀중한 왕실서적과 귀중품을 보관하고 있던
강화부 외규장각(外奎章閣)에서 297권의 의궤(儀軌)와 고급지도,[3] 그밖에 금은보화(金銀寶貨)
를 약탈하여 나폴레옹 3세에게 바치고, 나머지 서적들은 외규장각 건물과 함께 불태
웠다. 이때 약탈해간 문화재는 국보급에 해당하는 귀중한 것으로 프랑스 파리국립도
서관에 소장되어 있었는데, 한국 정부는 1993년부터 그 반환을 요구했으나 프랑스가
이를 줄기차게 거부하다가 2011년에 대여형식으로 의궤 297권이 반환되었다. 비단 외
규장각뿐 아니라, 그 일대에 있던 행궁(行宮)과 임금의 어진을 모신 만녕전(萬寧殿)과 장
녕전(長寧殿) 등이 함께 불타 없어진 것도 안타까운 일이다.

---

3)　병인양요 때 외규장각에서 가져간 보물 중에는 〈여지도(輿地圖)〉로 불리는 동아시아지도가 있는데 비단에 채색으
　　로 그렸으며, 크기는 180×190cm이다. 현재 이 지도는 프랑스 국립도서관에 중국지도로 분류되어 소장되어 있으
　　나 17세기 중엽에 그린 한국지도임이 밝혀졌다. 국보급에 속한다.

한국본 여지도 190cm×180cm, 중국의 왕반이 제작한 여지도를 바탕으로 17세기에 조선에서 증보한 세계지도로, 병인양요 때 프랑스군이 약탈하여 프랑스 파리국립도서관에 소장되어 있다.

　　프랑스와의 첫 만남은 이렇게 불행한 전쟁으로 끝났으나, 당시 프랑스군은 외규장각에 있는 고급 책들을 보고 놀라고, 농촌마을에도 책이 없는 집이 없으며, 공부하지 않는 사람을 멸시하는 조선인의 풍습에 놀라 자존심이 상한다는 보고서를 본국에 올리기도 했다. 다시 말해 조선이 야만국이 아니라는 것을 깨닫기 시작한 것이다. 20년이 지난 1886년(고종 23)에 이르러 조선은 프랑스와 통상조약을 맺고 양국이 평화적으로 수교하였다.

3) 신미양요 (1871)

1866년에 미국 상선 및 프랑스 군대와 충돌하여 승리를 거둔 대원군은 서양에 대한 자신감과 더불어 불신감도 증폭되었다. 그런데 1868년에 대원군을 격노하게 만든 사건이 또 터졌다. 이해 독일 상인 오페르트(Oppert) 일행이 충남 덕산에 있는 대원군의 아버지 남연군(南延君)의 무덤을 도굴하다가 실패하고 돌아간 사건이 일어난 것이다. 이 사건에는 조선과 통상협상을 하기 위한 프랑스 신부의 계략이 담겨 있었다.

한편, 상선[제너럴 셔먼 호]을 보내 통상을 원했다가 실패한 미국은 다시 이 사건에 대한 진상을 규명하고 통상을 트기로 마음먹고 1871년(고종 8) 6월 1일 일본 나가사키에 있던 아시아함대 사령관 로저스(Rodgers) 제독에게 85문의 대포를 실은 5척의 군함과 1,200여 명의 군대를 주어 강화도 해협에서 처음에는 평화적인 탐측을 실시하게 했다. 프랑스군의 병력보다 더 큰 병력을 보낸 것이다.

그러나 허가 없이 강화해협에 들어온 것을 주권침해와 영토침략으로 간주한 조선 측은 강화포부대에 명하여 포격을 가하여 손상을 입혔다. 이에 미군은 평화적인 탐측

광성보를 점령한 미군

행위에 대한 포격은 비인도적 야만행위라고 비난하면서 협상과 배상을 요구했다. 그러나 조선이 미국 측의 요구를 모두 무시해버리자 미군은 드디어 함포사격을 시작하여 6월 10일 초지진(草芝鎭)을 초토화시킨 뒤에 점령하고, 이어 덕진진(德津鎭)을 점거했으며, 마지막으로 광성보(廣城堡)를 점령하고 조선군이 걸어 놓은 수자기(帥字旗)를 약탈한 뒤에 성조기(星條旗)를 꽂았다. 광성보를 지키고 있던 600여 명의 어재연(魚在淵) 부대가 결사항전 했으나 미국의 화력에 밀려 350명의 사상자와 20명의 부상자를 냈다. 미군은 3명이 죽고, 10명이 부상을 당했다. 이 전쟁을 신미양요(辛未洋擾)라고 한다.

광성보 강화해협을 지키는 12진보 중의 하나로 1871년 신미양요 때 가장 치열한 전투가 벌어졌다. 광성보 안에는 당시 순국한 군인들의 무덤과 어재연 장군의 전적비가 있다.

미국은 이 전쟁에서 전투에서는 이겼으나 실제로 협상과 배상을 받지 못한 데다, 1854년 일본을 쉽게 굴복시킨 것에 비해 워낙 조선 측의 저항이 강하여 7월 3일 일단 함대를 철수시켰다. 당시 미국은 남북전쟁(1861~1865) 이후의 국내문제를 정리하느라 여념이 없

어서 더 이상 조선을 공격하지 않았다.

프랑스 및 미국과의 전쟁을 경험한 대원군과 조야의 민심은 서양을 오랑캐로 보는 시각이 더욱 확산되었다. 대원군은 원래 서양과의 교류를 반대하지 않았다. 평화적으로 교섭해 오면 유원책(柔遠策)으로 받아들일 태도를 지니고 있었다. 그러나 서양은 동양을 야만국가로 보았으므로 무력으로 굴복시키는 것을 옳은 방법이라 생각했다. 반대로 조선은 무력을 내세우는 서양을 오랑캐[야만]로 보고, 오랑캐와의 통상은 나라에 도움이 되지 않는다고 여겼던 것이다. 결국 서양은 자국을 '문명국', 조선을 '야만국'으로 보고, 조선은 자신을 '문명국', 서양을 '오랑캐'로 보는 세계관의 충돌이 조선의 문호개방을 어렵게 만든 것이다.

척화비 국립경주박물관

대원군은 이런 오랑캐와 강화(講和)하는 것은 나라를 팔아먹는 것으로 보았다. 그래서 서양과의 타협을 반대하는 척화비(斥和碑)를 전국 방방곡곡에 세우고 국민의 항전의식을 부추겼다. 척화비에는 "양이(洋夷)가 침범할 때 싸우지 않으면 강화하자는 것이니, 강화를 주장하는 것은 나라를 파는 것이다(洋夷侵犯 非戰則和 主和賣國)"라고 적었다.

대원군은 서양세력을 막기 위해서는 대포의 성능을 개량할 필요를 느끼고 서양대포 기술을 받아들여 어느 정도 대포개량에 성공했다. 그러나 동화모(銅火帽; 뇌관) 제조에 실패하여 서양화포를 따라가지 못했다. 대원군은 그밖의 서양상품은 배격했다. 이것이 대원군 개혁의 한계이다. 대원군은 지방 보수유생들의 위정척사파(衛正斥邪派)와 비슷한 입장을 지니고 있었으나 서양기술을 받아들였다는 점에서 척사파와는 입장을 달리했다.

제2장 고종의 개화정책과
보수·혁신의 갈등

1. 고종의 문호개방과 자주적 개화 정책

1) 고종의 친정과 문호개방(1873~1886)

최익현(1833~1906)

세도정치를 극복하는 내정개혁에는 상당한 성과를 거두었으나, 서양과의 통상을 거부한 대원군의 정책은 결코 잘한 일은 아니었다. 이렇게 공과를 남긴 대원군은 집권 10년 만인 1873년(고종 10)에 물러나고, 개화(開化)[4]와 통상을 지지하는 고종과 왕비족인 여흥민씨(驪興閔氏) 일족이 권력을 장악했다. 고종이 이미 20대의 성인이 되어 대원군 집권의 명분이 사라진 데다 서원철폐에 대한 최익현(崔益鉉; 1833~1906)[5] 등 지방 유생들의 반발, 그리고 민씨 일족의 등장으로 대원군이 밀리게 된 것이다. 민태호(閔台鎬), 민규호(閔奎鎬), 민영목(閔泳穆)

---

4) 개화(開化)라는 말은 開物成務 化民成俗 즉 사물의 이치를 밝혀 일을 성취하고, 백성을 교화하여 좋은 풍속을 이룬다는 뜻의 준말로 유교 경전에서 빌어온 것이다. 따라서 그 뜻은 특별히 서양을 배운다거나 근대화를 지향한다는 것이 아니고, 시의에 맞추어 개혁을 추진한다는 말이다. 그러나 그 당시의 시대조건상 개혁의 방향은 서양이나 일본과 통상하면서 앞선 기술문명을 배워 경쟁력을 키우겠다는 의지가 담긴 것이다.

5) 최익현은 경기도 포천 사람으로 이항로의 문인이다. 1876년 일본과의 통상 반대, 1895년 을미사변 후의 반일의병운동, 독립협회 반대, 을사조약 후 의병운동을 주도하다가 체포되어 일본에 의해 대마도에 유배되어 그곳에서 죽었다.

등 민씨 일족은 대외통상을 주장하는 노론 북학(北學)을 계승한 개화파 인사들이었다.

외국과 통상하자는 주장은 이미 18세기 북학파가 제기한 것으로, 19세기에는 유신환(兪莘煥; 1801~1859), 실학자 이덕무의 손자인 이규경(李圭景; 1788~1856?), 중인 출신 최한기(崔漢綺; 1803~1877) 등에게 계승되었고, 다시 북학파 박지원(朴趾源)의 손자로서 효명세자[익종]와도 친교가 두터웠던 박규수(朴珪壽; 1807~1876), 중인 역관(譯官)으로서 김정희(金正喜)의 문인인 오경석(吳慶錫; 1831~1879), 중인 의관(醫官) 유대치(劉大致; 본명 鴻基; 1831~?) 그리고 이유원(李裕元; 1814~1888) 등에 의해서 더욱 발전되었다.

특히 오경석은 청나라를 왕래하면서 서양사정을 소개한《해국도지(海國圖誌)》,《영환지략(瀛環志略)》등의 서적을 들여와 널리 퍼뜨렸다. 그러나 이들은 외국과의 통상과 개화를 통해 서양과학 기술을 받아들이면서도 전통적인 유교문명을 지키고자 했다. 이런 주체적 개화사상을 '동도서기(東道西器)'라 부른다. 고종과 민씨 일족은 대원군에게 통상을 건의하다가 버림받은 이유원을 영의정, 박규수를 우의정으로 발탁하고 그들의 주장을 따라 대외통상의 첫 걸음으로 일본과의 국교를 다시 열고자 했다.

왜란 후 1607년(선조 40)에 일본과 국교가 다시 열려 1811년(순조 11)까지 12차례에 걸쳐 통신사(通信使)가 일본에 다녀오면서 200여 년간 양국관계는 평화와 선린을 유지했다. 그러나 18세기 이후 일본의 국수적인 지식인들은 조선에 대한 도쿠가와 바쿠후(德川幕府)의 저자세와 통신사에 열광하는 조선 붐에 불만을 품고 일본 혼을 강조하는 '국학(國學)' 운동을 벌였다. 이들은 신라의 삼국통일에 반발한 백제계 일본인들이 8세기 초에 편찬한《일본서기(日本書紀)》를 재평가하면서 고대 일본이 삼국을 지배했다고 주장했다.

일본의 국학운동은 19세기 중엽 이후 조선을 무력으로 정복하자는 '정한론(征韓論)'[6]으로 이어졌다. 조선이 원래 일본의 지배를 받았을 뿐 아니라, 서양이 지금 조선을 정복할 가능성이 많으므로 일본이 조선을 병합하는 것이 동양평화에 이롭다는 것이 '정한론'의 취지였다. 이런 시각에서 일본은 종전의 대등한 교린관계(交隣關係)를 깨고, 조선에 보낸 외교문서[書契]에 황실(皇室), 봉칙(奉勅) 등의 용어를 써서 상국행세를 하여 외교가 단절된 것이다.

---

6) 대표적인 정한론자는 요시다 쇼인(吉田松陰), 사이고 다카모리(西鄕隆盛), 기도 다카요시(木戶孝允), 이다가키 다이스케(板垣退助), 후쿠자와 유키치(福澤諭吉) 등이다. 그 뒤 정한(征韓)을 위한 조선연구 책자가 나타났는데,《征韓評論》(佐田白茅; 1875),《朝鮮事情》(1876),《朝鮮史》(林泰輔; 1892),《日韓古史斷》(吉田東伍; 1893),《朝鮮紀聞》(1895),《韓國總覽》(1907) 등이 그것이다.

1868년에 출범한 메이지 정부는 '정한(征韓)'을 목표로 두었으나, 우선 통상이 시급하다고 판단하여 1875년 9월에 군함 운요호(雲揚號)를 강화도에 보내 무력시위를 하면서 통상을 요구했다. 미국이 일본에 적용한 방식을 그대로 조선에 썼다. 부산에도 3척의 군함과 600여 명의 군대를 보내 함포사격 연습을 한다면서 조선을 압박했다. 운요호는 강화도 초지진(草芝鎭)에 접근하여 조선 측의 발포를 유도하고, 조선이 먼저 도발했다고 선전하여 일본인의 반한감정을 부추기면서 회담을 요구했다.

정부는 박규수 등 개화파의 의견을 받아들여 신헌(申櫶)을 전권대신으로 보내 1876년 2월 27일 강화도 연무당에서 일본 특명전권판리대신 구로다 기요타카(黑田淸隆)와 더불어 12개 조에 이르는 통상조약을 맺었다. 이를 '조일수호조규(朝日修好條規)'라고 하는데, '병자수호조약(丙子修護條約)' 또는 '강화도조약'이라고도 부른다.

조선은 일본과의 통상뿐 아니라 청나라 및 서양 여러 나라와도 통상을 맺어 서로 세력균형을 이룬다는 전략 아래 일본의 요구를 받아들이기로 했다. 여기에는 전통적인 '이이제이(以夷制夷; 오랑캐의 힘을 빌려 오랑캐를 통제함)' 정책을 계승하여 만국공법(萬國公法)이 지배하는 세계질서에 능동적으로 대처하겠다는 뜻이 담겨 있었다. 12개 조 가운데 중요한 것은 다음 여섯 가지다.

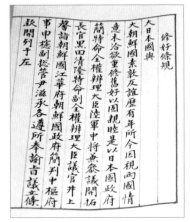

강화도조약 조선은 자주국으로 일본과 평등한 권리를 가진다고 규정했으나 청의 종주권을 부인하여 조선 침략의 발판을 마련하려는 의도가 담긴 것이다.

1) 조선은 자주의 나라로 일본과 평등한 권리를 갖는다.
2) 양국은 15개월 뒤에 수시로 사신을 파견하여 교제사무를 협의한다.
3) 조선은 부산 이외의 두 항구를 20개월 이내에 개항하여 통상을 한다.
4) 조선은 연안항해의 안전을 위해 일본 항해자의 해안측량을 허용한다.
5) 개항장에서 일어난 양국인 사이의 범죄사건은 속인주의에 입각하여 자국의 법에 의해 처리한다.
6) 양국 상인의 편의를 꾀하기 위해 추후 통상장정(通商章程)을 체결한다.

여기서 '조선이 자주국'이라는 것을 밝힌 것은 조선과 청나라의 전통적인 사대조공 관계를 끊어 일본이 독점적으로 조선을 요리하겠다는 뜻이 담긴 것이지만, 조선으로서도 '독립국가'임을 인정받은 것은 나쁠 것이 없었다.

그밖에 원래 왜관(倭館)이 있던 부산 이외에 다른 지방에도 2개의 항구를 열기로 했으므로 원산(元山; 1880)과 인천(仁川; 1883)이 차례로 개항장이 되었다. 일본이 해안측량권을 얻어낸 것은 장차 군사침투를 위한 수로를 확보하기 위한 것이었다. 개항장에서 일어난 일본인 범죄자에 대한 재판을 일본영사관에서 하도록 허용한 영사재판권은 곧 치외법권(治外法權)을 뜻하는 것으로 조선 측에 매우 불리한 조항이었다. 그밖에 일본 선박에 대한 항세(港稅)와 일본 상품에 대한 관세(關稅)를 몇 년간 받지 않기로 한 것도 조선 측의 양보였다. 이 조약은 치외법권을 인정하고 관세를 면제했다는 점에서 불평등조약이지만, 조선으로서는 '자주국가'임을 인정받았다는 점에서 국위가 크게 손상된 것은 아니었다.

조선은 일본을 견제하기 위해 먼저 1882년(고종 19)에 미국과 '조미수호통상조약'을 맺었다. 마침 러시아의 남하정책을 걱정하던 청나라도 미국과 조선의 통상이 도움이 된다고 보아 리홍장(李鴻章)이 조약을 주선했다. 이 조약도 불평등조약이었으나 당시 동아시아 여러 나라가 서양과 맺은 조약에 비하면 나은 편이었다.

청나라는 러시아와 일본의 조선 진출을 가장 두려워하면서 다른 한편으로는 일본이 조선을 '자주국'으로 인정하여 청나라와 조선의 오랜 사대조공 관계를 차단시킨 것을 못마땅하게 여겼다. 그래서 1882년 청은 조선과 '조청상민수륙무역장정(朝淸商民水陸貿易章程)'을 맺었다. 이 조약은 치외법권을 인정했을 뿐 아니라, 조선이 청나라의 '속방(屬邦)'이라고 밝히고, 내지에서의 통상권과 연안에서의 어업권 등을 인정받아 다른 나라보다도 더 많은 특권을 얻어냈다. 여기서 조선을 '속방'이라고 표현한 것은 전통적인 조공관계를 재확인하고, 나아가 당시 국제법인 만국공법(萬國公法)을 받아들여 속국(식민지)으로 만들려는 의도가 내포되어 있었다. 그래서 청은 군대를 조선에 파견하기도 했다.

청나라는 영국의 침략에 굴복하여 불평등조약을 맺은 이후 증국번(曾國藩), 리홍장 등이 중심이 되어 '중체서용(中體西用)'에 입각한 '양무운동(洋務運動)'을 벌이기 시작했다. 이는 중국의 왕조체제를 그대로 유지하면서 서양과학 기술을 받아들여 중국을 부강하게 만들겠다는 정책이다. 일본의 '화혼양재(和魂洋才)'나 조선의 '동도서기(東道西器)'와 비슷한 주체적 개화정책이라 할 수 있다. 청나라는 이런 목표 아래 일차적으로 조선을 속국으로 만들려고 위에 말한 장정(章程)을 맺었던 것이다.

조선은 청나라를 견제하기 위해서 더 많은 나라와 통상할 필요를 느끼고, 1883년에 영국과 독일, 1884년에 이탈리아와 러시아, 1886년에 프랑스 및 오스트리아와 잇달아 통상조약을 맺었다. 특히 조불조약에서는 프랑스 언어와 문자를 배우고 가르칠 수 있도록 허용했는데, 프랑스는 이를 천주교 포교에 활용했다.

이로써 조선은 1870~1880년대에 일단 제국주의적 세계질서에 편입되었고, 세력균형을 통해 주권을 지키면서 자주적인 근대화를 이룩하는 아슬아슬한 생존전략을 실천해 나갔다.

2) 고종의 자주적 개화정책

고종은 개화통상 정책을 원만하게 추진하기 위해 종전의 의정부와 6조 체제 외에 특별기구로 1880년(고종 17)에 중국의 양무운동 중심기관인 총리아문(總理衙門)과 비슷한 통리기무아문(統理機務衙門)을 설치하여 삼군부 건물을 청사로 삼았다. 지금의 정부종합청사 자리다.

건청궁 경복궁 뒤편에 있는 궁궐(2007년 복원)

집옥재 건청궁 옆에 있는 전각, 왼쪽에 팔우정 오른쪽에 협길당이 있다.

통리기무아문 아래에는 사대(事大), 교린(交隣), 군무(軍務), 변정(邊政), 통상(通商), 군물(軍物), 기계(器械), 선함(船艦), 이용(理用), 전선(典選), 기연(譏沿), 어학(語學)을 관장하는 12개의 사(司)를 두었다. 이 기구들은 한 마디로 대외통상과 부국강병을 위한 업무를 담당했다. 여기에는 민겸호(閔謙鎬; 1838~1882), 민영익(閔泳翊; 1860~1914), 조영하(趙寧夏; 1845~1884), 민치상(閔致庠; 1825~1888), 이재면(李載冕; 1845~1912), 김보현(金輔鉉; 1826~1882) 등 고종의 최측근 인사들이 참여했다.

그뒤 1882년 12월에는 통리군국사무아문(내아문)과 통리교섭통상사무아문(외아문)으로 개편하여 개화정책을 본격적으로 추진했다.

군사기구도 현대식으로 바꾸었다. 1881년에 종래의 5군영을 수도방어 임무를 맡은 무위영(武衛營)과 수도외곽 방어를 맡은 장어영(壯禦營)으로 개편하여 2영을 만들

수신사일기(좌), 수신사 김기수(우)

고,[7] 신식군대인 교련병대(教鍊兵隊; 일명 別技軍)를 따로 신설하여 무위영에 두고 일본인 장교를 초빙하여 군사훈련을 시켰다.

고종은 1873년에 대원군의 그늘에서 벗어나 친정을 시작하면서 경복궁 향원정(香遠亭) 뒤편에 일반 사대부집을 본딴 건청궁(乾淸宮)[8]을 사비(私費)로 짓고 거기서 집무했는데, 그곳에는 1887년에 영국 기술을 도입하여 전등(電燈)이 가설되었다. 우리나라에 전기가 들어온 것은 이때가 처음이다.

고종은 세도가들의 명예직으로 전락하여 대원군이 종친부로 기능을 옮긴 규장각을 옛날 정조시대와 같은 근왕기구(勤王機構)로 만들기 위해 1874년(고종 11)에 규장각의 모든 규례(規例)를 원래대로 회복하고, 중국에서 서양 과학기술 서적을 구입하여 규장각에 보관하여 개화정책의 문화적 중심기구로 만들었다. 박규수, 민영익, 조영하, 홍영식, 민영환, 어윤중, 김윤식, 서광범, 김홍집, 이완용 등이 규장각을 통해 개화파로 성장했다. 그 후 1891년(고종 28)에는 건청궁 서편에 서재인 집옥재(集玉齋)[9]를 짓고 약 4만 권의 규장각 도서를 보관했다.

고종은 외국의 문물을 배우기 위해 시찰단을 외국에 파견했다. 먼저 일본의 정세를 살피기 위해 1876년 일본과 강화도조약을 맺은 직후에 김기수(金綺秀; 1832~?) 일행을 수신사(修信使)로 파견하고, 1880년(고종 17)에는 김홍집(金弘集; 1842~1896) 일행을, 1881년에는 조사시찰단(朝士視察團; 일명 紳士遊覽團)이라는 이름으로 박정양(朴定陽; 1841~1904), 조준영(趙準永; 1833~1886) 등 12명의 관리와 51명의 수행원을 파견하여 약 4개월간 도쿄, 오사카 등지를 시찰하고 돌아오게 했다. 이들은 귀국 후 견문서를 작성하여 정부에 보고하여 개화정책에 도움을 주었고, 통리기무아문에서 핵심적인 일을 맡았다. 특히 어윤중(魚允中; 1848~1896)의 수행원인 유길준(俞吉濬; 1856~1914)과 윤치호(尹致昊; 1865~1945) 등을 일본 유학생으로 파견하기도 했다. 이밖에도 별군관 임태경(林泰慶) 등을 일본에 보내 구리를 제련하고 가죽을 제조하는 기술을 배워오게 했다.

그런데 이 무렵 일본에서는 자유민권운동가들이 흥아회(興亞會)를 조직하고, '아시

---

7) 5군영 가운데 수도방위를 맡았던 훈련도감, 금위영을 통합하여 무위영을 만들고, 수도 외곽 방어를 맡은 수어청, 어영청, 총융청을 합하여 장어영을 만들었다.

8) 건청궁에는 고종의 처소인 장안당(長安堂), 왕비의 처소인 곤녕합(坤寧閤), 고종의 서재인 관문당(觀文堂) 등이 들어섰는데, 일본강점기 철거된 것을 2007년에 중건했다. 1895년에 을미사변(乙未事變)이 일어나 명성황후가 일본 자객에 의해 목숨을 잃은 곳은 바로 곤녕합이다. 중국 베이징의 자금성(紫禁城)에도 황제의 처소인 건청궁과 황후의 처소인 곤녕궁이 있는데, 아마 여기서 이름을 빌어온 것으로 보인다.

9) 집옥재는 창덕궁에 있던 집을 옮겨 왔다고 하는데, 그 서편에 8각형의 팔우정(八隅亭), 동편에 협길당(協吉堂)등 부속건물을 지었다. 이곳에서 고종은 공부도 하고, 외국 사신들을 접견하기도 했다.

김옥균(1851~1894)

보빙사 일행 1883년 6월 전권대신 민영익과 그 일행을 미국에 파견하였다.

아연대론'을 들고 나왔다. 아시아에서 가장 위험한 세력은 부동항(不凍港; 바닷물이 얼지 않는 항구)을 갖기 위해 남하정책을 쓰고 있던 러시아로 이를 저지하려면 청, 조선, 일본이 군사동맹을 맺어야 한다고 조사시찰단을 설득했다. 일본에 있던 청나라 외교관 황준헌(黃遵憲)은 아시아연대론의 영향을 받아 조선이 러시아를 막기 위해서는 '중국과 친하고(親中國), 일본과 손잡고(結日本), 미국과 연대해야 한다(聯美國)'는 내용을 담은 《조선책략(朝鮮策略)》을 썼는데, 조사시찰단으로 갔던 김홍집이 이를 얻어 1881년에 귀국해 국내에 퍼뜨려 물의를 일으키기도 했다.

개화파 지식인 김옥균(金玉均; 1851~1894)도 아시아연대론의 영향을 받아 청, 조선, 일본이 협력해야 한다는 '삼국합종론(三國合縱論)'과 '삼화주의(三和主義)'를 주장했으며, 안경수(安駉壽; 1853~1900)는 '일청한동맹론(日淸韓同盟論)'을 들고 나왔다. 아시아연대론은 1905년 을사늑약 이후에는 '대동합방론(大東合邦論)'으로 발전하여 일본이 한국을 병합하는 논리를 제공했다.

한편, 조선 정부는 청나라의 변화된 모습을 살피기 위해 1881년에 김윤식(金允植; 1835~1922)을 영선사(領選使)로 삼아 38명의 학도와 기술자를 중국의 톈진(天津)에 있는 기기국(機器局)에 보내 무기제조 기술을 배우게 했으며, 중국 기술자를 데리고 와서 서울 삼청동에 기기창(機器廠)을 설치하여 신식무기를 제조하도록 했다.

1882년에 미국과 통상조약을 맺은 후 푸트(L. H. Foote)가 초대공사로 왔는데, 그에 대한 답례로 1883년에 민영익(1860~1914), 홍영식(1855~1884), 서광범(1859~1897) 등을 보빙사(報聘使)로 파견했다. 이들은 샌프란시스코, 워싱턴 D. C. 등지를 시찰하고 대통령을 면담하고 돌아와 미국과 서양사정을 고종에게 보고했다. 서양을 직접 견문한 것은 이것이 처음이다. 1888년에는 박정양을 초대 주미전권공사로 파견했다.

2. 개화정책에 대한 보수파의 반발

1) 위정척사 운동

고종의 개화통상 정책은 세계사의 흐름에 발맞추어 기술문명의 현대화를 가져오는 효과를 거두었으나 농촌 주민들에게는 그 혜택이 돌아가지 않았다. 오히려 서양과 일본 상품의 범람, 외국인의 무력사용, 외국인에 대한 치외법권 특권이 나라의 질서를 어지럽히는 것으로 비쳤다. 특히 도덕을 존중하는 유교문화에 익숙했던 유생들은 개화통상 정책이 장차 이 나라를 서양과 일본의 식민지로 전락시킬 것으로 내다보았다.

유생들은 개화통상을 반대하는 논리를 '위정척사(衛正斥邪)'로 표현했다. 정학(正學)인 유교를 지키고, 사학(邪學)인 서양문화를 배격하자는 것이다. 원래 '위정척사'는 조선 후기에 들어온 천주교를 사학(邪學)으로 배척한 데서 출발한 것인데, 이제는 대포를 앞세운 일본과 서양을 배척하는 이론으로 바뀌었다. 도덕성이 없는 일본과 서양은 똑같은 오랑캐로 인식되었다.

위정척사 운동에 앞장선 것은 경기도 양평의 노론 산림학자 이항로(華西 李恒老; 1792~1868)와 전라도 장성의 기정진(蘆沙 奇正鎭; 1798~1879)이었다. 이들은 1866년 병인양요 때 통상을 반대하여 대원군의 쇄국정책에 영향을 주었다.

다음에 1876년 일본과 통상조약을 맺을 때는 이항로의 문인 최익현(勉庵 崔益鉉; 1833~1906)은 도끼를 들고 대궐문 앞에 엎드려 서양과 일본을 일체로 보는 왜양일체론(倭洋一體論)에 의거해 개항을 반대했으며, 1895년에는 명성황후 시해에 대한 복수를 기치로 내걸고 을미의병(乙未義兵)을 이끌고, 1905년의 을사늑약에 반대하여 의병을 일으켜 싸우다가 통감부에 의해 대마도로 유배되어 그곳에서 단식투쟁 끝에 세상을 떠났다(1906).

1881년에 조사시찰단으로 갔던 김홍집이 일본에서 황준헌의 《조선책략》을 들여오자 위정척사 운동이 다시금 거세게 일어났다. 경상도 예안 유생 이만손(李晩孫) 등은 '영남만인소(嶺南萬人疏)'를 올려 아시아연대론을 반대하고, 김홍집의 처벌을 요구했다. 충청도 홍주 유생 홍재학(洪在學)도 유사한 상소를 올렸다.

개화파 정부는 위정척사 운동을 억압하여 그 주모자를 처벌하고 개화정책을 밀고 나갔는데, 수구파가 이에 반발하던 가운데 1881년 대원군의 서장자(庶長子) 이재선(李載先)은 고종과 민씨 세력을 밀어내고 대원군을 옹립하려는 음모를 꾸미다가 발각되었다.

2) 임오군란(1882)과 청나라의 내정간섭

개화정책에 대한 보수파의 반발은 구식군대 안에서도 일어났다. 고종은 군제를 개혁하여 5군영을 2군영으로 바꾸고, 신식군대인 교련병대[일명 별기군]를 설치했는데, 구식군인들에게는 봉급을 제대로 주지 않으면서 신식군인들은 우대했다. 구식군인들의 불만이 쌓여가던 중 1882년 6월 9일 봉급 대신 지불한 쌀을 선혜청 관리들이 착복하고 쌀에다 겨와 모래를 섞어서 준 사건이 일어났다. 이에 분개한 구식군인들이 난동을 일으키자 선혜청 당상 민겸호(閔謙鎬)는 그 주모자를 처형했다. 구식군인들은 더욱 분개하여 1882년 왕십리, 이태원 일대의 빈민과 손을 잡고 폭동을 일으켰는데, 대원군은 심복을 군졸로 변장시켜 폭동을 지도했다. 이들은 경기감영의 무기고를 습격하고 포도청에 감금된 동료들을 구해내고 개화파 관료들의 집을 습격했다. 이날 저녁에는 교련병대를 훈련시키던 일

하나부사 요시모토　　일본 공사관 강화도조약 이후 남산기슭에 설치

본 공사관을 습격하여 불태워버렸다. 일본 공사 하나부사 요시모토(花房義質)는 가까스로 몸을 피해 일본으로 도망쳤다.

6월 10일에는 폭동이 더욱 커져서 창덕궁으로 난입하여 민겸호와 이최영 등을 살해하고, 개화정책의 중심인물인 명성황후까지 해치려고 나섰다. 명성황후는 궁녀복을 입고 무예청 별감 홍계훈(洪啓薰)의 등에 업혀 가까스로 궁을 빠져 나와 충청도 장호원으로 피신했다. 고종은 이 사건의 배후 인물인 대원군에게 권력을 넘겼다. 9년 만에 다시 권력을 장악한 대원군은 통리기무아문을 폐지하고, 구식군대인 5군영을 부활시켰으며, 삼군부(三軍府)도 되살렸다. 도망간 32세의 왕비는 죽었다고 거짓 선포하여 다시 궁에 돌아오지 못하게 했다. 유배보낸 위정척사파 유생들도 석방했다.

그러나 일본은 거류민을 보호한다는 구실로 하나부사 공사에게 군함 4척과 육군 1개 대대를 맡겨 조선으로 다시 보내 '제물포조약'(1882. 8. 30)을 맺게 했다. 그 결과 일본에 공사관 소실에 따른 배상금을 물고, 일본공사 및 일본 상인들의 활동구역을 전보다 넓혀주었다. 이로써 일본의 정치적 경제적 침투는 더욱 강화되었다.

조선은 제물포조약에 따라 일본에 사죄하기 위해 1882년 9월 박영효, 민영익, 김옥균 등을 수신사로 임명해 일본에 파견했는데, 이때부터 태극기를 정식으로 국기(國

임오군란 일본공사관원이 탈출하는 모습　　　　　　　　별기군

旗)로 사용했으며, 1883년 1월 27일부터 전국적으로 사용하도록 했다. 국기 제작은 1876년 강화도조약 체결 이후 준비되었는데, 청나라의 국기를 모방하여 청룡기(靑龍旗)를 사용하라는 청나라의 압력을 물리치고 조선시대부터 국기처럼 사용해온 태극기를 국기로 정하게 된 것이다.

　　임오군란으로 처음에는 일본의 위상이 강화되었으나, 곧 청나라의 내정간섭이 심해지는 결과를 가져왔다. 청은 자신의 '속방'인 조선에 일본이 군대를 파견한 것은 부당하므로 속국을 보호한다는 명분으로 약 3천 명의 군대를 파견하여 일본군을 견제하고, 청나라에 우호적이지 않은 대원군을 납치하여 텐진 보정부(保定府)로 데려가 4년 동안 유폐시켰다. 김윤식, 어윤중이 왕비의 밀명을 받고 청나라의 파병을 요청했다는 설도 있으나 확실하지 않다.

흥선대원군 1883년 텐진 보정부

　　청나라 군대는 왕십리와 이태원 지역을 습격하여 반란군민을 진압하고, 조선에 대한 지배권을 강화하기 위해 오장경(吳長慶; 우장칭)과 원세개(袁世凱; 위안 스카이; 1859~1916) 등으로 하여금 조선군대를 통제하고, 마건충(馬建忠)과 독일인 묄렌도르프(P. G. Möllendorf) 등 30여 명의 외국인을 보내 정치 및 외교의 고문을 맡게 했다. 부임 당시 24세에 불과한 원세개는 특히 행동이 방자하여 마치 임금처럼 행세하여 많은 물의를 빚었다.

원세개(1859~1916)

　　1882년에 맺은 '조청수륙무역장정'은 바로 이런 분위기를 반영하여 조선에 대한 청나라의 종주권(宗主權)을 명시하고, 일본보다 더 유리한 조건으로 통상의 길을 트게 된 계기를 마련하였다. 그 결과 일본보다 6년이나 뒤늦게 통상조약을 맺은 청은 빠른

속도로 통상을 확대하여 1894년 청일전쟁이 일어날 때까지 일본과 대등한 수준으로 무역규모가 커졌는데, 이것이 역으로 일본을 초조하게 만들어 청일전쟁의 한 원인이 되기도 했다.

3. 갑신정변(1884)과 급진개화파의 몰락

임오군란 후 청나라의 내정간섭이 심해지고 일본세력의 침투가 주춤하자 일본은 이를 만회하기 위해 젊은 개화파들을 선동하여 비상수단을 써서 권력을 잡도록 부추겼다. 일본의 후원을 약속받은 김옥균(古筠 金玉均; 1851~1894)[10], 박영효(朴泳孝; 1861~1939), 서광범(1859~1897), 홍영식(1855~1884), 서재필(徐載弼; 1864~1951) 등은 승려 이동인(李東仁), 중인 변수(邊樹), 무인 유상오(柳相五), 상인 이창규(李昌奎) 등과 손을 잡고 1884년 12월 4일 우정국(郵政局; 종로구 견지동) 낙성식을 기회로 쿠데타를 일으켜 권력을 잡았다. 이들은 모두 조선 말기 대표적인 문벌양반의 후손으로서 북학파의 영향을 받은 젊은 엘리트 지식인들이었다.

우정국 서울 종로구 견지동

마침 청나라가 베트남 문제로 프랑스와 전쟁을 벌이기 위해 군대의 절반을 조선에서 철군시킨 것을 유리한 정세로 판단했다. 당시 김옥균은 34세, 박영효는 24세, 서광범은 26세, 홍영식은 30세, 서재필은 21세의 혈기방장한 청년들로서 일본의 군사적 지원과 재정적 지원을 받아 위로부터 개혁을 단행하면 일본의 메이지유신과 같은 급속한 근대화를 이룰 것으로 생각하고 쿠데타를 일으켰다.

김옥균 일파의 제거대상은 자주적 개화정책을 추진하던 민씨파 대신들이었다. 김옥균 등은 일본공사 다케조에 신이치로(竹添進一郞)의 군사지원 약속을 받고, 우정국 낙성연이 열릴 무렵에 이웃집에 불을 질러 대신들과 청군이 반란을 일으켰다고 임금에게 거

---

10) 김옥균은 천안 출신으로 안동김문 김병기(金炳基)의 양자로 들어가 몇 차례 일본을 다녀오고, 일본 및 미국 사정에 밝은 홍영식, 박영효, 서광범 등과 교유하면서 급진 개화파로 성장했다. 그는 흥아회의 아시아연대론에 공감하고, 일본의 군사 및 재정지원을 받으면 일본의 메이지유신과 같은 급속한 근대화가 가능할 것으로 믿었다. 갑신정변이 실패하자 일본으로 망명하여 10년간 유랑생활을 하다가 1894년에 상하이에서 고종이 보낸 자객 홍종우의 총을 맞고 죽었으며, 그 시신은 서울 양화진에서 능지처참되어 효시되었다.

짓보고를 하고, 왕과 왕비를 창덕궁 옆에 있
는 경우궁(景祐宮; 지금의 현대그룹 사옥 자리)으로 급
히 피신시킨 다음, 대신들을 일본군이 호위
하고 있던 창덕궁으로 불러들여 민영목(閔泳
穆), 민태호(閔台鎬), 조영하(趙寧夏) 등을 죽였다.
이를 '갑신정변(甲申政變)'이라 한다.

쿠데타는 일단 성공하여 고종의 종형인
이재원(李載元; 1831~1891)이 영의정, 홍영식이
우의정, 박영효가 좌우영사 겸 좌포도대장,

창덕궁 태종 5년(1405) 창건, 광해군 원년(1609)·인조 25년(1647)
재건, 청군과 일본군의 교전이 이곳에서 벌어졌다.

서광범이 전후영사 겸 우포도대장, 서재필이 병조참판, 김옥균이 호조참판을 맡았다.
새 정부는 14개 조에 이르는 혁신정강을 실천하려 했는데, 그 요지는 다음과 같다.

1) 청과의 조공관계를 폐지하고, 대원군을 다시 데려온다.
2) 양반신분제도와 문벌을 폐지하고, 인민평등을 실현한다.
3) 내시부, 규장각 등 왕의 근시기구를 폐지하고, 입헌군주제에 가깝도록 내각을 강화한다.
4) 모든 재정을 호조에 귀속시키고, 환곡제도를 폐지하고, 지세제도를 개혁한다.
5) 보부상 등 특권상인을 억압하고, 자유상업을 발전시킨다.
6) 근위대를 창설하고, 순사제도를 도입하여 근대적 경찰제도를 확립한다.
7) 탐관오리를 엄벌한다.

위 정강은 문벌폐지, 인민평등, 자유상업 진작 등 근대적인 모습도 띠고 있으나, 군
주전제를 내각제(內閣制)로 바꾸는 것, 규장각을 폐지하는 것, 대원군을 다시 불러오는
것 등은 고종과 왕비를 무력화시키기 위한 것으로 국민정서에도 맞지 않고, 일본의 강
력한 희망을 담은 것이었다. 일본은 고종과 왕비를 가장 큰 적으로 보았기 때문이다.

그러나 새 정권은 3일 만에 무너져 위 정강은 반포되지 못했다. 청나라를 배격하는
데 분개한 청은 우세한 병력을 이끌고 창덕궁으로 쳐들어가 일본군을 총격전 끝에 내
몰고 고종을 구출했다. 그 과정에 일본 공사관이 습격당하고, 홍영식, 박영교(朴泳敎) 등
이 피살되었으며, 김옥균, 서광범, 서재필 등은 일본공사와 함께 일본으로 피신했다.
세상 사람들은 이들을 '일본당(日本黨)'이라 불렀다.

다시 권력을 잡은 고종은 심순택(沈舜澤), 김홍집 등 온건개화파를 재등용하고, 김옥

균 등 망명자들을 역적으로 규정하여 송환을 요구했으며, 1886년에는 노비세습제를 폐지하는 조치를 취했다. 이는 매우 파격적인 개혁이다.

그러나 청나라의 간섭은 더욱 노골화되었고, 일본도 공사관이 불타고 거류민이 희생된 것에 대한 사죄와 배상을 요구하면서 7척의 군함과 2개 대대의 군대를 파견하여 조선을 위협했다. 이에 정부는 일본과 1885년 1월에 '한성조약'을 맺고 사죄와 더불어 배상금 10만 원을 지불했다.

일본은 청나라 군대를 조선에서 철수시키기 위해 이토 히로부미(伊藤博文)를 청나라에 보내 리훙장과 담판하고 1885년 4월에 톈진조약을 맺어 두 나라 군대를 조선에서 철수시키고, 장차 조선에 군대를 파병할 경우에는 사전에 서로 알릴 것을 약속했다.

이로써 갑신정변이 마무리되고 청일 간에 세력균형이 이루어져서 한동안 평화가 유지되었다. 그러나 1894년에 청일전쟁이 일어나 일본이 승리하면서 조선에 대한 지배권은 일본에게 돌아갔다. 이해 3월에 죄인으로 몰려 일본을 유랑하던 김옥균은 상하이에서 프랑스 유학생 홍종우(洪鍾宇; 1854, 1850?~1913)[11]의 총탄을 맞고 쓰러졌으며, 그의 시신은 조선으로 송환되어 서울 양화진(楊花津)에서 능지처참되어 주민들에게 효시되었다. 김옥균은 주관적으로는 애국적인 꿈을 가진 인물이었으나, 일본의 침략적 본질을 꿰뚫어보는 안목이 부족하고, 국민의 지지기반이 없이 외세에 의지한 혁명이 얼마나 무모한가를 이해하지 못한 미숙한 혁명가였다. 그래서 일본에 이용당한 후 비참한 생애를 마쳤던 것이다.

---

11) 홍종우는 몰락양반의 후손으로 법학을 공부하기 위해 1890년에 프랑스로 유학을 떠났는데, 고학으로 고생하다가 귀메 박물관에서 일하면서 《춘향전》 등 한국 고전을 번역하여 서양인들에게 알리기도 했다. 전통문화에 대한 자부심이 컸던 그는 1893년에 귀국하던 중 일본 도쿄에 머물렀는데, 이때 김옥균을 암살하라는 고종의 밀명을 받은 이일직(李逸稙)의 부탁을 받고 드디어 김옥균을 따라 상하이로 가서 그를 권총으로 사살했다. 귀국 후 홍문관 교리의 벼슬을 받고, 대한제국이 성립한 뒤인 1898년에는 황국협회(皇國協會)에 가입하여 고종의 근왕세력으로 맹활약하다가 독립협회가 고종을 반대하는 운동을 벌이자 보부상을 동원해 만민공동회를 습격하기도 했다.

제3장 동학농민전쟁과 갑오개혁

1. 개화정책의 확산과 열강의 각축(1884~1894)

1) 개화정책의 확산

갑신정변 후 청나라와 일본 사이의 불안한 세력균형이 이루어진 가운데 고종과 왕비세력은 교육, 언론, 의학, 과학기술 등 여러 분야에 걸쳐 개화정책을 착실하게 추진해 나갔다.

먼저, 1883년에 근대적인 순보(旬報; 열흘마다 간행)로 발간하기 시작했다가 갑신정변으로 중단된 〈한성순보(漢城旬報)〉를 속간하고, 1886년부터는 주간지인 〈한성주보(漢城週報)〉(1888. 7 폐간)를 새로 발간하여 근대사상을 보급하고, 국제정세를 알려주었다.

근대적인 관립학교로서 1883년 8월에 서울에 동문학(同文學)을 세우고, 이곳에서 외국어를 가르쳤다. 그 후 1886년에는 현직관료와 고관 자제들의 근대교육을 위해 육영공원(育英公院; 1894년 폐지)을 세우고, 헐버트(H.G. Hulbert; 1863~1949) 등 미국인 교사를 초빙하여 영어, 수학, 자연과학, 역사, 정치학 등을 가르쳤다.

동문학

원산학사

배재학당 신축공사 서울 중구 정동

왕립광혜원

민간에서 세운 근대적인 사립학교도 등장했다. 최초의 사립학교는 1883년에 개항장 원산(元山)에 세운 원산학사(元山學舍)이다. 개항장에서의 근대교육의 중요성을 느낀 개화파 관료 정현석(鄭顯奭)이 세워 외국어, 역사, 지리, 자연과학 등을 가르쳤다.

서울에서는 외국인 선교사들이 기독교를 전파하고 서양문화를 보급하기 위해 많은 학교를 세웠는데 왕실에서 적극 지원했다. 미국인 감리교 목사 아펜젤러(H. G. Appenzeller; 1858~1902)는 1885년에 경운궁[덕수궁] 부근에 배재학당(培材學堂)을 세웠는데 학교 이름은 고종이 내렸다. 같은 해 미국인 감리교 선교사 스크랜턴(M. F. Scranton) 여사는 역시 경운궁 부근에 최초의 근대적 여학교를 세웠는데, 명성황후가 이화학당(梨花學堂)이라는 이름을 내렸다. 미국인 장로교 선교사 언더우드(H. G. Underwood; 1859~1916)는 역시 경운궁 부근에 경신학교(儆信學校; 1886)를 세웠고, 1887년에는 미국 장로교 선교사 엘러스(A. J. Ellers)가 종로구 연지동에 정신여학교(貞信女學校)를 각각 세웠다. 서양인들의 활발한 학교건립은 야욕이 있는 청과 일본을 배제하고, 위험성이 적은 미국을 통해 서양문물을 도입하려는 고종의 적극적인 지원이 있었기에 가능한 일이었다. 미국공사 푸트도 조선의 개화를 적극적으로 도왔다.

1894년 갑오개혁 이후로는 더욱 많은 학교가 외국인 또는 한국인들에 의해 서울과 평양, 개성, 전주, 평안도 정주(定州) 등에 세워져서 1910년까지 약 30여 개의 신식중등학교가 세워졌다. 우리 민족의 전통적인 교육열이 근대교육운동으로 되살아난 것이다. "배우는 것이 힘이다"라는 교육철학이 당시 국민의 보편적인 가치관이었다.

근대적인 병원과 서양식 치료방법도 도입되었다. 고종은 미국인 북장로교 선교사이면서 고종의 시의(侍醫) 겸 외교고문을 맡았던 알렌(H. N. Allen; 한국명 安連; 1858~1932)의 건의를 받아들여 1885년에 최초의 서양식 병원인 왕립광혜원(王立廣惠院; 뒤에 濟衆院으로 개명)을 종로구 재동(齋洞)에 세우고 알렌에게 책임을 맡겼다.

한편, 고질적인 전염병인 천연두(天然痘)를 예방하기 위해 우두국(牛痘局)을 주요 지방에 설치했는데, 지석영(池錫永; 1855~1935)은 일본에서 종두(種痘) 제조법을 배워와 처음으로 종두를 시행하고 천연두 예방법을 정리하여 《우두신설(牛痘新說)》(1885)을 편찬했다.

고종은 농업의 근대화를 위해 일찍이 정조가 모범적인 수리시설을 건설했던 수원에 농업시험장을 건설하고, 목축의 근대화를 위해 농무목축시험장을 설립했다.

전기(電氣)가 들어온 것도 획기적인 일이었다. 특히 전신시설(電信施設)의 도입은 통신체계에 혁명적 변화를 가져왔다. 처음에는 청나라의 차관을 도입하여 1885년에 인천-서울-의주를 연결하는 전선을 설치했으나, 청나라의 운영간섭을 배제하기 위해 독일에서 차관을 얻어 1888년에 서울 – 부산 간, 1891년에 서울 – 원산 간의 전선을 독자적인 기술로 완성했다. 이로써 서울과 부산, 원산, 인천 등 개항장과 의주를 연결하는 근대적인 통신망이 완성되었다.

전기를 전등(電燈)으로 사용하기 시작한 것은 1887년으로 영국의 기술을 도입하여 경복궁의 건청궁(乾淸宮)에 발전기를 설치하고 전깃불을 켠 것이 처음이었다.

2) 청, 일, 러, 영 열강의 각축

갑신정변 후 청과 일본이 군대를 철수시켜 군사적 불안은 소강상태를 이루었으나, 열강의 정치적 간섭과 경제적 침투는 치열하게 전개되었다.

정치적으로는 청나라의 간섭이 가장 심하여 조선을 마치 속국처럼 취급했다. 앞서 임오군란 때 군대를 끌고 들어왔던 원세개는 일단 본국으로 돌아갔다가 주차조선총리교섭통상사의(駐箚朝鮮總理交涉通商事宜)라는 직책을 띠고 다시 조선으로 들어와 조선의 정치와 외교를 감독하고 통제하기 시작했다. 그리고 그의 비호 아래 청나라 상인들이 대거 몰려와 지금 서울 중구 북창동과 광통교 일대에 자리를 잡고, 지방에도 곳곳에 차이나타운을 세우고 상업에 종사했다.

묄렌도르프

청은 조선을 지배하는데 일본과 러시아의 침투를 가장 걸림돌로 생각했다. 청은 처음에 독일인 묄렌도르프(Paul Georg von Möellendorff; 穆麟德; 1848~1901)를 외교고문으로 추천했는데, 그가 뜻밖에 독일의 이익을 고려하여 고종에게 러시아와 가까이할 것을 권하자 미국인 데니(Owen N. Denny; 德尼)로 고문을 바꾸었다. 그러나 데니마저도 조선정부에 친러정책을 권유하여 조선이 친러로 기울자 고종을 폐위시키려는 계획까지 꾸몄다. 외국인 고문들은 청을 위해서라기보다는 자국의 이익을 위해서 친러정책을 권유한 것이다.

데니

푸트 주한미국공사

조선정부는 청의 내정간섭을 벗어나기 위해 원교근공책(遠交近攻策)을 써서 미국과의 우호를 강화하려고 했으나, 주한미국공사 푸트(L. Foote, 福德)의 노력에도 불구하고 미국 의회와 정부가 소극적으로 나왔다. 미국정부와 의회는 중국이나 일본, 필리핀에 더 많은 관심을 가지고 있었다. 그래서 조선은 그 대안으로 러시아를 파트너로 선택했다. 러시아는 얼지 않는 항구 즉 부동항(不凍港)을 얻기 위해 남하정책을 쓰고 있었는데, 먼저 청과 베이징조약(1860)을 맺어 연해주(시베리아)를 차지하고, 블라디보스토크에 군항(軍港)을 건설했다. 이어 조선과 통상조약(1884)을 맺은 것을 계기로 함경북도 경흥(慶興)에 조차지를 얻고, 능란한 외교관 베베르(Weber; 한국명 韋貝)를 공사로 보내 조선 조정 안에 많은 친러파를 만들어 나갔다.

러시아가 조선에 활발하게 진출하자 불안에 빠진 것은 청과 영국이었다. 특히 세계 각지에서 러시아와 대립하던 영국은 러시아가 연해주를 장악하고 경흥에 조차지를 설정하자 불안을 느끼고, 1885년에 갑자기 대한해협의 문호에 해당하는 전라도 여수 앞바다의 거문도(巨文島)에 함대를 끌고 와서 점령한 다음 포대를 구축하고 수뢰(水雷)를 매설하는 등 장기 주둔할 뜻을 보였다. 조선은 영국의 주권침해에 대해 강력하게 항의하고, 청나라도 러시아와 일본의 파병을 두려워하여 리홍장이 중재에 나선 결과 영국은 1887년에 거문도에서 철수했다. 이를 거문도사건(1885. 4. 15~1887. 2. 27)이라 한다.

청, 일본, 러시아, 영국 등 열강이 들어와 각축하자 국내 인사들 가운데에는 조선을 중립국(中立國)으로 만들자는 주장이 나오기 시작했다. 조선주재 독일 부영사 부들러(Buddler)와 개화파 지식인 유길준(俞吉濬), 김옥균 등이 그런 주장을 내세웠다.

중립국론은 제각기 목적이 달라 실현되지 않았지만, 고종은 외교의 다변화를 통해서 열강끼리 서로 견제하는 이이제이(以夷制夷) 정책과 원교근공책(遠交近攻策)으로 난국을 헤쳐나가려고 했다. 그래서 청의 방해에도 불구하고 박정양(朴定陽)을 주미공사로 파견하여(1887) 미국과의 관계를 강화하고, 미국과 프랑스로부터 산업개발과 재정궁핍을 타개하기 위한 차관을 도입하려 했다.

3) 청·일의 각축과 경제자립 정책

조선이 개항 이후 일본에 강점되기까지 그래도 34년간이나 버티면서 개화정책을 추진할 수 있었던 것은 열강을 서로 견제하도록 만든 외교력이 큰 힘이 되었다. 그러나 시간이 지날수록 열강의 각축은 조선과 지리적으로 가장 가까운 청과 일본의 각축으로 좁혀지고 있었다.

1876년 개항 직후에는 조선의 무역은 일본이 독점하다시피 했다. 조선은 개항장을 통하여 쌀·콩·쇠가죽 등을 주로 일본에 수출하고, 일본으로부터는 영국제 옷감을 주로 수입했다. 당시 일본은 산업화 수준이 높지 않아서 고급상품을 생산하지 못했다.

임오군란과 갑신정변 이후 청의 정치적 간섭이 심해지면서 조선과 청의 무역규모는 조선과 일본 간의 무역규모를 따라잡을 정도로 급성장을 보였다. 조선은 청에 주로 인삼과 해산물을 수출하고, 영국제 면제품을 사들였다.

이렇게 청 및 일본과의 무역이 활발해지면서 농촌사회는 갈수록 피폐해져 갔다. 특히 곡물 수출과 섬유류 수입이 농촌경제에 타격을 주었다. 정부도 외국상품에 관세(關稅)를 부과하지 못해 국가재정에 아무런 도움을 얻지 못했다.

조선정부는 이러한 약탈적 무역구조를 시정하고 경제자립도를 높이기 위해 여러 가지 노력을 기울였다. 1882년에 미국과 맺은 통상조약과 1883년에 발효된 조일통상장정과 해세세칙(海稅細則)에서는 어느 정도 관세 자주권과 곡물 수출 금지권을 얻을 수 있었다.

정부는 국내 상인의 경쟁력을 높이기 위해 동업조합인 상회사(商會社)를 만들도록 유도했다. 관료와 객주(客主) 그리고 일반 상인이 참여한 상회사는 평양의 대동상회(大同商會), 서울의 장통상회(長通商會)를 비롯하여 30여 개에 이르렀는데, 이들은 영업 독점권과 세금 징수권을 정부로부터 위임받았다. 또한 정부는 영세상인인 보부상(褓負商)을 보호하기 위해 혜상공국(惠商公局)을 설치했다. 한편, 운송기능을 근대화하기 위해 1884년에 기선회사(汽船會社), 1892년에 이운사(利運社) 등 관영 운송회사를 설립하여 세곡(稅穀) 운반을 전담시켰다.

국내의 식량안정을 위한 조치로 곡물 수출을 금하는 방곡령(防穀令)을 내리기도 했다. 지방관의 명령으로 집행되는 방곡령은 수없이 내려졌는데, 1889년에는 황해도 관찰사 조병철(趙秉轍)과 오준영(吳俊泳)이 잇달아 수만 석에 달하는 도내의 곡물 수출을 금지했으며, 1889년에는 함경도 관찰사 조병식(趙秉式)도 방곡령을 발포하여 곡물 수출을 막았다. 그러나 일본은 두 지방의 방곡령에 강력히 항의하여 정부는 11만 원의 배상금을 물고 말았다.

2. 동학농민전쟁, 청일전쟁(1894~1895)

1) 동학의 창도와 동학교인의 저항운동(1860~1893)

영불연합군이 베이징을 점령하던 1860년(철종 11)에 최제우(崔濟愚; 1824~1864)는 37세에 동학(東學)이라는 새로운 종교를 창도했다. 이 무렵 세도정치와 삼정(三政; 田政, 軍政, 還穀)의 문란으로 고통을 받고 있던 농촌사회에서는 정치적으로 소외된 부민(富民)이 생계가 어려운 빈농과 연계하여 민란(民亂)을 일으키기 시작하고, 서학(西學)으로 불리던 천주교(天主教)가 급속하게 퍼져 정신적으로도 공황에 빠져들었다. 민중사회에서는 천지가 개벽하고 세상이 뒤바뀐다는 말세사상이 퍼져나갔다.

최치원의 먼 후손이며 경주 출신의 몰락양반인 최제우는 유학을 공부하여 아이들을 가르치기도 하고, 의학·복술 등 잡학에 능하였는데, 떠돌이 장사를 하다가 드디어 난세에 구세주를 자처하고 나서 서학(西學)에 반대한다는 뜻으로 '동학'을 창도했다. 그 후 머슴 출신의 최시형(崔時亨; 1827~1898) 등이 나와 교리를 다듬어 동학경전인 《동경대전(東經大全)》과 《용담유사(龍潭遺詞)》(1880) 등의 경전을 만들었다. 전자는 한문으로 써서 유식한 계층을 상대로 쓴 것이고, 후자는 한글가사체로 써서 한자를 모르는 대중도 쉽게 이해할 수 있도록 썼다.

동학은 전통적인 유교·불교·무속에서 장점을 취하고, 천주교의 천주사상(天主思想)을 받아들여 '사람이 곧 한울님[천주]'이라는 '인내천(人乃天)'의 평등사상을 내세웠다. 그리고 이런 사상을 가지고 보국안민(輔國安民; 나라를 돕고 백성을 편안하게 함)과 광제창생(廣濟蒼生; 널리 창생을 구제함)을 위한 개혁운동과 애국운동을 선동하고 나섰다. 이렇게 민족적이고 민중적인 동학이 창도되자 이를 따르는 신도들이 경상도, 전라도, 충청도 등 삼남 일대에 구름같이 모여들어 포(包), 접(接) 등의 조직도 이루어졌다.

동학에서 '갑자년'(1864)에 천지개벽이 온다고 예언하여 정부는 최제우를 혹세무민(惑世誣民; 세상을 속임) 죄로 체포하여 갑자년이 되는 1864년(고종 2)에 사형에 처했다. 그리하여 한때 교세가 수그러들었으나 2세 교주 최시형 등이 충청도 보은(報恩)을 중심으로 교세를 다시 확장해갔다. 특히 1870~1880년대에 이르러 열강과 불평등조약을 맺고 약탈적인 무역구조 속에서 농촌사회가 갈수록 피폐해지자 동학의 기세는 더욱 드세졌다. 충청도에서는 손병희(孫秉熙; 1861~1922)와 손천민(孫天民; 1854~1900), 전라도에서는 손화중(孫和中; 1861~1895), 서장옥(徐長玉), 황하일(黃河一), 김개남(金開男)과 같은 지도자들이 나타나 각각 북접(충청도)과 남접(전라도)의 신도를 이끌었다.

최제우(1824~1864)

동학의 지도자들은 상당한 재산과 지식을 가진 몰락 양반이거나 평민으로서 교세가 커진데 자신감을 얻어 1890년대에 들어서자 억울하게 죽은 교조 최제우를 위한 신원운동을 벌이기 시작했다. 첫 번째 모임인 1892년 전라북도 삼례(參禮) 집회에서 뜻을 이루지 못하자 1893년 3월 서울에 모여 궁궐 앞에서 임금에게 직접 호소하는 복합상소(伏閣上疏)에 나섰다. 그러나 여기서도 뜻을 이루지 못하자 1893년 4월에는 충청도 보은군 속리면에 2만여 명이 모여 '척왜양창의(斥倭洋倡義)'라는 정치구호를 외치며 나섰다. 일본과 서양을 배척하고 대의를 세우자는 것이었다.

최시형(1827~1898)

동학의 기세에 놀란 정부는 교인들을 달래는 한편 홍계훈(洪啓薰)으로 하여금 600명의 관군을 이끌고 나가 진압하도록 했다. 홍계훈은 바로 임오군란 때 명성황후를 등에 업고 피신시켜 출세하기 시작한 충성심이 강한 평민 출신 무장이었다. 산간벽지에서 20여 일간 호우와 식량부족으로 지쳐 있던 교인들은 충청도 관찰사 등을 처벌해 줄 것을 조건으로 걸고 자진해 해산했다. 그러나 그들의 불만을 해결한 것은 아니었으므로 불씨는 여전히 남아 있었다.

2) 제1차 동학농민전쟁 (1894. 2~1894. 6)

개항 이후 경제적으로 가장 타격을 입은 지방은 곡창지대인 전라도였다. 이 지역은 그 전부터 서울에 사는 양반 부재지주(不在地主)들의 농지 소유를 허용하는 중앙정부에 대해 불만이 많았다. 개항 이후 곡물이 대거 일본으로 수출되고, 외국 상인들이 횡포를 부릴 뿐만 아니라 정부에서도 수세(水稅), 균전세(均田稅) 등 각종 세금을 부과하여 정부와 일본, 서양에 대한 불만이 더 한층 커졌다. 여기에 반외세·반정부적인 동학이 이러한 정서를 더욱 부추겼다.

1894년 2월에 전라도 농민들의 불만이 폭발하는 사건이 터졌다. 고부군수(古阜郡守)로 내려간 조병갑(趙秉甲)이 만석보(萬石洑)로 불리는 저수지에서 수세(水稅)를 강제로 징수하고 아버지의 비각을 세운다는 구실로 돈을 받아내는 등 온갖 탐학을 일삼았다. 이에 분개한 고부 농민들은 서당 훈장(訓長) 출신인 고부접주 전봉준(全琫準; 1855~1895)의 지휘 아래 여러 차례 고부 관아와 전주 감영(監營)을 찾아가 시정을 요구했으나 효과가 없자 대규모 폭동을 일으켰다.

1894년 2월에 전봉준은 1천여 명의 농민을 이끌고 고부 관아를 습격하여 무기를 탈취하여 아전들을 죽이고, 양곡을 몰수하여 주인에게 돌려주었다. 고부읍을 점령한 농민들은 조병갑의 학정을 시정할 것과 외국 상인의 침투를 금지하라는 등 13개 조의 요구사항을 정부에 전달했다.

크게 놀란 정부는 조병갑에게 죄를 주고, 이용태(李容泰)를 안핵사로 내려 보내 진상을 조사하도록 했다. 그러나 이용태는 난동을 일으킨 동학교인을 색출하는 데만 신경을 쓰고 농민의 요구를 외면했다. 이에 격분한 전봉준과 농민들은 이해 4월 '보국안민(輔國安民)' 을 위해 봉기하라는 통문을 사방에 보내고 8천여 명의 농민을 모아 조직적인 저항에 나섰다. 대장은 전봉준이 맡고, 손화중과 김개남을 총사령관, 오지영(吳知泳)을 총참모로 삼았다. 지휘부는 동학교인이 맡았으나 대부분은 동학을 모르는 일반 농민이었다. 그들은 외세를 이 땅에서 몰아내고, 정부의 특권층을 제거한 다음 이상적인 왕정(王政)을 세우기 위해 싸울 것을 천명하고, 노란 깃발을 표지로 내걸고, 죽창과 곤봉으로 무장했다.

농민군은 고부를 점령한 뒤 고부 북쪽의 백산(白山)으로 올라가 진을 치고 대오를 정비한 다음, 전주에서 내려온 관군(官軍)을 고부 남쪽 황토고개[黃土峴]에서 물리쳤다 (5월). 이어 남쪽으로 치고 내려가 정읍, 고창, 무장, 영광, 함평, 무안, 나주 등지를 차례로 점령하고, 나주에서 다시 북상하여 서울을 향해 진격했다. 이때 정부는 홍계훈을 양호초토사(兩湖招討使)로 임명하여 800여 명의 관군을 파견했는데, 장성(長城)에서 패하고 말았다. 군사의 숫자와 사기 면에서 농민군을 당해내지 못했다. 농민군은 승승장구하여 전주감영(全州監營)을 점령하고, 6월 초에는 전라도 전역을 사실상 장악했다.

정부와 농민군은 되도록 외세의 개입 없이 문제를 해결하기 위해 휴전교섭을 벌인

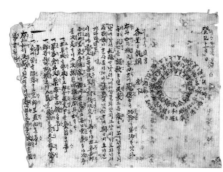

사발통문 1893년 전봉준을 비롯한 동학 간부들이 작성한 통신문으로 주모자가 드러나지 않도록 관계자의 이름을 사발 모양으로 썼다.

동학혁명 백산기념탑
당시 고부군, 현재 부안군

끝에 6월 11일에 전주화약(全州和約)을 맺었다. 처음에 농민군은 30여 조에 달하는 폐정개혁안(弊政改革案)을 제의했으나, 실제로는 12조의 개혁안이 합의되었다.[12] 개혁안의 내용은 세금문제, 신분차별문제, 일본에 대한 경계, 그리고 토지문제가 중심을 이루고 있었다. 이는 주로 농촌문제로 근대국가건설에 필요한 국가운영 전반을 문제 삼지는 않았다. 농민군은 그럴만한 경륜을 가지고 있지 못했는데, 이것이 농민군의 한계였다.

집강소 상상도 폐정개혁 12개 조의 실시를 감독하려고 설치한 농민 자치기관이다.

전주화약에 따라 전라도 관찰사 김학진(金鶴鎭)과 전봉준은 전라도 53군에 집강소(執綱所)라는 민정기관을 설치하고, 전주에는 집강소의 총본부인 대도소(大都所)를 설치했으며, 전봉준은 전라우도(북도)를, 김개남은 전라좌도(남도)를 각각 통할했다.

그러나 정부는 농민군을 진압하기 위해서는 관군의 힘만으로는 부족하다는 것을 느끼고 청나라의 도움을 요청했다. 이에 따라 청나라는 3천여 명의 군대를 보내 아산만을 통해 들어왔으며, 이를 본 일본은 톈진조약에 따라 7천여 명의 군대를 보내 인천을 통해 서울로 들어와서 7월 23일에 경복궁을 점령했다. 일본군은 청나라와 가까운 왕비세력을 밀어내고 왕비와 사이가 좋지 않은 대원군을 내세워 갑오개혁을 추진하기 시작했다. 동시에 일본은 7월 25일 아산만의 청나라 군대를 기습 공격하여 청일전쟁이 시작되었다. 일본은 갑신정변 후 청나라에 밀린 형세를 일거에 반전시키기 위해 엄청난 모험을 감행한 것이다.

---

12) 오지영의《동학사(東學史)》에 따르면 12조의 개혁안은 다음과 같다.
　　(1) 정부와 동학교도 사이에 쌓인 원한을 씻고 모든 행정에 협력할 것
　　(2) 탐관오리는 그 죄목을 조사하여 일일이 엄징할 것
　　(3) 횡포한 부호(富豪)의 무리는 엄징할 것
　　(4) 불량한 유림(儒林)과 양반의 무리는 징벌할 것
　　(5) 노비문서는 불태워 버릴 것
　　(6) 칠반천인(七班賤人)의 대우를 개선하고 백정이 쓰는 패랭이를 벗겨 버릴 것
　　(7) 청춘과부의 개가(改嫁)를 허락할 것
　　(8) 무명잡세를 거두지 말 것
　　(9) 관리의 채용은 지벌(地閥)을 타파하고 인재를 등용할 것
　　(10) 왜(倭)와 내통하는 자를 엄징할 것
　　(11) 공사채(公私債)를 물론하고 기왕의 것은 무효로 할 것
　　(12) 토지는 평균으로 나누어 경작하게 할 것
　　　그러나 위 조항 가운데 토지의 평균분작 요구는 다른 기록에는 보이지 않으며, 또 위 조항에는 보이지 않으나 대원군의 옹립을 주장했다는 자료도 있다.

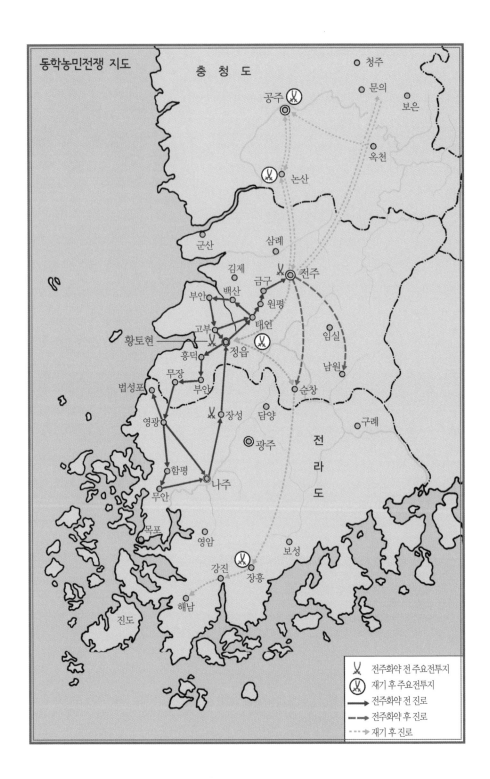

동학농민전쟁 지도

3) 제2차 동학농민전쟁 (1894. 10)

일본군이 경복궁을 점령하자 농민군은 이에 분노하여 1894년 10월에 '척왜(斥倭)'를 구호로 내걸고 다시 봉기했다. 이제는 내정개혁보다 일본세력 축출이 봉기의 주된 목표가 되었다.

전봉준이 이끄는 약 10만 명의 전라도 농민군은 전주 북쪽 삼례(參禮)에 모였고, 손병희가 이끄는 약 10만 명의 충청도 농민군도 청산(靑山, 옥천군)에 집결한 후 논산(論山)에서 합류했다. 이렇게 세력이 커진 농민군은 서울을 향해 진격하다가 공주 남쪽의 우금치(牛禁峙) 고개에서 관군 및 일본군과 마주쳐 격전을 벌였다. 약 1주일간 50여 회의 공방전을 벌이던 농민군은 무기의 열세를 극복하지 못하고 대패했다. 겨우 500여 명에 불과한 생존자는 퇴각하여 전주 남쪽의 금구(金溝)와 원평(院坪)으로 물러났다.

우금치 기념비 충청남도 공주시

농민군 지도자 전봉준은 순창(淳昌)에서 체포되어 서울로 압송된 후 일본 공사의 재판을 받고 다음해 4월에 향년 41세로 처형당했다. 나머지 지도자들도 체포되거나 살해되어 1년간에 걸친 동학농민전쟁은 실패로 끝나고 말았다.

전봉준 동상 당시 고부군

동학농민전쟁은 동학교인과 농민이 규합하여 생존권을 위해 벌인 반정부(反政府), 반외세(反外勢) 투쟁으로, 상당한 지식을 가진 계층이 참여했다는 점에서 종전의 민란(民亂)과는 차원이 다른 모습을 보여주었다. 그러나 당시의 역사적 환경은 죽창(竹槍)으로 총포(銃砲)를 이겨낼 수 없었으며, 소박한 애국심과 애민정신으로 근대국가를 운영할 수는 없었다. 이것이 동학농민운동이 실패할 수밖에 없었던 한계이다.

체포 압송되는 전봉준(1855~1895)

그러나 동학농민군이 내건 생존을 위한 개혁안은 근대국가가 반드시 풀어야 할 숙제임이 틀림없었으며, 바로 그 숙제를 위정자에게 각인시킴으로써 역사가 진보하는 계기를 만들었다. 비록 일본의 강압으로 이루어진 것이지만 갑오개혁에서 신분제도 철폐, 과부의 재가가 허용된 것이 바로 그 성과이다. 그런 점에서 동학농민전쟁은 절반의 승리를 거둔 셈이었다.

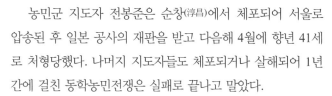

전봉준 공초(재판 기록, 1895.2.9)

3. 갑오개혁(1894. 7~1896. 2)

1) 일본군의 경복궁 점령과 제1차 갑오개혁

1894년 7월 25일 일본군은 아산만의 청나라 군대를 기습적으로 선제공격하여 청일전쟁이 일어났다. 1,200여 명을 실은 청나라 함정이 침몰되어 모두 죽었고, 이어 성환전투, 평양전투에서도 이긴 일본군은 랴오둥으로 진격하여 뤼순(旅順; 여순)을 장악하고, 산둥반도의 웨이하이웨이(威海衛; 위해위)를 점령하고 북양함대를 모두 전멸시켜 마침내 청의 항복을 받아냈다. 일본은 중국 전역을 정복할 기세를 보였으나, 영국, 러시아, 미국 등의 중재를 받아들여 1895년 4월에 시모노세키조약(下關條約)을 맺었다. 이로써 일본은 청으로부터 랴오둥반도와 타이완(臺灣; 대만), 그리고 펑후제도(澎湖諸島)를 양도받았다. 또 이때 청나라에 속한 다오위다오(釣魚島)를 무주지로 설정하여 일본 영토로 만들고, 센카쿠열도(尖角列島)라고 불렀다. 현재 중국이 이 섬의 반환을 요구하고 나서 일본과 갈등을 빚고 있다.

청일전쟁을 일으키기 이틀 전인 1894년 7월 23일 일본은 경복궁을 포위한 가운데 조선의 내정을 일본 침투에 유리한 방향으로 바꾸는 개혁에 착수했다. 이것이 갑오개혁이다. 당시 경복궁을 점령한 일본군의 여단장은 오시마 요시마사(大島義昌)로, 지금 아베 신조 일본 수상의 고조부이다.

갑오개혁에서 일본이 가장 주력한 것은 일본에 비우호적인 고종과 왕비세력을 무력화시키는 일이었다. 그러기 위해서 권력구조를 내각제(內閣制)로 바꿔 친일적인 인사를 내각총리로 앉히고, 경제구조를 일본에 유리하게 바꾸었다. 그러나 고종과 왕비를 무력화시킬 경우 올지도 모를 국민의 반발을 무마하기 위해 동학농민군이 요구한 사회개혁을 집어넣었다. 일본은 백성의 요구를 잘 들어준다는 인상을 심어줌으로써 왕실과 백성을 이간시키는 것도 일본의 중요한 전략이었다.

시모노세키조약

1894년 7월 27일 일본은 군국기무처(軍國機務處)라는 임시 특별 기구를 설치하도록 강요하고, 왕비세력을 정권에서 밀어내고 그 대신 대원군을 불러들여 섭정을 맡긴 가운데 영의정 김홍집(金弘集)을 군국기무처 총재관으로 앉히고, 박정양, 김윤식, 김가진, 안경수, 유길준 등 17명을 위원으로 참여시켜 이해 12월까지 약 210건의 개혁안을 제정하여 실행했다. 이를 제1차 갑오개혁[갑오경장]이라 한다. 그 주요 내용은 다음과 같다.

먼저, 정치적으로 국왕중심의 권력구조를 내각제로 바꿔 의정부 총리대신(總理大臣) 아래 내무·외무·탁지·군무·법무·학무·공무·농상 등 8개 아문(衙門)을 두어 총리와 아문의 대신들이 실권을 갖도록 만들었다. 종전의 6조와 언론을 맡은 삼사(三司)는 폐지되었다. 또 내무아문 산하에 경무청(警務廳)이라는 강력한 경찰기관을 설치하여 치안을 맡겼다. 국왕의 인사권을 제한하여 1등과 2등의 칙임관(勅任官)은 왕이 직접 임명하되, 그 아래 중급관리인 주임관(奏任官)은 대신이 추천하여 왕이 임명하며, 하급관리인 판임관(判任官)은 대신 등 기관장이 직접 임명하도록 했다. 그 결과 고종의 권한은 현저하게 약화되었다.

한편, 궁중의 잡다한 부서들은 궁내부(宮內府) 산하에 통합하여 궁내부 대신이 관장하도록 했다. 특히 왕실 도서관인 규장각(奎章閣)을 궁내부 산하기관으로 격하시키고, 각신들이 다른 직책을 겸임하던 것을 금지시켰으며, 각신들을 친일인사로 바꾸었다. 이런 조치는 고종을 고립시키는 결과를 가져왔다. 또 종전의 과거제도는 폐지하고, 그 대신 보통시험과 특별시험을 거쳐 관리를 선발했다.

또한 청과의 관계를 끊기 위해 중국연호 사용을 폐지하고, 개국기년(開國紀年)을 사용하여 조선왕조 개국 몇 년으로 기록하도록 했다.

경제적으로는 국가재정을 호조 대신 탁지아문(度支衙門)에서 관장하게 하고, 은본위(銀本位) 화폐제도와 조세의 금납화를 실시했다. 또 방곡령(防穀令) 반포를 금지시키고, 일본 화폐의 유통을 허용했다.

사회적으로는 과부의 재가를 허용하고, 공사노비제도(公私奴婢制度), 반상문벌(班常門閥), 죄인연좌제 등을 혁파했다.

이상과 같은 개혁 가운데 신분제도의 철폐는 긍정적이지만, 실제로 서얼 차대는 고종 즉위 초에 없어지고, 노비세습제도는 1886년에 철폐되었으므로 대단한 의미가 있는 것은 아니었다. 반면, 국왕의 권한을 축소시키고, 방곡령을 폐지하고, 일본 화폐의 유통을 허용한 것 등은 결정적으로 일본의 정치적, 경제적 침투를 매우 유리하게 만드는 결과를 가져왔다. 특히 국방에 관한 대책이 전혀 없는 것은 이 개혁이 조선을 위한 개혁이 아니라는 것을 단적으로 말해준다.

2) 제2차 갑오개혁 (1894.12.17~1895.7)

이노우에 가오루

일본은 처음에 갑오개혁을 배후에서 지도하다가 청일전쟁에서 승리가 확실해지자 내무대신 이노우에 가오루(井上馨)를 특명전권공사로 보내 조선의 내정을 직접 관여하기 시작했다.

일본은 처음에 동학농민군과 사이가 좋은 대원군을 전략적으로 내세웠으나, 그는 제1차 갑오개혁을 찬성하지 않았다. 대원군은 왕비세력을 물러나게 한 것에는 동의했지만 그렇다고 일본의 조선침투를 용인하지는 않았다. 일본은 일시적으로 이용한 대원군을 밀어내고 군국기무처를 해체한 다음 갑신정변 때 일본으로 망명한 박영효와 서광범 등을 불러들여 대신자리에 앉히고 한층 일본에 유리한 개혁을 단행했다. 1894년 12월에서 다음해 말까지 추진된 개혁을 제2차 갑오개혁이라 한다.

일본은 고종을 압박하여 1894년 12월 12일(양력 1895.1.7)에 종묘에 가서 〈홍범14조(洪範十四條)〉[13]를 발표하게 했다. 이는 개혁에 대한 서약이다. 제2차 갑오개혁의 주요 내용은 다음과 같다.

먼저, 정치적으로 의정부와 8개 아문을 내각(內閣)과 7부(部)로 바꾸었는데, 공무아문과 농상아문을 합쳐 농상공부로 개편하여 7부가 된 것이다. 또 궁내부관제를 대폭 간소화하고, 앞서 궁내부 산하 기관으로 격하된 규장각을 규장원(奎章院)으로 개칭하여 내각(內閣)이라는 호칭을 없애버렸으며, 그 책임자로 친일인사 이승오(李承五)를 임명했다. 지방제도는 종전의 군현제를 없애고 전국을 23부(府; 관찰사), 337군(郡; 郡守)으로 개편했다.

---

13) '홍범14조'는 다음과 같다.
  (1) 청국에 의존하려는 생각을 버리고 자주독립의 기초를 세운다.
  (2) 왕실전범을 제정하여 왕위계승, 종친과 외척의 구별을 분명히 한다.
  (3) 임금은 각 대신과 의논하여 정사를 행하고, 종실·외척의 정치관여는 용납하지 않는다.
  (4) 왕실사무와 국정사무는 분리하여 서로 혼합하지 않게 한다.
  (5) 의정부와 각 아문의 직무권한을 명확히 제정한다.
  (6) 납세는 모두 법으로 정하고 함부로 세금을 거두지 못한다.
  (7) 조세의 부과와 징수, 경비 지출은 모두 탁지아문이 관할한다.
  (8) 왕실비용을 솔선 절감하여 각 아문과 지방관청의 모범이 되도록 한다.
  (9) 왕실의 비용과 각 관부 비용은 1년 예산을 세워 재정의 기초를 확립한다.
  (10) 지방관제를 속히 개정하여 지방관리의 직권을 제한, 조절한다.
  (11) 나라의 우수한 젊은이들을 파견하여 외국의 학술과 기예를 보고 익히게 한다.
  (12) 장교를 교육하고 징병법을 정하여 군제의 기초를 확립한다.
  (13) 민법·형법을 재정하여 인민의 생명과 재산을 보호한다.
  (14) 문벌을 가리지 않고 널리 인재를 등용한다.

탁지부 산하에 세금징수를 관장하는 관세사(管稅司; 9개 소)와 징세사(徵稅司; 220개 소)를 지방에 두어 징세업무를 강화했다.

한편, 행정권과 사법권을 분리하여 군수가 가진 1심 재판권은 그대로 두되 1심 재판소로 지방재판소와 개항장재판소를 설치하고, 2심 재판소로 순회재판소와 고등재판소를 설치했다.

군사 면에서는 훈련대(訓鍊隊)를 설치했는데 이를 추진했던 박영효가 왕비를 제거하려 했다는 반역음모 혐의를 받고 외국으로 망명하여 실효를 거두지 못했다.

이상과 같은 두 차례의 갑오개혁은 한 마디로 일본 메이지 정부의 국가운영 체제를 대부분 옮겨 놓은 것으로 형식상으로는 근대국가의 모습에 가까워진 것은 사실이었다. 그러나 형식의 근대화와 내용의 근대화는 다른 문제이다. 당시의 역사적 조건은 국가의 주권을 수호할 수 있는 국왕의 강력한 지도력과 국방강화가 우선 과제였으며, 이런 조건을 갖추면서 경제적, 사회적 근대화가 이루어져야만 진정한 근대국가로 발전할 수 있는데, 갑오개혁은 국왕을 무력화시키고, 국방을 도외시하여 일본이 침투하기 쉽게 만드는 근대화에 지나지 않았다. 특히 수천 년간 내려온 국왕중심 체제를 갑자기 내각제로 바꾸는 것은 국민정서상 용납되지 않는 도전이었으며, 1년이라는 짧은 시간에 수백 건의 개혁안을 여론수렴도 없이 제정한 것도 이 개혁이 얼마나 무모한 타율적 개혁인가를 말해준다.

갑오개혁은 결과적으로 고종은 물론이요, 왕비세력의 저항을 불러왔으며, 나아가 대원군조차도 강력한 반발을 보였다. 대원군은 이에 불만을 품고 동학농민군 및 청군과 손잡고 고종을 폐위시킨 뒤에 적손자인 이준용(李埈鎔; 맏아들 이재면의 아들)을 왕위에 옹립하려고 했다. 그러나 이 계획은 사전에 발각되어 실패로 끝나고, 마포 별장[아소정]에 유폐되는 신세가 되고 말았다.

아소정 현재 마포구 동도중공업고등학교 자리

제4장 근대국가,
대한제국의 탄생

1. 을미사변과 을미의병(1895~1896)

청일전쟁에서 승리를 거두어 청나라를 제압하고, 갑오개혁으로 조선의 내정개혁을 단행하여 조선에 침투할 기반을 닦은 일본은 이제 조선을 독점적으로 지배하는 길이 눈앞에 보이는 듯했다.

그러나 청일 간에 시모노세키조약이 맺어진 1895년 4월에 일본을 강력하게 견제하는 세력이 나타났다. 러시아, 프랑스, 독일이 공동으로 압력을 넣어 일본으로 하여금 청으로부터 얻은 랴오둥반도를 내놓게 했다. 이를 '삼국간섭'이라 한다. 삼국은 일본이 조선과 중국을 독점적으로 지배하는 것을 원치 않았던 것이다.

국제정세가 일본에 불리하게 돌아가자 갑오개혁으로 입지가 약해진 고종과 왕비는 이를 기회로 러시아와 손잡고 일본을 밀어내려 했다. 이른바 '인아거일(引俄拒日)'을 외교전략으로 택했다. 다시 말해 원교근공책(遠交近攻策)으로 돌아간 것이다. 이를 눈치챈 박영효는 선수를 쳐서 인아거일 정책을 주도하던 왕비를 제거하려고 하다가 도리어 음모가 발각되어 재차 일본으로 도주했다.

이를 기회로 고종은 1895년 8월 김홍집, 김윤식, 이범진, 박정양, 이완용 등 미국 및 러시아와 가까운 인사들을 등용하여 새로운 내각을 구성하고 반일정책을 추진했다.

친일내각의 실각과 친러내각의 등장에 불안을 느낀 일본은 또다시 폭력으로 정국을 뒤집어놓을 계획을 꾸미고, 1차적으로 친러정책을 주도하던 왕비부터 제거하기로 했다. 이 계획은 일본의 이토 히로부미(伊藤博文; 1841~1909) 등 원로(元老) 정치인들이 세운 것으로, 이를 실행하기 위해 이노우에 가오루(井上馨; 1836~1915) 대신 육군중장 출신의 과격한 인물인 미우라 고로(三浦梧樓; 1847~1926)를 조선주재 공사로 들여보냈다.

미우라는 부임하자마자 일본인 수비대(守備隊) 3중대와 순사, 그리고 일본인 신문기자(한성신문) 등으로 하여금 1895년 8월 20일(양력 10월 8일) 새벽에 경복궁을 습격하여 왕비를 시해하게 하는 만행을 저질렀다. 일본은 이 사건이 조선인이 주도한 것처럼 위장하기 위해 조선인 훈련대(訓鍊隊) 군인과 마포 공덕리[아소정]에 유폐 중이던 대원군을 강제로 끌어들여 경복궁으로 들어가게 했다.

미우라 고로

이때 홍계훈(洪啓薰)이 이끄는 시위대(侍衛隊) 군인들이 경복궁 앞에서 흉도들과 맞서 싸웠으나 무기의 열세로 패하고, 궁내부 대신 이경직(李耕植; 1841~1895) 등이 저항하다가 무참하게 살해되고, 여러 명의 궁녀도 목숨을 잃었다. 흉도들은 왕비를 건청궁(乾淸宮) 곤녕합(坤寧閤)에서 시해한 뒤 잠시 곤녕합의 옥호루(玉壺樓)에 두었다가 그 옆의 녹원(鹿苑)으로 시신을 옮겨 장작더미를 쌓고 석유를 뿌려 시신을 불태웠는데 증거를 인멸하기 위함이었다. 그러나 군사고문으로 경복궁에 거주하던 미국인 다이(Dye) 장군과 러시아인 건축기사 사바틴(Sabatin)이 현장을 목격하여 일본인의 만행임이 세상에 알려지게 되었다.

명성황후 생가 경기도 여주군 여주읍 능현리

그동안 남달리 영리한 두뇌로 외교정책을 주도하던 45세의 국모(國母)는 이렇게 무참하게 세상을 떠났다. 이 사건을 '을미지변(乙未之變)' 또는 '을미사변(乙未事變)' 이라 부른다. 왕비는 1897년 10월에 대한제국이 성립한 뒤에 명성황후(明成皇后)로 추존되어 이해 11월 세상을 떠난 지 2년 만에 청량리 홍릉(洪陵)[14]에 안장되었다.

건청궁 곤녕합 옥호루(1895)

이 사건은 국민의 분노는 물론 국제적 비난을 몰고 왔다. 일본은 미우라 일당을 송환하여 히로시마(廣島) 형무소에 가두고 재판하는 체하다가 증거불충분을 이유로 무죄 석방했는데, 흉도들 가운데에는 훗날 정부의 대신이나 외교관으로 승진한 이가 적지 않았다.

---

14) 1919년 1월 21일에 고종이 세상을 떠나자 3월 3일에 지금의 남양주시 홍릉에 안장했는데, 이때 명성황후도 이장하여 합장했다.

을미사변을 전후하여 일본은 고종을 압박하여 김홍집내각을 구성하고 140여 건의 법령을 제정·공포했다. 그 주요한 것을 들면 1) 태양력 사용, 2) 연호를 건양(建陽)으로 제정, 3) 서울에 소학교 설치, 4) 서울에 친위대(親衛隊), 지방에 진위대(鎮衛隊) 설치, 5) 단발령(斷髮令) 등이었다.

제3차 갑오개혁으로도 불리는 이번 개혁에 대해 국민은 엄청난 분노와 반발을 표출했다. 국모를 시해한 것과 태양력 사용과 단발령 시행이 특히 분노의 대상이 되었다. 태양력은 일본과 서양에서 사용하던 달력으로서, 태양력의 사용은 국제외교상으로는 도움이 되는 것이 사실이지만, 그동안 음력으로 지내던 국가의 모든 명절과 제사가 무너지는 것을 의미하기 때문에 특히 왕실의 정체성에 심각한 타격을 주었다. 상투를 자르는 단발은 부모가 주신 신체를 훼손하는 것으로 불효한 행위로 인식되었다. 또 상투를 자르면 복장이 자연히 서양화되므로 서양 상품이 범람하게 될 것을 우려하기도 했다.

을미사변과 갑오개혁에 대한 불만이 겹쳐 전국 각지에서 일본과 친일파를 응징하려는 유생들의 의병운동(義兵運動)이 일어났는데 이를 '을미의병'이라 한다. 고종과 명성황후 친족들이 의병운동을 배후에서 지원했다. 을미의병의 대표적인 의병장은 경기도 이천과 여주의 박준영(朴準英; 2천여 명), 춘천의 이소응(李昭應; 1천여 명), 제천의 유인석(柳麟錫)과 서상열(徐相烈), 강릉의 민용호(閔龍鎬), 홍주의 김복한(金福漢), 산청의 곽종석(郭鍾錫), 문경의 이강년(李康秊), 장성의 기우만(奇宇萬) 등이었다. 이들은 관군 및 일본군과 격전을 벌이면서 지방의 친일관료들을 처단하고 군사시설을 파괴했다.

2. 아관파천과 칭제건원 상소

명성황후를 잃은 고종은 일본군이 포위한 경복궁에 거하면서 다음에는 일본이 자신을 시해할 것을 예감했다. 그래서 음식도 선교사들이 가져다주는 캔 종류를 주로 먹으며 지냈다. 일본의 압박에서 벗어나려면 서양 공사관들이 들어 서 있는 정동(貞洞)으로 피신할 필요가 있다고 느꼈다. 당시 정동에 있는 미국, 러시아, 영국 등 서양 외교관과 친교가 두터운 이범진(李範晉), 이재순(李載純) 등이 정동구락부(貞洞俱樂部)라 불리는 사교모임을 가지고 있었는데, 이들은 미국공사관과 언더우드, 헐버트 등의 협조를 얻어 1895년 10월 12일(양력 11월 27일)에 친위 쿠데타를 일으키고, 고종을 경복궁의 동북문인 춘생문(春生門)을 통해 구출하여 미국공사관으로 피신시키려 했으나 사전에 알려져 실패했다. 이를 '춘생문사건'이라 한다.

러시아공사관 지금은 오른편 전망탑만 남아있다.

1896년 2월 11일 새벽 친위관료들은 다시금 고종을 구출하기 위해 궁녀 엄 상궁(嚴尙宮)의 가마에 고종과 세자를 태우고 경복궁의 서쪽 문인 영추문을 빠져 나와 러시아공사관으로 피신시켰다. 이 사건을 '아관파천(俄館播遷)'이라 한다. 궁녀의 가마를 일본군이 조사하지 않는 것을 알고 있는 엄 상궁의 계획이 성공한 것이다.

리시아공사관에서 운신이 자유로워진 고종은 을미사변에 관여한 관료들에 대한 체포령을 내렸다. 이에 김홍집(金弘集; 내각총리)과 친일성향이 강한 정병하(鄭秉夏; 농상공부대신)는 종로에서 성난 군중에게 맞아 죽고, 어윤중(魚允中; 탁지부대신)은 고향 보은으로 내려가다가 용인에

대한제국의 문무대신 1897년 10월 12일 황제 즉위식을 거행하고 대한제국의 대신들이 모여 찍은 사진

서 지방민들에게 맞아 죽었다. 유길준(俞吉濬; 서리내무대신), 우범선(禹範善; 훈련대 제2대장), 조희연(군부대신) 등은 일본으로 도피했다. 외무대신 김윤식(金允植)은 제주도로 유배되었다. 고종은 이들을 대신하여 이완용, 이범진, 윤치호 등으로 새 내각을 구성했다.

고종이 러시아공사관에 1년간 머문 것은 국가체면에 손상을 가져온 것은 사실이다. 그러나 러시아를 비롯한 서양인 공관들이 고종을 보호하여 고종의 운신 폭은 그만큼 넓어질 수 있었다. 고종은 이곳에서 근대적인 자주독립 국가인 대한제국(大韓帝國) 건설을 위한 준비를 착실하게 진행시키고 있었다.

을미사변과 갑오개혁에 반발하는 의병운동이 거세게 일어나는 가운데, 전직관료와 현직관료, 지방의 유생들, 그리고 서울의 시전상인에 이르기까지 각계각층의 국민들은 일본에 대한 복수를 절규하면서 고종이 황제로 등극하여 당시 서양제국이 따르고 있던 만국공법(萬國公法)에 의거하여 명실상부한 자주독립 국가를 세워야 한다고 촉구하는 상소운동을 강력하게 전개했다.

고종은 열화와 같은 국민의 성원에 힘입어 우리 현실에 맞지 않는 갑오개혁의 일부를 원래대로 되돌렸다. 단발령을 폐지하고, 내각제를 폐지하여 의정부제도를 복구하고, 음력과 양력을 병용하도록 했으며, 23부로 개편된 지방제도를 13도로 환원시켰다.

독립문과 독립관(1898년경)

위치가 바뀐 독립문(2015년 현재)

경운궁 현판 일제가 덕수궁으로 바꿈.

한편으로 고종은 1896년 11월 자주독립의 상징으로 영은문(迎恩門) 자리에 독립문(獨立門)을 세우고, 1897년 7월에는 정부관료들이 서재필(徐載弼)을 고문으로 추대하여 조직한 독립협회(獨立協會)를 지원하는 등 근대문화운동에 도움을 주었다. 대한제국이 세워진 뒤에는 모화관(慕華館) 자리에 독립관(獨立館; 1898. 5)을 세우도록 재정적으로 도와주기도 하였다.

고종은 경복궁에 남겨 놓고 온 명성황후 시신을 러시아공사관과 미국공사관 옆에 있는 경운궁(慶運宮)으로 옮기고(1896. 9), 러시아공사관에서 경운궁으로 통하는 지하통로를 만들어 경운궁을 왕래하면서 경운궁을 대대적으로 증축하여 장차 정궁(正宮)으로 이용할 수 있도록 시설을 정비하여 놓았다.[15] 이렇게 경운궁이 정비되자 1897년 2월 20일에 러시아공사관에서 경운궁으로 돌아왔다. 아관파천한 지 꼭 1년만이다.

경운궁으로 돌아온 고종은 김병시(金炳始; 1832~1898), 정범조(鄭範朝; 1833~1897) 등 온건한 자주개화파를 등용하고, '구본신참(舊本新參)'[16]에 바탕을 둔 '민국(民國)'[17]을 건설한다는 목

---

15) 경운궁은 원래 성종의 형인 월산대군의 개인 저택이었으나 이후 왜란 때 궁궐이 모두 불에 타 선조는 의주에서 돌아와 이곳을 임시 거처로 사용하면서 궁으로 이용하게 되었다. 이 집을 석어당(昔御堂)이라 불렀다. 그 후 광해군도 경운궁의 즉조당(卽阼堂)에서 즉위했다. 광해군에 의해 폐모가 되어 유폐당한 인목대비가 머물렀던 서궁(西宮)도 경운궁을 말한다. 고종은 이곳에 정전인 중화전(中和殿)을 비롯하여 함녕전(咸寧殿; 침전), 준명당(浚明堂; 외빈 접대소), 경효전(景孝殿; 명성황후 빈전), 함유재(咸有齋), 흠문각(欽文閣; 어진봉안), 영복당(永福堂), 함희당(咸喜堂), 양이재(養怡齋), 가정당(嘉靖堂), 구성헌(九成軒), 중명당(重明堂; 漱玉軒) 등을 새로 지었고, 1900년부터 석조전(石造殿)을 새로 지었다. 중화전은 원래 2층 지붕으로 지었으나 1904년에 대화재로 경운궁 대부분이 소실되면서 중화전도 소실되어 1905년에 중건하면서 단층지붕으로 축소시켰고, 이해 대안문(大安門)을 수리하면서 대한문(大漢門)으로 이름을 바꿨다. 대한문은 '큰 하늘 문'이라는 뜻이다. 고종이 1907년에 황제자리에서 물러나자 이름을 덕수궁(德壽宮)으로 고쳐 불러 지금까지 내려오고 있다.

16) '구본신참'은 옛것을 근본으로 삼고, 새것을 절충한다는 뜻이다. 여기서 옛것은 군주중심의 권력구조를 말하는 것이며, 새것은 갑오개혁에서 도입한 신식 제도를 가리킨다.

17) '민국'이라는 용어는 조선 후기 특히 18세기 무렵부터 양반 중심 국가를 지양하여 소민(小民) 위주의 국가로 나가겠다는 뜻을 담은 것이다. 그런데 대한제국이 성립할 무렵부터는 '민국'이 국정의 지표가 되다시피 했다.

환구단 사적 157호, 1913년 일제에 의해 헐리고 그 터에는 지금 웨스틴 조선 호텔이 들어서 있다. 현재, 옛사진 왼편의 황궁우와 삼문, 석고만이 남아 있다. 서울 중구 소공로 소재

표 아래 교전소(校典所; 3. 23)[18]와 사례소(史禮所; 6. 3)[19]라는 기구를 설치하여 근대국가에 필요한 법제도를 연구하도록 했다. 이어 1897년 8월 16일에는 연호를 '광무(光武)' 로 바꿔 부국강병의 기치를 내세우고, 10월 12일에는 문무백관을 거느리고 소공동 옛 남별궁 터에 세운 제천단인 환구단(圜丘壇)에 나아가 황제즉위식을 거행하고, 이 날 국호를 '대한' 으로 바꾸어 선포했다. 대한은 삼한(三韓) 즉 광대한 영토를 차지했던 삼국(三國)의 영토를 계승하겠다는 뜻을 담았다. 대한제국이 선포되던 날 집집마다 태극기를 걸고 대한제국의 출범을 경축했다.

미국 워싱턴 D.C.의 대한제국 공사관

3. 대한제국의 광무개혁

1) 황제 전제정치와 국제적 활동

1897년 10월 12일에 선포한 대한제국은 경운궁을 정궁으로 삼고 근대국가 건설을

---

18) 처음 교전소에 임명된 관원은 김가진(金嘉鎭; 중추원 의관), 권중현(權重顯; 법부협판), 고영희(高永喜; 외부협판), 이채연(李采淵; 한성판윤), 성기운(회계원경), 이상재(의정부 총무국장), 윤치호(중추원의관) 등이었는데, 뒤에는 민영준(閔泳駿; 민영휘)이 책임을 맡았다.

19) 사례소에 임명된 관원은 남정철(南廷哲)을 수장으로 하여, 이종원, 남정필, 김인식이 부원(副員)으로 임명되었으며, 이밖에 진사(進士)나 중인 출신의 이름 없는 인사들이 하급 직원으로 임명되었다. 장지연(진사), 현은(참서관, 중인), 윤희구(유학) 등이 그렇다.

위한 임시헌법을 만들고, 이에 따라 여러 시책을 하나하나 시행해 나갔다. 대한제국의 개혁정치를 광무개혁(光武改革)이라 부른다.

1897년 11월 22일에는 그동안 미루던 명성황후의 장례식을 치르고, 1899년 8월 17일에는 교정소(校正所)라는 특별입법기관을 설치하여 9개 조로 되어 있는 '대한국국제(大韓國國制)'를 반포했다. 대한제국의 임시헌법에 해당하는 '국제'의 내용을 요약하면 다음과 같다.

제1조 대한국은 세계 만국이 공인한 자주독립국이다.

제2조 대한제국의 정체(政體)는 전제정치다.

제3조 황제는 무한한 군권(君權)을 향유한다.

제4조 신민(臣民)이 황제의 군권을 침손할 경우에는 신민의 도리를 잃은 자로 본다.

제5조 황제는 육해군을 통솔하고, 편제를 정하며, 계엄과 해엄의 권한을 갖는다.

제6조 황제는 법률을 제정하고, 그의 반포와 집행을 명하며, 국내 법률을 개정하고 대사(大赦), 특사(特赦), 감형(減刑), 복권(復權)의 권한을 갖는다.

제7조 황제는 행정 각 부의 관제와 문관의 봉급을 제정 혹은 개정할 수 있는 권한과 행정상 필요한 칙령을 내릴 권한을 갖는다.

제8조 황제는 문무관의 임명을 행하며, 작위, 훈장 및 기타 영전을 수여 혹은 박탈할 권한을 갖는다.

제9조 황제는 각 조약국(條約國)에 사신을 파견, 주재하게 하며, 선전(宣戰), 강화(講和) 및 제반 조약을 체결할 권한을 갖는다.

이상 대한제국의 헌법은 황제가 입법권, 행정권, 사법권, 인사권, 조약체결권, 군대 통솔권 등 무한한 권력을 갖는 '전제국가'임을 명시하고, '세계만국의 공인'을 받은 '자주독립국'임을 선포한 것이다. 이는 당시의 국제법인 만국공법(萬國公法)에 합당하는 당당한 근대국가임을 세계만방에 선포했다는 의미도 갖는다.

근대국가는 영토, 주권, 국민으로 구성되어 있는데, 영토는 이미 '대한'이라는 국호에서 천명한 것처럼 만주를 포함한 삼국의 영토를 회복하겠다는 의지를 표명했고, 1900년에는 독도(獨島)를 행정적으로 울릉도에 부속한 섬으로 명시했다. 주권은 세계 만국이 '자주독립국'임을 공인함으로써 증명되었고, 국민은 '국제'에는 명시되지 않았으나 이미 신분제도가 무너지고, '민국'을 지향함으로써 간접적으로 천명된 것이다.

이 '국제'에서 민권(民權)이나 의회(議會)에 관한 언급이 없는 것은 국가주권을 지키는 것이 무엇보다 시급한 당시의 긴박한 사정을 고려한 것이다. 특히 일본이 독립협회를 종용하여 민권운동을 벌이면서 임금과 백성을 이간시키던 당시의 사정을 고려할 때 불가피한 일이었을 것이다. 따라서 이 국제는 완벽한 헌법이라기보다는 비상시국에 대응하기 위한 임시헌법의 성격을 가진다고 볼 수 있다.

프러시아식 정장을 한 고종황제

대한제국은 황제에 걸맞는 의례(儀禮)에 관한 명나라의 법제를 참고했다. 호란 이후로 조선이 명나라의 정통을 계승했다고 자부해온 '조선-중화 사상'을 계승한 것이다. 뒷날 고종과 명성황후의 능묘인 홍릉(洪陵)도 명나라 태조의 효릉(孝陵)을 참고하여 건설하여 종전의 왕릉과는 다른 모습을 지니고 있다.

고종이 황제가 됨에 따라 1899년에 태조와 고종의 4대조를 황제로 높였다. 그리하여 태조는 '태조고황제(太祖高皇帝)'로, 고조 사도세자는 '장조의황제(莊祖懿皇帝)'로, 증조 정종(正宗)은 '정조선황제(正祖宣皇帝)'로, 조부 순조(純祖)는 '순조숙황제(純祖肅皇帝)'로, 부친 익종[효명세자]은 '문조익황제(文祖翼皇帝)'로 추존했다. 그리고 1900년에 황제의 세 아들 가운데 황태자를 제외한 두 아들 이강(李堈; 귀인 장씨 소생)과 이은(李垠; 귀인 엄씨 소생)을 각각 의왕(義王 또는 義親王)과 영왕(英王 또는 英親王)으로 봉했다.

대한제국은 황제 직속의 궁내부(宮內府)를 두고, 그 안에 철도원, 서북철국, 광학국(광산업), 수민원(해외여행 관리), 평식원(도량형 관리), 박문원(교육, 출판), 통신사, 내장원(재정 관리) 등 부속기구를 두어 근대화사업을 황제가 직접 관장하도록 했다.

근대국가는 국기(國旗)와 국가(國歌)를 가지는 것을 고려하여 국기(國旗)와 어기(御旗)를 태극기(太極旗)로 정하고, 황자(皇子)들의 친왕기(親王旗) 및 군기(軍旗)도 제작했다. 국가는 1902년에 독일인 에케르트(Eckert)가 작곡하도록 했다. 또 훈장(勳章)으로는 태극장(太極章)을 만들었다. 대한제국은 근대국가로서의 국제적 위상을 높이기 위해 1899년에 만국우편연합에 가입하고, 1900년에는 프랑스 파리에서 열린 만국박람회에 참여했으며, 1903년에는 일본 오사카에서 열린 박람회에도 참가했다. 이해 서울에서도 만국박람회를 개최하려고 시도했으나 실현되지 못했다. 1903년에는 국제적십자 활동에도 참여했다.

2) 국방강화와 영토확장 정책

대한제국은 자주독립을 실질적으로 뒷받침할 수 있는 국방력을 키우고, 군사통수권을 황제가 장악하는 데에 힘을 기울였다. 갑오개혁의 결정적 한계는 바로 이 점을 무시한 데 있었다.

먼저, 신식군대의 고급장교를 양성하는 기관으로 1898년 5월에 황제 직속 무관학교(武官學校)를 설치했다. 개항 이후 별기군(別技軍)을 설치했으나 일본인 교관이 가르쳐 국왕이 장악하기 어려웠던 점을 고려한 것이다. 또 정보수집 기관으로 제국익문사(帝國益聞社)를 설치하고, 경찰력을 높여 치안을 유지하기 위해 경위원(警衛院)을 설치했다.

다음에 황제가 최고의 군사통수권을 장악하기 위해 1899년 7월에 원수부(元帥府)를 설치하고, 황제가 대원수(大元帥)를 겸했다. 황제가 때때로 서양 프러시아식 원수복을 입은 이유가 여기에 있었다. 원수부 안에는 육군헌병대(陸軍憲兵隊)를 두어 군대에 대한 감찰을 맡게 했으며, 황제를 직접 호위하는 군대인 시위대(侍衛隊)와 지방을 지키는 군대인 진위대(鎭衛隊)를 6개 연대로 증강하고, 포병(砲兵)도 따로 설치하여 군대의 현대화를 이룩했다. 국방력 강화를 위해서는 군함이 절대적으로 필요하다는 것을 절감하여 1903년에 독일로부터 3,400톤급 양무함(揚武艦)을 구입하여 해군력을 높였다. 대한제국은 광대한 영토를 가지고 있었던 삼국의 전통을 계승한다고 표방했을 뿐 아니라 실제로 영토 확장을 위한 정책을 강력하게 추진했다. 고구려 영토였던 만주의 간도(墾島; 間島)와 연해주의 블라디보스토크로 진출하기 위해 그곳으로 교민의 이주를 권장하고, 이주한 교민을 보호하기 위해 북변도관리(北邊島管理)와 해삼위통상사무관(海蔘崴通商事務官)을 설치했다.

한편, 북방진출을 위한 거점도시를 만들기 위해 1902년에 평양을 다시금 서경(西京)으로 승격시켜 양경체제(兩京體制)를 갖추고, 이곳에 풍경궁(豊慶宮)과 중화전(中華殿) 등을 새로 짓고, 고종황제와 황태자의 어진(御眞; 초상화)을 새로 제작하여 봉안했다. 그리고 평양과 의주를 대륙과 연결하는 교통수단으로 경의철도(京義鐵道)를 우선적으로 건설하기 위해 서북철도국(西北鐵道局)과 대한철도회사(大韓鐵道會社)를 설치하였으나 재원 부족으로 뜻을 이루지는 못했다.

한반도 주변의 작은 도서(島嶼)들을 행정적으로 편입시키는 일도 중요한 사업으로 추진했다. 1900년에 울릉도를 울릉군으로 승격시키고, 그 주변에 있던 죽도(竹島)와 석도(石

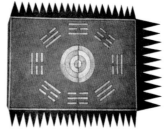

대한제국 어기 31.5×24cm, 규장각 소장

대한제국 국기 대한제국에서 펴낸《각국기도》에 실린 태극기 , 1900년경,
장서각 소장

파리만국박람회의 대한제국관 화보 그림 《르 프티 주르날》, 45.0×30.7cm,
1900년, 명지대 도서관 소장

島)를 울릉군의 관할구역으로 확정했다. 여기서 석도(石島)는 바로 독도(獨島)[20]를 말한다.
1905년에 일본은 러일전쟁에서 승리한 것을 기회로 독도를 빼앗아 일본의 시마네현(島根
縣)에 소속시켰는데, 정부에서는 이를 강력하게 항의했으나 뜻을 이루지 못했다.

간도의 경우도 숙종 때 청나라와 함께 백두산정계비(白頭山定界碑)를 세울 때 '서쪽은
압록강으로 경계를 삼고, 동쪽은 토문강(土門江)을 경계로 삼는다'고 하여 두만강이 아
닌 토문강을 국경으로 삼았는데, 일본은 1909년에 만주철도를 부설하면서 청나라와
간도협약(間島協約)을 맺고 토문강을 두만강으로 해석하는 청나라의 주장을 받아들여
간도(間島 또는 墾島)를 중국에 넘겨주었다.

3) 근대적인 식산흥업 정책

낙후된 경제를 근대 산업자본주의 경제로 발전시키는 식산흥업(殖産興業) 정책도 광
무개혁의 중요한 과제였다.

먼저, 정부의 조세 수입을 늘리고 토지에 대한 근대적 소유권을 확립하기 위해

---

20) 독도(獨島)라는 명칭은 예부터 여러 가지 명칭으로 불려 왔다. 우산도(于山島), 삼봉도(三峰島), 자산도(子山島),
석도(石島) 등이 그것이다. 특히 석도는 순수한 우리말로 '돌섬'인데, 경상도 사투리로 '독섬'이라고 불러 독도
(獨島)가 된 것이다. 일본인도 그 발음을 따라 '독섬'을 '다케시마'로 부르게 된 것인데, 이를 한자로 '竹島'라
고 쓰게 되었다. 따라서 '다케시마'도 한국말이다. 신라 지증왕 13년(512)에 우산국(于山國; 울릉도)이 신라의
영토로 편입되면서 그 부속도서인 독도도 조선조 말까지 그대로 울릉도의 속도(屬島)로 내려왔다.《세종실록
지리지》와《동국여지승람》등에도 독도가 울릉도와 함께 기록되어 있고, 조선시대의 각종 고지도(古地圖)에는
울릉도와 독도(우산도)가 함께 그려져 있다. 외국인이 그린 한반도지도에도 독도를 조선영토로 표시한 것이
대부분이다.

1898년에 양지아문(量地衙門)을 설치하고, 1899~1903년 사이에 미국인 측량사를 초빙하여 두 차례에 걸쳐 전국적인 양전사업(量田事業; 토지조사사업)을 실시하고, 토지소유증명서인 지계(地契)를 소유주에게 발급해 주었다. 그 결과 전국 토지의 3분의 2 가량에 대한 근대적 소유권이 확립되었으며, 국가재정이 전보다 개선될 수 있는 토대가 마련되었다.

한편, 종래 탁지부 또는 농상공부에서 관할하던 광산, 홍삼, 포사(푸줏간), 철도, 수리사업 등의 수입을 황제 직속의 내장원(內藏院)으로 이관하여 황제가 직접 지출할 수 있게 했다. 그러나 1896년부터 회계제도가 도입되어 근대적인 예산제도가 시행되었다. 대한제국기의 국가수입은 해마다 급속도로 늘어났다.

은행설립도 경제근대화의 주요한 과제였으므로 1899년에 중앙은행으로 대한천일은행(大韓天一銀行)을 설립하고, 1900년경부터 전환국(典圜局)에서 백동화(白銅貨)를 발행하기 시작했다. 대한천일은행은 뒤에 상업은행으로 이름이 바뀌어 광복 후에도 이어져 오다가 현재 우리은행에 통합되었다.

황제는 이용익(李容翊; 1854~1907)[21]을 깊이 신임하여 내장원 재산을 관리하도록 하고, 그 재원을 군사비에 주로 쓰고, 그밖에 전기, 통신, 철도, 의료보건, 학교설립, 도서구입, 공장건설, 회사설립, 각종 국가행사 등에 지출하고, 때로는 반일의병운동을 지원하기도 했다. 예를 들면, 1905년 을사늑약의 무효를 세계에 알리기 위해 네덜란드의 헤이그에 밀사(密使)를 파견한 비용도 여기서 나왔다.

이용익(1854~1907)

국가재정을 황제가 관리하는 것은 형식상으로 보면 국가재정과 황실재산이 분리되지 않아 근대적인 재정구조가 아닌 것으로 보이지만, 일본이 친일 대신들을 뒤에서 조종하던 당시의 형편으로는 이러한 선택이 불가피한 것이었다.

식산흥업의 구체적인 정책은 과학기술과 상공업의 진흥으로 나타났다. 근대적 기

---

21) 이용익은 함경도 명천 출신 서민으로 보부상을 하면서 모은 돈으로 금광에 투자하여 거부가 되었는데, 재산을 황실에 기부하여 신임을 얻은 후 1897년에 내장원경이 되어 황실재산을 착실하게 관리했다. 그 뒤 탁지부대신, 전환국장, 서북철도국총재, 원수부 회계국장, 중앙은행 총재 등을 거치면서 대한제국의 광산업, 철도업, 금융업, 직조업, 사기업(砂器業), 총포업, 제지업, 인쇄업 등 식산흥업 정책의 핵심 인물로 활약했다. 러일전쟁이 일어나자 일본은 그를 일본으로 납치하여 갖가지로 회유했으나 실패했다. 1905년 1월에 귀국한 후 항일운동의 선봉에 서서 인재를 키우기 위해 사비로 보성소학(普成小學), 보성중학을 세우고, 출판사 보성관, 인쇄소 보성사를 세웠다. 1905년에 을사늑약이 맺어지자 고종의 밀서를 가지고 프랑스로 가던 중 산둥에서 일본 관헌에 발각되어 되돌아왔다. 그 후 통감부의 미움을 받아 공직에서 파면되어 해외에서 독립운동을 하다가 1907년 블라디보스토크에서 세상을 떠났다.

술학교로 기예학교(技藝學校), 의학교(醫學校), 상공학교(商工學校), 외국어학교 등을 설립하고, 황실 스스로 방직(紡織), 제지(製紙), 금은세공, 목공예, 유리공장 등을 설립하거나, 민간인의 회사설립을 지원하기도 했다.

지방의 영세상인인 보부상(褓負商)을 보호하고 지원하기 위해 이미 1883년에 혜상공국(惠商公局)을 설치한 적이 있었는데, 1897년에는 그 기능을 확대하여 황국중앙총상회(皇國中央總商會)와 황국협회(皇國協會)로 이관했다가 1899년에 상무사(商務社)로 이관하여 보부상의 상업특권을 부여하고, 영업세를 징수하도록 했다. 또 외국의 면제품(綿製品) 수입으로 위축된 국내 면직업을 진흥시키기 위해 민간인의 면직물공장 건설을 장려했다.

4) 근대 도시건설 사업

대한제국은 서울을 전통과 서양식이 조화된 근대도시로 바꾸기 위해 경운궁과 환구단을 중심에 두고 방사선 도로망을 새로 짜고, 1900년부터 경운궁에 서양식 건물인 석조전(石造殿)과 돈덕전(惇德殿)을 짓기 시작하고, 궁내부, 탁지부, 평리원, 한성전기회사 등을 서양식으로 지었다.

경운궁 석조전 영국인 하딩과 로벨이 설계

종로 2가의 원각사(圓覺寺) 터에는 근대적 시민공원을 세워 탑골공원이라 불렀으며, 협률사(協律社; 신문로)라는 근대적 극장과 광무대(光武臺)라는 영화관도 건설했다.

경운궁 돈덕전

또 궁궐에 전기가 들어오고, 전국적인 전신망(電信網)이 건설된 것은 이미 1880년대에 이루어졌으며 대한제국기에는 전화(電話)가 가설되고, 1898년에는 서대문과 청량리 간 전차가 개통되었는데 일본 도쿄보다 3년이 앞섰다. 청량리행 전차를 가장 먼저 건설한 것은 고종이 홍릉에 참배하기 위한 목적도 있었다. 1897년에는 미국인 J. R. 모스가 부설권을 얻어 경인선(京仁線; 노량진-인천) 철도를 기공하였으나 자금 부족으로 공사를

한강철교

중단하고, 1899년 일본인이 운영하는 경인철도합자회사에 부설권을 팔았으며, 이 회사가 1900년 한강철교를 건설했다.

5) 열강의 산업개발 참여

대한제국은 안으로 정치적 자주권과 경제적 자립능력을 키우면서 동시에 모든 산업을 국내 자본만으로 개발하기는 어렵다고 판단하고 통상을 맺은 여러 열강에 골고루 산업개발권을 주었다. 열강의 압력을 피하기 어려운 이유도 있었다. 정부는 수익의 일부를 세금으로 징수했다.

러시아에는 두만강, 압록강, 동해안 지역의 광산, 산림, 어업권을 주고, 부산 절영도(絕影島; 영도)를 석탄저장기지로 조차해 주었다. 미국에는 운산금광채굴권(1899)과 서울의 전차운영권(한미합작), 영국에는 평안남도의 은산금광채굴권, 독일에는 강원도 당현금광채굴권을 주었다. 서양 여러 나라에 이권을 준 것은 일본을 견제하려는 목적도 있었다.

이러한 노력에도 불구하고 열강 가운데 가장 많은 이권을 얻은 것은 군대파견을 협박하면서 나선 일본이었다. 일본은 경부철도(1898)와 경인철도 부설권(1899)을 얻어냄

으로써 개항장인 부산항과 인천항에서 각각 서울로 통하는 철도를 장악하게 되었다. 이후 러일전쟁에서 일본이 승리할 수 있었던 것은 철도의 힘이 크게 작용했다. 그러나 철도를 건설하면서 헐값으로 농토를 빼앗고, 농민들을 동원하여 또다시 반일의병운동이 일어나는 원인이 되었다. 기차가 지나갈 때 어린이들이 욕질하는 풍습이 그래서 생겨난 것이다.

경인선 우리나라 최초의 철도로 1897년 인천 우각현에서 공사를 시작해 1899년 제물포─노량진 노선을, 1900년 노량진─서대문 노선을 완공했다.

일본은 철도뿐 아니라 여러 지역의 금광과 어업권을 획득했으며, 무역량에 있어서도 대한제국 수출액의 80~90%를, 수입액의 60~70%를 차지했다. 일본은 주로 면제품을 가져오고, 쌀과 콩 등 곡식을 가져갔다. 또 서울과 인천 등 개항장에 은행을 설치하고 금융시장을 잠식했다. 일본에서는 사용되지 않는 '제일은행권'이라는 지폐를 통용시켜 화폐가치를 떨어뜨리기도 했다.

일본의 철도건설과 경제침투로 고통을 받은 농민들은 반정부─반일본 저항운동을 일으켰는데, 전라도에서는 동학의 잔여세력이 1898~1899년에 영학당(英學黨)을 조

직하여 반란을 일으켰다. 이들은 동학(東學)을 숨기기 위해 영학(英學: 영국종교)이라고 자칭했다. 그 뒤 충청, 경기, 경상도에서는 행상, 무직자, 빈농, 노동자, 걸인들이 모여 1900~1905년에 활빈당(活貧黨)을 조직하고, 일본 상인과 부자들을 습격하여 재물을 약탈했다. 활빈당은《홍길동전》에 나오는 의적(義賊)의 이름을 따서 만든 조직이다.

4. 독립협회운동(1896. 7~1898. 12)

1884년의 갑신정변 때 21세의 약관으로 참여했던 서재필(徐載弼: 1864~1951)은 갑신정변이 실패로 끝나자 일본을 거쳐 미국으로 망명하여 시민권을 얻고 의학박사가 되었다. 그 후 1894년에 갑오개혁으로 급진개화파가 집권하자 귀국하여 중추원 고문이 되었다가 을미사변(乙未事變)으로 고종이 아관파천한 직후인 1896년 4월부터 한글판 〈독립신문〉을 발간하여 서양의 자유, 민주, 평등사상을 보급하고, 유교문화와 중국 문명을 야만이라 비판하기 시작했다.

1896년 7월, 앞서 고종을 서양공사관으로 피신시키는 데 앞장섰던 고급관원들은 서재필을 고문으로 추대하고 사교단체인 독립협회(獨立協會)를 조직했다. 이 단체는 우선 청나라로부터의 독립이 중요하다고 여겨 1896년 11월에 이미 헐린 영은문 자리에 독립문(獨立門)을 세웠으며, 이어 1898년 5월에 모화관을 개조하여 독립관(獨立館)을 만들었다. 이 사업은 모금

서재필(1864~1951)   독립신문 창간호

으로 이루어졌는데, 황태자가 거금을 내놓았다. 그러니까 관민이 합동하여 독립협회를 이끌어간 것이다. 독립협회운동이 대한제국을 탄생시키는 데 도움을 주었고, 거꾸로 대한제국이 독립협회를 지원해 주었다.

독립협회는 1897년 10월에 대한제국이 탄생하자 이를 환영하는 글을 〈독립신문〉에 실으면서 큰 기대를 보였다. 그러나 이 무렵부터 독립협회 내부에 분열이 생겨 윤치호(尹致昊), 이상재(李商在) 등 입헌군주제(立憲君主制) 또는 공화제(共和制)로 나가려는 급진개화파(변법개화파)와 황제전제를 인정하려는 남궁억(南宮檍), 정교(鄭喬), 나수연(羅壽淵) 등 중도개화파(신구절충파) 사이에 분열이 일어났는데, 후자는 〈황성신문〉(皇城新聞: 1898. 9

창립)을 중심으로 활동하고, 전자는 〈독립신문〉 계열로 남았다. 그러나 양자 모두 자주독립을 지향한다는 점에서 연합세력을 형성했는데, 시간이 흐를수록 학생과 시민들이 참여하면서 그 회원이 늘어나서 1898년 10월경에는 약 4천 명에 이르렀다.

그러나 이렇게 세력이 커지면서 독립협회는 점차 사교단체, 계몽단체에서 정치단체로 변질되어 갔으며, 일본이 배후에서 반정부적 정치운동을 부추겼다.

1898년 10월에 회원들은 종로 광장에 모여 관민공동회(官民共同會)를 열었다. 이 모임에는 정부 측의 박정양(朴定陽) 등 대신들도 참여하고, 그밖에 지식인, 학생, 여성, 상인, 승려, 심지어 백정들도 참여하여 6가지 건의사항을 채택하여 황제에게 올리기로 결의했다. 〈헌의6조(獻議六條)〉로 불리는 건의문의 내용은 다음과 같다.

1. 외국인에게 의부(依附) 하지 말고 관민(官民)이 동심협력하여 전제황권을 공고히 할 것.
2. 광산, 철도, 탄광, 삼림의 개발과 차관, 차병(借兵)과 외국과의 조약은 각부 대신과 중추원(中樞院) 의장이 합동으로 서명하지 않으면 시행되지 못하게 할 것.
3. 전국의 재정은 모두 탁지부에서 관할하여 다른 기관이나 사회사(私會社)가 간섭하지 못하게 하고, 예산과 결산을 인민에게 공포할 것.
4. 죄인을 재판에 회부하되 피고가 자복(自服)한 후에 시행할 것.
5. 칙임관은 황제가 정부의 과반수의 찬성을 받아 임명할 것.
6. 갑오개혁 때의 홍범 14조와 각 부처의 장정(章程)을 실천할 것.

이 건의문은 결국 전제군주의 권한을 일부 축소시키고, 중추원과 대신들의 권한을 높여 입헌군주제(立憲君主制)와 내각제(內閣制)에 가깝게 바꿀 것을 목표로 한 것이다. 이 건의는 관민이 합동으로 만든 것이어서 고종은 1898년 11월에 이 건의를 시행할 것을 약속하고, 중추원을 의회(議會)로 개편하기 위해 중추원 의원(50명)의 절반을 독립협회 회원 가운데서 뽑고, 나머지 절반은 관선(官選)으로 할 것을 제정, 공포했다.

그런데 그 개혁을 실천하기도 전에 독립협회가 황제를 폐위하고 공화국(共和國)을 세워 대통령에 박정양(朴定陽; 1841~1904), 부통령에 윤치호(尹致昊), 그리고 각부 장관을 독립협회 회원이 차지한다는 보고가 황제에게 전달되었다. 이 보고는 뒷날 조병식(趙秉式)의 무고로 판명되었지만, 대한제국의 성장과 러시아 및 서양 열강의 이권 확대를 두려워한 일본이 독립협회 지도부의 일부 인사들을 회유하여 반정부투쟁을 벌이도록 유도하면서 그 성격이 변질된 것은 사실이다. 황제를 폐위한다는 보고에 놀란 고종은 이상재(李商在; 1850~1927)를 위시한 독립협회 간부 17명을 구속하고, 독립협회 해산 명령을 내리고 조병식을 중심으로 신구 절충파를 대신으로 등용했다.

독립협회 간부들에 대한 체포와 해산명령에 놀란 급진파 회원과 일부 시민은 경무청 앞과 종로에 다시 모여 '만민공동회(萬民共同會)'라는 대중집회를 계속 열면서 정부의 조처에 항의하는 시위를 벌였다. 독립협회가 반정부모임으로 변질되자, 위기를 느낀 황제는 홍종우가 이끄는 보부상 단체인 황국협회(皇國協會) 회원 2천여 명을 동원하여 곤봉을 들고 집회를 습격하게 하고, 군대와 순검을 풀어 강제로 해산시켰다(1898. 12). 이로써 독립협회운동은 30개월 만에 종말을 고하고 말았다.

여기서 관민공동회와 만민공동회의 성격을 다시 한 번 되짚어볼 필요가 있다. 형식적으로 보면 이 두 모임이 한층 민주정치에 가까워진 느낌을 줄 수 있다. 그러나 입헌군주제나 공화정은 당시의 객관적 정세로 볼 때 민주정치의 진전보다는 일본의 침투를 용이하게 만드는 결과를 가져올 것이 예견되는 체제였다. 갑오개혁에서 왕권을 축소시키려고 한 움직임과 똑같은 모습이 재현된 것이다. 다만 갑오개혁에서는 일본이 직접 강압적인 수단을 취했으나 이번에는 자발적인 대중운동 수단을 빌린 것이 다를 뿐이었다. 특히 이 운동에서 표방한 외세배척은 주로 러시아를 겨냥하고, 일본에 대해서는 우호적이었다.

독립협회의 회장이던 윤치호(尹致昊; 1865~1945)는 17세 때 신사유람단으로 일본에 다녀오고, 20세 되던 갑신정변 때 상하이로 망명했다가 선교사(알렌)의 알선으로 미국으로 건너가 대학에서 영어, 신학, 인문학 등을 배운 급진개화파 인사로서, 1895년에 귀국하여 을미사변 후 고종을 미국공사관으로 피신시키려다 실패한 적이 있는 인물이다. 서재필과 더불어 미국풍이 짙은 지식인으로서 독립협회

윤치호(1865~1945)

의 책임자가 되었으나, 일본에 우호적인 입장을 지녀 이토 히로부미(伊藤博文)가 1898년 8월 우리나라를 정탐차 방문했을 때 환대를 베풀어 비판을 받기도 했다. 그 뒤 1905년에 장지연과 더불어 대한자강회를 조직하고, 1911년에는 '105인 사건'에 연루되어 투옥되기도 했으나, 일제 말기에는 일본제국의회(日本帝國議會)의 칙선귀족의원(勅選貴族議員)이 되어 친일이라는 오명을 쓰게 되었다.

독립협회의 급진적이고 친일적인 대중운동은 결과적으로 황제의 동의를 얻지 못했을 뿐 아니라, 지방의 유생과 농민층, 그리고 보부상과 같은 소민층의 지지도 얻지 못했다. 독립협회의 대중운동은 실제로 대중적 기반을 가지지 못한 소수층의 대중운

동으로, 이것이 실패의 근본 원인이다. 그래서 뒷날 박은식(朴殷植)이 《한국통사(韓國痛史)》와 《한국독립운동지혈사(韓國獨立運動之血史)》에서 독립협회의 급진성을 비판하고, 《열자(列子)》에 나오는 우공(愚公)의 지혜를 강조했던 것이다. 우공은 자손에게까지 이어가면서 점진적으로 태산(泰山)을 옮기는 데 성공한 인물이다.

제5장 을사늑약과 일본의 한국강점

1. 러일전쟁과 을사늑약(1904~1905)

1) 러일전쟁

1897년에 대한제국이 출범하여 전통과 서양문화가 절충된 근대국가의 모습을 갖추고 광무개혁을 통해 부국강병을 강화하는 방향으로 발전하자 일본은 초조해지기 시작했다. 독립협회가 고종황제를 견제하고 러시아의 남하를 저지해 주기를 기대했으나 그것도 실패로 돌아가자 무력으로 러시아를 한반도에서 몰아내고, 대한제국의 주권을 탈취하기 위해 전쟁이라는 길을 선택했다. 이것이 러일전쟁(1904~1905)이다.

일본은 우선 외교교섭을 통해 러시아를 견제하는 방법을 강구했다. 고종이 아관파천한 직후인 1896년 5월에 러시아공사 베베르(Weber)와 일본 변리공사 고무라 주타로(小村壽太郎)가 한국 내정을 간섭하는 경우에는 러시아와 일본이 공동 대응한다는 협정을 맺고, 이어 의정서(1896. 6), 협약(1898. 4)을 맺어 러시아를 견제했다.

그 후 1902년 1월 일본은 영일동맹(英日同盟)을 맺어 중국과 한반도에 대한 특수권익을 영국으로부터 인정받고, 영국은 중국에 대한 이익을 인정받았으며, 다른 나라와 교전할 경우에 엄정중립을 지키기로 합의했다. 영국은 러시아가 중국이나 한반도로 남하하는 것을 원치 않아 일본 편을 든 것이다.

영일동맹에 따라 입지가 강화된 일본은 러시아를 무력으로 제압하기로 작정하고 먼저 조선에 대한 내정간섭과 만주에 대한 경제침투를 허용하라고 러시아에 요구했다. 그러나 러시아는 반대로 일본이 한반도를 군사적으로 이용하지 말 것과 북위 39도선 이북 땅을 중립지대로 만들라고 요구했다. 러시아는 일본의 경부철도 부설이 군사적으로 이용될 것을 우려한 것이다.

협상에 실패한 일본은 바로 전쟁에 돌입했다. 1904년 2월 8일에 랴오둥반도의 뤼순항(旅順港; 여순)에 정박 중이던 러시아 극동함대를 기습공격 하여 피해를 입히고, 이어 2월 9일에는 인천 월미도(月尾島)에 정박 중이던 러시아 군함(1903. 12 입항) 두 척을 기습공격 하여 침몰시키고, 이어 2월 10일 최후통첩을 보냈다. 일본의 기습을 예상치 못한 러시아는 해전과 육전에서 패배를 거듭했는데 1905년 5월 7일에는 유럽에서 건너온 발틱 함대마저 대한해협에서 격파당했다.

러시아가 이렇게 패배를 거듭하자 차르[황제]에 대한 국민의 불만이 폭발하였다. 1905년 6월 제1차 러시아혁명이 일어나자 더 이상 전쟁을 이끌고 나갈 힘을 잃고 일본에 항복했다. 러일전쟁에서 일본의 승리가 굳어지던 중 미국은 1905년 7월 특사로 육군 장관 태프트(Taft)를 일본으로 보내 가

윌리엄 태프트　　　가쓰라 다로

쓰라 다로(桂太郎) 수상과 비밀회담을 갖고 '태프트-가쓰라 각서'를 만들었다. 여기서 미국은 필리핀에 대한 지배를 확인받는 대가로 일본의 한국 지배를 인정했다. 미국의 조치에 자극을 받은 영국은 1905년 8월 '제2차 영일동맹'을 맺고 일본이 한국에 대해 '보호' 조치를 취하는 것을 승인했다.

1905년 9월 5일에 미국 루스벨트 대통령은 러·일 두 나라의 중재자로 나서 '포츠머스조약'을 맺게 했다. 이로써 일본은 한국에서의 특수이익과 한국에 대한 보호, 지도, 감리 등의 모든 권한을 러시아로부터 인정받고, 나아가 러시아의 남사할린까지 양도받았다. 루스벨트 대통령은 이 조약의 공로로 노벨평화상을 받았다.

러일전쟁이 일어나기 직전인 1904년 1월 23일에 대한제국은 러일전쟁을 미리 감지하고 국외중립(局外中立)을 선언했으나, 2월 23일에 〈한일의정서〉가 체결되어 중립이 무효화되었다.

2) 을사늑약과 고종의 저항 (1905)

일본은 1904년 2월에 러시아를 선제공격하여 무력화시키는 동시에 서울을 점령하고 정부를 압박하여 〈한일의정서(韓日議定書)〉를 맺었다. 이 의정서는 일본이 대한제국의 독립과 영토를 보전한다는 미명 아래 정치적 간섭과 군사적 점령을 할 수 있다는 내용을 담았다. 이에 따라 경부철도(1905. 5. 28 개통)와 경의철도, 그리고 마산철도의 부설이 강행되었다. 그리하여 일본은 경인선, 경의선, 경부선 등 주요 간선철도를 모두 장악했으며, 그 과정에서 농토를 잃은 농민들의 저항이 거세게 일어나 의병운동을 촉발시켰다.

일본은 한반도를 점령하는 데 그치지 않고 1905년 2월에는 대한제국이 앞서 1900년에 울릉군의 속도로 편입시킨 독도(獨島)를 다케시마[竹島]로 이름을 바꾼 뒤 일본 시마네현(島根縣)의 부속 도서로 강제로 편입시켜 버렸다. 대한제국 외부대신 박제순(朴齊純)은 이에 대해 강력하게 항의하고, 1906년 5월 20일에 지령(指令) 제3호를 발표하여 독

독도

도가 대한제국의 영토임을 분명하게 밝혀 놓았으나, 일본은 되돌리지 않았다.

독도는 지금 대한민국이 효율적으로 지배하고 있으나 일본 시마네현은 2005년 3월 16일부터 매해 2월 22일을 '다케시마의 날'로 칭하는 조례를 정하고, 2007년에는 일본 정부도 각종 교과서에 독도가 일본 영토임을 밝히도록 명하여 물의를 일으키고 있다.

러일전쟁에서 승리했을 뿐 아니라, 영국, 미국 등으로부터 한국지배를 인정받은 일본은 이제 거칠 것이 없었다. 일본은 1904년 3월에 한국 주차군(駐箚軍)을 설치하고, 7월에는 군사경찰제를 실시하여 실질적으로 한국을 지배했다. 이어 8월에는 '제1차 한일협약'을 맺어 일본이 추천하는 외국인 고문을 두게 하여 내정에 간섭하기 시작했다.

한일협약에 따라 재정고문(財政顧問)으로 메가타 다네타로(目賀田種太郎)[22]가 와서 '재정정리'라는 이름으로 재정권을 박탈하고, 황실의 내탕금까지 해체시켰다. 황실재정과 국가재정을 분리시키는 것이 합리적이라고 본 것이지만, 실제로는 황실재정을 해체하여 고종의 근대화사업을 방해하려는 목적이 있었다. 한편, 외교교문으로는 미국인 스티븐스(D. W. Stevens)가 들어왔는데, 그는 뒤에 미국으로 돌아가 일본의 통감정치를 찬양

---

22) 目賀田種太郎의 일본 이름은 '메가타 쇼타로', '메가타 다네타로', '메가타 츠네타로' 등 여러 가지로 불리고 있어 정확한 발음을 알 수 없다.

하다가 1908년에 재미동포 전명운(田明雲)과 장인환(張仁煥)의 총탄을 맞고 숨겼다.

한국을 식민지로 만드는데 영국, 미국, 러시아의 동의를 얻은 일본은 다음 단계로 일본이 파견한 통감(統監)이 실권을 장악하고 고종을 꼭두각시로 만들고자 획책했다. 이는 간접 식민지가 됨을 뜻한다. 이를 위해 일본은 대한제국을 '보호국'으로 만든다는 거짓 명분을 내걸고, 송병준(宋秉畯; 1858~1925), 이용구(李容九; 1868~1912) 등을 앞세워 일진회(一進會)라는 친일매국단체를 만들어 보호조약의 필요성을 선전했다. 이미 1904년 6월 러일전쟁 중에 우리나라 국토의 3분의 1에 해당하는 황무지 개척권을 요구하여 국민의 반일감정이 높아져 있는 것을 알고 있는 일본은 친일단체를 내세워 여론을 호도하고자 한 것이다.

그러나 이에 대항하는 단체들이 잇달아 조직되어 일본과 일진회를 성토하고 나섰다. 원세성(元世性), 송수만(宋秀萬), 이기(李沂) 등이 조직한 보안회(輔安會), 이준(李儁), 이상재(李商在) 등이 조직한 협동회(協同會) 등은 대표적인 반일단체이다. 이밖에 최익현(崔益鉉)을 비롯한 유림(儒林)이 전국에서 일어나 보호국 음모에 대해 항의하고 나서는 등 여론이 험악해졌다.

일본은 평화적인 방법으로는 통감 파견이 어렵다는 것을 알고, 총리까지 지낸 거물급 정치인 이토 히로부미(伊藤博文)를 보내 황제를 알현하고 조약에 서명하도록 회유와 협박을 가했으나 고종은 이를 거부했다.

1905년 11월 17일 이토는 정부 대신들을 일본 공사관으로 불러 군대가 에워싼 가운데 회의를 열었으나 동의를 얻지 못하자, 공사(公使) 하야시 곤스케(林權助)와 함께 헌병총사령관을 거느리고 경운궁 중명당(重明堂; 지금 정동극장 옆)으로 들어가 다시 회의를 열었다.

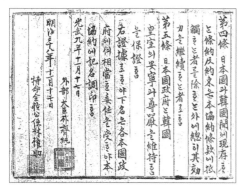

을사늑약의 마지막 부분 고종 황제와 일왕의 서명·날인이 없다. 서울대학교 규장각, 일본 외무성 사료관 소장

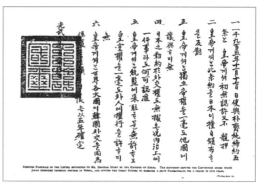

을사늑약의 무효를 선언한 고종황제의 친서(1906. 1. 29)

고종황제가 불참한 가운데 열린 회의에서 대신들의 의견이 갈려 결론을 내지 못하자 이토는 한 사람씩 의견을 물었다. 이에 참정대신 한규설(韓圭卨), 탁지부대신 민영기(閔泳綺), 법부대신 이하영(李夏榮)은 반대하고, 학부대신 이완용(李完用), 군부대신 이근택(李根澤), 내부대신 이지용(李址鎔), 외부대신 박제순(朴齊純), 농상공부대신 권중현(權重顯)은 수정을 조건으로 찬성했다. 이렇게 의견이 갈리자 이토는 찬성한 대신을 모아 다시 회의를 열었는데 박제순이 날인을 거부하자 헌병으로 하여금 박제순의 직인을 가져오게 해 강제로 날인하고, 하야시 곤스케가 특명전권공사(特命全權公使) 자격으로 함께 날인했다. 조약에 찬성한 5명의 대신들을 세상에서는 '을사오적(乙巳五賊)'이라 부른다.

'을사보호조약' 또는 '제2차 한일협약'으로 불리는 이 조약의 공식 명칭은 '한일협상조약'이다. 그러나 이 조약은 조약체결권을 가진 황제의 날인이 없고, 황제가 위임하지도 않은 외부대신이 날인했으므로 법적으로 무효였다. 그래서 우리는 '을사늑약'이라고 부른다. 그러나 일본은 이를 유효라고 우겼다.

일본의 강도 같은 만행에 분노한 고종은 을사늑약이 무효임을 국내외에 널리 알려 이를 철회하고자 했다. 먼저,《대한매일신보》에 친서를 발표하여 황제가 이 조약에 서명하지 않았을 뿐 아니라 외부대신에게 위임한 사실도 없음을 알리고, 이어 1907년 6월에는 네덜란드 헤이그(海牙)에서 만국회의가 열리자 법부협판 이상설(李相卨; 1870~1917, 진천 출생), 대한협동회 부회장 이준(李儁; 1859~1907, 북청 출생), 이범진의 아들 이위종(李瑋鍾;1887~?)을 대표로 보내 한국의 억울함을 전 세계에 호소하고자 했다. 그러나 한국이 일본의 보호국이라는 이유로 회의 참석이 거절당하자 유창한 외국어를 구사하여 외국 언론을 통해 이 조약이 무효임을 폭로했다. 이 과정에서 대표 중 한 사람인 이준은 울분을 이기지 못하고 헤이그에서 분사하고 말았다.

순종황제

일본은 고종이 밀사를 보낸 사실을 알고 1907년 7월 강제로 황제자리에서 물러나라고 협박했다. 그러나 고종은 양위(讓位)를 거부하고 황태자에게 대리청정(代理聽政)을 맡겼다. 그런데도 일본은 강제로 황태자[순종]를 황제자리에 앉히고, 순종을 창덕궁으로 옮겨 고종과 거리를 두도록 했다. 고종은 경운궁에 그대 남아 있었는데 이때부터 경운궁을 덕수궁(德壽宮)이라고 부르기 시작했다. 덕수궁이란 물러난 임금이 거처하는 궁궐이라는 뜻이 담겼는데 이 또한 고종의 의도와는 관계가 없는 일이었다.

이탈리아 잡지에 실린
순종황제의 대리 즉위식
(1907. 8. 4)

3) 을사늑약에 대한 국민의 저항

을사늑약이 세상에 알려지자 국민의 분노는 극에 달하고, 이에 항의하는 항일운동이 거세게 일어났다. 서울에서는 언론이 앞장서서 일본의 만행을 폭로하고, 시민들의 집단시위와 철시(撤市)가 행해졌다. 1898년에 남궁억(南宮檍) 등이 창간한〈황성신문(皇城新聞)〉은 을사늑약이 맺어지자 장지연(張志淵)이 쓴〈시일야방성대곡(是日也放聲大哭; 오늘은 목놓아 운다)〉이라는 논설을 실어 국민의 심금을 울렸다.

정부의 전직, 현직 관료 가운데 분을 이기지 못하여 스스로 목숨을 끊는 이도 많이 나왔다. 명성황후의 조카로서 고종의 시종무관이었던 민영환(閔泳煥; 1861~1905)은 조약의 파기를 주장하다가 뜻을 이루지 못하자 국민에게 보내는 유서를 남기고 음독자살했으며, 의정부 대신을 지냈던 79세의 조병세(趙秉世; 1827~1905)는 을사오적의 처벌과 조약파기를 주청하다가 뜻을 이루지 못하자 자결했다. 이밖에 전 참판 홍만식(洪萬植; 홍영식의 형), 전 대사헌이자 송시열의 후손인 송병선(宋秉璿; 1836~1905), 학부 주사 이상철(李相哲) 등도 조약파기가 실패로 돌아가자 스스로 목숨을 끊었다.

한편 무장단을 조직하여 적극적으로 항일투쟁을 벌이는 의병부대가 전국 각지에서 일어났다. 그들은 일본군과 군사시설을 공격하는 한편, 친일파 인사들을 응징하기도 했다. 을사늑약 이전 러일전쟁기에도 을미의병의 전통을 계승한 원용팔(元容八; 원주), 정운경(鄭雲慶; 단양), 김도현(金道鉉), 유인석(柳麟錫), 허위(許蔿), 이강년(李康秊), 기삼연(奇參衍; 장성), 이인영(李麟榮) 등이 의병운동을 하였는데, 을사늑약 이후에는 민종식(閔宗植; 전 참판), 최익현, 정용기(鄭鏞基), 신돌석(申乭石), 임병찬(林炳瓚; 전 군수) 등의 의병부대가 새로이 조직되어 일본군과 치열한 전투를 벌였다.

민영환(1861~1905)

> **유서내용**
>
> 대한 2천만 동포에게 남기는 글.
> 슬프다! 국치와 민욕이 이에 이르렀으니, 우리 인민은 장차 생존경쟁 속에서 모두 멸망하게 되었다. 무릇 삶을 요하는 자는 반드시 죽고, 죽음을 기하는 자는 반드시 삶을 얻는다는 것을 여러분은 어찌 모르겠는가. 영환은 다만 한 번 죽음으로써 우러러 황은에 보답하고 우리 2천만 동포에게 사죄하노라. 영환은 죽었다 하더라도 죽은 것이 아니다. 여러분을 구천지하에서 반드시 도울 것이다. 부디 우리 동포형제들은 천만으로 분려를 배가하여 자기를 굳게 하고 학문에 힘쓰고 결심육력하여 우리의 자유와 독립을 회복하면 죽은 자가 마땅히 땅속에서 기뻐 웃을 것이다. 슬프다. 그러나 조금도 실망하지 말라.
>
> 민 영 환

민종식은 충남 내포지역에서 1천여 명의 의병을 모아 100여 명의 일본군을 사살하면서 홍주성을 점령했고, 최익현은 전라북도에서 900여 명의 의병을 거느리고 태인, 정읍, 순창 등지에서 활약하다가 패하여 일본군에 체포된 후 대마도로 유배당했다. 정용기는 600여 명으로 산남창의진(山南倡義陣)을 편성하고 청하·청송 지방에서 활약했다. 평민 출신의 신돌석은 경상북도 영해에서 300여 명의 농민을 모아 봉기했는데, 강원·경상도의 해안지역을 무대로 활약하면서 3,000여 명의 큰 부대로 성장하여 일본군에 큰 타격을 주었다. 이들 의병군에는 동학당, 영학당, 화적, 활빈당의 무리도 포함되어 있었다.

2. 통감부의 횡포와 한국강점(1907~1910)

1) '한일신협약'과 강점 정지작업

1907년 7월에 고종이 통감부의 사임압력을 거부하고 황태자 순종에게 대리청정을 시켰음에도 불구하고 통감부는 이를 양위(讓位)라고 우기고 황태자를 황제[純宗]로 인정하고 모든 정책을 통감부가 마음대로 처리했다. 말하자면 고종의 황제권을 박탈하고, 순종을 허수아비 황제로 만든 것이다.

황제 아닌 황제인 순종이 즉위한 직후에 통감 이토 히로부미는 순종을 협박하여 '한일신협약'을 맺었다. 이를 '정미7조약'이라고도 한다. 그런데 이 조약에 서명한 순종의 수결(手決)이 순종의 필체가 아니어서 조작된 수결이 아닌가 의심받고 있다. 어쨌든 이 조약으로 국가의 법령제정, 중요 행정처분, 고등관리의 임명에 대하여 통감으로부터 사전승인을 받도록 하고, 통감이 추천한 일본인을 관리로 임명하도록 했다. 이에 따라 각 부(部)의 차관(次官)에 일본인이 다수 임명되어 이른바 차관정치가 시작되고 종전의 고문제도(顧問制度)는 폐지되었다.

통감부는 한국인 대신들도 친일인사로 바꿔 친일내각을 구성했다. 이렇게 되니 순종은 통감부가 지시하는 정책을 형식적으로 재

영친왕을 인질로 데리고 가는
이토 히로부미

가하는 꼭두각시 황제가 되고 말았다. '융희'(隆熙)라는 연호도 통감부가 붙여준 호칭으로 '정치가 융성하게 빛난다'는 기만적인 뜻을 담고 있었다.

통감부는 순종을 창덕궁(昌德宮)으로 옮겨 살게 하고, 고종은 경운궁(慶運宮)에 남게 한 다음 승녕부(承寧府)라는 관청을 두어 고종을 태황제(太皇帝)라 호칭하고, 경운궁의 이름도 물러난 임금의 궁궐이라는 뜻을 담은 덕수궁 (德壽宮)으로 바꿔 격하시켰다.

통감부 건물 서울 중구 예장동(전 KBS 자리)

통감부는 고종이 신임하던 대신들을 범죄인으로 처벌하고, 고종이 역적으로 몰았던 친일 신하들을 사면하는 조처를 취했다. 특히 을미사변 때 명성황후 시해를 방조한 김홍집, 정병하, 조희연, 유길준, 장박, 이두황 등을 사면하고, 고종이 헤이그에 파견한 밀사들을 처벌했다. 이것이 순종의 진심일 수는 없다.

통감부는 황실을 회유하기 위해 이미 세상을 떠난 대원군과 이재면[고종의 형님], 이선[순종의 이복동생]을 '왕'으로 추존하고, 헌종, 철종, 진종[사도세자의 형]을 '황제'로 추존했다. 이러한 조치는 황제국의 법도에 전혀 맞지 않는 것이었다.

다음에는 규장각을 친일인사들을 회유하는 데 이용했다. 수백 명의 친일적 관료들과 이미 세상을 떠난 조선시대 학자인 송익필(宋翼弼), 서기(徐起), 정염(鄭磏), 성운(成運), 박지원(朴趾源), 정약용(丁若鏞), 유신환(兪莘煥), 김옥균, 홍영식 등을 규장각 학사(學士)로 임명하거나 추증하고, 시호(諡號)를 다시 만들어 주기도 했다. 심지어 아무 직책이 없는 학생들에게도 종3품의 증직을 주기도 했다. 이는 한국강점 후 친일관료들에게 일본 작위(爵位)를 나누어 준 것과 마찬가지로 친일 인사들을 격려하고 회유하기 위한 조치임은 말할 필요도 없다. 높은 문화정치의 산실이자 국왕의 근시기구로 운영되어온 규장각을 한국강점을 위한 정지작업에 악용한 것이다.

2) 군대해산, 언론봉쇄, 경제침략

한국을 강점하는 데 직접적으로 방해가 된 것은 군대였다. 통감부는 1907년 8월 8,800명 밖에 남지 않은 군대를 해산하고, 이어 〈보안법(保安法)〉과 〈신문지법〉을 만들어 일본을 비판하는 언론을 봉쇄했다.

1905년 러일전쟁 중에 독도를 강탈했던 일본은 1712년에 백두산정계비를 세운 이래로 계속 청나라와 영토분쟁을 일으켜오다가 대한제국이 세워진 후 적극적으로 관리해온 만주의 간도(間島; 지금의 연변지역)에 대해 마음대로 청나라와 '간도협약(間島協約; 1909)'을 맺고 간도의 소유권을 청나라에 넘겨주었다. 이는 남만주철도 부설권(안동~봉천선)과 푸순(撫順) 탄광 개발권을 얻기 위함이었다.

일본은 1904년부터 이른바 황무지를 개간한다는 명목으로 전 국토의 3분의 1에 해당하는 진황지(陳荒地)를 약탈하려다가 관민의 저항을 받고 그만둔 일이 있는데, 통감부가 설치되자 〈토지가옥전당집행규칙〉(1906. 12. 26), 〈국유미간지이용법〉, 〈토지가옥증명규칙〉 등을 잇달아 제정하고, 1908년 7월에는 동양척식주식회사(東洋拓植株式會社)라는 국책회사를 설립하여 토지약탈을 본격적으로 추진했다. 이로써 1910년 현재 한국에 진출한 일본인 지주는 2,200여 명에 이르고, 그들이 소유한 토지는 7만여 정보에 달했으며, 동양척식주식회사는 별도로 3만 정보의 토지를 소유했다. 일본인은 국유미간지뿐 아니라 국가가 관리하던 역둔토(驛屯土)까지도 침탈의 대상으로 삼았다. 이밖에 철도 부설과 군용지 확보를 위한 토지침탈도 자행되었다.

동양척식주식회사 서울 중구 을지로 2가 외환은행 자리

한편, 일본은 대한제국의 금융을 지배하기 위해 1904년에 재정고문으로 온 메가타 다네타로(目賀田種太郎)의 지휘 아래 이른바 〈구화폐정지교환에 관한 건〉(1905. 1)을 공포하고, 1905년 7월부터 실시했는데, 이로써 한국 돈[상평통보; 백동화]의 사용을 금지하고, 일본 화폐로 교환하여 통용하도록 했다. 이때 질이 나쁜 한국 화폐는 교환해주지 않았으며, 또 한국인들도 일본 화폐를 사용하지 않아 교환하지 않는 경우가 많았다. 그 결과 상인들의 화폐가 고갈되고 한성은행(漢城銀行; 조흥은행 전신), 대한천일은행(大韓天一銀行; 상업은행 전신) 등 민족 금융기관이 급속히 몰락했으며, 제일은행(第一銀行)을 비롯한 일본 은행들이 금융계를 지배하게 되었다.

일본은 이밖에 주요 지역에 금융조합(金融組合)을 설치하여 고리대로 수탈하고, 정부로 하여금 일본에서 자금을 차관(借款)하도록 강요했다. 그 결과 1905년에 300만 엔의 차관을 들여온 것을 시작으로 1910년에는 차관 규모가 4,500만 엔을 넘어서게 되었다. 정부마저 빚더미 위에 올라앉고, 나라가 파산상태에 이르게 되었다.

교통과 통신도 일본이 장악했다. 러일전쟁 중에 부설된 경부선, 경의선, 마산선은 통감부가 설치된 이후 통감부 철도관리국에서 직접 관장하고, 각 철도역과 연계하여 약 3,000km의 도로가 개수되었다. 이러한 철도와 도로망은 러일전쟁을 수행하고, 의병을 진압하고, 나아가 경제수탈을 강화하는 데 이용되었다. 서울에서 부산으로 가는 기차를 상행선이라고 부른 데서도 교통체계의 목적이 어디에 있는지를 보여준다.

광무년간에 방직업을 집중육성하여 안경수(安駉壽)가 주동이 된 대조선저마제사회사(大朝鮮苧麻製絲會社; 1897), 종로의 백목전(白木廛) 상인이 중심이 된 종로직조사(1900), 그리고 김덕창(金德昌)이 구식공장을 근대식으로 개조한 김덕창직조공장(1902) 등이 설립되었다. 이밖에 요업(놋그릇·질그릇), 정미업, 담배제조업, 제분업 분야에서는 근대적 경영이 많아 나타났다. 그러나 이러한 민족기업의 성장은 1911년 당시 일본 자본금의 약 15분의 1에 지나지 않을 정도로 영세함을 면치 못했다.

이밖에도 일본은 광업자원과 어업자원도 침탈했다. 특히 광업에서는 일본의 금본위제 화폐제도의 전환을 위한 금광(金鑛)과 공업원료를 위한 철광(鐵鑛)에 눈독을 들이고 은율, 재령, 철원, 창원, 안변, 장연 등지의 광산을 침탈했다.

3) 대한제국의 국권 강탈

1905년 을사늑약으로 통감부를 설치하여 외교권을 박탈하여 대한제국을 국제적으로 고립시키고, 1907년에 고종을 강제로 퇴위시킨 후 '한일신협약'을 맺어 차관정치(次官政治)를 통해 내정을 간섭하고, 이어 군대를 해산하고, 언론을 통제하고, 토지·가옥·금융·광산·어장 등을 침탈한 일본은 황실의 친족들을 왕으로 추증하고, 수백 명의 친일 인사들을 규장각 학사로 무더기로 임명하거나 추증하고, 일진회를 조직하여 합방여론을 조작함으로써 대한제국은 허수아비 제국으로 전락했다. 이제 한국을 완전히 강점하기 위해서 남은 일은 합방조약에 황제가 도장을 찍는 일만 남았다.

1910년 5월 일본은 1909년 만주 하얼빈에서 안중근(安重根)의 총탄을 맞고 쓰러진 이토 히로부미의 후임으로 육군대신 데라우치 마사타케(寺內正毅)를 새 통감으로 보냈다. 그는 2천여 명의 헌병을 끌고 들어와 경찰업무를 맡기고, 8월 29일 드디어 창덕궁 인정전(仁政殿)에서 순종황제를 압박하여 양위(讓位)의 조서를 내리도록 했다. 총리대신 이완용(李完用)이 내각을 이끌어 합방조약 체결을 도왔다.

이 조약의 서문에는 양국의 상호행복을 증진하여 동양평화를 영구히 확보하기 위하여 일본이 한국을 병합한다고 선언했다. 한국인의 절대다수가 반대하고, 황제가 동의하지도 않은 조약 아닌 조약을 여러 차례 강제로 맺고 대한제국의 주권을 강탈한 행위를 '행복과 평화를 위해서'라고 파렴치하게 위장한 것이다. 그러나 한일합방은 명백한 불법적 강도행위로 일본은 이에 대한 사과와 아울러 충분한 보상을 해야 할 책임을 지게 되었다. 이로써 2천만 동포의 분노는 하늘을 찌를 듯이 높아지고, 36년에 걸친 피나는 광복투쟁의 역사가 시작되었다.

일본은 태황제(太皇帝) 고종을 '이태왕(李太王)'으로, 순종황제를 '이왕(李王)'으로 격하시켜 일본천황의 신하로 만들었다. 그리고 황실의 종친들과 친일대신들에게 천황이 내리는 작위(爵位)를 수여했다. 그동안 황제국(皇帝國)의 규례를 따라 시행되던 종묘(宗廟)와 사직(社稷), 그리고 왕릉(王陵)의 제사격식이 모두 왕국(王國) 수준으로 격하되었다.

서울의 5대궁도 처참하게 변모되었다. 창경궁(昌慶宮)은 시민공원으로 격하되어 동물원과 식물원으로 바뀌었으며, 대비들이 거처하던 자경전(慈慶殿)을 헐고, 그 자리에 일본식 장서각(藏書閣)을 지어 왕실 박물관과 도서관으로 이용되었다. 경희궁(慶熙宮)은 모두 헐려 그 자리에 경성중학(京城中學)과 총독부 관리들의 관사(官舍)가 들어서고, 경복궁(景福宮)의 대부분이 헐리고, 그 자리에 총독부 청사와 박물관 등이 들어섰다. 창덕궁 안에는 규장각 건물들이 헐리고 그 자리에 경찰서가 들어서고, 인정전은 총독부 관리의 파티장소로 사용하기 위해 바닥에 마루를 깔았으며, 주합루와 후원일대는 총독부 관리와 그 가족들의 유람장소로 바뀌었다. 규장각 도서들을 말리던 서향각(書香閣)은 누에를 치는 양잠소로 바뀌었다.

덕수궁의 석조전(石造殿)은 미술관으로 바뀌고, 역대 임금의 어진(御眞)을 모셨던 선원전(璿源殿) 터에는 경기여중(京畿女中)이 들어섰다.

을미사변 때 순국한 충신들을 제사하던 장충단(奬忠壇)이 헐리고 그 자리에 이토 히로부미를 위한 박문사(博文寺)라는 절을 짓고, 벚꽃이 뒤덮인 시민공원으로 만들었다. 고종이 대한제국을 선포했던 환구단(圜丘壇)도 헐리고, 그 자리에 철도호텔[지금의 조선호텔]이 들어섰다. 처음에 사도세자의 위패를 모셔 경모궁(景慕宮)이라 불리다가 뒤에 역대 임금의 어진을 모시면서 영희전(永禧殿)으로 이름이 바뀐 사당을 대부분 헐고 그 자리에 경성제국대학(京城帝國大學) 의학부와 대학병원이 들어섰다.

조선왕조와 대한제국의 수도였던 서울은 519년 동안 쌓아올린 귀중한 문화유산이 수난을 당하고 일본혼(日本魂)이 넘치는 식민지 수도로 변모해갔다. 일본은 이렇게 서울을 무너뜨리고는 근대화를 시켜준 것이라고 우겼다.

3. 군대 해산 후의 의병독립전쟁(1907~1910)

1895년의 을미사변, 1905년의 을사늑약에 따른 항일의병운동에 대해서는 이미 앞에서 설명했다. 일본이 1907년에 고종을 강제로 퇴위시키고, '정미조약'을 체결하여 내정을 간섭하고, 군대까지 해산시키자 국민의 저항과 의병운동은 더욱 거세게 일어났다.

성난 군중은 고종황제 퇴위 직후 친일활동을 벌이던 일진회(一進會)의 기관지〈국민신보(國民新報)〉를 습격하여 파괴했다. 대한제국의 기간부대인 서울의 시위대(侍衛隊)와 지방의 진위대(鎭衛隊) 군인들은 군대해산에 반대하여 일본군과 시가전을 벌이기도 했으나 무기가 떨어지자 지방으로 내려가 의병부대와 합류했다.

의병 가운데 가장 세력이 큰 부대는 원주 진위대와 강화 분견대였다. 김덕제(金德濟)와 민긍호(閔肯鎬)가 이끈 원주 진위대 군인들은 근대적 무기로 무장하고 원주, 충주, 여주, 평창, 강릉, 장호원 등 강원, 경기, 충청북도 지역을 무대로 치열하게 싸워 적에게 큰 타격을 주었다. 특히 여주는 명성황후의 고향이고 민긍호는 황후의 친족으로서 일본에 대한 반감이 매우 클 수밖에 없었다.

한편, 지홍윤(池弘允), 유명규(劉明奎) 등이 이끄는 강화 분견대의 군인들은 600여 명의 의병과 합세하여 일본군 및 친일파를 응징하면서 경기도와 황해도 등지로 활동무대를 넓혀갔다. 이밖에 홍주, 진주 등지의 진위대와 분견대도 의병에 가담하여 일본군과 전투를 벌였다.

해산군인들의 의병가담은 의병의 사기와 전투력을 크게 높여주었다. 또 한 가지 새로운 변화가 있었다. 종전의 의병장(義兵長)은 주로 전직 관료나 유생들이었으나 이제는 신돌석(申乭石), 홍범도(洪範圖), 김수민(金秀民) 같은 평민 출신 의병장이 많이 나왔다는 점이다. 이밖에도 상인, 광산노동자, 머슴, 포수 등 각계각층이 의병에 참여했다는 점도 새로운 변화이다.

의병부대가 많아지면서 상호간의 연합전선이 형성되고, 통감부를 타도하고 잃어버린 주권을 되찾으려는 대규모 서울진공작전(1908)이 시도되었다. 이 전쟁을 주도한 것은 관동창의대장(關東倡義隊長) 이인영(李麟榮; 1867~1909, 여주 출생)인데 그는 전국 의병장들에게 격문을 보내 경기도 양주에 집결해 줄 것을 호소했다. 동시에 서울의 각국 영사관에 통문을 보내 의병을 국제공법상(國際公法上)의 전쟁단체로 인정하고 후원해 줄 것을 요청했다. 이는 의병을 '폭도'로 규정하고 있던 일본의 부당성을 지적하고, 정당한 독립전쟁임을 대외적으로 밝히기 위함이었다. 그래서 종전의 '의병운동'과 달리 '의병전쟁'이라고 부른다.

1907년 12월에 마침내 전국 각지에서 1만여 명의 의병이 양주에 모여 '13도창의군'을 결성하고 총대장에 이인영, 군사장에 허위(許蔿)를 뽑고, 각 지방별로 창의대장을 정하여 24개 진을 편성했다. 이들은 1908년 1월에 서울진공작전을 시작했는데, 허위가 거느린 300명의 선발군은 일본군의 선제공격으로 동대문 밖 근교에서 패했다. 때마침 총대장 이인영이 부친상을 당하자 '불효는 불충'이라면서 귀가하여 결국 서울진공작전은 무위로 돌아가고 말았다.

신돌석 장군 유적지 경상북도 기념물 제87호, 경상북도 영덕군 축산면 도곡리 산65-5 소재

한말 의병부대 F. M. 메켄지 촬영,《대한제국의 비극》게재

그 후 창의군은 해산되고, 의병부대들은 독자적인 활동을 벌이기 시작했다. 허위 부대는 임진강 방면으로, 이강년(李康秊) 부대는 충북, 경북 지방으로, 이인영, 민긍호(閔肯鎬) 부대는 강원도로 각각 진출하여 대일항전을 계속했다. 이 과정에서 민긍호는 전사하고, 이인영, 이강년은 붙잡혀 사형을 당했으며, 허위는 붙잡혀 옥사했다.

한말 의병활동 상황

	전투 횟수	참가의병 수
1907(8~12월)	323	44,116
1908	1,451	69,832
1909	898	25,763
1910	147	1,891
1911(1~6월)	33	216
합 계	2,852	141,818

자료: 윤병석, 〈의병의 항일전〉《한국사》19, p.454~456

한편, 연합의병부대와 별도로 함경도 국경지대에서 맹활약을 보인 홍범도 부대는 특기할 만하다. 머슴, 광산노동자, 산포수(山砲手)로 전전하던 홍범도는 산포수들을 모아 의병을 구성하고 삼수(三水), 갑산(甲山) 등지에서 일본군과 37회의 전투를 벌이고, 기동력과 전투력에서 발군의 실력을 발휘하여 친일파 세력을 응징하는데 큰 공을 세웠다.

전라도에서는 전해산(全海山), 심남일(沈南一), 임창모(林昌模), 강무경(姜武京) 등의 의병장이 앞장 선 많은 의병부대가 활약했다. 경상도, 황해도 등지에서도 의병부대의 활동이 활발했으며, 그밖의 지역도 의병이 일어나지 않은 곳이 없을 정도였다.

일본은 범국민적 의병투쟁에 당황하여 1개 사단 이상의 보병, 1개 연대 이상의 기병, 6천여 명의 헌병을 투입하고, 새로 건설된 철도망과 도로망을 이용하여 기동성을 최대로 발휘하면서 의병 탄압에 나섰다. 의병은 화승총, 활, 곤봉과 같은 낡은 무기로 싸우면서도 기관총과 소총으로 무장한 일본군을 곤경에 빠뜨렸다.

1907년에서 1910년에 이르기까지 의병과 일본군이 교전한 횟수는 3,500여 회에 이르고, 전투에 참가한 의병은 15만 명에 달했다. 그 가운데 1908년은 의병전쟁의 절정기로 2천여 회의 전투에 연인원 8만 명이 참가했다. 그 결과 의병 전사자는 1만 7천여 명, 부상자는 3만 6천여 명에 이르렀다.

일본군의 의병탄압은 포악하기 그지없었다. 특히 전라도지방의 의병을 진압하기 위해 이른바 '남한대토벌작전계획'(1909. 9~1909. 10)을 세우고, 교반작전(攪拌作戰)을 써서 의병의 근거지가 될 만한 촌락과 가옥들을 닥치는 대로 방화, 약탈, 폭행을 가했다. 일본의 국권강탈은 이러한 야만적인 무력행사에 의해서 이루어진 것이었다.

일본군의 악랄한 탄압으로 국내에서의 의병전쟁은 1909년 이후로 점차 약화되고, 국권침탈 이후에는 그 무대를 중국 동북지방[간도], 연해주지방으로 옮겨 독립군으로 변했다. 퉁화(通化: 통화)·지안(集安: 집안) 지방의 유인석 부대, 장백·임강 지역의 이진룡(李鎭龍) 부대, 환인(桓仁) 지방의 조채준(趙釆準) 부대, 장백의 홍범도 부대 등은 대표적인 무장투쟁 세력이었다. 그 가운데 홍범도 의병부대는 3·1 운동 이후 대한독립군(大韓獨立軍)으로 재기했다. 국내에서는 임병찬 등이 독립의군부(獨立義軍府)를 조직하던 중 발각되어 미수로 끝났다.

중국 동북지방의 항일무장운동 가운데 가장 충격적인 사건은 안중근(安重根: 초명 安應七: 1879~1910)이 1909년 10월 26일 한국 침략의 원흉인 초대통감 이토 히로부미를 하얼빈 역에서 권총으로 사살한 것이다. 황해도 해주 출신으로 어려서 한학을 공부한 그는 뒤에 천주교에 귀의하기도 했으며, 국내외에서 의병운동을 하다가 대한의군 참모중장 자격으로 이토를 저격한 것이었다. 그는 공판에서 개인적 테러가 아닌 독립전쟁의 일환으로 적을 공격했으므로 전쟁포로로 대우해 달라고 주장하였다. 1910년 2월 14일 사형을 선고받고 그해 3월 26일 뤼순(旅順) 형무소에서 32세의 나이로 순국했다.

안중근은 지식인이었으며, 많은 유묵(遺墨)을 남겨 한국인의 사랑을 받고 있다. 안중근이 숨을 거두기 직전에 쓴 《동양평화론》은 미완성으로 끝난 글이지만, 여기서 그는 일본이 러일전쟁 직전에 동양평화와 대한독립을 약속하여 이를 믿고 러일전쟁을 조선이 지원했음에도 불구하고 전쟁이 끝나자 약속을 저버리고 을사늑약으로 조선의

안중근

안중근기념관 중국 하얼빈 역 부근

안중근 글씨 비단에 먹, 36.5 × 140.5cm, 나라를 위하여 몸바침은 군인의 본분이다.

주권을 침탈하고 만주까지 침략하고 있는 행위는 야만적인 행위라고 규탄하고, 서양세력의 동양침략을 막으려면 한국, 중국, 일본이 각기 주권을 가진 상태에서 진정으로 경제와 군사적으로 단결해야 한다고 강조했다.

일본은 안중근 의거의 배후에 고종이 간여했다고 판단하였는데, 실제로 고종황제는 항일의병전쟁을 배후에서 지원하고 있었으며, 일본이 대한제국을 강점한 이후에도 독립운동을 계속적으로 지원하다가 1919년 1월 21일에 갑자기 세상을 떠났다. 당시 세간에는 고종이 일본에 의해 독살당했다는 소문이 퍼지고, 이에 분노한 거족적인 항거가 3·1 운동으로 폭발했다.

제6장 자주적 근대화운동의 확산

1. 친일적 근대화운동과 일진회

을사늑약과 정미조약 이후 전국 각지에서 항일의병투쟁이 격렬하게 전개되고 있을 때 서울과 지방 도시의 지식인, 자산가, 관료 그리고 개혁적 유학자들은 근대적인 문화운동과 산업진흥을 통해 실력을 양성하여 국권을 회복하려는 계몽운동을 펼쳤다.

계몽운동가들은 당시의 세계정세를 약육강식(弱肉强食)과 적자생존(適者生存)의 원리가 지배하는 치열한 힘의 각축시대로 인식했다. 제국주의와 이를 뒷받침하고 있던 스펜서(H. Spencer)의 사회진화론(社會進化論)을 현실로 받아들인 것이다. 그리하여 나라의 부국강병(富國强兵)을 이룩해야 독립을 지킬 수 있다고 믿었다.

그런데 그 실천방법을 둘러싸고 급진파와 점진파가 갈라졌다. 급진파는 실력양성이 선행되어야 궁극적으로 독립을 달성할 수 있다고 믿는 부류이고, 점진파는 국가의 자주성과 실력양성이 병행되어야 한다고 믿는 부류이다.

독립보다 실력양성이 먼저라고 믿는 부류는 적극적 개화사상의 흐름을 계승한 인사들로서 전통문화와 서양문화를 절충하는 '동도서기'나 '구본신참'으로는 실력양성이 어렵다고 보고, 일본이나 서양의 문화를 전반적으로 받아들여야 한다고 주장하고 나섰다. 이들은 자유, 민권, 평등사상을 존중하면서 근대적 시민사회를 세우고자 했다.

그러나 위 부류는 일본에 의지해야 국가의 독립을 유지할 수 있다는 잘못된 생각을 가지고 일본의 통감정치를 긍정적으로 받아들이면서 우리가 문명국으로 발전할 수 있는 좋은 기회라고 믿었다. 그리하여 일본과 협력하는 길을 찾고, 의병전쟁을 나라를 망하게 하는 '비문명적인 폭력'으로 비난하기도 했다. 결국 이 부류는 일본의 침략이 기세를 높여갈수록 일제의 한국 강점을 한일 두 나라가 다 같이 행복하게 사는 길이라고 주장하면서 '합방(合邦)'을 찬성하고 나서며 친일매국노(親日賣國奴)로 전락하였다. 일진회(一進會)는 그 대표적인 단체였다.

일진회는 원래 1904년 8월에 일본이 급진적 개화파의 일부 인사를 회유하여 만든 단체이다. 러일전쟁 때 일본군의 통역을 맡았던 송병준(宋秉畯; 1857~1925, 함경도 장진 출신의 무관)과 독립협회에 참여했던 윤시병(尹始炳), 유학주(俞鶴柱) 등이 조직했는데, 처음에는 서울에서 시작했으나 뒤에는 동학당(東學黨)의 잔여세력인 이용구(李容九; 1868~1912, 상주 출신)가 조직한 진보회(進步會)와 손을 잡고 전국적인 조직을 갖추고, 일본인을 고문으로 두고 적극적인 친일행각에 나섰다.

1905년 11월에는 을사조약을 촉구하는 운동을 벌이고, 1907년 5월에는 정부의 국채보상운동을 비난하였다. 1907년 7월 고종이 강제로 퇴위하고 군대가 해산되자 전국에서 일어난 의병부대들은 일본군과 함께 일진회를 적으로 간주하고 일진회 회원들을 토살(討殺)하고, 그 기관지를 내던 국민신보사(國民新報社)를 습격하여 파괴했다.

1909년 10월에 이토 히로부미가 하얼빈에서 암살되자 일진회 활동은 더욱 가열되어 순종에게 한일합방을 촉구하고 나섰다. 일진회의 이러한 행동이 일제의 한국 강점에 힘을 실어준 것은 사실이지만, 당시 국민의 절대다수는 일진회를 증오하고, 일본의 침략에 대항하여 목숨을 걸고 투쟁했으므로, 대부분 한국인이 한일합방을 원했다고 하는 일부 일본인의 주장은 사실과 다르다.

2. 민족 정치단체

일본에 의지하여 근대화를 이루려는 일진회와 달리, 나라의 주권을 지키면서 근대화를 이루려는 단체들도 나타났다. 1904년에 송수만(宋秀萬; 1857~?, 무과 출신), 심상진(沈相震) 등이 조직한 보안회(輔安會)는 그 선구자였다. 이 단체는 일본이 황무지개척을 구실로 토지를 침탈하려 하자 대중적인 반대운동을 일으켜 이를 철회시키는 데 성공했으나 일본의 압력으로 곧 해산했다.

1905년에는 윤효정(尹孝定; 1858~1939), 이준(李儁), 양한묵(梁漢默) 등이 헌정연구회(憲政研究會)를 조직하여 의회제도를 인정하는 입헌군주제(立憲君主制) 수립을 목표로 활동했으나 통감부가 설치된 직후에 정치집회가 금지되면서 해산당했다.

1906년 4월에 윤효정은 다시 장지연(張志淵), 심의성(沈宜性) 등과 함께 대한자강회(大韓自强會)를 조직하여 교육개발과 식산흥업, 외세배격 등을 내걸고 전국에 25개의 지회를 두고 월보(月報)를 간행하는 등 활동을 넓혀갔다. 이 단체는 일본인 오가키 다케오(大垣丈夫)를 고문으로 두고 활동했음에도 불구하고 통감부에 의해 1907년 7월에 강제로 해산당했다.

그러나 1907년 11월에 대한자강회 회원들은 다시금 천도교(天道敎)의 오세창(吳世昌; 1864~1953), 권동진(權東鎭) 등과 합세하여 대한협회(大韓協會)를 조직하여 전국에 70개 소의 지회를 두고 활동했다. 이번에는 통감부의 탄압을 의식하여 통감부 통치를 '문명화 지도'로 일단 받아들이면서, 그 속에서 의회정치와 정당정치를 구현하고자 했다.

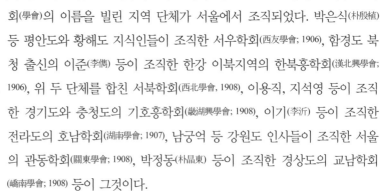

정치단체가 일본의 탄압으로 위축되면서 교육과 식산(殖産)으로 방향을 바꾸고 학회(學會)의 이름을 빌린 지역 단체가 서울에서 조직되었다. 박은식(朴殷植) 등 평안도와 황해도 지식인들이 조직한 서우학회(西友學會; 1906), 함경도 북청 출신의 이준(李儁) 등이 조직한 한강 이북지역의 한북흥학회(漢北興學會; 1906), 위 두 단체를 합친 서북학회(西北學會; 1908), 이용직, 지석영 등이 조직한 경기도와 충청도의 기호흥학회(畿湖興學會; 1908), 이기(李沂) 등이 조직한 전라도의 호남학회(湖南學會; 1907), 남궁억 등 강원도 인사들이 조직한 서울의 관동학회(關東學會; 1908), 박정동(朴晶東) 등이 조직한 경상도의 교남학회(嶠南學會; 1908) 등이 그것이다.

대한자강회 월보

위 학회들은 대체로 진보적인 유생들이 중심이 되어 조직되었는데, 《학보》를 발행하여 민족정신을 고취하고, 사립학교를 세워 애국지사를 길러내기도 했다. 따라서 이름은 학회이지만, 실제로는 정치사회단체나 마찬가지였다.

한말의 정치사회단체 가운데 끝까지 친일을 거부하고 실력을 양성하는 실효를 거둔 것은 1907년 4월에 조직된 신민회(新民會)였다. 평안도 출생의 안창호(安昌浩; 1878~1938), 양기탁(梁起鐸; 1871~1938), 이승훈(李昇薰; 1864~1930), 함경도 출생의 이동휘(李東輝; 1873~1935), 충청도 출생 유생인 신

안창호(1878~1938)

채호(申采浩; 1883~1936), 이동녕(李東寧; 1869~1940) 등이 비밀결사로 조직한 신민회는 한편으로 민족자본을 육성하면서, 다른 한편으로 교육, 문화 사업을 통해 민족의식과 민주의식을 고취시키는 일을 병행했다. 그리하여 평양에 대성학교(大成學校; 안창호), 정주(定州)에 오산학교(五山學校; 이승훈)를 세우고, 평양과 대구에 태극서관(太極書館)을 세워 교육과 출판 사업을 벌이고, 인격수양 단체인 청년학우회(靑年學友會)를 조직하기도 했다. 또 평양 근교에 자기회사(磁器會社)를 세워 운영하기도 했다.

그러나 대한제국이 몰락할 지경에 이르자 회원들 사이에 노선차이가 나타났다. 실력양성에 주력하자는 기독교 계통의 온건파와 무력투쟁을 전개하자는 유생 출신의 강경파가 갈라진 것이다. 실력양성파의 대표적 인사인 안창호는 나라가 망하자 미국으로 건너가 샌프란시스코에서 흥사단(興士團; 1913)을 조직하여 '무실역행(務實力行; 공리공론을 배척함, 참되고 성실하도록 힘써 행할 것)'을 강조하는 문화운동을 벌였다. 무력투쟁을 주장하던 신채호, 이동녕 등은 중국으로 망명했는데, 이동녕은 독립기지를 건설하고 무장투쟁을 전개하기 시작했다. 그리고 국내에 남아 있던 인사들은 일본이 조작한 데라우치 마사타케(寺內正毅) 총독 암살미수사건에 연루되어 체포, 투옥되었다. 이 사건으로 105인이 유죄판결을 받고 옥살이를 했는데, 이를 '105인사건'이라 한다.

3. 민족 언론활동과 국채보상운동

근대정신과 애국심을 높이기 위한 언론기관과 학교의 설립운동도 활발하게 전개되었다. 대표적 신문으로는 〈황성신문(皇城新聞; 1898)〉, 〈대한매일신문〉(1904), 〈제국신문〉(1898), 〈만세보(萬歲報; 1906)〉 등이 있었다.

〈황성신문〉은 강원도 홍천 출신 남궁억(南宮檍; 1863~1939) 등이 국한문 혼용으로 창간했는데, 대한제국의 '구본신참' 정책에 호응하는 입장을 취하여 서양지식을 보급하기보다는 민족의식을 고취하는 논설을 주로 발표하여 항일의 선봉에 섰다. 을사늑약이 발표되자 장지연의 〈시일야방성대곡〉이라는 유명한 논설을 실어 국민의 가슴을 뜨겁게 만든 것도 이 신문이었다. 민족주의 역사가인 신채호(申采浩)도 처음에는 이 신문의 논설 기자로 참여했다.

〈제국신문〉은 충청도 태안 출신 이종일(李鍾一; 1858~1925) 등이 발행한 순한글 신문으로 정치적 논설보다는 일반대중을 위한 사회계몽 기사를 많이 실었다.

1904년 평양 출신 양기탁(梁起鐸)은 일본의 언론탄압을 피하기 위해 일본과 동맹을 맺고 있던 영국의 언론인 베델(E. T. Bethel; 裵說)을 발행인으로 초빙하여 〈대한매일신보〉를 창간했다. 처음에는 국한문 혼용으로 간행했으나, 뒤에는 일반대중도 읽을 수 있도록 순 한글로 바꾸었으며, 외국인을 위해 영문판 〈The Korea Daily News〉도 간행했다.

이 신문은 영국인 명의로 발행하여 통감부 설치 후에도 유일하게 검열을 받지 않아 더욱 적극적으로 일본의 침략행위를 규탄하는 논설을 많이 실었다. 신채호도 이 신문으로 자리를 옮기고, 민족주의 역사가인 박은식(朴殷植)도 논설기자로 근무하면서 주옥같은 논설을 발표했다. 고종이 을사늑약의 불법성을 폭로하는 친서를 발표한 것도 이 신문이었다. 그 뒤 양기탁이 신민회를 조직하자 〈대한매일신보〉는 신민회의 기관지처럼 되었다.

〈만세보〉는 천도교(天道敎) 지도자인 손병희(孫秉熙), 오세창(吳世昌) 등이 발행한 국한문 혼용체 신문으로 일진회 등 매국행위를 주로 비판하면서 애국심을 높였다.

이밖에 미국 장로교 계통의 〈그리스도신문〉, 천주교 계통의 〈경향신문〉(1906, 주간지), 대한협회 기관지인 〈대한민보〉(1909)도 계몽적인 기능을 담당했다. 한편, 해외 동포들도 신문을 발간했다. 미국에서는 〈신한민보(新韓民報)〉, 연해주에서는 〈해조신문(海潮新聞)〉을 발간하여 독립정신을 고취시켰다.

한국인의 애국적 언론활동에 당황한 일본은 이에 대응하는 친일신문을 발간하기 시작했다. 1894년경에 일본공사관의 지원을 받은 아다치 겐조(安達謙藏)는 일본어신문인 〈한성신보(漢城新報)〉를 발간했는데, 실제로는 조선과 대륙침략을 목표로 한 흑룡회(黑龍會) 소속의 일본 최고 지식인들이 신문기자를 위장하여 조선에 들어와 활동하던 단체였으며, 이들이 1895년의 명성황후 시해사건에 주동적으로 참여했다.

대한매일신보사옥 서울 종로구 송월동 양기탁(1871~1938) 만세보 창간호(1906. 6. 17)

일본은 통감부 설치 이후 친일단체를 움직여 신문을 발간하도록 유도했는데, 일진회가 만든 〈국민신보(國民新報; 1906)〉가 그것이다. 이밖에 통감부는 기관지로 1906년에 〈한성신보〉와 〈대동신보〉를 합쳐서 〈경성일보(京城日報)〉를 발간했는데, 강점 후에는 총독부 기관지가 되었다. 처음에는 국한문판과 일본어판을 나란히 내다가 1907년부터는 국한문판을 폐지했다. 통감부는 민족언론의 기세가 갈수록 거세지자 이를 탄압하기 위해 〈신문지법〉(1907. 7)을 공포하고, 이어 〈출판법〉(1909. 2)을 제정하여 모든 출판물의 원고를 사전에 검열했다.

민족정신을 고취하던 민족언론은 1907년에 이른바 '국채보상운동(國債報償運動)'을 주도하여 통감부를 놀라게 했다. 당시 일본은 금융침투를 위해 차관공세를 벌인 결과 정부가 일본으로부터 빌린 돈이 1,300만 엔에 이르러 빚더미에 올라서게 되었다. 이를 상환하지 않으면 독립이 어려울 것으로 판단하여 대구에서 먼저 국채보상기성회가 조직되었는데 민족언론이 모금운동을 적극적으로 홍보하여 전국적으로 확산되었다. 국민들은 이에 호응하여 남자는 담배를 끊고, 여자는 비녀, 가락지 등을 팔아 모은 돈을 헌납했다.

'국채보상운동'은 빚을 갚기 위한 운동이지만, 실제로는 항일운동이었으므로 통감부는 이 운동의 지도자인 양기탁을 구속하는 등 탄압을 가하여 중단시켰다.

4. 민족 교육운동

원래 교육열이 높은 한국인은 개항 이후 서양문물이 들어오고 일본의 침투가 가속화되면서 인재양성의 필요성을 더욱 절감하고, 1880년대 이후 전국 각지에서 주로 서양인 선교사들이 신식 학교를 세웠음은 앞에서 이미 설명했다. '배우는 것이 힘이다'라는 신조가 다시 한 번 교육열을 몰고 왔다.

정부는 1895년의 갑오개혁 때 '교육입국(教育立國)' 조서[23]를 내리면서 각종 신식 관립학교가 세워지고 이에 따라 교과서가 편찬되기 시작했다. 그리고 1897년에 대한제

---

23) 갑오개혁 때 반포된 〈교육입국조서〉의 내용은 다음과 같다. "우내(宇內)의 형세를 보건대 부(富)하고 강(強)하며 독립하여 유지하는 모든 나라는 다 인민의 지식이 개명(開明)하였다. 지식의 개명은 교육의 선미(善美)로 되었으니 교육은 실로 국가를 보전하는데 도움이 된다"

국이 성립한 뒤에는 황실에서 투자한 사립학교가 세워지고, 을사늑약 이후에는 애국지사들이 다투어 사립학교를 세워 전국적으로 3천여 개의 학교가 창립되었다. 황실과 그 관련자들이 세운 학교로는 고종의 최측근인 이용익(李容翊)이 세운 보성학교(普成學校; 1905, 고려대의 전신), 고종의 후비 엄순비(嚴淳妃) 친족인 엄주익(嚴桂益)이 세운 양정의숙(養正義塾; 1905), 명성황후 친족인 민영휘(閔泳徽)가 세운 휘문의숙(徽文義塾; 1906), 엄순비가 세운 진명여학교(進明女學校; 1906)와 숙명여학교(淑明女學校; 1906) 등이 있었다. 황실이 근대교육에 많은 관심을 가지고 있었음을 보여준다.

지방에는 미국 선교사와 기독교인이 세운 학교들이 평양, 개성, 선천, 전주 등지에

〈한말 주요 사립학교 일람표〉

연대	학교명	설립자	위치
1883(고종20)	원산학사	정현석	원산
1885(고종22)	배재학당	미 북감리회	서울
1886(고종23)	이화여학교	미 북감리회	서울
	경신학교	미 북장로회	서울
1887(고종24)	정신여학교	미 북장로회	서울
1897(광무1)	숭실학교	미 북장로회	평양
1898(광무2)	배화여학교	미 남감리회	서울
1903(광무7)	숭의여학교	미 북장로회	평양
1904(광무8)	호수돈여숙	미 남감리회	개성
	청년학원	전덕기	서울
1905(광무9)	양정의숙	엄주익	서울
	보성학교	이용익	서울
1906(광무10)	휘문의숙	민영휘	서울
	신성, 보성여학교	미 북장로회	선천
	진명여학교	엄순비	서울
	숙명여학교	엄순비	서울
	양규의숙	진학신	서울
	중동학교	신규식	서울
	서전서숙	이상설	간도
1907(융희1)	신흥, 기전여학교	미 남장로회	전주
	대성학교	안창호	평양
	오산학교	이승훈	정주
	오성학교	서북학회	서울
	봉명학교	이봉래	서울
1908(융희2)	기호학교	기호흥학회	서울
	동덕여자의숙	이재극·손병희	서울
	대동전수학교	대동학회	서울
	보인학교	보인학회	서울
1909(융희3)	소의학교	장지영	서울

들어서서 명문학교로 자리잡았다.

당시 사립학교에서 가르친 것은 이른바 신식학문인 서양의 학문과 사상을 비롯하여 우리나라의 역사와 지리가 중심을 이루어 민족교육과 서양학문이 공존했다. 1902년 독일인 에케르트가 작곡한 〈애국가〉를 비롯하여 여러 종류의 〈권학가(勸學歌)〉가 학교에서 애창되기도 했다.

에케르트가 작곡한 대한제국 애국가 원본
1902년, 독립기념관 소장

통감부는 이러한 교육열이 항일운동과 연결된다는 것을 알고 이를 억압하는 정책을 폈다. 1908년에 〈사립학교령〉을 만들어 통감부의 인가를 받도록 하고, 교과서도 검정을 받은 것만을 사용하도록 통제했다. 반일적인 내용을 담은 책은 '금서(禁書)'로 지목되어 이를 사용할 경우 처벌을 내렸다.

5. 민족 종교운동

민족정신을 드높이기 위한 운동은 종교계에도 나타났다. 개항 이후 미국 선교사들의 영향을 받아 기독교도가 급속하게 증가했는데, 특히 유학의 뿌리가 약하고 중국과의 교역으로 자본가들이 많은 서북지방에서 큰 호응을 얻었다. 서울에서도 신자가 늘어났다. 고종도 일본을 견제하는 일환으로 선교사와 가까이 지냈다. 당시 저명한 기독교인 개화사상가로는 서재필(徐載弼; 전라도 보성 출생), 이상재(李商在; 충청도 서천 출생), 윤치호(尹致昊; 충남 아산 출생) 등이 있었다. 이들은 서울에서 활동하면서 1903년에 '황성기독교청년회'(YMCA의 전신)를 조직하여 시민들의 애국심과 자유, 평등사상을 주입하기 위해 다양한 활동을 벌였는데, 그 영향을 받은 청년 가운데 적지 않은 애국지사가 배출되었다.

1860년에 민족종교로 탄생한 동학(東學)은 동학농민운동 때 많은 추종자를 잃고 그 세력이 꺾였지만, 살아남은 교인은 근대종교로 탈바꿈하면서 항일운동에 나서기도 하고, 일부는 친일파로 전락하기도 했다.

경상도 상주 출신으로 동학농민운동에도 참여했던 이용구(李容九; 1868~1912)는 1901년 이후로 일본에 몇 차례 다녀오면서 친일파로 변절하여 1904년 9월 진보회(進步會)를 조직하고 러일전쟁 때 일본군을 적극 도와주고, 이해 12월 송병준(宋秉畯)의 일진회(日進

봉황각 서울시 유형문화재 2호, 천도교 손병희 선생이
3·1 운동을 준비하는 과정에서 지도자를
양성하기 위하여 1912년에 세운 건물이다.

손병희 선생과 천도교 간부 천도교 조직의 강화과정은
바로 3·1 운동의 준비과정이기도 했다.

손병희(1861~1922)

會)와 합하여 일진회(一進會)를 조직했다. 1905년에는
일본의 보호를 요구하는 운동을 벌이고, 1906년 손
병희(孫秉熙; 1861~1922)가 일진회의 해산을 명하고 제
명하자 따로 시천교(侍天敎)를 세웠다. 그 후 헤이그
에 밀사를 보낸 고종의 퇴위를 요구하고, 항일의병
토벌에 나섰으며, 1909년 12월에는 일본의 배후조
종을 받아 한일합방을 요구하고 나섰다. 한일합방
이 되자 막대한 은사금을 받았다. 그러나 합방 이후
일본은 효력이 끝난 일진회의 해산을 명령하였고
이용구는 일본으로 도피하여 그곳에서 죽었다.

동학교인 이용구의 변절과 동학 왜곡에 분개한
충청북도 청원 출신 동학지도자 손병희는 1906년에
천도교(天道敎)를 창립하여 동학의 정통성을 이어가
면서 민족운동을 전개했다. 그도 처음에는 러일전쟁
때 일본을 도와 러시아를 견제한 다음 일본과 손잡
고 내정개혁(內政改革)을 추진하려고 했으나, 일본이
진정으로 한국을 도울 생각이 없다는 것을 깨닫고 종교운동과 교육운동을
통해 나라의 근대화를 이루고자 했다. 그는 이용익과 더불어 보성사(普成社)
라는 출판사를 세우고, 이용익이 세운 보성학교(普成學校)를 인수하고(1910. 12),
친일파 이재극(李載克)이 세운 동덕여자의숙(同德女子義塾; 1908)을 인수하여(1912)
민족학교로 키웠으며 또한 〈만세보〉라는 기관지를 발행하기도 했다. 1919년
3·1 운동 당시 손병희는 〈독립선언서〉를 발표하는 등 항일운동을 계속했다.

유림사회에서도 유교의 약점을 보완하여 민족주의와 민주주의에 적합
한 요소를 발전시켜 근대적 민족종교로 발전시키려는 운동이 일어났다. 1909년에 박
은식(朴殷植)이 쓴 〈유교구신론(儒敎求新論)〉은 그런 목적이 담겨 있었다. 여기서 박은식은
공자의 대동사상(大同思想)과 맹자의 민본사상(民本思想)을 발전시켜 민주적이고 평등지향
적인 종교를 만들고자 했다. 유교개혁주의자들은 서민적이고 실천성이 강한 양명학(陽
明學)에도 관심을 가졌는데, 이 가운데 김택영(金澤榮), 박은식, 정인보(鄭寅普) 등 민족주의
역사가들이 많이 배출되었다.

한말의 민족종교운동 가운데 가장 특기할 것은 단군교(檀君敎)의 창설이다. 을사늑

약이 맺어진 직후 을사오적(乙巳五賊)을 응징하려다 실패했던 전라도 보성 출신 나철(羅喆; 1863~1916), 강진 출신 오기호(吳基鎬; 1865~1916), 만경 출신 이기(李沂; 1848~1909) 등은 1909년에 예부터 내려오던 무속(巫俗)의 삼신신앙(三神信仰)을 현대종교로 발전시켜 단군교를 중광(重光)시켰다고 선언했다.[24] 단군교는 단일민족을 강조하므로 민족주의 성향이 가장 강하여 일본의 탄압을 받게 되자 이름을 대종교(大倧敎)로 바꾸었으나 1910년대에는 해외로 망명한 애국지사들이 대부분 대종교에 귀의하여 그 신도가 급속히 늘어났다.

나철

이상과 같은 민족종교운동이 일어나자 통감부는 우선 유림계(儒林界)를 회유하기 위해 1907년에 대동학회(大東學會)라는 유학자 단체를 만들었는데, 이는 이완용, 권중응(權重應) 등 친일파가 통감부의 지원을 받아 조직한 것이었다. 여기에는 신기선(申箕善), 홍승목(洪承穆), 서상훈(徐相勛), 김가진(金嘉鎭), 김학진(金鶴鎭), 정교(鄭喬), 신태휴(申泰休) 등이 참여하였고, 1909년에는 공자교회(孔子敎會)로 이름을 바꾸었다.

또 기독교인들을 회유하기 위해 동양전도관(東洋傳道館)을 설립하고, 승려들을 회유하기 위해 본원사(本院寺)를 세웠다. 이에 한국종교도 민족파와 친일파의 갈등이 나타나기 시작했다.

6. 국학운동과 신문학운동

국사(國史)와 국어(國語)에 대한 사랑은 민족의식을 높이는 가장 중요한 수단이었다. 따라서 한말의 위기상황에서 국사와 국어를 알고자 하는 운동이 일어나는 것은 당연했다. 이러한 국사와 국어사랑은 언론과 학교교육을 통해서 확산되었다.

국어분야에서는 종전에 한문만 쓰던 관행에서 벗어나 국문(國文)과 한문(漢文)이 병용되는 추세에 맞추어 국어 문법을 통일시킬 필요성이 높아졌다. 유길준(兪吉濬)은

---

24) 대종교는 단군신화에 나오는 환인(桓因), 환웅(桓雄), 단군(檀君) 등 삼신(三神)을 삼신일체(三神一體)로 숭배하면서 삼신이 전 인류의 조상이자 우리 민족[배달민족]의 조상으로서 조화(造化), 교화(敎化), 치화(治化)의 일을 맡았으며, 만주와 한반도에 걸쳐 웅대한 고대제국을 건설하고, 세계 최고의 문명국가를 건설했다고 주장했다. 대종교의 1세 교주는 나철(羅喆, 弘巖宗師), 2세 교주 김교헌(金敎獻, 茂園宗師), 3세 교주 윤세복(尹世復, 斷崖宗師)으로 이어져 오다가 1930년대에 일제의 탄압으로 쇠약해졌다. 대종교의 경전으로는 《삼일신고(三一神誥)》,《신사기(神事記)》,《회삼경(會三經)》 등이 있으며, 역사책으로는 김교헌이 지은 《신단민사(神檀民史)》,《신단실기(神檀實記)》,《단조사고(檀祖事攷)》 등이 있다.

유길준(1856~1914)

주시경(1876~1914)

《국어문법》

1895년에 《조선문전(朝鮮文典)》을 편찬하고, 이봉운(李鳳雲)은 1897년에 《국문정리(國文正理)》를 펴냈으며, 지석영(池錫永)은 1905년에 《신정국문(新訂國文)》을, 주시경(周時經)은 1906년에 《국어문법(國語文法)》과 《말의 소리》(1914)를 잇달아 내면서 문법에 대한 연구가 진척되었다.

한편 정부에서도 국문연구의 필요성을 느끼고 1907년에 학부(學部) 안에 국문연구소를 설립하고, 주시경과 지석영 등의 학자들이 국문정리에 참여했다. 특히 주시경은 1908년 국어연구학회를 창립했는데, 이것이 뒷날 조선어연구회의 모체가 되었다.

국사 분야에서는 갑오개혁 이후 근대학교가 설립되면서 각종 국사교과서가 편찬되었다. 학교교육에서 국사를 정식으로 가르친 것은 이것이 처음이었다. 당시 교과서 편찬에 참여한 이는 장지연(張志淵; 1864~1921), 김택영(金澤榮; 1850~1927), 현채(玄采; 1886~1925) 등이었는데, 그 내용은 대체로 18세기말에 편찬된 안정복(安鼎福)의 《동사강목(東史綱目)》을 서양식 편찬체제인 장절(章節)로 나누어 간추린 것이었다. 이러한 서양식 서술체제를 당시 '신사체(新史體)' 라 불렀다.

그러나 이들이 편찬한 교과서는 《일본서기(日本書紀)》나 일본 동경제국대학 교수들이 1890년에 편찬한 《국사안(國史眼)》, 동경대학 졸업생인 하야시 다이스케(林泰輔)가 1892년에 편찬한 《조선사(朝鮮史)》의 영향을 받아 왜곡된 내용이 꽤 들어 있었다.[25] 예를 들면 이들 역사책에는 단군이 일본 건국신화에 나오는 스사노오노 미코토(素箋鳴尊)의 아들이라든가, 일본의 신공황후(神功皇后)가 3세기 초에 신라를 정복했다든가, 4세기에서 7세기에 걸쳐 일본이 한반도 남부에 임나일본부(任那日本府)를 두고 지배했다는 등의 내용이 들어 있는데, 이런 내용들을 교과서에 여과 없이 받아들였다.

이런 이유로 갑오개혁 이후의 국사교육은 일본의 침략의도가 많이 반영되어 있어서 민족의식을 높이는 기능만을 한 것은 아니었다.

그러나 1905년 을사늑약 이후로 거센 민족주의의 바람이 불기 시작하면서 학부에

---

25) 일본은 1868년 메이지유신 이후 서구식 대학제도를 도입하여 1886년에 동경제국대학(東京帝國大學)을 설립하고, 1888년에 국사과(國史科)를 두어 일본 역사와 더불어 조선사를 함께 연구하기 시작했다. 그 결과 《국사안》(1890), 《조선사》(1892) 등의 역사책이 편찬되었다. 그러나 이미 그 이전부터 정한론(征韓論)이 일어나면서 조선침략을 염두에 둔 역사책들이 편찬되어 한국사를 왜곡하기 시작했다.

서 펴낸 교과서에 대한 비판이 맹렬하게 일기 시작했다. 그 선구자는 〈황성신문〉과 〈대한매일신문〉 논설기자인 단재 신채호(丹齋 申采浩; 1880~1936)였다. 충북 청원 출신의 신채호는 단일민족, 영토, 주권을 존중하는 민족주의 사관을 가지고 역사를 새롭게 해석하면서 학부 교과서를 '노예근성을 가진' 악서로 비판하고 나섰다. 그는 먼저 을지문덕, 강감찬, 최영 등 애국명장들의 전기(傳記)를 써서 애국심을 고취하다가 1908년에 〈독사신론(讀史新論)〉이라는 사론(史論)을 발표하여 만주와 부여족[단군족]을 중심에 두고 역사를 새롭게 해석했다.

신채호(1880~1936)

　　그는 고조선과 고구려를 역사의 주류로 부각시키고, 신라통일을 반역적인 행위로 비판하였으며, 중국과의 우호선린 관계를 중요시하는 유교를 반민족적인 사대주의라 비판했다.

　　신채호는 여기서 한 걸음 더 나아가 서양에서 근대국가를 수립하는 데 큰 역할을 한 영웅들에 대한 전기도 썼는데, 스위스의 건국을 서술한 《서사건국전(瑞士建國傳)》, 미국 독립을 적은 《미국독립사》, 이탈리아 건국을 서술한 《의태리독립사(意太利獨立史)》와 《이태리건국삼걸전(伊太利建國三傑傳)》, 독일 통일을 가져온 비스마르크의 전기인 《비사맥전》, 그리고 러시아의 근대화를 이룩한 표트르대제에 대한 전기인 《피득대제》 등을 잇달아 편찬했다. 그의 역사책은 1910년대 만주에서 활약하던 애국지사들에게 큰 영향을 주었다.

　　한편, 민족 고전을 출판하여 한국학을 지원하려는 출판활동도 활발하게 전개되었다. 서울 중인(의관) 출신 최남선(崔南善; 1890~1957)은 1904년 일본 와세다대학(早稻田大學)으로 유학을 갔다가 3개월 만에 돌아와 신문관(新文館)이라는 출판사를 설립하고 문화운동에 헌신하고, 1910년에는 조선광문회(朝鮮光文會)를 설립하여 고전간행 사업에 착수했다. 실학자 정약용(丁若鏞)의 문집인 《여유당전서(與猶堂全書)》가 여기서 간행되었다.

　　문학 분야에서도 서양문학을 따르는 신소설(新小說), 신체시(新體詩) 등 신문학이 나타났다. 신소설은 전통적인 유교도덕을 봉건적인 유산으로 간주하고 자유, 평등, 자유연애, 미신타파 등을 소재로 하여 순 한글로 쓰였다. 이인직(李人稙)은 신소설의 개척자로서 《혈의 누》(1906), 《귀의 성》, 《치악산》 등의 작품을 남겼다. 이밖에 안국선(安國善)의 《금수회의록》(1908), 이해조(李海朝)의 《자유종》(1910), 최찬식(崔瓚植)의 《추월색》(1912) 등도 대표적인 신소설로 꼽는다.

　　그러나 신소설의 주제는 지나치게 전통을 부정하면서 서구적 근대성을 추구하여

최남선(1890~1957)   혈의 누   자유종   잡지《소년》

민주주의적이라기보다는 점차 친일문학으로 흘러갔고, 작가들도 대부분 친일파로 기울었다. 이에 반해 민족주의 계열의 인사들은 전통적인 한문학을 계승하면서 민족의식을 강조하는 또다른 형태의 문학을 창조했는데, 신채호가 〈대한매일신보〉에 전재한 〈천희당시화(天喜堂詩話)〉를 비롯하여 국내외 영웅들의 전기(傳記)를 펴낸 것이 그것이다. 이 흐름은 일본 강점기에 이르러 꿈의 형식을 빌어 애국심을 고취하는 사화문학(史話文學)으로 발전했다.

한편 시(詩) 분야에서 서양식 신체시를 추구하는데 앞장 선 이는 최남선이었다. 그는 자신이 경영하는 출판사에서 발행하는 《소년》이라는 잡지에 〈해(海)에게서 소년에게〉라는 시를 발표했는데 이는 신체시의 선구로 평가되고 있다.

2 일제강점과 독립운동

제1장 1910년대 일제의 폭압통치와 3·1 운동

1. 총독부의 통치구조와 무단정치

1) 총독부의 통치조직

1910년 8월 29일 대한제국의 주권을 강탈한 일본은 통감부 대신 조선총독부(朝鮮總督府)를 설치하였다. 총독은 일본 내각총리와 동등한 지위를 갖고 천황에 복종하면서 한국인을 독자적으로 지배했다. 총독은 육군대장 또는 해군제독 출신을 임명했는데 입법, 사법, 행정 및 군대통솔권 등을 장악했으며 이왕직(李王職)과 조선 귀족에 대한 특별권한을 가지고 있었다. 말하자면 삼권분립이 없는 총독독재 체제였다.

조선총독부가 설치되면서 '대한'이라는 이름을 없애고, 한반도와 한국인을 '조선반도'와 '조선인'으로 부르는 것이 공식화되었다. 그래서 '조선'이라는 호칭은 '조선＝식민지'라는 뜻이 내포되어 있었고, 독립운동가들은 '대한'이라는 호칭을 애용하여 대한제국을 계승할 의지를 놓지 않았다.

총독부에는 총독을 보좌하는 정무총감(政務總監)과 총독관방(總督官房)이 있고, 그 아래에 총무부, 내무부, 탁지부, 농상공부, 사법부 등 5부를

조선총독부 1995년 8월 15일에 철거됨

두어 1방(房) 5부(部) 9국(局)으로 구성했다. 학부(學部)는 축소하여 내무부 산하의 학무국(學務局)으로 편입시켰다. 이는 일본이 한국인의 교육에 관심이 없음을 보여준다.

그밖에 총독부 부속기관으로 경무총감부, 재판소, 감옥, 취조국, 철도국, 통신국, 세관, 임시토지조사국, 전매국, 인쇄국 등을 두었으며, 총독의 자문기구로 중추원(中樞院)을 두었다.

지방행정은 13도(道)¹ 아래에 부(府), 군(郡), 면(面)으로 편제하고, 각각 도장관(道長官; 뒤에 '도지사'로 개명), 부윤, 군수, 면장을 두었는데 도장관이 부윤, 군수, 면장을 지휘 감독했다. 그런데 지방행정 단위에서 가장 핵심은 도(道)와 면(面)으로, 일본의 정촌제(町村制)를 적용하여 지방말단 조직을 도(道)를 통해 중앙에 직결시켰다.

자문기구로는 도장관에 1명의 참여관(參與官)과 명예직인 참사관(參事官) 3명을 두었다. 지방경찰은 중앙의 경무총장(警務總長)에 직속되었는데 경무총장이 경찰과 헌병을 모두 통합한 헌병경찰(憲兵警察)을 통솔했다. 헌병경찰은 치안뿐 아니라 사법, 행정에도 관여할 수 있는 광범한 권한을 부여받아 한국인의 생사여탈권을 실질적으로 장악하고 있었다. 이는 총독부 체제가 기본적으로 무단정치(武斷政治)임을 단적으로 말해준다. 헌병경찰 밖에도 따로 2개 사단병력을 서울의 용산과 남산 등지에 주둔시키고, 지방에도 배치하여 무단정치를 뒷받침했다.

그러면 총독부 체제에 한국인은 얼마나 참여했는가. 한국인은 중추원과 기타 자문기구에 참여했으나 대부분 황족(皇族)이나 친일인사로 구성되었고, 실권이 없는 명예직이었다. 총독부 관서의 문관(文官)으로도 임명될 수 있었으나, 일본인에 비해 그 수효가 적었으며, 현격한 차별대우를 받았다.

초대총독은 1910년 5월에 통감으로 와서 합방조약을 성시시킨 데라우치 마사타케(寺內正毅)가 맡았다.

2) 황실문화의 붕괴와 무단통치

대한제국의 황실과 귀족들은 어떻게 되었는가. 먼저 고종황제를 '이태왕(李太王)'으로 격하하여 덕수궁에서 살게 하고, 순종황제는 '이왕(李王)'으로 격하하여 창덕궁과 창경궁에서 살게 했는데, 이왕직(李王職)이라는 기구를 두어 황실재산과 황실의 일상생

---

1) 13도는 경기도, 충청남도, 충청북도, 전라남도, 전라북도, 경상남도, 경상북도, 강원도, 황해도, 함경남도, 함경북도, 평안남도, 평안북도를 말한다.

활, 조상에 대한 제사 등을 관리하도록 했다. 창경궁은 1909년에 대부분 헐렸고, 그 자리에 동물원과 식물원을 설치하고 벚꽃을 심어 위락시설로 바꾸었으며, 1911년에는 정조가 혜경궁 홍씨를 위해 지은 자경전(慈慶殿)을 헐고 그 자리에 일본식 건물인 장서각(藏書閣)을 지어 이왕직의 도서관 겸 박물관으로 이용했다. 규장각 소장 도서의 일부가 장서각으로 옮겨졌다.

창경궁 장서각 1992년 철거됨

창덕궁의 인정전(仁政殿)도 연회장소로 이용하기 위해 바닥에 마루를 깐 것이 지금까지 내려오고 있으며, 인정전 앞 좌우 행각은 개조하여 전시실로 이용했다. 조선왕조 문화정치의 산실이자 규장각 각신의 집무소이던 창덕궁 이문원(摛文院)이 헐리고, 그 일대에 경찰서와 무도장(武道場)이 들어섰다. 1917년에 창덕궁에 큰 화재가 일어나 임금의 편전으로 쓰던 희정당(熙政堂) 일대가 모두 불타버렸다. 이때 마침 총독부를 짓기 위해 경복궁이 헐리는 중이었는데 헐린 강녕전(康寧殿)의 목재를 옮겨와 희정당을 복구하였으며, 불탄 대조전(大造殿) 자리에 경복궁의 침전인 교태전(交泰殿)을 옮겨다 지었다 (1920). 명나라 신종황제가 선조에게 내려준 글씨와 옷을 보관하던 경훈각(景薰閣)은 푸른 기와로 신성하게 지었는데, 이것도 불타버리자 경복궁의 만경전(萬慶殿)을 헐어다가 옮겨 놓았다. 그래서 창덕궁은 원래와 다른 모습을 갖게 되었다.

조선왕조의 대표적 왕궁인 경복궁(景福宮)은 근정전과 경회루 등을 제외한 대부분의 전각이 헐리고, 1916년부터 1926년에 걸쳐 거대한 총독부청사와 박물관이 세워져 왕조의 기를 꺾어버렸다. 광화문(光化門)도 헐려 궁궐 옆으로 이전되었다. 총독부청사는 서양의 르네상스 건축양식을 변형시킨 것이었다. 경희궁(慶熙宮)은 완전히 헐어버리고 일본인 학교인 경성중학(京城中學)을 세운 뒤, 나머지 땅은 총독부 관리의 관사로 만들었다.

정조가 아버지 사도세자의 사당으로 함춘원(含春園)에 지은 경모궁(景慕宮)은 대한제국기에 사도세자가 황제로 추존되어 그 위패가 종묘에 안치되자 임금의 어진을 봉안하는 영희전(永禧殿)으로 이용되었는데, 총독부는 이를 대부분 헐어버리고 그 자리에 경성제국대학 의학부를 세웠다. 종묘와 왕릉에 대한 이왕직의 제사는 허용되었으나, 황제국의 격식을 왕국의 격식으로 격하시켜 시행하도록 했다.

일본은 황실의 부활을 봉쇄하기 위해 황실 후예들을 일본으로 데려갔다. 순종은 후사가 없었으므로 고종의 후비 순비 엄씨(淳妃嚴氏)의 소생인 영친왕 이은(英親王 李垠;

순종의 장례행렬(살곶이다리)

비운의 황실(1915년경 촬영) 왼쪽부터 황태자 이은, 순종, 고종, 순종비, 덕혜옹주

(왼쪽부터)
이토 히로부미와 영친왕 이은, 덕혜옹주, 의친왕 이강

1897~1970)이 1907년에 황태자(皇太子)로 책봉되었는데, 통감 이토 히로부미는 그를 일본으로 데리고 가서 육군사관학교에 입학시키고, 일본 여인 마사코(方子)와 결혼시켰다. 1926년에 순종(이왕)이 세상을 떠나자 이은을 '이왕'으로 불렀다. 허수아비 왕 노릇을 하던 이은은 8·15 광복 후 국교단절과 국내정치의 벽에 부딪쳐 귀국이 좌절되었다. 1963년 귀국하여 지병에 시달리다가 1970년 74세를 일기로 세상을 떠났다. 부인 마사코는 광복 후 한국인으로 귀화하여 이방자(李方子)로 이름을 바꾸었으며, 창덕궁 낙선재(樂善齋)에서 거주하다 1989년에 세상을 떠났다. 이방자의 아들 이구(李玖; 1931~2005)는 일본에서 거주하다가 1996년 영구 귀국하여 종묘대제를 주관하는 등 활동하다가 2005년 일본에서 타계했는데 후사는 없다.

　고종은 귀인 양씨(貴人梁氏) 사이에서 외동딸 덕혜옹주(德惠翁主; 1912~1989)를 얻었는데, 1926년 일본은 그녀를 대마도주 아들과 결혼시켜 그곳에서 살다가 1962년 귀국한 후 창덕궁 낙선재에서 지내다 1989년에 세상을 떠났다.

　현재 고종의 혈통을 이은 후손은 고종과 귀인 장씨(貴人張氏) 사이에 태어난 의친왕 이강(李堈; 1877~1955)의 자손들 뿐으로, 그는 13명의 아들과 9명의 딸을 두었는데, 그 가운데 열 번째 아들인 이갑(李鉀)의 아들 이원(李源)이 이구의 양자로 입적되어 황실의 제사를 이어가고 있다. 이강의 열한 번째 아들 이석(李錫; 1941~)은 가수활동을 하다가 지금은 전주 한옥촌에 거주하고 있다.

총독부는 식민통치를 안정시키기 위해 국내에 거주하는 한말의 애국지사들을 탄압하기 시작했다. 먼저, 독립운동자금을 모으고 있던 안명근(安明根)을 체포한 것을 기화로 1911년에 황해도지방의 애국인사 160여 명을 체포 구금했다. 이 사건을 '안악사건'이라 한다. 같은 해, 데라우치 총독을 암살하려 했다는 혐의를 씌워 신민회(新民會) 회원 600여 명을 검거하여 악독한 방법으로 고문하고, 그 가운데 105명을 투옥시켰다. 이 사건을 '105인사건'이라 부른다.

총독부는 독립운동을 원천봉쇄하기 위해 모든 정치결사체를 해체시키고, 민족언론지들을 폐간시켰으며, 총독부의 어용기관지인 〈경성일보〉, 〈매일신보〉, 〈조선공론〉(잡지) 등을 후원했다.

민족교육을 봉쇄하기 위해 〈조선교육령〉(1911), 〈사립학교규칙〉, 〈서당규칙〉(1918) 등을 만들어 총독부가 사립학교 설치와 교육내용을 통제했으며, 향촌의 초급유학 교육기관이던 서당(書堂)에도 통제를 가했다. 그 결과 1908년에 약 3천여 개에 달하던 사립학교가 1919년에는 690여 개로 줄어들었다. 항일정신이 강한 지방유생들을 회유하기 위해 지방의 노유(老儒)에게 은사금(恩賜金)을 주고, 향교(鄕校)의 재산을 몰수하여 공립보통학교 유지비로 충당했다.

총독부는 전통 교육기관을 억누르는 대신 지방에는 보통학교[소학교]를 설치하고, 서울을 비롯한 대도시에는 소수의 고등보통학교[중학교]와 사범학교를 세웠는데, 한국인은 극소수만이 입학이 허용되었으며 교육내용도 한국사나 한국어 등 민족교육은 제외되었다.

관리나 교원들에게는 제복을 입히고, 칼을 차고 다니도록 했다. 이로써 헌병경찰제도와 아울러 사회분위기를 '칼 문화'로 바꾸어 놓았다. 수천 년간 붓을 숭상해온 우리 문화가 칼 앞에 몸을 떠는 사회로 만든 것이다.

3) 총독부의 경제침탈

일본이 한국을 침략한 일차적 목적은 경제침탈이었다. 땅과 자원을 빼앗고, 상품을 팔고, 세금을 늘리고, 자본을 키우자는 것이다. 특히 고질적인 식량부족으로 땅에 대한 욕심이 컸다.

일본은 한국의 토지소유, 지적(地籍), 토지가격을 명확하게 한다는 명분을 내걸고 대대적인 '토지조사사업'에 착수했다. 1910년에서 1918년까지 실시된 이 사업으로 일본은 막대한 토지를 얻었다. 1910년에 총독부는 토지조사국을 설치하고, 1912년에는 〈토지조사령〉을 반포, 신고주의(申告主義)를 통해 조사에 나섰다. 즉 토지주인이 자기 땅을 신고하면 소유권을 인정해 주도록 한 것인데, 이에 익숙하지 않은 한국인들은 까다로운 신고절차를 밟지 않아 토지를 빼앗기는 사례가 많았다. 또 역둔토(驛屯土)나 궁장토(宮庄土) 등을 비롯한 국유지, 친족공동체인 문중(門中), 마을공동체인 동중(洞中)이 공유(共有)하고 있던 땅은 신고주가 없어서 총독부 또는 힘 있는 친일인사들에게 넘어갔다.

토지조사사업 결과 13만 5천 정보의 역둔토와 4만 6천여 정보의 민유지(民有地)가 총독부와 동양척식주식회사의 소유로 넘어갔다. 이런 방법으로 토지를 빼앗아 1930년까지 총독부가 소유한 토지는 전 국토의 40%에 이르렀다. 그 과정에 약 10만 건의 소유분쟁이 발생했으나 총독부의 탄압으로 묵살되었다. 그럼에도 불구하고 일본은 이로써 근대적 토지사유제가 확립되었다고 자랑하고 나섰다. 원래 토지사유제는 조선 초기부터 확립되어 매매와 상속이 가능했고, 광무개혁에서도 양전(量田)과 지계사업(地契事業)을 통해 다시 한 번 소유권을 재정비한 바 있는데, 다만, 문중이나 동중의 공유지는 공동이익을 위해 사용되었으므로 명확한 사유권을 인정하지 않았던 것이다.

일본인은 농업이민을 하여 많은 토지를 소유했다. 강점 이전보다 10배나 되는 농업이주민이 들어오면서 그들이 소유한 토지가 4배로 늘어나 대지주로 성장해갔다. 총독부의 지세수입도 1919년에는 1911년의 두배로 늘고, 과세지(課稅地)도 10년 사이 52%나 증가했다.

토지조사사업은 토지소유의 편차를 크게 높이는 결과도 가져왔다. 힘 있고 지식이 있는 지주들은 신고를 통해 토지를 확보했으나, 무식하고 힘 없는 병작농(竝作農)이나 자작농(自作農)은 대부분 몰락하여 소작농(小作農)과 농업노동자, 또는 화전민(火田民)으로 전락하고, 중국 동북지방으로 이민하는 농민도 적지 않았다. '소작'이라는 말도 이때 처음 생겨났다. 조선시대는 남의 토지를 빌어 경작하는 농민을 지주와 대등한 위치로 보아 '병작(竝作)' 즉 '어우리'로 불리던 것이 이제는 강자와 약자의 관계로 보는 소작으로 격하된 것이다.

1918년 현재 소작농과 자소작겸농은 전체 농민의 77%에 이르고, 3%의 지주가 전체 경작지의 50% 이상을 소유하고 있었다.

일본은 광산, 어장, 산림 등 자연자원에도 손을 댔다. 1915년 〈조선광업령〉을 만들어 한국인의 광산경영을 억누르고, 미쓰이(三井), 후루가와(古河) 등 일본 광업자본이 들어와 인천, 갑산 등 주요 광산을 장악하여 1920년 현재 일본인은 전체 광산의 80%를 차지하고, 한국인은 0.3%를 차지했다.

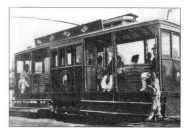

전차

1911년에 〈조선어업령〉을 내리고 황실 및 개인이 소유하던 어장(漁場)이 일본인에게 넘어갔는데 1인당 어획고가 한국인의 4배 이상이었다. 1905년에 독도를 약탈한 것도 일본어업생산을 늘리는 요인이 되었다.

국유림(國有林)을 비롯한 삼림에 대해서도 1908년, 1911년, 1918년에 잇달아 〈삼림령〉 또는 〈임야조사사업〉 등을 통해 강탈하여 일본인에게 불하했는데, 전체 삼림의 50% 이상이 총독부와 일본인 소유로 넘어갔다. 특히 삼림자원이 풍부한 압록강과 두만강 유역의 목재를 대대적으로 벌채하여 막대한 이득을 취했다.

1910년 총독부는 〈회사령(會社令)〉을 공포하여 회사를 설립할 경우 총독부의 허가를 받도록 했다. 그 결과 전기, 철도, 금융 등 규모가 큰 기업은 일본의 미쓰이(三井), 미쓰비시(三菱) 등에 넘어갔고, 인삼, 소금, 아편 등 소비규모가 큰 것은 총독부가 전매권을 가져갔다. 한국인은 정미업, 피혁업, 요업, 방적업, 농수산물 가공업 등 주로 경공업에 한정되었다. 1919년 전체 공장의 자본금에서 일본인은 91%를 차지하고 한국인은 6%에 머물렀다.

교통 부문은 호남선, 경원선, 함경선 등의 철도가 새로 부설되고, 간선도로가 보수되어 전보다 교통망이 확충된 것은 사실이었다. 전기와 전신망도 확장되었다. 그러나 이러한 시설은 한국인의 세금으로 이루어진 것이며, 그 시설은 주로 식민통치를 효율적으로 하기 위한 목적으로 만들어졌다.

금융 부문도 일본인이 장악했다. 조선은행(1911), 조선식산은행(1918), 동양척식주식회사(1908) 등이 금융계를 장악하고, 지방에는 금융조합이 침투하여 서민금융을 취급했다. 총독부는 '식민지 경영을 위한 경비는 식민지에서 마련한다'는 원칙 아래 세금수탈을 대폭 강화했다. 소득세, 수익세, 소비세, 교통세, 부과세, 특별세, 이밖에 각종 잡부금이 부과되고, 이들 수입은 한국인을 탄압하고 토목공사를 일으키는 일에 지출되었다.

무역구조도 일본 중심으로 개편되었다. 수출의 90%, 수입의 65%가 일본으로 집중되었는데, 쌀·잡곡·잎담배 등이 주요 수출품이었고, 옷감·경공업 제품이 들어왔다.

이러한 무역구조는 일본 자본주의 발달을 촉진시키는 데 기여했다. 결국 우리나라는 국권 상실과 동시에 일본 자본주의의 원료공급지, 상품시장 그리고 조세수탈의 일방적인 피해자로 전락하고 말았다.

2. 1910년대 독립운동과 3·1 운동

1) 1910년대 국외 망명인사의 독립운동

군대와 헌병경찰을 앞세운 총독부의 무단통치로 국내에서의 독립운동은 거의 불가능한 상태에 빠졌다. 많은 애국지사들이 해외로 망명하여 독립기지를 건설하고 장기적이고 적극적인 독립운동에 나섰다. 대한제국을 회복한다는 것이 독립운동의 목표였다. 만주와 러시아의 연해주는 주요 망명지였다. 이곳은 역사적으로 한국인들이 많이 살고 있었고, 고구려, 발해의 영토였으며, 대한제국기에도 적극적으로 관리하던 지역이기 때문이다. 만주의 간도(間島)와 연해주에서 활약한 독립운동가들은 대부분 단군민족주의를 신봉하는 대종교인이었다. 그들은 장차 고구려와 발해의 옛땅을 수복하여 대조선(大朝鮮)을 재건한다는 원대한 계획을 세우고, 군사기관, 교육기관, 산업시설을 설치했으며, 무력에 의한 독립투쟁 노선을 택했다. 의병전쟁을 계승한 것이다.

대종교인이 세운 독립기지로서 유명한 곳은 이회영(李會榮; 1867~1932)과 이시영(李始榮; 1869~1953) 형제, 이동녕, 이상룡(李相龍; 1858~1932) 등이 서간도[유하현]의 삼원보에 세운 경학사(耕學社)라는 자치기관이며, 이를 모체로 독립군 양성을 위한 신흥강습소(1919년 신흥무관학교로 개편)를 세웠다. 이밖에 윤세복(尹世復; 1881~1960, 대종교 3세 교주)이 환인(桓仁) 지방에 세운 동창학교(東昌學校; 1911)에는 신채호, 박은식 등 저명한 역사가들이 위인전기를 써서 교재로 사용했다. 김교헌(金敎獻; 1868~1923, 대종교 2세 교주)이 지은 《신단실기(神檀實記)》(1914), 《신단민사(神檀民史)》(1914) 같은 고조선의 역사책도 재만동포 사이에 널리 읽혔다. 여기서는 역사교육과 군사교육을 가장 중요하게 다루었다.

재만동포들은 1918년 12월에 39명의 대표가 모여 〈대한독립선언서〉(일명 무오독립선언)을 발표하여 무력투쟁의 강렬한 의지를 보여주었다.

연해주에서는 이미 1905년에 자치기관인 한민회(韓民會)가 조직되어, 〈해조신문(海朝

新聞)〉을 발행하고, 1909년에는 한민학교를 세우는 등 활발한 활동을 전개하고 있었는데 1910년 이후에는 이상설, 이동휘 등이 블라디보스토크[해삼위]에 대한광복군정부(1914)라는 최초의 임시정부를 세우고, 독립군을 조직하여 무장투쟁을 계획하고 있었다. 이상설은 만주 용정(龍井)에 민족교육의 요람이 된 서전서숙(瑞甸書塾)을 세웠다.

이회영(1867~1932)　　이동녕(1869~1940)

1917년에는 연해주 한인단체의 중심기관으로 전로한족회중앙총회가 결성되고, 1919년에는 대한국민의회(大韓國民議會)로 발전했다. 이밖에 연해주에는 이상설이 세운 권업회(勸業會), 대한청년교육회, 공공회 등 많은 단체가 조직되어 활동하고 있었다. 1917년 러시아혁명이 일어나자 그 영향을 받아 1918년에 이동휘 등은 하바로프스크에서 한인사회당(韓人社會黨; 1921년 고려공산당으로 개편)을 결성하기도 했다.

이상설(1871~1917)　　이동휘(1873~1935)

한편, 중국 국민당 정부와 협력하기 편리하고 서양인과도 접촉하기 쉬운 상하이(上海)도 독립운동 중심지 중 하나가 되었다. 대종교의 신규식(申圭植; 1879~1922, 청원 출생)은 1911년에 신해혁명(辛亥革命)에 참여하여 국민당 정부와 친교가 깊었는데, 1912년에는 국민당 인사와 연합하여 동제사(同濟社)를 세웠으며, 1915년에는 박은식과 더불어 대동보국단(大同輔國團)을 조직하고 《진단(震壇)》이라는 잡지를 발간하기도 했다. 그의 외교적 활약은 뒷날 대한민국임시정부의 활동에 큰 도움을 주었다. 상하이의 민족지도자들은 1919년 1월에 신한청년당을 조직하고 제1차 세계대전을 마무리하는 파리강화회의(1919. 1~6)에 김규식(金奎植; 1881~1950, 동래 출생)을 대표로 보내는 등 활발한 외교활동을 전개했다.

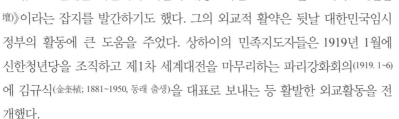
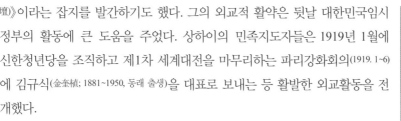
청년 시절의 이승만

미국에서는 한인 동포가 많은 하와이가 민족운동의 중심지가 되었다. 1903년에 신민회, 1907년에 한인합성협회를 조직하는 등 여러 단체가 생겨

스티븐스 대한제국의 미국인 외교고문

났다. 미국 본토에서도 역시 동포가 많은 샌프란시스코에 1905년 공립협회(共立協會) 등이 조직되었는데, 장인환과 전명운이 친일 망언을 일삼던 더럼 스티븐스(Durham Stevens)를 캘리포니아주 오클랜드에서 사살한 사건(1908. 3)을 계기로 단결이 강화되어 1909년에는 하와이동포와 연합하여 국민회(國民會; 뒤에 대한인국민회로 개편)를 조직하기에 이르렀

는데, 그 중심인물은 박용만(朴容萬; 1881~1928, 철원 출생)과 이승만(李承晚; 1875~1965)이었다. 한때 독립협회에도 참여했던 이승만은 1904년에 미국으로 건너가 조지워싱턴대학과 하버드대학(석사)을 거쳐 프린스턴대학에서 철학박사학위(1910)를 받고 하와이로 가서 독립운동을 전개하다가 1919년에 상하이에서 대한민국임시정부가 수립되자 44세의 나이로 대통령에 추대되었다.

한편, 신민회 회원이던 안창호(安昌浩; 1878~1938, 강서 출생)가 미국 로스앤젤레스에서 1913년에 조직한 흥사단(興士團)의 활동도 활발한 편이었다. 재미동포들은 대부분 기독교인으로서 군인양성과 외교활동에 역점을 두는 민족운동을 전개한 것이 특징이었다.

일본에서는 젊은 유학생들이 1917년의 러시아혁명과 제1차 세계대전 종결 후 민족자결주의에 자극을 받아 독립운동 기운이 고조되었는데, 1919년 2월 8일에 최팔용(崔八鏞) 등은 도쿄기독교청년회관에 모여 독립선언서와 결의문을 발표했다. 이를 '2·8 독립선언'이라 한다. 이 선언은 3·1운동에도 영향을 주었다.

2) 1910년대 국내의 민족운동

일제의 가혹한 탄압으로 활동이 위축된 가운데에도 비밀결사의 형태로 지하에 숨어든 단체들이 전국 각지에서 조직되었다. 그런데 독립 후의 정부형태를 둘러싸고 대한제국의 회복을 주장하는 측과 공화국 건설을 주장하는 측의 노선갈등이 일어났다.

대한제국의 부활을 지향하는 대표적 단체는 1913년에 조직된 독립의군부(獨立義軍府)였다. 한말에 최익현과 더불어 의병전쟁에 참여했던 대한제국기의 첨지중추부사 임병찬(林秉瓚; 1851~1916, 옥구 출생)이 주도한 이 단체는 전라남도를 중심으로 무력항쟁을 벌였으나 1914년에 임병찬이 체포되어 거문도에 유배되었다가 자결하자 해산되었다(1916).

한편, 1907년부터 평안도, 황해도, 강원도를 무대로 하여 의병전쟁을 벌였던 평안도 성천의 가난한 농민 출신의 의병장 채응언(蔡應彦; 1879~1915)은 국권이 침탈된 이후에도 대한제국의 부활을 위해 투쟁을 계속하여 혁혁한 전과를 거두었다. 그러나 그는 1915년 7월에 성천에서 체포되어 평양감옥에서 순국했다.

공화국 건설을 목표로 한 비밀단체로는 대한제국기 판사였던 박상진(朴尙鎭), 서북학회에 참여했던 김좌진(金佐鎭) 등이 1913년에 조직한 대한광복단(大韓光復團; 1915년에 대한광복회로 개편)의 활동이 두드러졌다. 대구에서 결성한 이 단체는 각 도에 지부를 두고 해외의 애국지사들과 연계하여 군대양성과 친일파 숙청을 도모하다가 1918년에 발각되어 잠시 그 활동이 위축되었으나 3·1 운동 이후에는 활발한 투쟁을 계속했다.

경상도에서는 대종교에 귀의한 윤상태(尹相泰), 서상일(徐相日), 이시영 등 유생들이 1915년에 조선국권회복단을 조직했는데, 1919년에 3·1 운동이 일어나자 이에 적극 참여하여 만세운동을 주도했다.

평안도에서 일어난 공화주의운동 단체로는 1917년에 조직된 조선국민회(朝鮮國民會)가 있었다. 평양의 숭실학교(崇實學校) 학생과 기독교청년들이 중심이 되어 조직된 이 단체는 하와이의 대조선국민단 및

채응언 1915년 체포 당시 모습

간도의 독립운동단체와 연계하면서 군자금을 모으고 무기를 구입하기 위해 활동했으며, 3·1 운동 당시 평안도 지방의 만세운동을 주도했다.

한편, 경제적 자립을 통해 국권을 회복하자는 운동도 여러 곳에서 일어났다. 서울에서는 1915년에 학생과 교사들이 조선산직장려계(朝鮮産織獎勵契)를 조직하여 "조선의 원료로 조선에서 조선인이 방직하고, 조선인이 제직하여 조선인이 착용한다"는 목표를 세우고 '주식 모으기 운동'을 벌였다. 이와 비슷한 운동은 함경도 단천에서 조직된 자립단(自立團; 1915), 평양 숭실여학교 교사들이 조직한 송죽회(松竹會; 1913)가 있었다. 이 밖에 민단조합(1915), 자진회(自進會; 1918) 등 수많은 비밀결사가 조직되었다.

1910년대 민족운동은 도시의 중산층, 교사, 학생 그리고 지방의 유생이 주도하였으며, 종교적으로도 기독교, 불교, 천도교 신자 등이 두루 참여했다. 이러한 각계각층의 민족운동 역량이 축적되어 있다가 한꺼번에 폭발한 것이 1919년의 3·1 운동이었다.

3) 3·1 운동

1910년의 국치 이후 축적되었던 민족운동 열기가 한꺼번에 터져 나온 사건이 1919년 나라 안팎에서 발생했다.

먼저, 국내에서는 1919년 1월 21일 덕수궁에서 거주하고 있던 고종황제가 밤에 식혜를 먹고 갑자기 세상을 떠났는데, 향년 68세였다. 세간에는 일본이 독살했다는 소문이 퍼졌다. 고종은 나라가 망한 뒤에도 독립운동을 포기하지 않고, 아들 의친왕 이강(李堈; 1877~1955)과 더불어 독립운동을 배후에서 후원하고 있었을 뿐 아니라, 을사늑약에

고종의 승하를 애도하는 국민(1919.1.22) 덕수궁 대한문 앞

3·1 만세운동 동대문 성곽 위에 모인 민중

3·1 운동 가두행진 3·1 운동 이후 미주 지역에서 태극기를 들고 가두행진을 하고 있는 한인교포

반발하다가 강제로 황위를 빼앗긴 바 있어서 국민의 존경을 받고 있었는데 일본이 독살하여 세상을 떠났다는 소문이 퍼지자 반일감정에 기름을 부은 격이 되었다.

고종의 장례식은 3월 3일로 정해져 있었고, 3월 1일에 장례식 습의(習儀; 예행연습)가 실시될 예정이어서 많은 군종이 이를 구경하기 위해 모여들 것이라고 예측하였다. 따라서 3월 1일은 대규모 군중동원이 가능한 날이었다.

국제적으로는 1917년에 러시아혁명[공산주의혁명]이 일어나 평등사상이 고취되고, 1918년 제1차 세계대전(1914~1918)이 독일, 오스트리아 등 전체주의 국가의 패배와 영국, 프랑스, 미국 등 자유주의 국가의 승리로 끝나면서 인도주의, 민족자결주의, 평화주의를 존중하는 분위기가 확산되고, 국제연맹(國際聯盟)이 결성되는 등 세계질서에 큰 변화가 나타났다. 국제정세에 밝은 지식인들 사이에는 이번 기회를 통해 한국의 독립을 요구하는 평화적인 반일시위운동이 국제적으로 호응을 얻을 것이라 기대했다.

제1차 세계대전의 뒤처리를 위해 1919년 1월부터 파리강화회의가 열리자 해외의 독립운동가들은 이를 계기로 국제사회에 우리의 독립을 호소하는 외교활동을 전개한 것이 국내에 큰 자극을 주었다. 미국에서는 대한인국민회의가 1918년 12월에 이승만을 파리강화회의에 보내려 했으나 실패했다. 1919년 2월에는 동경의 유학생들이 〈2·8 독립선언서〉를 발표하여 분위기가 무르익었다. 그 뒤 신한청년단 김규식이 파리강화회의에 가서 〈독립청원서〉를 제출했다.

이렇게 국내외 정세가 유리하게 전개되자 국내의 종교단체 지도자들은 평화적인 반일시위운동을 3월 1일에 맞추어 시작하기로 뜻을 모았다. 손병희와 최린(崔麟) 등 천도교 지도자, 이승훈(李昇薰) 등 기독교 지도자, 한용운(韓龍雲) 등 불교 지도자 등 33인은 대중화, 일원화, 비폭력이라는 3대 원칙에 따라 만세운동을 전개하기로 뜻을 세우고, 거사일을 3월 1일 정오로 정하고, 종로 탑골공원에서 〈독립선언서〉를 낭독하기로 했

3·1 독립선언서

다. 33인의 민족대표가[2] 연서한 이 선언서는 이종일(李鍾一)에 의해 비밀리에 인쇄되어 전국에 미리 배포되었다.

그러나 민족대표들은 당일 탑골공원에서 〈독립선언서〉를 낭독하기로 한 계획을 바꿔 음식점인 태화관(泰和館; 서울 종로구 인사동)으로 옮겨 독립선언서를 낭독하고, 일제 관헌에 이 사실을 알려주어 자진 체포되었다. 탑골공원에서 군중이 많이 모여 폭력사태가 일어날 것을 염려한 것이다. 그 대신 탑골공원에서는 학생들이 모여 독립선언서를 낭독하고 만세시위에 들어갔다.

서울시위에 때를 맞춰 평양, 진남포, 안주, 의주, 선천, 원산 등 북한지역에서 만세운동이 일어났으며, 3월 10일을 전후해서는 남한 일대로 퍼져 중소도시와 농촌에까지 확산되었다. 5월 말까지 계속된 이 운동에는 전국 218개 군에서 2백여만 명의 주민이 1,500여 회 참가했는데, 각계각층의 주민이 모두 참여한 것이 특징이다.

3·1 운동은 비폭력, 무저항주의로 출발했으나, 시위가 확산되면서 동맹파업과 예금인출, 심지어 전차를 공격하고, 광구(鑛區)를 파괴하고, 면사무소와 헌병주재소를 습격하는 등 차츰 폭력시위로 번졌다.

거족적인 시위에 놀란 일본은 군대와 경찰을 모두 풀어 시위자들을 폭도로 규정하

---

2) 민족대표 33인의 명단은 다음과 같다. 손병희, 권병덕(權秉悳), 권동진(權東鎭), 김창준(金昌俊), 김병조(金秉祚), 김완규(金完圭), 백용성(白龍成), 이필주(李弼柱), 길선주(吉善宙), 이승훈(李昇薰), 이명룡(李明龍), 이갑성(李甲成), 유여대(劉如大), 양한묵(梁漢默), 양전백(梁甸伯), 나인협(羅仁協), 나용환(羅龍煥), 신석구(申錫九), 신홍식(申洪植), 박동완(朴東完), 박희도(朴熙道), 박준승(朴準承), 임예환(林禮煥), 이종일(李鍾一), 이종훈(李鍾勳), 홍기조(洪基兆), 홍병기(洪秉箕), 한용운(韓龍雲), 최린(崔麟), 최성모(崔聖模), 정춘수(鄭春洙), 오화영(吳華英), 오세창(吳世昌). 그러나 33인 가운데 몇 사람은 뒤에 친일인사로 변절했다.

유관순

고 발포, 살육, 고문, 방화 등 무자비한 방법으로 탄압했다. 경기도 화성군 송산면에서는 마을 전체를 불태우고, 마을주민을 학살했으며, 화성군 향남면 제암리에서는 마을주민을 교회에 가두고 불을 질러 타죽게 했다(4. 15). 충남 천안의 아오내[병천] 장터에서는 18세 소녀 유관순(柳寬順; 1902~1920)이 앞장서서 시위를 이끌다가 체포되어 서대문 형무소에서 악랄한 고문을 받은 끝에 숨을 거두었다. 3·1 운동으로 전국에서 7천 5백여 명이 피살되고, 4만 6천여 명이 체포되었으며, 1만 6천여 명이 부상당했다. 49개 소의 교회와 학교, 715호의 민가가 불타버렸다.

3·1 운동은 당장 독립이라는 결과를 가져오지는 못했지만, 그동안 일본은 마치 한국인이 희망하여 한국을 강점한 것처럼 선전한 것이 얼마나 거짓인지를 만천하에 똑똑히 보여주었다. 또한 한국인의 무서운 저항에 놀라 '무단통치'를 이른바 '문화통치'로 바꾸는 계기가 되었다.

3·1 운동은 다른 나라의 민족운동에도 큰 자극을 주었다. 중국은 이해 5월 4일 북경대학 학생들이 주도하여 제국주의와 봉건주의에 항거하는 '5·4 운동'을 일으켰는데, 3·1 운동의 영향이 컸으며, 인도에서는 1915년에 마하트마 간디가 영국의 식민통치에 반대하는 불복종, 비협력, 비폭력의 무저항주의운동을 벌였는데, 3·1 운동이 인도독립운동을 한층 고무시켜 주었다. 이밖에 베트남, 필리핀, 이집트 등지의 민족해방운동에도 자극을 주었다.

3·1 운동에서 표방한 비폭력주의와 〈독립선언서〉에 나타난 인도주의(人道主義)는 우리가 평화를 사랑하는 진정한 문화민족임을 보여주었다는 점에서 무력항쟁 못지않은 의미를 가진다.

3. 1920년대의 기만적 '문화통치'와 경제수탈

1) '문화통치'의 기만성

3·1 운동으로 우리 민족의 치열한 독립의지를 알게 된 총독부는 폭압에 의한 '무단통치'의 한계를 깨닫고 '문화의 창달과 민력(民力)의 충실'이라는 그럴 듯한 시정목

표를 내걸고 이른바 '문화통치'로 방향을 바꾸었다.

사이토 마코토   강우규

그러나 겉으로는 전보다 부드러워진 듯이 보이는 문화통치는 눈속임에 지나지 않았고, 실제로는 친일파와 애국자를 분리시키고, 한국의 전통문화를 파괴하여 정신적으로 굴복시키려는 고도의 술책이 담겨 있었다.

우선, 총독을 무관에서 문관으로 바꾼다고 약속했으나 지키지 않았다. 3·1운동 후 새로 부임한 사이토 마코토(齋藤實) 총독을 비롯하여 역대 총독들은 모두 육해군 장군이었다.[3] 사이토 마코토는 부임 직후인 1919년 9월 2일 마차를 타려는 순간 64세의 노인 강우규(姜宇奎; 1855~1920) 의사의 폭탄세례를 받았으나 죽지 않았고, 수행원 37명이 중경상을 입었다. 강우규는 1920년 11월 29일 서대문형무소에서 세상을 떠났다.

다음에 헌병경찰제를 보통경찰제로 바꾸었다. 그러나 그 대신 경찰관을 3배 이상 늘리고, 면 단위까지 주재소(駐在所; 파출소)를 설치하여 거미줄 같은 탄압망을 짜놓았다.

종전에 관리나 교원이 제복을 입고 칼을 차고 다니던 것을 폐지했으며, 언론, 출판, 집회, 결사의 자유를 허용했다. 이에 따라 〈동아일보〉(1920), 〈조선일보〉(1920), 〈시대일보〉(1924) 등이 창간되었다. 그러나 1925년에 〈치안유지법〉을 만들어 저들의 비위에 거슬리는 언론, 집회, 결사는 허용하지 않았다. 심한 검열에 따라 신문은 수시로 삭제, 압수, 벌금, 정간 등의 처벌을 받았다.

결사나 집회의 자유도 친일단체를 만들고 활동하는 공간을 키우는 구실을 했다. 예를 들면, 대동사문회(大東斯文會), 유교진흥회, 조선불교교무원, 상무당, 조선경제회 등을 만들어 유학자, 자산가, 종교인들을 회유했다. 그 반면, 노동자, 농민, 학생 그리고 사회주의 단체의 조직과 집회는 가차 없이 탄압했다.

한국인의 참정권을 부여한다는 명목 아래 지방의 도(道), 부(府), 면(面)에 협의회(協議會)를 설치하고 한국인을 참여시켰다. 그러나 친일성향이 강한 인물을 위원으로 임명하여 실제로는 들러리에 지나지 않았다.

국외에서도 민족운동을 교묘한 수단으로 탄압했다. 만주의 독립운동가들을 탄압하

---

3) 제1대 총독 데라우치 마사다케(寺內正毅), 제2대 하세가와 요시미치(長谷川好道; 1916), 제3대 사이토 마코토(齋藤實; 1919), 임시대리 우가키 가즈시게(宇垣一成; 1927), 제4대 야마나시 한조(山梨半造; 1927), 제5대 사이토 마코토(1929), 제6대 우가키 가즈시게(1931), 제7대 미나미 지로(南次郎; 1936), 제8대 고이소 구니아키(小磯國昭; 1942), 제9대 아베 노부유키(阿部信行; 1944).

기 위해 1920년 중국인 마적단을 매수하여 훈춘(琿春)의 일본 영사관을 습격하게 하고, 이를 한국인의 행위로 덮어씌우고, 이들을 토벌한다는 명분을 내걸고 미리 대기하고 있던 군대를 보내 간도 교민 수천 명을 학살했다. 이를 '훈춘사건(琿春事件)'이라 한다.

관동대학살 도쿄 야나기바시 집단학살 현장

1923년에는 일본에서도 한국인 동포에 대한 대학살이 일어났다. 이해 관동(關東; 간토) 지방에서 대진재(大震災)가 발생하여 혼란이 일어나자 한국인이 폭동을 일으켰다고 허위선전 하여 자경단(自警團)을 풀어 도쿄(東京)와 그 인근 지역에 살던 7천여 명의 동포를 참살하는 만행을 저질렀다. 이 사건을 '관동대학살'이라고도 부른다.

박은식(1859~1925)

《한국통사》 박은식 저

총독부는 문화통치의 일환으로 한국사를 본격적으로 왜곡하여 한국인의 자존심을 무너뜨리는 사업도 시작했다. 민족주의 역사가 박은식(朴殷植)이 쓴 《한국통사(韓國痛史)》(1915)가 독립운동가 사이에 널리 읽히자 여기에 충격을 받은 총독부는 대응할 필요성을 느끼고, 1915년부터 중추원을 중심으로 역사왜곡 사업을 벌이다가 3·1 운동 이후 이 사업을 확대하여 1922년에 총독부 산하에 '조선사편찬위원회'(1925년에 '조선사편수회'로 개편)를 설치하고, 여기에 일본인 학자와 일부 한국인 학자를 참여시켜 35권의 방대한 《조선사(朝鮮史)》를 편찬했다. 이 책은 각 시대별로 역사연구 자료를 모은 자료집으로 원래는 10년 계획이었으나 차질이 생겨 16년의 오랜 작업 끝에 1937년 완간하였다. 여기에 실린 자료는 일제 식민지 당국의 정치적 의도로 한국사의 밝고 자랑스러운 자료를 고의로 빼버린 것이 특징이다.

총독부는 한국인의 높은 교육열을 무마시키기 위해 1922년에 〈신교육령〉을 발표하고, 일본인과 한국인을 동등하게 교육시킨다는 이념을 표방했다. 이를 계기로 한규설(韓圭卨), 이상재(李商在)와 같은 유지들이 1923년에 민립대학(民立大學) 건설을 위한 모금운동을 벌이기 시작하자, 총독부는 이에 대응하기 위해 1924년 최초의 대학인 경성제국대학(京城帝國大學)을 설치했다.[4] 이 학교는 명분상 전체 학생의 약 3분의

---

4) 경성제국대학은 법문학부(法文學部; 법과, 철학과, 사학과, 문과)와 의학부(醫學部), 그리고 예과(豫科)로 구성했다. 법문학부는 지금의 동숭동에 두었고, 의학부는 경모궁(景慕宮; 사도세자 사당, 뒤에 영희전으로 바뀜, 지금 서울대학교 의과대학) 자리에 세웠으며, 예과는 청량리에 두었다. 1941년에는 다시 이공학부(理工學部)를 증설했다.

1을 한국인에게 할당했으나 정원 자체가 적어 실제 이 대학을 졸업한 한국인은 극소수에 지나지 않았다.

　총독부는 한국인의 고등교육에 대한 열의를 진정시키고, 실업형 인재를 기르기 위해 대학 대신 법학, 공업, 농업, 고등상업, 의학, 약학을 가르치는 몇 개의 전문학교를 설립하였다. 특히 의학전문학교는 서울 이외에 평양과 대구에도 두어 의사를 양성했다. 그밖에 민간인이 세운 전문학교로 연희전문(延禧專門; 연세대 전신), 보성전문(普成專門; 고려대 전신), 이화여전(梨花女專; 이화여대 전신), 숭실전문(崇實專門; 숭실대 전신), 세브란스의전(Severance醫專; 연세대 전신) 등이 있었다.

　초등교육 기관으로는 각 면마다 한 개의 보통학교를 설립했으나, 한국인 학령아동의 약 18%만이 취학하는 데 그쳐 교육열에 대한 갈증을 풀어주지 못했다. 그나마 학교에서 가르치는 교과는 우리의 전통문화에 대한 민족교육을 배제하고 일본문화에 동화시키는 교육만을 시행하여 교육을 받을수록 민족적 열등감이 커지게 만들었다.

　하지만, 일제의 제한된 식민지교육에 반발하여 민족교육을 진작시키려는 교육운동이 농촌에서 야학(夜學)의 형태로 일어난 것은 주목할 일이다. 야학에서는 우리말과 글자, 지리, 역사, 창가 등을 가르쳤는데, 특히 가난한 농촌 어린이들이 야학의 대상이었다. 윤봉길(尹奉吉) 의사가 고향 덕산(德山)에서 야학을 운영한 것은 그 하나의 예이다.

세브란스병원 세브란스가 기부한 병원설립기금으로 1904년 남대문 밖 복숭아골에 지음.

경성제국대학 서울 종로구 동숭동

한국인과 일본인의 학생수 비교 (1925년)

학 교	민족별	학생수	인구 1만명에 대한 비율	비율의 비교
초등학교	한국인	386,256	208.20	1
	일본인	54,042	1,272.35	6
중등학교(남)	한국인	9,292	5.01	1
	일본인	4,532	106.70	21
중등학교(여)	한국인	2,208	1.19	1
	일본인	5,458	128.50	107
실업학교	한국인	5,491	2.96	1
	일본인	2,663	62.70	21
사범학교	한국인	1,703	0.92	1
	일본인	611	14.38	16
전문학교	한국인	1,020	0.55	1
	일본인	605	14.24	26
대학(예과)	한국인	89	0.05	1
	일본인	232	5.46	109

자료: 조선총독부 통계연보(1925년), p.656~657

2) 경제수탈의 강화

　일본은 한국을 강점한 뒤로 일본 내의 자본주의 경제가 급속도로 발전하면서 농민들이 도시로 몰려들어 식량사정이 좋지 않았다. 이를 해결하기 위해 '산미증식계획'(産米增殖計劃)을 세우고, 토지개량[수리개선, 지목변경, 개간]과 농사개량[시비증가, 견종법 개선]을 통해 식량생산을 대폭 늘려 일본으로 가져가고, 한국 농민생활도 향상시킨다고 선전했다.

　산미증식계획은 제1차 계획(1920~1925)과 제2차 계획(1926~1934)이 잇달아 추진되었음에도 불구하고 1936년 현재 쌀 생산량은 1920년보다 약 30% 증가하는데 그쳤으나 일본으로 공출된 쌀은 약 8배로 늘어나 일본인을 위한 계획임이 드러났다. 1932~1936년의 평균 쌀 생산량은 1,700만 석인데, 일본으로 가져간 것은 그 절반이 넘는 876만 석이었다. 그 결과 한국인 1인당 연간 쌀 소비량은 1920년의 약 7두에서 4두로 준 데 반하여 일본인은 1인당 1석 2두를 소비했다. 한국인은 부족한 식량을 만주에서 들여온 조, 수수, 콩 등과 같은 잡곡으로 메웠다.

　한국인 농민들은 과도한 수리조합비로 자작농이 소작농으로 몰락하는 사례가 많았고, 산미증식계획은 결과적으로 소작쟁의가 격화되는 원인이 되었다.

　그러면 상공업에는 어떤 변화가 일어났는가. 일본은 일본 자본의 침투를 촉진시키기 위해 1920년에 회사령을 철폐하여 허가제를 신고제로 바꾸었다. 이후 투자가 급증하여 1930년 현재 회사자본의 62.4%를 일본인이 차지하고, 한일합작 자본이 30.8%, 그리고 한국인은 6.4%에 지나지 않았다. 투자대상은 주로 상업, 공업, 운수업에 집중되었는데, 공업과 관련된 것으로는 조선수력전기회사에 의한 함경도 부전강 수력개발(1926)과 함경도 흥남에 건설된 질소비료 회사의 규모가 컸다.

군산항의 쌀

　한국인이 건설한 회사로는 호남 고창 출신의 김성수(金性洙; 1891~1955)와 아우 김연수(金秊洙; 1896~1979)가 세운 경성방직주식회사의 규모가 큰 편이었고, 대구와 평양의 메리야스공장, 부산의 고무신공장 등이 민족기업으로 성장했다. 그러나 대부분의 한국인 상인들은 자본이 부족하여 중개상업, 고리대, 토지투기 등 비생산적인 부분에 투자하여 대자본으로 성장하지 못했다. 그러나 1920년대에 회사가 크게 늘어나자 노동자층이 확산되었고, 이는 노동운동이 일어나는 계기가 되었다.

일본은 이밖에도 목화재배를 장려하여 헐값으로 가져가고, 누에고치 생산을 장려하여 저렴한 통제가격으로 가져갔다. 광업 분야에서는 생산량의 80% 이상을 독점했을 뿐 아니라, 담배전매제도(1921)와 교통과 체신의 관영을 통해 총독부 수입을 늘리고, 총독부 재정의 80%에 해당하는 액수를 각종 세금을 통해 충당했다. 총독부의 수입은 일본인 지주, 자본가를 지원하고 각종 탄압기관을 운영하는 데 지출했다.

쌀 생산량과 공출량

연　도	생산량	공출량	국내 1인당 소비량
1912~1916 평균	1,230만석	106만석	0.72석
1917~1921 평균	1,410만석	220만석	0.69석
1922~1926 평균	1,450만석	434만석	0.59석
1927~1931 평균	1,580만석	661만석	0.50석
1932~1936 평균	1,700만석	876만석	0.40석

자료: 안병태, 《조선사회의 구조와 일본제국주의》, p.264

제2장 1920년대 대한민국임시정부와 독립군의 활동

1. 대한민국임시정부의 수립과 활동

3·1운동을 전후하여 독립운동가들 사이에서는 임시적인 형태의 근대정부를 세우려는 움직임이 활발하게 진행되었다. 독립 후의 국가를 준비하고, 독립운동을 효과적으로 조직하기 위함이었다. 고종황제의 죽음으로 높아진 반일감정이 정부건설운동을 촉진시키는 요인이 되었다. 명성황후의 죽음이 대한제국을 건설하는 촉진제가 된 것과 비슷한 현상이 나타난 것이다.

1919년 2월부터 4월 사이에 국내와 국외에서 민주공화국 건설을 위한 여러 임시정부가 세워졌다. 제일 먼저 망명인사들이 많이 모인 소련의 블라디보스토크[해삼위]에서 3월 21일 손병희(孫秉熙; 1861~1922)를 대통령으로, 이승만(李承晩; 1875~1965)을 국무총리, 이동휘(李東輝; 1873~1935)를 군무총장으로 하는 '대한국민의회'가 세워졌다. 이어 두 번째로 상하이 프랑스 조계지에서 4월 11일에 '대한민국 가정부'가 세워졌다. '임시헌장'을 만들어 3권 분립에 입각한 민주공화정을 표방한 가정부는 의정원 의장에 이동녕(李東寧; 1869~1940), 국무총리에 이승만, 그리고 국무위원을 임명했다.

세 번째로 세워진 정부는 3·1운동을 주도한 인사들이 주축이 되어 13도 대표를 모아 4월 23일 서울에서 선포한 '한성정부'이다. 여기에는 집정관 총재에 이승만, 국무총리 총재에 이동휘를 추대했다. 한성정부는 형식상 국민대표가 세우고, 미국의 UP 통

대한민국임시정부 인사들 신민회 최고위간부인 안태국 선생 장례식에 참석한 임시정부 인사들, 중국 상하이 교외

신이 이를 보도하여 법통상으로는 가장 권위가 있었다.

이렇게 한국, 소련, 중국 세 곳에 임시정부가 세워지자 이를 통합할 필요성이 제기되었는데, 지리적으로 망명정치인을 받아들이고 있는 상하이의 프랑스 조계지가 가장 유리하다고 판단하여 이곳에 통일정부를 수립하게 되었다. 그리하여 1919년 9월 6일 세 정부를 통합하고, '임시헌장'을 개정하여 57개 조에 이르는 '임시헌법'을 만들고, 이에 따라 9월 11일에 정부각료를 임명했다. 대통령에 이승만, 국무총리에 이동휘, 각료로는 이

임시정부청사 상하이 마당로 소재

동녕(내무), 박용만(외무), 노백린(군무), 이시영(재무), 신규식(법무), 김규식(학무), 문창범(교통), 안창호(노동)가 임명되었다.

대한민국임시정부가 국호를 '대한민국'으로 정한 것은 '대한제국'을 역사적으로 계승한다는 의미가 있었다. '임시헌법'에서 '구황실(舊皇室)을 우대한다'고 천명한 것이나, 대한제국의 국기인 태극기를 국기(國旗)로 정한 것, 대한제국의 정치목표인 민국(民國)이란 호칭을 받아들인 것도 대한제국의 정통성을 계승한 것이었다. 이는 3·1 운동에서 전 국민이 '대한독립만세'를 외친 뜻을 받든 것이기도 하다.

고종황제의 둘째 아들인 의친왕 이강(義王 李堈)을 탈출시켜 추대하려던 시도가 있었으나, 1919년 가을 만주에서 일본 관헌에 붙잡혀 실패로 끝났다. 그러나 이강은 일본이 명성황후를 시해하고, 한일합방조약의 무효를 주장한 고종황제를 죽음에 이르게 했다는 것을 중국 언론에 폭로했다. 만약, 이강이 합류했더라면 임시정부의 위상은 더욱 높아졌을 것이다. 그래도 양녕대군의 후손인 이승만이 대통령에 임명된 것은 임시정부의 정통성을 높이는 데 기여했다.

하지만 대한민국임시정부는 대한제국의 정체(政體)인 제정(帝政)을 공화정(共和政)으로 바꾸었다는 점에서 새로운 정부의 출현을 의미한다. 그러니까 '대한'이라는 국가는 이어지고, 정부가 바뀐 것이다.

임시정부는 분열된 민족운동을 통합하고, 국제외교를 통해 주권국가로 인정받는 데 주력했다. 하부조직으로는 본국과의 연락을 위해 도(道), 군(郡), 면(面)에 책임자를 두는 연통부(聯通府)와 교통국(交通局)을 설치했으며, 〈독립신문〉(獨立新聞)을 기관지로 발행했다.

외교활동으로는 1919년 1~6월에 제1차 세계대전의 뒤처리를 위한 파리강화회의가 열리자 김규식(金奎植; 1881~1950)을 파견하여 20개 항의 '독립청원서'를 각국 대표에 발송했다. 그 요지는 1) 일본 및 열국은 대한제국과 맺은 조약에 기초하여 독립을 보전할 책임이 있으며, 2) 일본은 속임수와 폭력으로 대한제국을

김규식

병합했으므로 열국은 응당 이에 간섭해야 하며, 3) 한국인은 3·1 운동을 통해 일본의 침략에 저항하여 독립을 선언했으며, 4) 한일합방조약의 영원한 폐기가 파리강화회의의 권리인 동시에 책임이라는 것이다. 그러니까 세계 각국이 승인한 '대한제국'을 한국인의 의지와 관계없이 약탈한 '한일합방조약'을 무효화할 책임이 일본과 세계 각국에 있다는 것과 대한민국이 대한제국을 계승한 정부임을 지적한 것이다.

대한민국임시정부는 파리강화회의를 통한 외교뿐 아니라, 더 나아가 워싱턴, 파리, 베이징 등 주요 강대국의 수도에 외교관을 파견하여 강대국의 승인을 받고자 했다. 특히 대통령 이승만은 국제외교가 절실하다고 느끼고, 미국에 머물면서 미국 대통령에게 국제연맹에 의한 위임통치를 청원하는 등 활발한 외교활동을 전개했다.

그러나 사회주의계열 인사들은 외교보다 적극적인 무장투쟁이 필요하다고 주장하면서 이승만의 사임을 요구하고 나서 노선갈등이 일어났다. 이에 이승만은 상하이로 와서 6개월간 체류하면서 사회주의 계열의 국무총리 이동휘를 해임시키고(1920), 이동녕(李東寧), 신규식(申圭植), 노백린(盧伯麟)을 번갈아 국무총리대리로 임명했다.

임시정부 안에 노선갈등이 일어나자 이를 여론을 수렴해 조정하기 위해 1923년 1월에 국민대표회(1923. 1~1923. 5)가 소집되었다. 그러나 이 모임에서도 임시정부의 조직만 개조하자는 개조파(改造派)와, 완전히 해체한 후 새 정부를 구성하자는 창조파(創造派), 임시정부를 그대로 두자는 현상유지파(이동녕, 김구 등)가 엇갈려 결

론을 내지 못했다.[5]

그 후 개조파와 창조파는 대부분 상하이를 떠나 임시정부의 권위는 크게 떨어졌는데, 현상유지파는 1925년에 이승만을 해임시킨 다음 두 번째로 헌법을 개정하여 국무령 중심의 의원내각제로 바꾸고, 창조파의 박은식(朴殷植; 1859~1925)을 제2대 대통령으로, 이상룡(李相龍; 1858~1932)을 국무령으로 추대했다. 이어 1927년에는 세 번째로 헌법을 개정하여 국무령(國務令)을 없애고 집단지도체제 형식의 주석제를 채택했는데, 이동녕과 김구(金九; 1876~1949)가 잇달아 주석에 취임했다. 또 이때 '한국독립당(韓國獨立黨)'을 처음으로 결성하여 정당정치를 운영하기 시작했다.

1931년에 일본의 만주침략이 시작되자[만주사변], 임시정부는 무력투쟁 노선을 따르기 시작했다. 주석 김구는 무장공격 단체인 한인애국단(韓人愛國團)을 조직했는데, 단원 이봉창(李奉昌; 1901~1932)은 일본에 살면서 막노동을 하다가 1932년 1월 도쿄 요요기 연병장에서 히로히토 천황(裕仁天皇)에게 수류탄을 던졌으나 실패했다. 같은 해 4월에 윤봉길(尹奉吉; 1908~1932)은 채소장수를 가장하여 상하이 홍커우 공원(虹口公園)에서 열린 천황생일 경축식에서 폭탄을 던져 일본군 최고사령관 시라카와(白川) 대장을 죽였다.

이봉창   윤봉길

애국단사건을 계기로 일본의 압박이 심해지자 김구를 비롯한 각료들은 상하이를 떠나 항주(杭州; 항저우, 1932), 가흥(嘉興; 자싱), 진강(鎭江; 전장) 등지로 이동했다. 이무렵 중국과 미국에 흩어져 있던 우파와 좌파의 독립운동단체들은 통일전선의 필요성을 느끼고 1933년에 '한국대일전선통일동맹'을 결성했는데, 1935년에는 노선갈등이 일어나 좌파인 '조선민족혁명당'과 우파인 '한국국민당'으로 갈라졌다.

김구

1937년에 일본이 '중일전쟁'을 일으키자 임시정부는 이에 대응하기 위해 광복군(光復軍; 1940)[6]을 결성하고, 1941년에 '태평양전쟁'이 발발하자 중국 국민당과 힘을 합쳐 대일전선에 참가했다. 그 사이 전세에 따라 국민당 정부가 수도를 옮기자, 임시정부도 이를 따라 기강(綦江; 치장)과 중경(重慶; 충칭, 1940~1945)으로 이동했다. 이 무렵 '한국국민당'

---

5) 개조파는 실력양성을 우선으로 하면서 자치운동과 외교활동을 강조했는데, 이를 지지하는 인사는 안창호와 상하이파 공산주의자 등 57명 정도였다. 한편, 창조파는 무력항쟁을 강조하면서 조선공화국의 수립을 내세웠는데, 원세훈(元世勳), 김규식(金奎植), 김창숙(金昌淑), 박은식(朴殷植), 신채호(申采浩), 이동휘(李東輝), 이상룡(李相龍) 등 민족주의 좌파계열과 소련 내 공산주의자 등 80여 명의 지지를 얻었다. 창조파의 노선은 의병전쟁의 노선을 계승했다고도 볼 수 있다.

6) 광복군 총사령관은 이청천, 참모장은 이범석이었다.

한국독립당 간부(1940.5.16) 앞줄 왼쪽부터 김봉준, 이청천, 송병조, 조완구, 이시영, 김구, 유동열, 조소앙, 차이석 뒷줄 왼쪽부터 엄항섭, 김의한, 조경한, 양우조, 조시원, 김학규, 고운기, 박찬익, 최동오

을 '한국독립당'(1940)으로 다시 개편하고, 조소앙(趙素昻)의 삼균주의(三均主義)를 채택하여 좌우통합 노선을 채택했다.

임시정부는 주석의 지도력을 높이기 위해 1940년 10월에 네 번째로 헌법을 고쳐 주석중심제로 바꾸어 김구의 지도력이 한층 강화되었다.[7] 그 뒤 1941년에는 좌파계열의 '조선민족혁명당'이 임시정부에 참여하고, 1942년에는 밀양 출신 김원봉(金元鳳; 1898~1958)이 조직한 '조선의용대'(약 400명)도 '광복군'에 편입되어 임시정부와 광복군의 위상이 한층 높아졌다. 1944년에는 이렇게 확대된 인사들을 지도부에 참여시키기 위해 다섯 번째로 헌법을 개정하여 부주석제를 신설하고, 국무위원과 행정부를 나누었다.[8]

태평양전쟁기 광복군의 일부는 인도, 미얀마[버마] 전선까지 진출하고, 일부는 미군의 특수부대인 OSS[전략정보처]와 협동작전을 벌였으며, 또 일부는 일본군에 편입되어 있던 한국인을 광복군으로 복귀시키려고 노력했다.

그러나 임시정부는 이렇게 적극적인 항일전쟁을 벌였음에도 불구하고 끝내 연합국의 승인을 얻지 못했다. 그 이유는 소련의 반대로 중국과 미국 등이 소극적인 태도를 보였기 때문이었다. 임시정부의 정책과 건국강령에 대해서는 뒤에 다시 설명할 것이다.

2. 만주지역의 무장투쟁

상하이 대한민국임시정부가 독립운동을 펼치고 있는 동안 약 50만 명의 우리 동포가 살고 있던 만주지방에서는 무력으로 일제와 싸우는 독립군 활동이 거세게 펼쳐

---

7) 1940년 임시정부의 국무위원 명단은 다음과 같다. 김구(주석), 조완구(내무), 조소앙(외무), 조성환(군무), 박찬익(법무), 이시영(재무), 차이석(비서장).

8) 1944년의 국무위원은 김구(주석), 김규식(부주석), 이시영, 조성환, 황학수, 조완구, 차이석, 장건상, 박찬익, 조소앙, 성주식, 김봉준, 유림, 김원봉, 김성숙, 조경한이다. 행정 각 부의 책임자는 조소앙(외무), 김원봉(군무), 조완구(재무), 신익희(내무), 최동오(법무), 최석순(문화), 엄항섭(선전)이다.

지고 있었다. 망명인사와 동포들이 힘을 합쳐 경제적 기반을 다지고, 군대를 양성하여 독립전쟁 기지를 튼튼하게 만들어 놓았기 때문이었다.

3·1 운동을 전후하여 만주와 연해주에는 30여 개의 독립군 부대가 조직되어 있었는데, 국수적이고 민족주의적인 종교인 대종교를 신봉하던 박은식, 신채호, 김교헌 등이 쓴 역사책을 교재로 배워 정신적으로도 강인하게 무장되어 있었다. 그들은 본국의 해방뿐 아니라, 우리의 옛 강토였던 만주지역을 수복하여 장차 '대조선'을 건설한다는 웅장한 목표를 세우고, 만주에 살고 있던 만주족[여진족], 거란족, 몽고족 등을 우리와 핏줄을 같이하는 '배달겨레'로 간주하여 동화시켜 나가기도 했다. 대종교인들이 쓴 역사책이 우리 역사의 중심무대를 만주에 두고, 몽고족이 세운 원나라, 거란족이 세운 요나라, 여진족이 세운 청나라를 한국사로 편입시켜 서술한 이유가 여기에 있었던 것이다.

1920년대에 활동한 독립군 부대 가운데 명성이 높았던 것은 서간도[압록강 이북]와 북간도[두만강 이북] 지역의 군정부(軍政府, 뒤에 西路軍政署로 개편), 대한국민회군(大韓國民會軍), 북로군정서(北路軍政署), 대한독립군, 대한의용군, 광복군총영 등이었다. 이들은 두만강과 압록강 부근에서 일본군과 싸웠으며, 때로는 국경을 넘어와 국내 진공작전을 펴기도 했다.

독립군 부대의 전투 가운데 가장 큰 전과를 올린 전투는 1920년 6월에 홍범도(洪範圖)와 최진동이 이끄는 대한독립군이 지린성 왕청현 봉오동(鳳梧洞) 전투에서 거둔 승리로 일본군

김좌진과 청산리 전투에서 대승한 김좌진 부대 중국 지린성 용정시

1개 대대를 격파했다. 같은 해 10월 김좌진(金佐鎭; 1889~1930)과 이범석(李範奭; 1900~1972)이 이끄는 북로군정서 부대는 청산리(靑山里) 전투에서 일본군 1,200여 명을 사살하고 2,000여 명을 부상시키는 전과를 거두었다.

독립군 부대와의 전투에서 패배를 거듭한 일본군은 간도지역에 대한 침략의 구실을 만들기 위해 1920년 10월에 '훈춘사건(琿春事件)'을 조작했다. 중국 마적(馬賊)을 매수하여 훈춘

봉오동 반일전적비 중국 지린성 왕청현

의 일본 영사관을 공격하게 한 후 이를 한인 동포에 뒤집어씌우고, 군대를 들여보내 수천 명의 동포를 학살하고 수천 채의 민가와 30여 채의 학교를 불태워버렸다. 이 사건을 '경신참변(庚申慘變)' 또는 '간도학살사건'이라고도 부른다.

일본군의 잔학한 만행으로부터 동포사회를 구하고 그들의 추격을 피하기 위해 독립군 부대들은 소련과 만주의 국경지대인 밀산부(密山府)에 모여 '대한독립군단'을 조직하고, 수십만 명의 동포가 살고 있는 연해주의 자유시(自由市; 알렉세예프스크)로 들어갔다. 그런데 이곳에서 소련 내 적군(赤軍; 혁명군)과 백군(白軍; 구 러시아군) 사이의 내분에 말려들어 이른바 '자유시참변'(1921. 6. 28)을 겪고, 적군에 의해 무장해제를 당하고 말았다.

그러나 이러한 애로에도 불구하고 만주지역의 독립군부대들은 재통합운동을 벌여 지안(集安) 일대에서 1923년 채찬(蔡燦), 김승학(金承學) 등을 중심으로 참의부(參議府)를 결성하여 임시정부 산하로 들어가고, 지린성(吉林省)과 랴오닝성(遼寧省; 옛 봉천성) 일대에도 오동진(吳東振), 지청천(池靑天; 李靑天) 등이 중심이 되어 1925년에 정의부(正義府)를 조직하고, 같은 해 북만주 일대에서는 연해주에서 돌아온 독립군들이 김혁(金爀), 김좌진(金佐鎭)을 중심으로 다시 뭉쳐 신민부(新民府)를 조직했다. 이 세 조직은 1929년에 국민부(國民府)로 통합되어 어느 정도 정부기능을 갖추고 동포사회를 관할했다.

3. 민족문화 수호운동과 사회주의운동

1) 국내의 문화운동과 실력양성운동

3·1 운동 후 일제가 기만적인 문화통치를 내걸고 한국인을 회유하고 나서자 국내의 우익세력은 총독부와 어느 정도 타협하면서 대한제국기의 실력양성운동을 계승하자는 부류가 나타나고, 해외에서는 일제의 민족문화 왜곡에 맞서 민족문화를 확산시키려는 운동이 나타났다.

국내의 실력양성론자들은 이른바 '민족개조론'과 '자치론'을 들고 나와 우리 민족의 좋지 않은 민족성을 개조하여 근대 산업사회에 적응할 수 있는 시민정신을 길러야 한다고 역설하면서, 나아가 총독부의 지방행정에 적극 참여해야 한다고 했다. 이 부류의 대표적인 지식인은 일본 유학생 출신의 육당 최남선(六堂 崔南善; 1890~1957)과 춘원 이광수(春園 李光洙; 1892~1950) 등이다.

서울의 중인 출신인 최남선은 최초의 와세다대학 유학생으로서 중도에 돌아와 광문회(光文會)를 설립하고 민족고전을 발간하는 일에 앞장서다가, 1922년에 총독부 산하에 조선사편찬위원회(조선사편수회로 개편)가 설립되자 거기에 참여하는 한편,〈불함문화론(弗咸文化論)〉(1925)을 썼다. 여기서 그는 불함문화권을 인도-유럽문화권, 중국문화권과 더불어 세계 3대문명 중 하나로 자리매김했다. 여기에는 한국과 일본, 몽골 등이 포함되며, 태양과 밝음을 숭상하는 종교[샤머니즘]가 특징이라고 주장했다. 그리고 그 중심지는 백두산 일대라고 했다. 그의 주장은 학술적 가치가 높았으나, 일본은 뒷날 이 주장을 한국인의 신사참배(神社參拜)를 정당화하는데 이용했다. 또 최남선은〈역사를 통하여 본 조선인〉이라는 글에서 우리의 국민성 가운데 사대주의, 타율성, 조직력 부족, 형식병, 낙천성과 같은 나쁜 점이 있다고 지적하고, 이를 극복하지 않으면 '불구미성자(不具未成者)'가 된다고 주장했다.

와세다대학을 나온 평안도 정주 출신의 이광수도 최남선과 비슷한 주장을 폈다. 그는 1922년에 쓴〈민족개조론〉에서 우리 민족의 결점으로 허위, 비사회성, 이기심, 나태, 무신(無信) 등이 있다고 주장하고, '무실역행(務實力行)'으로 바꾸어 산업을 발전시키고 교육을 진흥시켜야 한다고 역설했다. 또 그는 1924년에〈민족적 경륜〉이라는 글을 발표하여 총독부가 강조하는 '자치론(自治論)'을 지지하고 나섰다. 실력양성론자들은 실력을 양성하는 구체적 방법으로 언론을 통한 주민계몽과 문맹퇴치, 민립대학(民立大學) 설립, 물산장려운동을 들고 나왔다. 당시〈동아일보〉가 이런 운동을 후원했다.

특히 민립대학 설립은 대한제국 말기부터 추진하다가 좌절되었는데, 3·1 운동 직후인 1920년 한규설(韓圭卨; 1848~1930), 이상재(李商在) 등 100여 명이 앞장서서 재추진하였는데, 그 후 참여자가 늘어나 이승훈(李昇薰), 윤치호(尹致昊), 김성수(金性洙), 송진우(宋鎭禹) 등 천여 명이 넘는 인사들이 참여했으며, 1923년 3월에 근 500명의 인사가 '민립대학 설립기성회'를 정식으로 만들고 이를 위한 모금운동에 나섰다.

총독부는 민립대학 설립운동을 정치적인 운동으로 간주하여 백방으로 방해하다가 1924년에 경성제국대학(京城帝國大學)을 설립하였다. 이로써 민립대학 설립운동이 수포로 돌아가게 만들었다.

물산장려운동은 대한제국기의 국채보상운동과 맥락이 닿아 있는 것으로, 1920년 조만식(曹晩植) 등이 평양에서 조직한 평양물산장려회를 시초로 하여 1923년 서울에서도 조선물산장려회가 조직되어 자급자족, 국산품애용, 소비절약, 금주, 금연 운동을 펼

조선물산장려회 1922년 평양 조선물산장려회의 근검절약 및 토산품 애용 포스터　　　　물산장려운동 관련 기사 (동아일보 1923.2.16)

쳐나갔다. "조선인이 만든 것을 입고, 먹고, 쓰자"는 것이 이 운동의 구호로, 민족자본
과 민족산업을 키우자는 것이 이 운동의 목표였다. 거대한 일본자본에 밀려 기대한 결
과를 얻지는 못했지만, 1919년에 설립된 김성수의 경성방직(京城紡織)이 이런 분위기 속
에서 민족기업으로 성장했다.

　한편, 국내의 문화운동 가운데 종교인의 운동은 총독부의 탄압을 더욱 심하게 받았
다. 먼저, 총독부는 1911년에 〈사찰령(寺刹令)〉(1911)을 만들어 전국의 사찰을 30개의 본산(本
山)과 1,300여 개의 말사(末寺)로 편제했으며, 총독이 사찰의 병합과 재산관리에 대한 허가
권을 장악했다. 다시 1924년에는 '조선불교중앙교무원(朝鮮佛敎中央敎務院)'을 설치하여 총본
산을 태고사(太古寺)에 설치하고, 총독이 사찰의 주지를 임명했다. 태고사는 원래 북한산
[삼각산]에 있었으나 이전하는 형식을 취하여 지금의 서울 조계사(曹溪寺)로 이름만 옮겼다
가 1954년 불교정화운동이 일어난 후 다시 조계사로 바뀌어 현재에 이르고 있다.

　총독부의 이와 같은 불교 장악에 반대하고 나선 것은 한말에 〈조선불교유신론(朝鮮
佛敎維新論)〉을 써서 불교의 혁신을 주장하고 나섰던 만해 한용운(萬海 韓龍雲; 1879~1944)이
었다. 충남 홍성에서 태어난 그는 1921년에 '조선불교유신회'를 조직하여 총독부와 맞
섰으며, 1930년에는 '만당(卍黨)'을 결성하여 대항했다. 또 그는 1926년에 유명한 《님의
침묵》이라는 시집을 내어 조국에 대한 사랑과 해방에 대한 열망을 노래했다.

　한편, 1909년에 국수적 민족종교로 탄생한 단군교(檀君敎)는 이름을 대종교(大倧敎)로
바꾸었으나, 일제의 탄압을 심하게 받아 1세 교주 나철(羅喆; 1863~1916)은 1916년에 황
해도 문화현에 있는 삼성사(三聖祠; 환인, 환웅, 단군을 모신 사당)에서 스스로 목숨을 끊었으며,
그 뒤를 이어 수원 출생의 김교헌(金敎獻; 1868~1923)이 2세 교주가 되었다. 그는 정치운동
보다는 종교운동으로 점차 방향을 바꾸면서 대종교의 교리를 다듬어 여러 경전을 편
찬했다. 김교헌이 1923년에 세상을 떠나자 밀양 출생의 윤세복(尹世復; 1884~1960)이 3세

교주가 되었는데, 일제의 탄압으로 1930년대에 문을 닫고 말았다. 하지만, 중국에서 활동하던 애국지사들은 대종교의 경전과 역사책을 통해 독립정신을 길렀으므로, 그 영향력은 매우 컸다.

2) 해외의 민족문화 수호운동

국내의 문화운동이 주로 일본에서 교육받은 유학생을 중심으로 하여 전통문화를 비판하면서 근대 자본주의사회에 적응할 수 있는 시민정신을 가진 인재를 양성하는데 목표를 두었다면, 해외로 망명한 인사들은 민족주의에 바탕을 두고 항일 독립정신을 고취시키는 민족문화 수호운동을 펼쳤다.

역사학은 민족문화의 중심에 자리하고 있었다. 근대 민족주의 역사학을 창도한 단

재 신채호(丹齋 申采浩; 1880~1936)와 백암 박은식(白巖 朴殷植; 1859~1925)의 활동이 가장 영향력이 컸다. 충북 청원 출생의 신채호는 중국에서 망명생활을 하면서 1920년대에〈조선일보〉와〈동아일보〉에 연재한《조선사》,《조선상고사》,《조선상고문화사》,《조선사연구초》등을 잇달아 펴내 큰 감동을 주었다. 그의 고대사 연구는 만주에서 꽃핀

일본의 식민사학에 대항하여 민족사학을 발전시킨 역사책들
왼쪽부터 박은식, 안재홍, 신채호, 문일평, 정인보의 저술

부여족, 고조선과 고구려의 정치사와 문화사가 중국보다도 앞섰다는 시각에서 연구하여 자랑스럽게 찾아낸 것이 특징인데, 1930년대에 활동한 위당 정인보(爲堂 鄭寅普; 1893~1950)와 민세 안재홍 (民世 安在鴻; 1891~1965) 등에게 큰 영향을 주었다.

단재 신채호, 위당 정인보, 민세 안재홍(왼쪽부터)

신채호가 고대사 연구를 개척한 것과 달리 황해도 황주 출생의 박은식은 근대사 연구에 빛나는 업적을 내놓았다. 이미 1915년에《한국통사(韓國痛史)》를 써서 일본의 한국 침략과정을 폭로하여 총독부를 놀라게 한 그는 1920년에 그 후속편인《한국독립운동지혈사(韓國獨立運動之血史)》를 펴내 3·1 운동에 이르기까지 우리민족이 어떻게 일본과 맞서 피나게 항쟁했는가를 정리했다. 앞 책에서는 나라의 구성요소를 정신적인 '혼(魂)'과 물질적인 '백(魄)'으로 나누어, '백'을 잃더라도 '혼'을 잃지 않으면 나라를 되찾을 수 있다고 하여 독립정신을 잃지 말 것을 강조했다. 그러나 뒤 책에서는 '혼'과 더불어 전 세계

민중의 단결된 힘이 제국주의를 무너뜨릴 수 있다는 점을 강조하면서 일본은 필연적으로 패망할 것이라고 예견했다. 이는 1917년의 러시아혁명과 제1차 세계대전(1914~1918)에서 군국주의가 패배한 것과 3·1운동 등에서 민중의 힘을 발견했기 때문이었다.

박은식은 독립운동의 정당성을 주장하면서도, 우리가 왜 일본에 나라를 빼앗기게 되었는가를 뼈아프게 반성했다. 그 원인으로 박은식은 대원군의 쇄국정책, 갑신정변과 갑오경장, 독립협회의 조급성, 동학운동의 무식함을 들었다. 대원군은 과단성의 장점이 있으나, 세계사의 변화를 읽지 못한 한계가 있고, 갑신정변과 갑오경장, 독립협회를 이끌어 간 개화파들은 민중적 기반 없이 일본에 의지하여 조급하게 개혁을 달성하려다가 일을 망치고 말았으며, 동학농민운동은 생존권을 위한 정당한 항거였지만, 국가를 운영할만한 경륜이 없었다는 것이다.

박은식은 이러한 과거의 실패경험에 비추어 가장 올바른 운동방법은《열자(列子)》에 나오는 우공(愚公)의 지혜를 배워야 한다고 결론지었다. 힘이 센 과보(夸父)는 자신의 힘을 믿고 태양을 잡으려고 달려가다가 기진맥진하여 죽고 말았으나, 90이 넘은 우공은 아들과 손자의 힘을 합하여 대를 이어 산을 옮기는 데 성공했다는 이야기로 지속적이면서 점진적인 방법이 가장 온당한 방법임을 뜻하는 것이다.

3) 사회주의 및 노동자·농민운동

1917년 러시아에서 공산주의혁명이 일어나 제정러시아가 붕괴되고 레닌(Vladimir Lenin; 1870~1924)이 이끄는 볼셰비키당이 정권을 잡고, 모스크바에 본부를 둔 코민테른[Comintern; 국제공산당조직]의 지도노선과 자금지원에 의해 사회주의운동이 전 세계적으로 확산되기 시작했다. 여기에 일본의 자본주의 경제가 한국에 들어온 이후 경제적 침탈이 강화되면서 소작농과 노동자들이 급속히 증가하자 코민테른의 영향을 받지 않을 수 없었다.

사회주의운동은 소련지역의 한인 동포 사이에 가장 먼저 일어났는데, 1918년 연해주에서 이동휘(李東輝; 1873~1935), 박애(朴愛), 김립(金立) 등이 조직한 '한인사회당'을 시작으로 아무르, 모스크바, 이르쿠츠크[우즈베키스탄], 치타, 중국의 상하이 등지에 공산주의 단체들이 조직되었다. 그 후 이들이 통합운동을 벌여 1921년에 이르쿠츠크파 고려공산당과 상하이파 고려공산당으로 양분되었다. 소련 내 한인이 주축이 된 전자는 노동자와 농민이 연합하는 노농소비에트 건설을 목표로 했으며, 망명객들이 주축이 된 후자는 민족해방을 우선적 과제로 세워 노선의 차이가 일어났다.

상하이파 고려공산당의 위원장인 이동휘는 코민테른의 자금을 받아 활동하면서도 "나는 공산주의가 무엇인지 아무것도 모르는 사람"이라고 말할 정도였으며, 임시정부 안에 들어가서 1920년에 국무총리로 활동하기도 했다. 그는 함경도 단천 출생으로 대한제국 시절 육군 참령을 지낸 적도 있었는데, 사회주의를 제대로 공부한 인물이 아니었다.

한편, 국내에서는 1920년대 초에 소련 및 일본 유학을 다녀온 젊은이들이 중심이 되어 공산주의 단체들이 조직되었다. 신사상연구회(1923), 화요회(1924), 북풍회(1924) 등이 그것이다. 이들은 신문, 잡지 등 언론계에 들어가 사회주의 사상을 퍼뜨리는 한편, 통합운동을 벌여 1925년에 '조선공산당'과 '고려공산청년회'가 탄생하기에 이르렀다. '조선공산당'은 이르쿠츠크파의 김재봉(金在鳳; 1890~1944; 안동 출신)이 책임비서가 되었고, '고려공산청년회'는 충남 예산 출생으로 경성고등보통학교[지금의 경기중학 전신]를 졸업하고, 상하이와 소련에서 공산주의를 배우고 돌아온 박헌영(朴憲永; 1900~1956)이 책임을 맡았는데 당시 나이 26세였다.

사회주의자들은 코민테른의 승인을 받고 활동을 벌였는데, 1926년 4월 24일에 순종황제가 세상을 떠나자 6월 10일 장례식을 계기로 일어난 만세운동을 주도했다. 이 운동은 주로 서울의 학생층이 참여했는데, 사회주의자 권오설(權五卨; 1899~1930; 안동 출신)이 자금을 대어 전단지를 만들고, 상여가 지나가는 종로거리에서 전단지를 뿌리며 만세를 불렀는데, 전단에는 "우리의 교육은 우리들 손에 맡겨라. 일본제국주의를 타파하라. 토지는 농민에게 돌리라. 8시간 노동제를 채택하라"는 내용을 담았다. 이 만세운동은 지방으로도 확산되었으나 3·1운동에 비할 만큼 규모가 크지는 않았다. 이 운동은 사전에 발각되어 조직이 붕괴되다시피 했다.

6·10 만세 운동 관련자 공판 속보
(조선일보 1926. 11. 3)

그후 사회주의자들은 민족주의 좌파와 연합하여 1927년부터 신간회(新幹會)를 조직하고 민족운동을 전개했으나, 1928년에 코민테른에서 공산당의 해체를 명하고, 일제의 집요한 탄압까지 겹쳐 지하로 숨어들었다. 코민테른은 조선공산당이 노동자와 농민을 포섭하지 못하는 지식인 당에 머물고 있을 뿐 아니라 내분까지 심하여 해체를 명한 것이다.

한편, 1920년대부터 노동자들은 일본인의 절반에도 미치지 못하는 임금수준과 가혹한 노동시간에 항의하여 임금인상과 8시간 노동제를 요구하는 노동쟁의를 일으켰는데, 1920년대에 일어난 노동쟁의는 890여 건에 이른다. 그 가운데 3천여 명이 참가한 원산노동자총파업(1928~1929)은 규모가 가장 컸다. 전국적인 노동단체로는 조선노동공제회(1920)와 '조선노동연맹회'(1922)를 거쳐 1927년에 '조선노동총동맹'이 만들어졌다.

소작농민의 농민운동도 1920년대부터 증폭되었다. 50%를 넘는 소작료와 소작권의 빈번한 이동이 불만 요인이었다. 소작쟁의 가운데 규모가 가장 큰 것은 전라남도 무안군의 암태도 농민이 일으킨 소작쟁의(1923~1924)와 황해도 재령군 동양척식주식회사 농장의 소작쟁의(1924), 평안도 용천의 불이흥업주식회사(不二興業株式會社) 소속 서선농장(瑞鮮農場)의 소작쟁의(1923~1931) 등이었다.

특히 동양척식주식회사 농장의 소작쟁의는 항일운동의 성격을 지닌 것이 특징으로서 재령 출신 나석주(羅錫疇)가 1926년에 이 회사에 폭탄을 던진 것도 같은 맥락에서 일어난 것이었다.

소안도 항일운동기념탑

이밖에 전라남도 완도군 소안도(所安島) 주민의 항일운동은 특기할 만하다. 소안도는 인구 7~8천 명의 작은 섬이었으나 몰락양반 후손인 송내호(宋乃浩; 1895~1928)가 중앙학교를 졸업하고 귀향하여 수의위친계(1922), 배달청년회(1923), 살자회(1926), 일심단(1927) 등의 비밀단체를 조직하여 좌우합작 형태의 지속적인 항일운동을 전개하고, 교육활동을 통해 주민의 항일정신을 키웠다.

4. 국내외 민족협동운동의 진전

1) 신간회운동 (1927~1931)

3·1운동 후 일본의 유화적이고 기만적인 문화통치로 우파에서는 타협주의 세력이 늘어나고, 여기에 사회주의가 들어오면서 좌파가 민족운동에 참여했으나 일제의 가혹한 탄압으로 지하로 숨어들면서 독립운동에 큰 위기감이 조성되었다. 이러한 상황에서 좌우가 손을 잡고 연합전선을 펴야 독립역량을 키울 수 있다는 인식이 양심적인 우파와 온건한 좌파 사이에 확산되었다. 연합의 방법으로 우파는 좌우를 통합하는 중도이념을 내세웠고, 좌파는 이념통합보다는 전략적 제휴를 희망했다.

좌우협력운동은 1925년에 결성된 조선사정연구회(朝鮮事情研究會)와 1926년에 조직된 정우회(正友會)로 나타나기 시작했는데, 이 운동이 더욱 확산되어 1927년 2월에는 드디어 신간회(新幹會)가 조직되었다. 이를 주도한 인사는 이상재(李商在; 1850~1927; 충남 서천 출신), 신석우(申錫雨; 1894~1953), 안재홍(安在鴻), 홍명희(洪命熹; 1888~ 1968; 괴산 출신), 문일평(文一平; 1888~1936; 의주 출신), 한기악(韓基岳; 1898~1941; 강원도 원주 출신) 등 〈조선일보〉계열의 인사, 이갑성(李甲成), 이승훈(李昇薰) 등 기독교계 인사, 권동진(權東鎭) 등 천도교 구파 인사, 한용운(韓龍雲) 등 불교계 인사, 그리고 와세다대학 출신의 한위건(韓偉健; 1896~1937; 함남 홍원 출신)을 비롯한 공산당원 등으로 발기인은 28명이었다.[9] 회장은 77세의 이상재, 부회장은《임꺽정》의 작가로 유명한 홍명희가 맡았다.

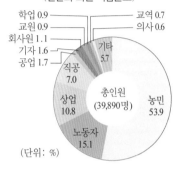

〈신간회 회원 직업분포〉

학업 0.9
교역 0.7
교원 0.9
의사 0.6
회사원 1.1
기자 1.6
공업 1.7
기타 5.7
직공 7.0
상업 10.8
노동자 15.1
총인원 (39,890명)
농민 53.9

(단위: %)

자료: 〈조선일보〉, 1931. 5. 8.

신간회는 전국에 약 140여 개소의 지회를 두고, 약 4만 명의 회원을 확보했는데, 농민이 가장 많았고, 노동자, 상인이 주류를 이루었으며, 그밖에 기자, 교원, 사업가 등 각계각층이 망라되었다. 그리고 자매단체로 유영준(劉英俊; 1892~ ?; 평양 출신)과 김활란(金活蘭; 1899~1970; 인천 출신) 등 여성이 조직한 근우회(槿友會)가 있었다. 여성운동이 시작된 것도 특기할 일이었다.

신간회 창립 보도기사

신간회는 각 지방을 순회하면서 강연회를 열었는데, 그 요지는 1) 조선인에 대한 착취기관 철폐, 2) 일본인의 조선이민 반대, 3) 타협적 정치운동 배격[기회주의 배격], 4) 조선인 본위의 교육제도 실시, 5) 사상연구의 자유 등을 주장했다. 그밖에 신간회는 노동쟁의와 소작쟁의, 동맹휴학 등을 지도했는데, 원산노동자총파업(1928~1929)과 단천의 농민운동, 그리고 광주학생운동(1929. 11.3)을 지원한 것은 그 대표적인 활동이었다.

원산 부두 노동자 총파업(1929. 1. 14~4. 6)

---

9) 신간회 발기인의 명단은 다음과 같다. 김명동(金明東), 김준연(金俊淵), 김탁(金鐸), 권동진(權東鎭), 정재룡(鄭在龍), 이갑성(李甲成), 이석훈(李錫薰), 정태석(鄭泰奭), 이승복(李昇馥), 이정(李淨), 문일평(文一平), 박동완(朴東完), 백관수(白寬洙), 신석우(申錫雨), 신채호(申采浩), 안재홍(安在鴻), 장지영(張志暎), 조만식(曺晚植), 최선익(崔善益), 최원순(崔元淳), 박래홍(朴來泓), 하재화(河載華), 한기악(韓基岳), 한용운(韓龍雲), 한위건(韓偉健), 홍명희(洪命熹), 홍성희(洪性熹).

그런데 사회주의 계열의 참여가 점차 커져 신간회의 주도권을 장악하고, 1929년 6월에는 좌파계열의 허헌(許憲; 1885~1951)[10]이 집행위원장이 되어 운동노선을 대규모 민중집회로 몰고 갔다. 처음에 신간회를 관망하던 총독부는 신간회가 좌파의 민중운동으로 기울고, 특히 1929년에 광주학생운동이 일어나자 그 진상을 알리기 위해 군중대회를 열려고 하자 탄압에 나섰다.

이에 신간회는 다시 온건하고 합법적인 노선으로 돌아가서 김병로(金炳魯; 1887~1964)[11]를 위원장으로 하는 새로운 간부진은 자치운동을 주장하는 천도교 신파[최린 등]와 손을 잡았다. 이에 적극적인 투쟁을 주장하는 좌파들은 온건하고 합법적인 운동에 반대하여 신간회의 해체를 주장하고 나섰다. 때마침 모스크바의 코민테른도 1927년에 중국에서 국민당과 공산당의 합작이 실패로 돌아간 것을 보고, 우파와의 연합을 반대하는 노선을 취하여 공산당의 해체를 명령하자 좌파는 신간회에서 탈퇴하고 말았다. 그리하여 신간회는 1931년 5월에 마침내 해산했다.

신간회운동은 비록 4년여 만에 중단되고 말았지만, 처음으로 민족주의자와 사회주의자가 대규모 민족협동 전선을 구축했다는 점에서 의의가 컸다. 특히 안재홍을 비롯한 우파인사들이 극우와 극좌이념을 배격하고, 중간이념을 가지고 중앙당(中央黨) 또는 민족유일당(民族唯一黨)을 만들려고 시도한 것은 새로운 실험으로, 해방 후에도 중도정당과 좌우합작운동이 열리는 길을 터놓았던 것이다.

2) 광주학생운동 (1929)

일제강점기 학생운동은 1919년 3·1 운동을 시작으로 1926년에는 순종황제의 장례식을 계기로 6·10 만세운동도 주도하였다. 그러다가 1929년에 이르러 학생운동을 뜨겁게 달구는 사건이 전라남도 광주에서 일어났다.

1929년 10월 30일, 일본인 광주중학교 학생[후쿠다]이 통학 기차 안에서 한국인 광주여자고등보통학교 여학생 박기옥(朴己玉)을 희롱하자 이를 본 여학생의 사촌동생인 광주고등보통학교 2학년 학생 박준채(朴準埰)가 일본인 학생을 혼내준 데서 사건이 터졌다. 이

---

10) 허헌은 함경북도 명천 출생으로 일본 메이지대학 법과를 나왔다. 해방 후 건국준비위원회 부위원장을 거쳐 북한 김일성대학 총장을 지냈다.

11) 김병로는 전라도 순창 출생으로 일본 메이지대학 법과를 나온 후 변호사가 되어 독립운동가를 무료로 변호하여 이름을 떨쳤으며, 광복 후 한국민주당 창립에 참여하고 초대 대법원장이 되었다.

사건을 계기로 두 나라 학생 사이에 대규모 충돌이 일어나고, 11월 3일에는 광주지방 학생들이 총궐기하여 독립만세를 외치고 경찰, 소방대와 충돌했다.

박준채

그 후 학생운동은 전국적으로 퍼져서 1930년 3월까지 계속되었는데, 참가한 학교 194개 교, 참가 학생 수는 5만 4천여 명, 퇴학 582명, 무기정학 2,330명, 구금 1,642명에 이르렀다. 이는 3·1 운동 이후 가장 규모가 큰 저항운동이었다. 학생운동은 단순한 동맹휴학에 그치지 않고, 적극적인 가두시위 형태로 전개되고, 격문을 통해 언론, 집회, 결사, 출판의 자유를 요구하고, 식민지 교육제도의 철폐와 조선인 본위의 교육제도 확립을 강력하게 주장하고 나섰다. 이런 주장은 신간회의 지도를 받은 것이기도 했다.

광복 후인 1953년 국회는 11월 3일을 '학생의 날'로 정하여 매년 기념행사를 치렀는데, 1973년 유신선포로 폐지되었다가 1984년에 다시 부활시켰다.

광주학생운동의 주역이었던 박준채는 일본 경찰에 체포되어 3개월간 옥고를 치르고 학교에서 퇴학당했다. 그 뒤 서울의 양정학교를 졸업하고 일본으로 건너가 와세다대학 경영학부를 졸업했다. 광복 후 조선대학교 학장과 대학원장을 역임하면서 민주화운동에도 참여했다.

3) 해외 민족협동운동과 의열단

1920년대 후반기에 국내에서 신간회운동이 전개될 무렵에 해외에서도 좌파와 우파 사이의 협동운동이 추진되었다.

중국의 베이징, 상하이, 난징, 우한 등지에서 활동하던 애국지사들은 이념을 초월하여 민족유일당을 건설할 것을 선언하고 나섰다. 1926년 북경에서 장건상(張建相; 1883~1974; 칠곡 출신), 원세훈(元世勳; 1887~1959; 함남 정편 출신), 조성환(曺成煥; 1875~1948; 서울 출신) 등이 중심이 되어 한국독립유일당 북경촉성회를 조직한 것이 그 시초를 이루었다.

한편, 만주에서도 18개 독립운동 단체들이 모여 유일당 조직을 협의했는데, 그 결과 1929년에 정의부, 참의부, 신민부가 해체되어 국민부(國民府)로 통합되고, 1930년에는 김좌진(金佐鎭; 1889~1930)[12]이 중심이 된 한족총연합회가 발족하여 크게 두 단체로 통

---

12) 김좌진은 충남 홍성 출생으로 명문가인 안동김문 출신이다. 한말에 기호흥학회 등에 참여하다가 일제강점기 만주로 망명하여 북로군정서를 이끌면서 독립전쟁을 벌여 청산리전투를 승리로 이끌었다. 1930년에 좌파 부하에게 암살당했다.

합되었다. 그 뒤 한족총연합회는 홍진(洪震), 이청천(李青天; 1888~1957)[13] 등이 주도하여 '한국독립당(韓國獨立黨)'을 만들고, 만주 동북지방에서 독립전쟁을 계속했다. 한편, 국민부는 '조선혁명당(朝鮮革命黨)'으로 개편되어 남만주 일대에서 독립투쟁을 이어갔다.

김원봉

1920년대 민족운동단체의 하나인 '의열단(義烈團)'의 활동도 주목할 만하다. 1919년 11월에 김원봉(金元鳳; 1898~1958)[14]이 만주 지린(吉林)에서 조직한 이 단체는 1923년에 신채호가 쓴〈조선혁명선언〉(일명 의열단선언)에 잘 나타나듯 민중의 직접 폭력혁명에 따라 강도 일본을 무너뜨리고, '민중적 조선' 건설을 목표로 삼았다. 이는 무정부주의(無政府主義; 아나키즘) 노선을 따르는 독립운동 방법으로 과감한 테러를 통해 시설을 파괴하거나 요인을 암살하는 것을 행동강령으로 삼았다. 실제로 이들은 부산, 밀양, 종로의 경찰서에 폭탄을 던지고(1920~1921), 총독부와 동양척식주식회사, 조선식산은행 등에 권총을 난사하기

의열단 활동을 보도한 동아일보 호외 사진은 김원봉

도 했다(1922~1926). 그러나 1920년대 후반에는 조직적인 무장운동으로 방향을 바꾸고, 1926년에는 계급타파와 토지평균 등을 지도이념으로 하는 20개 조의 강령을 만들고 민족협동운동에 참여할 것을 선언했다.

1920년대 해외의 민족운동은 이렇게 좌우가 대동단결하는 방향으로 가닥을 잡았으나 단체들이 여러 곳에 흩어져 있었고, 단체마다 노선과 출신의 차이를 극복하지 못해 명실상부한 민족유일당 건설에는 실패했다.

---

13) 이청천의 본명은 지대형(池大亨)이었으나 지청천(池青天) 또는 이청천(李青天)이라는 가명을 자주 사용했다. 서울 출생으로 대한제국 때 육군무관학교에 입학했다가 강점 후 일본 육군사관학교를 졸업했으나, 1919년에 만주로 망명하여 신흥무관학교에서 독립군을 양성했다. 상하이 임시정부에 참여하고 해방 후 정치인으로 활약하여 무임소장관, 민주국민당 최고위원을 역임했다.

14) 김원봉은 경상도 밀양 출생으로 서당에서 한문을 공부하다가 1913년 서울 중앙학교를 다니고, 1918년에 중국 남경 금릉대학(金陵大學)을 나온 후 만주로 이동하여 무장투쟁을 이끌었다. 그 후 의열단을 조직하고, 1935년 '한국민족혁명당'을 조직하여 활동했으며, 상하이 임시정부에도 참여하여 광복군을 이끌었다. 광복 후 남한 단독정부 수립에 반대하여 월북한 후 요직을 맡았다가 연안파로 몰려 숙청당했다.

제3장 1930년대 이후 중일전쟁, 태평양전쟁과 민족말살 정책

1. 일본의 중국침략과 한국의 병참기지화

1) 미국의 대공황과 일본의 중국침략

1929년에 세계 최대 자본주의 국가인 미국에서 대공황(大恐慌)이 발생했다. 제1차 세계대전(1914~1918) 이후 미국은 전체주의 국가들이 무너지면서 최대의 부를 가진 경제대국으로 발전했으나, 넘쳐나는 자본을 주식(株式)과 토지, 건축, 외국에 지나치게 투자하여 주가(株價)가 과도하게 올라가고, 농업, 건축 및 공업생산도 과잉생산되었다.

그러나 과잉생산된 상품을 소비할 시장이 제대로 확보되지 못하자 1929년 10월 24일(목요일)부터 뉴욕의 주가가 거의 절반으로 폭락하는 사태가 일어났다. 이를 '암흑의 목요일'이라 한다. 주식이 폭락하자 수많은 기업체가 무너지고 실업자가 폭증했으며, 경제활동이 마비상태에 빠졌다. 특히 금융공황은 유럽과 중남미 등 세계 각국으로 파급되어 1933년까지 전 세계가 공황의 늪에 빠지고, 자본주의는 자생력을 잃고 말았다. 오직 자급자족 경제를 운영하던 사회주의 국가만이 공황에서 자유로울 뿐이었다.

미국은 이 위기를 극복하는 방법으로 국가에 의한 수요창출, 완전고용, 관리통화제도 등 혼합경제를 강조하는 영국 경제학자 케인즈(J. M. Keynes)의 이론을 부분적으로 받아들여 이른바 '뉴딜정책(New Deal)'을 취함으로써 불황을 극복했다. 이 정책을 주도한 루스벨트 대통령은 국가가 적극 시장에 개입하여 수요와 공급을 조정하고, 공공사업을 벌이고, 부유세법을 만들어 빈곤층을 구제하는 등 시장자본주의를 국가자본주의로 바꾸어 불황을 극복했다.

그러나 미국의 통제적 보호경제에 타격을 받은 여타 자본주의 국가들은 블록 경제를 통해 진로를 찾아가거나 파시즘 또는 국가독점자본주의를 통해 자국의 문제를 해결하려고 했다.

후진자본주의 국가인 일본의 경우도 미국의 대공황에서 자유롭지 못했다. 이를 해결하는 방안으로 일본은 전체 아시아를 하나의 경제 블록으로 묶어 독점적으로 지배하려는 정책을 폈다. 그리고 그 방법으로 군사적 파시즘 정책을 택하고, 군국주의(軍國主義)의 길로 나아갔다. 일본은 원래 호전적인 무사국가(武士國家)의 전통을 이어 온 데다가 1868년 메이지유신의 근대화는 군벌(軍閥)이 중심이었으며, 1910년의 한국강점도 무력으로 달성했다. 다만, 1920년대의 다이쇼 천황(大正天皇; 1915~1926) 때에는 어느 정도 군국주의를 완화하는 정책을 취했는데 이는 제1차 세계대전 후의 평화주의 풍조를 외면할 수 없었기 때문이었다. 3·1 운동 후 총독부가 '문화통치'를 표방하게 된 것은 한국인의 저항 때문이기도 하지만, 당시의 세계정세와도 관련이 있었다.

그러나 대공황 이후 군국주의로 방향을 바꾼 일본은 첫 번째 침략대상을 만주에 두고, 다음에 중국 본토를 장악한다는 전략을 세웠다. 일본은 만주에 군대를 보낼 구실을 찾던 중 1931년 7월에 '만보산 사건(萬寶山事件)'이 터졌다. 한국인 이승훈(남강 이승훈이 아님)이 지린성 창춘 만보산농장의 농지를 개척하기 위해 수로 공사를 하던 중 중국인 지주와 자주 충돌하였는데 일본은 이를 과대하게 선전하여 한중 양국민의 감정을 격화시켰다. 게다가 국내 각 신문에 한민족의 감정을 자극하는 기사를 싣게 하여 흥분한 한국인이 서울, 평양, 인천, 신의주, 이리 등지에서 중국인 화교를 박해하는 사태가 벌어졌다. 결과적으로 중국인과 한국인을 이간시킴으로써 만주에서 한중 양 국민이 연대하여 일본에 저항하던 흐름을 차단시키는 효과를 가져왔다. 이것이 일본의 만주침략에 유리한 환경을 만들어 주었다.

일본은 다음 단계로 류타오거우 사건(柳條溝事件; 유조구 사건)을 조작했다. 1931년 9월 18일 만주 봉천[奉川; 지금의 센양]의 류타오거우에서 일본이 건설한 남만주철도를 폭파하고 이를 중국인이 한 것처럼 꾸며 관동군(關東軍) 출병의 구실을 만들었다. 일본은 사건 직후 관동군을 출병시켜 삽시간에 만주를 점령하고, 창춘(長春)에 일본의 꼭두각시 정부인 만주국(滿洲國)을 세우고, 청나라 마지막 황제 푸이(溥儀; 부의; 1906~1967)를 데려다 황제로 삼아 중국 본토의 국민당 정부와 대립하도록 만들었다. 이것이 '만주사변'이다.

만주를 점령한 일본은 다음 단계로 중국 본토로 들어갈 구실을 찾던 중 1937년 7월 7일 베이징 부근의 루거우차오다리(蘆溝橋; 노구교)에서 일본군 한 명이 실종되었다는 핑계로 전투를 개시하여 중일전쟁이 발발했다. 일본군은 베이징[북경]과 톈진[천진]으로 군대를 보내고, 국민당 정부의 수도인 난징(南京; 남경)을 점령했다. 그 과정에 수십만 명의 중국인이 학살당했다. 이를 '난징대학살'이라고 부른다. 그 후 일본은 중국 10개 성의 주요 도시를 모두 장악했으나 국민당 정부의 저항이 만만치 않은데다 일본의 중국침략을 견제하기 위해 미국과 영국이 경제적 제제를 가하자, 전쟁이 장기화되었다. 미국과 영국은 일본에 대해 무기제조에 필요한 고철과 전쟁물자인 석유 수출을 금지하고, 미국 내 일본 재산을 동결시키는 조치를 취했다.

이에 궁지에 몰린 일본은 미국과의 전쟁을 결심하고, 먼저 미국의 태평양 함대를 무력화시키기 위해 하와이 진주만의 해군기지를 기습적으로 공격했다. 1941년 11월 26일 일본은 20여 척의 군함과 5척의 잠수함, 비행기 440여 대를 발진시켜 12월 7일 아침에 공격을 가하여 12척의 미국 함선이 침몰하고, 188대의 비행기가 파괴되었으며, 2,500여 명의 군인이 사망했다. 이 사건으로 마침내 태평양전쟁이 터졌다.

2) 한국의 병참기지화

일본은 중국 침략 과정에서 한반도를 전쟁 물자를 공급하는 병참기지(兵站基地)로 만들어갔다. 우선, 일본 내의 쌀값 폭락으로 인한 농업공황을 타개하기 위해 1934년 한국에서의 산미증식계획을 중단시켰다. 이로써 그동안 쌀 수출에 의존해오던 농민들이 타격을 입었다. 총독부는 산미증식계획을 중단하는 대신 이른바 '농촌진흥운동'을 벌이고 춘궁퇴치, 자력갱생을 표방했는데 내면적으로는 농민생활을 깊숙이 간섭하여 긴축생활과 납세이행을 독려하기 위함이었다.

총독부는 소작농을 보호한다는 명목으로 〈소작조정령〉(1932), 〈농지령〉(1934)을 잇달아 발표했는데, 실제로는 소작쟁의에 대한 조정을 지주, 자본가, 금융인들에게 맡겨 지주 측에 유리한 결과를 가져오게 했고, 농지령에 의한 소작기간의 설정과 소작권 이동의 금지는 소작농에게 다소 유리한 환경을 만

1935년경의 인천항 일본으로 가져갈 쌀

한국인과 일본인의 공업자본(1938년)

(납입자본: 천 원, 납입비율: %)

구분	한국인 회사 납입자본(납입비율)	일본인 회사 납입자본(납입비율)	한국인 회사 (회사별 납입)	일본인 회사 (회사별 납입)
방직	6,075(20.8)	23,103(79.2)	164	593
금속기계	1,852(7.3)	23,654(92.7)	32	249
양조	12,054(46.7)	13,772(53.3)	38	107
제약	1,676(64.2)	934(35.8)	51	37
요업	432(2.7)	15,791(97.3)	36	395
제분, 정미	2,526(20.4)	9,860(79.6)	27	141
식료품	217(2.2)	9,621(97.8)	13	128
목제품	594(5.3)	10,553(94.7)	31	129
인쇄	625(30.0)	1,461(70.0)	14	35
화학	2,954(2.8)	100,736(97.2)	80	1,340
기타	1,19(18.6)	5,220(81.4)	18	39
합계	30,198(12.3)	214,705(87.7)	504	3,193

출처: A. J. Grazdanjev, *Modern Korea*, p.176

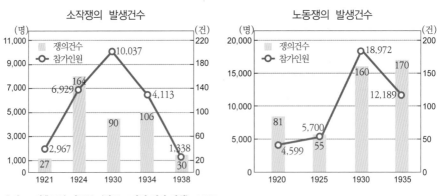

출처: 조선총독부 경무국, 〈최근 조선의 치안 상황〉, 1938

들어주었지만, 그 대신 소작쟁의에 대한 행정적, 법적 통제를 강화하는 결과를 가져와 농민의 투쟁을 봉쇄했다.

1937년의 중일전쟁과 1941년 이후 태평양전쟁 기간에는 군량미 조달을 위해 쌀 배급제가 실시되고, 쌀과 잡곡에 대한 공출제도(供出制度)를 시행하여 총독부가 강제로 곡식을 싼값으로 가져가고 더 빼앗아 가기 위해 미곡증식계획을 다시 실시했다. 농민 들은 자신이 생산한 쌀과 곡식은 거의 빼앗기고, 최소한의 식량을 배급받아 근근이 살 아갔는데, 태평양전쟁때에는 그나마도 어려워져서 만주에서 들여온 잡곡으로 연명하는 지경에 이르렀다. 흰 쌀밥을 먹는 소원이 생긴 것이 이때부터이다.

한편, 일본인 자본가들은 과잉자본을 한국에 투자하고, 총독부는 전쟁에 필요한 군수품을 조달하기 위해 군수공업을 위한 공업화 정책을 폈다. 1930년대의 일본 독점기업인 미쓰이(三井), 미쓰비시(三菱), 노구치(野口) 등이 들어와 공업과 광업을 지배하게 되었는데, 노구치는 수력발전, 미쓰이는 섬유, 방직, 술, 제분, 화약을 장악하고, 미쓰비시는 맥주를 장악했다. 이들 기업이 대재벌로 성장한 것은 이 때문이었다.

공업화 정책의 중심지역은 자연자원이 풍부한 한반도 북부로 함경도 흥남지역과 평안도지역에는 금속과 화학공업이, 경인지역에는 기계와 방직공업이 들어섰다. 압록강, 부전강, 장진강에는 수력발전소가 들어섰다. 한반도 남부지역은 여전히 농업지역으로 남았다.

1930년대에는 외형상 공업화가 급속히 진전된 시대이지만, 공장의 70~80%를 장악한 것은 일본인이었다. 한국인은 주로 정미소(精米所), 양조장(釀造場) 등에 참여했고, 경공업이라 하더라도 고무신, 면직물, 메리야스, 실크, 인쇄업 정도가 고작이었다. 따라서 일본 자본과의 경쟁에서 갈수록 뒤처졌으며, 1942년에는 총독부의 기업정비령에 따라 강제로 문을 닫거나 기업을 정리하지 않으면 안 되었다.

그러나 한국인 기업가 가운데 비교적 큰 사업가도 있었다. 김성수의 아우 김연수(金秊洙; 1896~1979)는 1931년 삼양사(三洋社)를 세워 간척사업을 벌이고, 만주에서 방적회사를 경영하기도 했으며, 평안도 용강의 소농 출신 박흥식(朴興植; 1903~1994)은 고향에서 쌀장사와 인쇄업을 하다가 서울로 올라와 1937년에 종로 네거리에 세운 화신백화점은 장안의 명물이 되었다. 그러나 이들은 태평양전쟁기에 총독부의 강압으로 항공산업, 석유, 제철 등의 군수공업에 참여하여 친일행적 때문에 해방 후 지탄을 받기도 했지만 대한민국 초창기의 경제를 이끈 공로가 적지 않았으며, 장학사업을 통해 후진을 양성하는 데 기여하고 있다.

2. 일제의 민족말살 정책과 민족문화 수호운동

1) 파쇼체제의 강화

일본은 한국을 대륙침략의 병참기지로 만드는 한편, 우리 민족을 일본인으로 동화시키기 위해 민족말살 정책을 강력하게 시행했다. 이때부터 기만적인 '문화통치'의 탈을 벗고 노골적인 파시즘 정책을 추진했다.

파쇼체제는 군사력과 경찰력을 증강시켜 강화하였다. 1931년 만주침략 이후 종래 2개 사단이던 병력을 3개 사단으로 증파하고, 그 후 지속적으로 병력을 늘여 1941년에는 3만 5천여 명으로, 태평양전쟁 말기에는 약 23만 명이나 되는 군대가 주둔했다.

한편, 경찰관서와 경찰요원도 대폭 늘어나 1923년에 2만여 명이던 경찰관이 1941년에는 3만 5천여 명이 되었다. 특히 정규경찰 이외에 비밀 고등경찰, 헌병 스파이, 그리고 경찰보조기관인 경방단(警防團) 등을 두어 한국인의 일거수일투족을 물 샐 틈 없이 감시했다. 1937년에는 '조선중앙정보위원회'를 설치하여 개인정보를 수집하고, 1938년에는 '조선방공협회(朝鮮防共協會)'를 조직하여 공산주의자 박멸에 나섰으며, 같은 해 사상전향자들의 단체인 '시국대응전선사상보국연맹(時局對應全鮮思想報國聯盟)'[15]이라는 단체를 조직하여 항일인사들을 탄압하는 데 앞장세웠다.

태평양전쟁을 준비할 즈음에는 사상보국연맹을 확대하여 1941년에 '대화숙(大和塾)'이라는 친일사상단체를 만들어 전국 각지에 지부를 설치하고, 이른바 '사상범'으로 지목된 인사들에게 전향을 강요했다. 1939년에 조직된 '문인회(文人會)'[16]도 친일단체 중 하나였다.

일본은 전시체제임을 구실로 삼아 일반 주민생활도 철저히 통제했다. 중일전쟁 이후 주민생활을 통제하는 중심기구로 1938년 8월 '국민정신총동원조선연맹'[17]을 총독

---

15) 시국대응전선사상보국연맹에는 유억겸(俞億兼; 유길준의 아들), 박영희(朴英熙), 장덕수(張德秀), 김한경 등이 참여했다.

16) 문인회에 참여한 인사는 이광수(李光洙), 최남선, 주요한(朱耀翰), 박희도(朴熙道), 김동환(金東煥), 최재서(崔載瑞) 등으로서, 이들은 일본과 조선의 일체 즉 내선일체(內鮮一體)를 강조하는 '국민문학'을 제창하고 나섰다.

17) 국민정신총동원조선연맹에는 명망 높은 인사들을 거의 대부분 강제로 참여시켜 친일의 오명을 쓰게 만들었다. 이 연맹의 이사(理事)에는 김성수(金性洙), 윤치호(尹致昊), 최린(崔麟), 김활란(金活蘭), 문화위원에는 백철(白鐵), 유진오(俞鎭午), 홍난파(洪蘭坡), 여성부위원에는 송금선, 이숙종 등이 위촉되었다.

부의 종용에 따라 결성하고, 지방행정 말단의 리(里)까지 전국적인 조직망을 만들었다. 그리고 리(里) 아래에 10호를 단위로 하는 '애국반(愛國班)'을 두어 정기적으로 반상회(班常會)를 열어 총독부 시책을 홍보하고 강요했다. 이 연맹은 각 직장 단위로도 조직되었다. 총독부는 1940년 10월에 위 연맹을 다시 확충하여 '국민총력조선연맹'으로 개편하고, 총독이 총재로 취임하여 통제를 한층 강화했다.

국민총력조선연맹 이름으로
제작한 일제의 포스터

일제는 명망 높은 한국인을 각종 친일단체에 강제로 배정했을 뿐 아니라 이들을 동원하여 전쟁을 찬양하고 한국인의 충성을 유도하는 강연을 하거나 글을 쓰도록 강요했다. 또 예술인을 강제로 동원하여 그림과 음악을 통해서 군국주의를 찬양하도록 했다. 이 때문에 그동안 한국인의 존경을 받으면서 교육사업, 언론사업, 문화사업, 경제사업을 통해 민족의 역량을 키우던 대부분의 인사들이 뒷날 친일파로 몰리는 비극적인 상황이 벌어졌다.

해외로 망명한 인사들은 직접적인 일본의 통제에서 벗어나 있었기 때문에 자유롭게 저항하고 비판도 할 수 있었지만, 국내에 남아서 생존을 도모하면서 미래를 준비하던 인사들은 총독부의 폭압에서 자유로울 수 없었다. 따라서 국내파와 해외파를 같은 기준을 놓고 평가하는 것은 신중할 필요가 있다. 물론, 자발적으로 친일한 인사라면 그 과오를 묻는 것은 당연한 일이다.

2) 민족말살 정책

한국인을 물 샐 틈 없는 파쇼체제로 몰아넣은 일제는 한국인의 민족적 정체성을 말살하는 황국신민화(皇國臣民化) 정책을 강력하게 펴기 시작했다. 이런 정책은 서양의 제국주의 국가들이 식민지에 대하여 취한 정책과는 판이했다. 일본은 역사적으로 한국에서 건너간 이주민들이 고대국가를 건설하고 고대문화를 꽃피웠고, 조선시대에도 통신사(通信使)로부터 유교문화를 전수받으면서 성장한 나라로 문화적 동질성이 많은 것이 사실이었다. 이러한 특수 관계로 인해 한국인에 대한 문화적 열등감을 지니고 살아왔던 것이다.

1930년대에 들어와 중일전쟁과 태평양전쟁을 치르면서 일본의 역량만으로는 이 전쟁을 치를 수 없음을 깨닫고 3천만 한국인의 힘을 최대한 동원하기 위해서는 한국인을 일본인으로 철저하게 동화시킬 필요성이 절실했다. '황국신민화' 정책이 바로 그 것이다.

우선, 1938년부터 모든 한국인에게 '황국신민서사(皇國臣民誓詞)'라는 것을 일본어로 외워서 공식행사 때마다 낭송하도록 했다. "우리는 대일본제국의 신민(臣民)이다. 우리들은 마음을 합하여 천황폐하에게 충의(忠義)를 다 한다"는 것이 그 요지다. 천황에 대한 충성의 표시로 천황이 있는 궁성(宮城)을 향해 절을 하도록 강요하기도 했다. 이를 '동방요배(東方遙拜)'라고 한다.

1938년부터 학교와 관공서에서는 한국말 사용을 금지시켰다. 일본어를 '국어(國語)'라고 하고 일본역사를 '국사(國史)'라고 가르쳤다. 일본은 여기서 한 걸음 더 나아가 한국인의 성씨와 이름을 일본식으로 바꾸도록 강요했다. 이를 '창씨개명(創氏改名)'[18]이라 한다. 한국의 역사를 배우지 못하게 한 것이 한국인의 애국심과 민족의식을 없애기 위함이라면, 창씨개명은 친족과 가문에 대한 자부심을 뿌리 뽑기 위함이었다. 만약 창씨개명을 거부하면 학교에 입학하거나 공문서를 발급받을 수 없었고, 식량과 물자 배급에서 제외되었으며, 우편물도 전달되지 않았다. 이 때문에 부득이 창씨개명에 응하지 않을 수 없었지만, 그래도 전 국민 중 약 14%는 끝까지 창씨개명을 거부했다.

일본은 한국의 독자적 역사를 말살하기 위해 이른바 '일선동조론(日鮮同祖論)'을 들고 나오기도 했다. 이 주장은 이미 1880년대부터 대두된 것인데, 침략전쟁 이후로는 '내선일체(內鮮一體)'와 '동조동근론(同祖同根論)'으로 포장하여 다시 내놓았다. 한일 두 나라는 민족도 하나이고, 국민도 하나라는 일체감을 심어주려는 것이었다. 1936년에 새로 총독으로 취임한 미나미 지로(南次郎)가 이러한 정책을 강력하게 밀고 나갔다.

일본은 메이지유신 이후 일본의 조상신인 천조대신(天照大神; 아마테라스 오미카미)과 그 피를 이어받은 천황(天皇; 텐노)을 신(神)으로 숭배하는 신도(神道)를 국가종교로 승격시키고, 신사(神社)를 세워 참배하도록 했으며, 일본인 가정에서도 '가미다나(神棚)'라 불리는 신단을 세우고 일본 천황의 조상신의 위패를 모시고 참배하도록 했다. 그런데 일본의 조상신을 한국인의 조상신으로 신앙하도록 하기 위해 한국에도 신사를 세우고 참배를 강요했다. 서울에는 남

내선일체를 새긴 비석
(1942) 독립기념관 소장

---

18) 창씨개명으로 성(姓)을 바꿀 때 한국인들은 되도록 본관이나 성과 관련되는 말을 찾았다. 예를 들면 이씨는 이가(李家; 리노이에), 김씨는 금산(金山; 가네야마), 또는 금촌(金村; 가네무라), 한씨는 본관의 옛이름인 서원(西原; 니시하라), 최씨는 가산(佳山; 요시야마) 등이 그렇다.

산 정상에 가장 격이 높은 신궁(神宮)을 세우고, 학교와 면
마다 신사를 세우고, 가정에서도 일본 시조신의 신주를
걸어놓고 예배하도록 강요했다.

일본의 신사참배 정책은 일부 기독교인의 반발을 불러
오기도 했다. 평양의 숭실학교와 숭의여학교는 신사참배를
거부하다가 학교가 폐쇄되는 조치를 당하기도 했다.

남산 신궁

일선동조론은 학술적으로 보면 틀린 것이 아니었다. 일본 고대국가를 건설한 주역이
한국인이었기 때문이다. 그래서 일본 신사에 봉안된 신(神)들도 대부분 한국계 일본이었
다. 하지만, 한국과 일본의 역사의 뿌리는 같아도 한국은 그 후 평화를 사랑하는 유교국
가로 발전하고, 일본은 반평화적 무사정치를 이어왔기 때문에 질적으로 다른 나라가 되
었다. 그래서 이러한 한일간의 역사적 친근성을 이용하여 평화지향적인 한국인을 야만
적인 일본 군국주의의 희생물로 만들려고 한 것은 분명히 큰 죄악이 아닐 수 없다.

3) 징집, 징용, 근로동원, 언론탄압

일본은 한국인의 민족정체성을 말살하는 데 그치지 않고, 한국인을 직접 전쟁터로
몰아넣어 일본을 위해 목숨을 바치도록 강요했다. 처음에는 군대의 부족한 병력을 보
충하기 위해 '지원병제도'(1938)를 실시하다가, 뒤에는 강제적인 '징병제도'(1943)로 바꾸
어 패전할 때까지 약 20만 명의 청년을 징집했으며, '학도지원병'(1943) 제도를 실시하
여 약 4,500명에 달하는 학생들을 전쟁터로 끌고 갔다.

한편, 전쟁을 위한 노동인력을 충원하기 위해 1939년부터 '모집' 형식으로 노동자를
데려가다가, 1940년부터는 '알선' 형식으로, 1944년부터는 '징용' 형식으로 강제로 노
동자를 전쟁터로 끌고 갔는데, 그 인원이 일제 말기까지 약 1백만 명이 넘었다. 이들은
탄광, 비행장, 군수공장, 철도 공사장에 투입되었다. 군대식으로 편제되어 강제수용된
가운데 노예처럼 혹사당했으며, 공사가 끝난 뒤에는 군대기밀을 보호한다는 이유로 무
더기로 학살하기도 했다. 특히 평양의 미림비행장, 쿠릴열도[사할린], 그리고 유구[오키나
와]로 끌려간 노동자의 대부분이 비밀보호를 이유로 학살당했는데, 그 인원이 7천 명을
넘었다. 광복 후 한국정부는 오키나와에서 죽은 이들을 추모하는 위령탑을 세웠다.

국내에서는 어린 학생들과 여성들까지 노동판에 동원되었다. 이른바 '근로동원'
이라 하여 초등학생과 중학생들도 군사시설 공사에 끌어들이고, 여성들도 '근로보국

대'라는 이름을 붙여 토목공사에 투입시켰다. 또 '애국부인회'라는 여성단체를 만들어 충성하기를 강요했다.

여성근로보국대

신사에 참배하는 애국부인회

여성들의 인권이 가장 처참하게 짓밟힌 것은 '여자정신대(女子挺身隊)'이다. 1944년 9월에 '여자정신대근로령'을 만들어 12세에서 40세에 이르는 여성 가운데 배우자가 없는 여성 약 5~7만 명을 강제로 동원했다. 이들은 일본과 한국 내에 있는 군수공장에서 일하는 경우도 있었지만, 그 중 상당수는 중국과 동남아지역의 전쟁터로 보내져 일본군을 상대로 위안부(慰安婦) 노릇을 하도록 했다. 이들 가운데에는 전쟁터에서 죽은 경우가 많지만, 살아서 돌아온 경우에도 정신적으로나 육체적으로 황폐화되어 정상적인 생활을 누릴 수 없었다. 현재는 이들을 '일본군 성노예'로 부르고 있다.

종군위안부 일제는 약 10만여 명의 한국인 여성을 중국, 동남아 일대에 주둔하는 일본군의 성노예로 삼았다.

민족말살 정책의 일환으로 언론·결사에 대한 탄압도 병행하였다. 당시 언론인 가운데에는 항일운동의 수단으로 언론활동을 전개한 언론인이 적지 않았는데, 총독부는 이들에 대한 탄압의 고삐도 늦추지 않았다. 그 결과 1937년 민족의식을 고취하던 〈조선중앙일보〉가 폐간되고, 1940년 〈동아일보〉와 〈조선일보〉가 폐간되는 비운을 맞이했다. 1936년 베를린올림픽 마라톤에서 우승한 손기정 선수의 가슴에 붙은 일장기(日章旗)를 〈동아일보〉가 지우고 보도한 사건도 있었으며, 〈조선일보〉는 신간회를 주도한 신문사답게 반일 성향의 기자들이 적지 않았다.

4) 민족문화 수호운동

[조선학운동]

일본의 파쇼 정책과 민족말살 정책이 절정에 달했던 1930~1940년대에 이에 대항하여 민족문화를 수호하고, 나아가 근대적 학문적으로 체계화하려는 노력이 활발하게 전개되었다.

먼저, 민족주의 역사학을 계승한 학자·언론인을 중심으로 '조선학' 운동이 일어났다. 조선 후기 실학의 대가인 다산 정약용(丁若鏞)이 세상을 떠난 지 99주년이 되는

1934년에 시작된 이 운동은 민세 안재홍(民世 安在鴻; 1891~1965), 위당 정인보(爲堂 鄭寅普; 1893~1950), 호암 문일평(湖岩 文一平; 1888~1939) 등이 주도하였다. 과거의 민족주의 역사학이 지나치게 폐쇄적, 종교적, 영웅중심주의로 흐른 것을 반성하고, 열린 민족주의를 지향하고 민중(民衆)을 존중하면서 우리 문화의 고유성과 세계성을 동시에 찾으려는 것이 그 목적이다. 그에 따라 이들은 조선 후기 실학(實學)을 주목하고, 나아가 고대사뿐 아니라 조선시대를 긍정적으로 이해하려고 노력했다.

일본 와세다대학을 나와〈조선일보〉사장을 역임한 경기도 평택 출신의 안재홍은 신채호의 고대사 연구를 계승, 발전시켜《조선상고사감(朝鮮上古史鑑)》(1947)을 펴냈는데, 특히 가야가 일본에 미친 영향에 주목했다. 또 우리나라 전통철학을 정리하여《불함철학대전(不咸哲學大全)》(1940)과《조선철학》(1944)을 펴내 한국철학의 특징을 화합정신으로 해석했다. 그는 자신의 학문에 기초하여 광복 후〈신민족주의와 신민주주의〉라는 글을 발표하여 극좌와 극우를 배격하고 만민공생(萬民共生)의 '다사리' 이념에 입각해서 모든 계급이 통합된 민족국가를 건설하려 했으며, 이를 실천하는 정당으로 국민당(國民黨)을 창립했다. 그는 6·25 전쟁 때 북으로 납치되었다가 1965년에 세상을 떠났다.

철종 때 영의정을 지낸 정원용(鄭元容)의 4대손으로 서울의 소론가문에서 태어난 정인보는 광개토대왕비문을 연구하여 일본 학자가 잘못 읽은 것을 바로잡는데 기여했고, 조선시대 양명학(陽明學)을 발전시켜 '조선의 얼'을 찾으려고 노력했다. 그도 6·25 때 북으로 납치되어 바로 세상을 떠났다.

일본 와세다대학을 나오고〈조선일보〉고문을 역임한 평북 의주 출신의 문일평은 조선시대를 주로 연구했는데, 민중을 위해 노력한 개혁가와 혁명가를 부각시키고, 세종과 실학의 정신을 민족지향, 민중지향, 실용지향으로 높이 평가하여 이를 현대사상으로 계승하려고 했다. 그는 또 국제관계에서 실리적 감각이 중요함을 느끼고,《대미관계 50년사》를 저술하여 최초로 한미관계사를 정리했다.

조선학운동과는 다소 거리가 있지만 민족 언어를 지키기 위한 국어학자들의 노력도 치열했다. 일제의 국어말살 정책에 저항하여 우리말을 지키려던 '조선어학회' 회원들은 1942년〈조선어사전〉을 편찬하던 중 일본 경찰에 발각되어 이극로(李克魯; 1893~1978)를 비롯한 33명이 검거 투옥되었는데, 그 가운데 16명은 내란죄로 기소되고,[19] 18명은 기소 유예되었다. 이윤재와 한징은 옥사했다.

이극로

---

19) 기소당한 16명의 명단은 다음과 같다. 이극로, 이윤재, 최현배, 이희승, 정인승, 정태진, 김양수, 김도연, 이우식, 이중화, 김법린, 이인, 한징, 정열모, 장지영, 장현식이다.

우리말을 쓰고 사전을 만드는 것이 내란죄가 되는 기막힌 세상이 된 것이다. 이 사건을 '조선어학회사건'이라 부른다.

[유물사관의 도입]

1920년대부터 사회주의가 들어오면서 1930년대에는 역사학에 마르크스의 유물사관(唯物史觀)을 적용하는 학자들이 나왔다. 그 선구자는 전북 고창 출생으로 일본 동경상과대학(東京商科大學)을 나온 백남운(白南雲; 1895~1974)이었다. 그는 한국 고대사를 유물사관으로 재해석한 《조선사회경제사》(1933)와 고려시대를 연구한 《조선봉건사회경제사》(1937)를 일본어로 출간하여 처음으로 유물사관에 의한 사회경제사를 개척했다. 여기서 그는 삼국시대를 노예제사회로 보고, 고려시대를 봉건사회로 해석하여 충격을 주었다. 그러나 그의 정치적 입장은 비교적 온건하여, 광복 후에는 노동자와 농민이 양심적 지주 및 자본가와 연합하여 새 나라를 세워야 한다는 이른바 '연합성 신민주주의'를 주장하여 신민당(新民黨)의 정책에 반영하려고 했다. 그는 광복후 북한으로 가서 고위직을 맡았으며 북한 역사학계의 원로로 활동했다.

백남운의 뒤를 이어 유물사관을 계승한 이는 전석담, 박극채, 이청원, 김석형, 박시형 등으로서, 특히 경성제국대학 사학과를 나온 경북 출신의 김석형(金錫亨; 1915~1996)과 박시형(朴時亨; 1910~2001)은 광복후 북한으로 올라가 북한 역사학계를 이끌었다.

김석형

유물사관은 사회주의사회가 필연적으로 온다는 것을 전제로 하여 연역적으로 역사를 해석하고, 서양사의 기준을 가지고 우리나라 역사에 대입하여 해석하기 때문에 우리 역사의 진실성과도 거리가 멀 뿐 아니라, 그 목적에 동의하기도 어려운 것이다.

[진단학회와 문화주의 실증사학]

1930년대에는 민족주의 역사학과 유물사관을 모두 배격하고, 과학적인 문헌실증을 존중하면서 문화적 가치를 찾으려는 전문적 학자들이 나타났다. 이들은 대부분 일본 와세다대학에서 역사학이나 민속학 또는 사회학을 공부한 인사들로서 경성제국대학을 나온 학자들과 연합하여 1934년 5월에 '진단학회'(震檀學會)라는 학회를 처음으로 조직하고 《진단학보(震檀學報)》라는 학술지를 정기적으로 발간하기 시작했다. 한국어로 된 전문적 학술지는 이것이 처음이다.

진단학회의 중심인물은 와세다대학 출신의 이병도(李丙燾; 용인 출생, 1896~1989), 이상백

이병도, 이상백, 김상기, 손진태, 조윤제 (왼쪽부터)

(李相佰; 대구 출생, 1904~1966), 김상기(金庠基; 김제 출생, 1901~1977), 손진태(孫晋泰; 부산 출생, 1900~?), 문일평(文一平), 이선근(李瑄根; 개풍 출생, 1905~1983) 등과 경성제국대학을 나온 이희승(李熙昇; 국어학, 개풍 출생, 1896~1989), 조윤제(趙潤齊; 국문학, 예천 출생, 1904~1976), 고유섭(高裕燮; 미술사, 개성 출생, 1905~1945), 신석호(申奭鎬; 역사학, 봉화 출생, 1904~1981), 동경제국대학을 나온 김두헌(金斗憲; 윤리학, 장흥 출생, 1903~1981), 일본 히로시마대학을 나온 최현배(崔鉉培; 국어학, 울산 출생, 1894~1970), 한성사범학교를 나온 이병기(李秉岐; 국문학, 익산 출생; 1891~1968) 등이었다.

찬조회원은 와세다대학 출신인 김성수(金性洙; 고창 출생), 이광수(李光洙; 정주 출생), 현상윤(玄相允; 정주 출생), 경도제국대학을 나온 김연수(金季洙; 고창 출생), 메이지대학을 나온 송진우(宋鎭禹; 담양 출생)와 조만식(曹晩植; 강서 출생), 동경제국대학을 나온 유억겸(俞億兼; 유길준의 아들), 미국유학을 다녀온 윤치호(尹致昊; 아산 출생), 그밖에 이극로(李克魯; 의령 출생), 이능화(李能和; 괴산 출생) 등으로서 이들이 재정을 후원했다.

진단학회의 중심인물인 이병도는 경기도 용인 출생으로 와세다대학을 졸업한 후 한국 고대사를 전공하여 기자조선(箕子朝鮮)이 한씨조선(韓氏朝鮮)이라는 학설을 내는 등 고대사연구의 권위자로서 광복 후 서울대학교 사학과교수로 취임했다. 이상백은 경북 대구 출생으로 민족운동을 전개한 이상정(군인)과 이상화(시인) 등을 형제로 두었으며, 와세다대학을 나온 후 조선시대 문화사를 전공했으며, 광복 후 IOC 위원으로 활동하는 한편으로 서울대학에서 사회학을 가르쳤다.

김상기는 전북 김제 출신으로 와세다대학을 나온 후 고려시대사를 전공하고, 광복 후 서울대학에서 동양사를 가르쳤다. 손진태는 부산 출신으로 와세다대학을 나온 후 민속학을 전공하고, 광복 후 서울대학에서 교수생활을 하다가 6·25 때 납북되었다. 그는 조윤제와 더불어 계급평등을 강조하는 '신민족주의 사학'을 창도하여 주목을 받았다. 이희승은 경기도 개풍 출신으로 경성제국대학을 나온 후 한때 조선어학회 사건으로 투옥되기도 했으며, 광복 후 서울대학에서 국어를 가르쳤다. 조윤제는 경북 예천 출생으로 경성제국대학을 나온 후 국문학을 전공하고 광복 후 서울대학에서 국문학을 가르치다가 성균관대학으로 자리를 옮겼다.

경기도 개풍 출신의 이선근은 와세다대학을 나온 후 대원군을 연구했으며, 광복 후 서울대학에서 정치학을 가르쳤다. 개성 출신의 고유섭은 경성제국대학을 나온 후 한국미술사를 개척했으며 광복 후 국립박물관을 맡았다. 경북 봉화 출신의 신석호는 경성제국대학을 나온 후 조선시대를 전공했으며, 고려대학, 성균관대학에서 한국사를 가르쳤다. 최현배는 울산 출신으로 히로시마에서 공부하고 돌아와 조선어학회에 참여하여 옥고를 치렀으며, 광복 후 연세대학에서 국어를 가르치면서 표준적인 국어문법을 세우는데 크게 기여했다. 전북 익산 출신의 이병기는 한성사범을 나온 후 국문학을 전공했으며, 광복 후 서울대학에서 국문학을 가르쳤다.

진단학회 회원은 대부분 일제강점기 최고학부를 졸업하여 체계적으로 근대학문을 배운 전문적 학자로서 광복 후 서울대학을 비롯한 명문대학에서 후학을 가르치면서 대한민국 현대학문의 토대를 마련했다는 점에서 이들의 공로는 매우 컸다.

3. 국외 민족연합단체 결성과 대한민국임시정부의 활동

1) 중국지역 민족연합운동

1930~1940년대 중일전쟁과 태평양전쟁 시기 중국지역에서는 파벌과 분열을 극복하려는 민족통일 전선이 한층 활발하게 전개되었으며, 군대를 조직하여 적극적인 무장투쟁에 나서기도 했다.

1931년 일본의 만주침략에 자극받은 운동단체들은 1932년 11월에 상하이에 모여 '한국대일전선통일연맹'을 결성하고 '민족유일당'을 세우기로 합의했다. 여기에는 이동녕, 안창호, 김두봉 등이 결성한 '한국독립당'과 김규식이 이끈 '한국동지회', 김원봉이 조직한 '조선의열단', 최동오가 창당한 '조선혁명당' 등이 참가했다. 한편 대한민국임시정부를 끝까지 지키기를 원하는 일부 인사들은 여기에 참여하지 않았다. 1935년 7월 이렇게 모인 단체들이 '민족혁명당'

김두봉

을 창건했다. 조소앙(趙素昻; 1887~1958), 김원봉, 김규식, 이청천, 최동오, 양기탁,

김두봉 등을 중심으로 한 '민족혁명당'은 조
소앙이 주창한 삼균주의(三均主義)를 받아들여
'개인과 개인 간의 평등(人與人)', '민족과 민족
간의 평등(族與族)', '나라와 나라 간의 평등(國
與國)' 실현을 목표로 정치, 경제, 교육 평등을
추구하고, 민주공화국을 세운다는 노선을 채
택했다.

조소앙　　조소앙의 삼균주의 어록비 천안 독립기념관

　　그러나 어렵게 결성된 '한국민족혁명당'은 좌파와 우파 사이에 다시 분열이 일어나
조소앙, 이청천, 최동오 등 우파계열이 탈퇴하고, 1937년에 '조선민족혁명당'으로 개편
하여, 그 예하부대로 '조선혁명군'을 조직했다. 그 후 약화된 통일전선을 다시 강화하기
위해 여러 단체와 다시 손잡고 1937년 12월에 한커우(漢口; 한구)에서 '조선민족전선연맹'
을 결성하고, 그 예하 군대로서 '조선혁명군'을 확대하여 '조선의용대(朝鮮義勇隊)'를 조직
했다. 이들은 중국 국민당 정부군과 합세하여 각 지역에서 항일투쟁을 전개했다.

　　한편, 중국 화베이(華北; 화북) 지역에서 활동하던 독립운동가들은 1942년 민족통일전
선으로 '조선독립동맹'(속칭 연안파)을 결성하고, 그 산하에 약 5백 명의 '조선의용군'을
거느리고 중국 공산군과 연합하여 항일전쟁에 참가했다. 그 중심인물은 김두봉(金枓奉;
1889~1960), 김무정(金武亭), 박효삼(朴孝三), 최창익(崔昌益), 한빈(韓斌) 등인데 중국에서 군관학
교 또는 대학을 나온 인사들이었다. 조선의용군은 특히 호가장전투에서 큰 공을 세웠
는데, 광복 후에는 북한으로 들어가 인민군에 편입되었다. 이들은 공산군 지도자 마오
쩌둥(毛澤東; 모택동)과 함께 연안지방에 본거를 두었기 때문에 속칭 '연안파'로도 불린다.

　　중국 화베이 지방에서 '조선독립동맹' 산하의 '조선의용군'이 중공군과 합세하여
항일전쟁을 벌이고 있을 무렵, 만주지역에서도 좌우합작을 통한 독립운동이 촉진되
고 있었다. 1936년에 오성륜(吳成崙; 1900~1947), 엄수명(嚴洙明), 이상준(李相俊) 등이 조직한
'조국광복회'가 그것이다. 이 단체는 10대 강령을 발표하여 모든 계급이 일치단결하
여 조국을 광복할 것을 선언하고, '동북항일연군(東北抗日聯軍)'에 소속된 김일성(金日成;
1912~1994)의 '항일유격대'와 더불어 1937년 6월 4일 압록강을 건너 함경남도 보천보(普
天堡)를 공격하여 일본경찰주재소와 면사무소, 소방서를 전소시키는 등 큰 타격을 주었
다. 다음날 〈동아일보〉가 이 사건을 크게 보도하자 김일성의 이름이 국내에 알려지게
되었다. 당시 김일성의 나이는 26세였으나 세상 사람들은 그가 나이 지긋한 인물로 상
상했다.

광복 후 북한의 지도자가 된 김일성은 보천보전투를 앞세워 그의 업적을 대대적으로 선전하기 시작했는데, 일부에서는 그의 행적에 의문을 제기하기도 한다.[20] 김일성부대는 그 후 일본 관동군(關東軍)의 공세가 심해지자 1941년에 연해주지방으로 이동하여 그곳에서 정탐활동을 벌이다가 8·15 해방을 맞이하여 소련군과 함께 귀국했다. 김일성이 거느린 부대는 100여 명에서 400명 정도로 알려졌다.

2) 대한민국임시정부와 광복군의 활동

중국 남방지역에 근거를 둔 대한민국임시정부는 1923년에 창조파와 개조파의 탈퇴로 그 활동이 크게 위축되었으나, 1930년 김구(金九)의 지도 아래 임시정부의 기초정당으로 '한국독립당'을 조직하여 우파노선을 견지했다. 그리고 '한인애국단'을 조직하여 적극적인 테러투쟁을 전개했는데, 그 단원인 이봉창(李奉昌)이 동경에서 1932년 1월 8일에 히로히토 천황을 공격하고, 윤봉길(尹奉吉)은 1932년 4월에 상하이 홍커우공원에서 시라카와 대장 등을 살상하여 국내외에 충격을 던져주었다.

그러나 1935년 7월에 통일전선정당으로 '민족혁명당'이 조직되어 임시정부의 해체를 요구해 오자 이에 응하지 않고, 1935년 11월에 조소앙의 삼균주의를 정치강령으로 삼은 새로운 정당인 '한국국민당'을 창립했다. 이후 1937년 중일전쟁을 계기로 민족협동의 필요성을 절감하고 김원봉 등 좌익계열의 7개 단체와 손을 잡고, 1939년에 '전국연합전선협회'를 조직했다.

---

20) 김일성의 본명은 김성주(金成柱)로서, 북한의 주장을 따르면, 김일성은 평양 만경대 출생으로, 증조부는 김응우(金應禹; ?~1878), 조부는 김보현(1871~1955), 아버지는 김형직(金亨稷; 1894~1926)이다. 어머니는 기독교 장로인 강돈욱(康敦煜)의 딸 강반석(1892~1932)이라고 한다. 증조부 김응우는 1866년 제너럴 셔먼호를 공격하는 데 앞장섰다고 한다. 아버지 김형직은 평양 숭실학교를 졸업하고 만주로 이주하여 활동하다가 1917년에 '조선국민회'를 조직하고 1919년 3·1 운동 당시 평양의 만세운동을 주도했다고 한다. 김일성은 8세 되던 1919년에 아버지를 따라 만주로 이주하여 팔도구 소학교에 입학하고, 12세 되던 1923년에 강돈욱이 세운 평양 창덕학교(彰德學校)에 다니고, 14세 되던 1925년에 만주 무송학교(撫松學校)에, 15세 되던 1926년에 만주 화성의숙에 들어갔다. 이때 '타도제국주의동맹'을 조직하여 공산주의운동을 펴기 시작했는데, 북한에서는 이해부터 '현대사'가 시작되었다고 주장한다. 16세 되던 1927년에 만주 육문중학교(毓文中學校)에 입학했다. 20세 되던 1931년에 중국 공산당에 입당하여 23세 되던 1934년에 '항일유격대'를 조직하고, 1935년에는 중국 '동북항일연군'에 참여하여 사장(師長)을 맡았다. 사장은 중대장급에 해당한다. 그러나 북한은 동북항일연군에 가담한 사실을 부인하고 독자적인 '조선혁명군'을 조직했다고 주장하고 있다. 25세 되던 1936년에 '조국광복회'에 참여하고, 1937년에 보천보전투에 참가하여 그 이름이 세상에 알려지게 되었다. 1941년에서 1945년 사이에는 일본군의 대반격으로 백두산 부근의 밀영(密營; 비밀아지트)에서 활동하다가 김정일을 이곳에서 낳았다고 한다. 그러나 이때 김일성은 소련으로 들어가 소련군에 편입되어 있다가 해방이 되면서 소련군과 함께 귀국했다는 설이 유력하다.

그 후 1940년 5월 대한민국임시정부는 기초정당을 '한국국민당'에서 다시 '한국독립당'으로 확대 개편하고, 정강정책은 여전히 삼균주의를 따랐는데, 1941년에는 일본의 패망을 예견하고 건국강령을 발표했다. 그 요지는 1) 홍익인간(弘益人間)을 최고의 공리(公理)로 하고, 2) 정치·경제·교육의 균등실현, 3) 토지와 규모가 큰 생산기관의 국유(國有)와 중소기업의 사영(私營), 4) 빈농 우선의 토지분급, 5) 노동자·농민·지식인·상인의 단결, 6) 적산(敵産; 일본인 소유재산)의 국유화 등이다. 또 소작농, 자작농, 소자산가, 소지주를 기본대오로 하고, 대지주, 대생산기관, 불타협분자, 관리, 경찰 중 반정(反正) 소질을 가진 자를 충실한 옹호자로 설정했다. 이러한 정강정책은 자유민주주의와 사회주의를 절충한 사회민주주의에 가깝다.

임시정부 신년축하(1920. 1. 1.)

광복군 총사령부(1940. 12. 26)
가운데가 총사령대리 항학수, 서안에서 촬영

대한민국임시정부는 산하 군대로 1940년 충칭(重慶)에서 '광복군(光復軍)'을 창립했는데, 1942년 5월 김원봉이 이끄는 400여 명의 '조선의용대'가 광복군에 합류하여 군사 면에서도 좌우합작이 이루어졌다. 광복군은 이청천을 총사령관, 이범석을 총참모장으로 하여 중국 국민당의 지원을 받으면서 주로 선전, 의병모집 활동을 벌이다가 1943년에는 영국과 군사협정을 맺고 일부 병력을 인도와 미얀마[버마] 전선에 참여시켰으며, 일부 병력은 미국 전략정보처[OSS; CIA의 전신]와 협력하면서 국내진공을 준비했다.

대한민국임시정부는 항일투쟁이 격화됨에 따라 이에 효과적으로 대응하기 위해 1940년에 헌법을 개정하여 국무위

충칭 대한민국임시정부 청사 구지
1945년 1월부터 11월까지 사용한 마지막 청사

	시기	정치체제	주요지도자	정부청사위치
	1919. 4.		의장: 이동녕 국무총리: 이승만	상하이
1차 개헌	1919. 9	대통령제	대통령: 이승만(12월 박은식) 국무총리: 이동휘	상하이
2차 개헌	1925. 4	국무령제	국무령: 이상룡, 양기탁, 안창호, 홍진, 김구	상하이
3차 개헌	1927. 3	국무위원제	주석: 이동녕 국무위원: 이동녕, 김구 등 11명	1932년 상하이, 난징, 항저우 1935년 자싱(가흥) 1937년 전장(진강), 창사(장사) 1938년 광저우(광주), 류저우(유주) 1939년 치장(기강) 1940년 충칭(중경)
4차 개헌	1940	주석제	주석: 김구	충칭(중경)
5차 개헌	1944	주석·부주석제	주석: 김구, 부주석: 김규식	충칭(중경)

원제[집단지도체제]를 주석중심제(主席中心制)로 바꾸어 행정과 군사를 총괄하도록 했다. 이때부터 주석 김구의 영도력이 커진 가운데 임시정부의 위상이 높아졌다.

대한민국임시정부는 1919년에서 1945년 8·15 광복에 이르기까지 26년간 5차에 걸쳐 헌법을 개정했으며, 중일전쟁의 전황에 따라 6차에 걸쳐 정부청사를 옮겼는데, 이를 일람표로 만들면 위와 같다.

3) 국내외 공산당재건운동과 적색노동자, 농민운동

1930~1940년대 국내의 독립운동가들은 일제의 가혹한 탄압으로 지하로 숨어들거나 전쟁홍보를 위한 전위부대로 징발되었다. 우파 인사들 가운데 영향력 있는 교육자, 언론인, 문학인, 예술가들은 거의 대부분 중일전쟁과 태평양전쟁을 위한 홍보요인으로 강제 징발되어 전쟁을 찬양하는 일에 앞장서게 만들었다. 그러나 이들은 뒤에서 독립운동가를 은밀하게 도와주는 경우가 많았다.

좌익은 대부분 검거되어 감옥으로 들어갔으나 그래도 남은 이들은 지하운동을 통해서 공산당을 재건하는 데 나섰지만, 지역별로 고립 분산되어 통일성을 갖지 못했다. 그나마 박헌영(朴憲永)이 1939년 서울에서 조직한 '경성콤 그룹'이 영향력이 있었으나

1941년에 해체되었다. 그 대신 노동조합과 농민조합운동을 통해서 대중적 기반을 확대하는 일에 주력했다. 소작농은 갈수록 증가하고 농가부채도 갈수록 커져 점차 공산주의 혁명사상에 물들어갔다. 특히 함경도지역의 농민운동이 가장 격렬했다.

일본은 농민들을 만주와 일본 등지로 이주하도록 유도해 해외로 추방하였다. 그 결과 만주로 약 140만 명, 일본으로 약 70만 명의 한국인이 이주했다. 이들이 오늘날 재중국 동포와 재일본 동포의 주류를 이루게 된 것이다.

일본의 병참기지화 정책은 노동자층을 대폭 증가시켰다. 1933년에 약 21만 명이던 노동자는 일제강점 말기에는 약 200만 명으로 증가했다. 그러나 일본인 노동자에 비해 절반 정도의 임금을 받고 심한 민족차별과 열악한 노동조건에 처해 고초를 겪었다. 특히 여성노동자와 어린이노동자의 처지는 더욱 처참했다. 공산주의자들은 이들과 손을 잡고 산업별, 직장별 조합을 조직하고 전국 각지에서 노동쟁의를 일으켰다. 특히 노동운동은 서울, 원산, 흥남, 평양 등 공장밀집 지역에서 치열하게 전개되었다.

이상과 같은 농민 및 노동운동은 종전의 처우개선을 위한 운동과 달리 공산주의혁명을 목표로 삼고 있어서 이를 '적색농민조합', '적색노동조합'이라고 부른다. 그러나 이렇게 농민, 노동자운동이 계급투쟁의 성격을 띠게 되자 민족주의자들은 물론이요, 중소자본가, 중소지주, 부농들로부터도 외면을 당하여 민족의 항일역량을 감소시키는 결과를 가져왔으며 공산주의자들의 운신 폭도 그만큼 좁아졌다.

공산주의자들은 광복 후 박헌영을 중심으로 '조선공산당'을 재건했는데, 1946년 11월에는 중도 좌파정당을 흡수하여 '남조선노동당'(약칭 남로당)으로 개편되었다가, 1948년에 대한민국이 수립되는 과정에 북으로 넘어가 북한 정권에 협력하다가 1950년 6·25 직후에 모두 숙청당했다.

한편, 연해주지역의 동포들은 러시아혁명 이후 공산당의 통치를 받고 있었는데, 1937년 9~11월에 스탈린(Stalin)은 장차 일본과의 전쟁에 대비하여 혹시 일본에 협력할지도 모른다는 생각에서 약 17만 명의 동포를 강제로 화물열차에 태워 40여 일 동안 짐짝처럼 실려 이동한 끝에 지금의 우즈베키스탄, 카자흐스탄 등 중앙아시아로 이주시켰다. 의병장 홍범도도 이때 이곳으로 강제 이주되어 말년을 보내다가 죽었다. 맨손으로 갑자기 떠나야 했던 이들은 거의 짐승처럼 허허벌판에 내팽개쳐져 온갖 고통을 겪은 끝에 황무지를 개간하고 자녀들을 교육시키면서 새 삶을 개척하기 시작했는데, 이들은 뒤에 소련에서 가장 모범적인 시민으로 표창을 받았다.

4. 일제강점기 문학과 예술

1) 문학

정치적으로 암울했던 일제강점기에도 한국인의 문학과 예술 활동은 서구적인 형식으로 새롭게 전개되었다. 대부분의 문인은 일본에 유학하여 서양문화를 배우고 돌아온 신지식인층이었다.

우선 형식 면에서 전통적인 모습을 벗어났다는 점에서 '근대문학' 또는 '근대예술'이라고 부를 수 있다. 정신적으로는 일제에 저항하는 부류와, 일제에 적극적으로 저항하기보다는 새로운 서구형 인간상을 추구하거나 순수예술성을 지향하는 부류, 그리고 사회주의적 계급 사상을 띠는 부류 등 여러 갈래가 있었다.

저항성을 띤 문학으로는 만주 용정 출생의 윤동주(尹東柱; 1917~1945), 대구 출생의 이상화(李相和; 1901~1943), 안동 출생의 이육사(李陸史; 본명 李源祿, 1904~1944) 등이 저항시인으로 이름을 떨치고 옥고를 치르는 고통을 받기도 했다. 윤동주의 〈별헤는 밤〉, 이상화의 〈빼앗긴 들에도 봄은 오는가〉, 이육사의 〈청포도〉는 지금도 애송되는 대표적 작품이다.

윤동주와 문익환 1930년대 숭실학교 시절
윤동주(뒷줄 오른쪽)와 문익환(뒷줄 가운데)

저항성을 노골적으로 드러내지는 않으면서 한국인의 토속적인 민족정서를 여성적 감성으로 아름답게 표현하여 널리 사랑을 받은 시인은 평안도 구성 출생의 김소월(金素月; 본명 金廷湜, 1902~1934)이다. 그의 시는 지금까지도 한국인의 사랑을 크게 받고 있다. 김소월과 비슷하게 토속적인 정서를 아름답게 표현한 시인은 시집 《백록담(白鹿潭)》으로 유명한 충북 옥천 출생의 정지용(鄭芝溶; 1902~?)과 철원 출생의 소설가 이태준(李泰俊; 1904~?)을 들 수 있다. 오늘날 노래로 만들어져 사랑받고 있는 〈향수〉는 바로 정지용의 시다. 이태준은 광복 후 월북했다. 일제 말기에 활동한 '청록파(靑鹿派)' 시인으로 알려진 박두진(朴斗鎭; 1916~1998), 조지훈(趙芝薰; 1920~1968), 박목월(朴木月;1915~1978) 등도 한국 자연의 아름다움을 노래했으며 광복 후 한국 시단(詩壇)을 주도했다.

전통적 가치를 부정하고 서구형 인간상을 추구하는 계몽성을 띤 문인으로는 춘

김소월, 정지용, 박목월, 조지훈, 박두진

원 이광수(春園 李光洙; 1892~1950)를 대표로 꼽을 수 있다. 1917년에 〈매일신보〉에 연재한 《무정(無情)》은 그의 대표적 장편소설로, 서구적 가치와 자유연애에 대한 동경, 그리고 공리적 출세주의가 주제로 등장한다. 그 후 이광수는 《흙》(1932), 《사랑》(1938) 등의 소설을 남겼는데, 그가 쓴 《민족개조론》에서 전통적 가치를 부정하려는 정서가 일맥상통한다.

이광수(1892~1950)　　　　　《무정》

1920년대 이후로는 문학의 성격이 인도주의 또는 순수예술성을 추구하는 문학과 사회주의 정서를 담은 신경향파 문학으로 나뉘었다. 순수파 문인으로는 1919년에 일본 동경에서 창간된 《창조(創造)》의 동인인 평양 출생의 김동인(金東仁; 1900~1951)과 주요한(朱耀翰; 1900~1979) 등이 유명했고, 1920년에 창간된 《폐허(廢墟)》의 동인 이병조(李秉祚), 강화도 출생의 남궁벽(南宮璧; 1895~1922), 수원 출

동인지 《폐허》의 표지　　동인지 《백조》의 표지

생의 나혜석(羅蕙錫; 1896~1946), 서울 출생의 염상섭(廉想涉; 1897~1963), 용인 출생의 이병도(李丙燾), 서울 출생의 오상순(吳相淳; 1894~1963) 등이 이런 경향을 대표하는 문인들이었다. 김동인의 《배따라기》(1921), 염상섭의 《삼대》(1931)는 잘 알려진 작품이다.

순수문학을 표방한 인사들은 일제 말기 친일행각으로 비난을 받는 경우가 많으나, 겉으로는 친일 옷을 입었어도 마음은 조국을 사랑하는 경우가 적지 않았음을 이해할 필요가 있다.

사회주의 영향을 받은 문인들은 농촌문제에 관심을 쏟은 작품을 많이 냈는데, 충남 당진 출생으로 소설 《상록수》의 작가인 심훈(沈熏; 1901~1936)과 충남 아산 출생의 이기영(李箕永; 1895~1984)을 들 수 있다. 특히 이기영은 한국프롤레타리아[카프] 문학의 선구자로서 광복 후 북한으로 가서 오랫동안 활동했다.

2) 예술

일제강점기에는 음악, 미술, 연극, 무용 등 분야에서도 새로운 형식이 등장했다. 이들 예술가 역시 일본이나 미국에서 유학하고 돌아온 신지식인이었다. 먼저 음악에서는 수원 출생의 홍난파(洪蘭坡; 1898~1941), 대구 출생의 현제명(玄濟明; 1902~1960), 서울 출생의 윤극영(尹克榮; 1903~1988) 등이 서양음악인 양악(洋樂)의 형식을 빌어 민족정서를 담은 가곡 또는 동요를 창작하여 사랑을 받았다. 홍난파의 〈봉선화〉, 윤극영의 〈반달〉, 현제명의 〈고향생각〉은 잘 알려진 노래다. 그러나 총독부가 일제강점 말기 이들 음악가를 전쟁홍보에 동원시켜 친일의 오명을 얻게 만든 것은 안타까운 일이다.

안익태(1906~1965)

한국환상곡 악보

변관식의 〈누각청류〉(1939)

이상범의 〈귀려〉

평양 출생의 안익태(安益泰; 1906~1965)는 숭실학교를 나온 뒤에 일본과 미국으로 유학하여 음악을 배우고 해외에서 작곡가로 활동, 1936년에 〈애국가〉를 작곡했다. 말년에는 스페인에서 살다가 세상을 떠났다. 지금 우리가 부르는 애국가는 이를 다시 편곡한 것이다.

미술에서는 전통 한국화를 계승하는 부류와 서양화를 따르는 부류가 나타났다. 전자에는 공주 출생의 이상범(靑田 李象範; 1897~1972), 옹진 출생의 변관식(小亭 卞寬植; 1899~1976), 인천 출생의 김은호(以堂 金殷鎬; 1892~1979), 개성 출생의 노수현(心汕 盧壽鉉; 1899~1978) 등을 들 수 있다. 이들은 한말 궁중화가였던 안중식(心田 安中植; 1861~1919)과 조석진(小琳 趙錫晋; 함안 출생, 1853~1920) 문하에서 그림을 배워 한국화의 전통을 이어가면서 한국의 산수와 인물을 아름답게 그려냈는데, 담채화를 즐겨 쓴 이상범과 달리 변관식과 노수현은 서양 화풍의 영향을 받아 강렬한 색채를 즐겨 썼다.

이중섭의 〈흰 소〉 합판에 유채, 30×41.7cm, 1954년경, 홍익대학교박물관 소장

한편 페인트를 사용하는 서양화가 처음으로 등장한 것도 일제강점기부터다. 서울 출생의 고희동(高羲東; 1886~1965), 강원도 양구 출생의 박수근(朴壽根; 1914~1965), 평안도 평원 출생의 이중섭(李仲燮; 1916~1956)은 그 대표적 화가이다. 고희동은 처음에 조석진 문하에서 한국화를 배웠으나 일본에 유학하면서 서양화로 바꿨다. 박수근은 독학으로 서양화의 대가가 되었으며, 이중섭은 일본에서 서양화를 배우고 돌아와 부산, 통영, 제주 등지에서 살았다. 그러나 이들 서양화가는 이중섭의 〈소〉, 박수근의 〈빨래터〉 등에서 보는 것처럼 한국의 토속적인 풍경을 즐겨 그려 대중의 사랑을 받았다.

무용 분야에서는 여성 무용가 최승희(崔承喜; 1911~1969)의 활동이 압권이었다. 서울에서 태어나 숙명여학교를 졸업한 그는 일본으로 건너가 춤을 배우고 돌아와 세계 각국에서 공연하여 격찬을 받았는데, 〈보살춤〉, 〈칼춤〉, 〈부채춤〉 등 고전무용을 현대적 예술로 승화시켰다. 광복 후 북한으로 들어가 활동하다가 뒤에 정치성을 담은 '주체예술'을 거부하여 숙청당했다. 그는 전통적인 궁중무용인 기생의 정재(呈才)를 독자적인 예술로 끌어올린 공적이 크다.

전통적인 연극은 광대놀음이 있었는데, 일제강점기에는 '신파

무용가 최승희

극(新派劇)'으로 불리는 현대식 연극이 사랑을 받다가, 1920년대 이후에는 일본에서 서양식 연극을 배운 학도들이 '토월회(土月會)'(1923), '극예술연구회' 등을 조직하여 활동하면서 본격적인 연극으로 발전했다. 연극의 주제는 사랑이나 계몽적인 성격을 띤 것이 많았다.

영화의 출현은 전혀 새로운 예술이었다. 처음에는 자연경치를 담은 기록영화로 시작하여 1920년대 이후로는 드라마 형식의 영화가 등장하고, 민족의 비애를 담은 저항적 정치색이 짙은 영화도 나타났다. 함경북도 회령 출생의 나운규(羅雲奎; 1902~1937)가 만들고 직접 주연한 〈아리랑〉(1926)이 그 대표작이다. 그러나 처음에는 변사(辯士)가 대사를 읽던 무성영화로 시작하여 유성영화로 바뀐 것은 1935년부터다.

3_ 남북북단과
대한민국의 발전

제1장 광복과
대한민국의 건설

1. 8·15 광복과 통일정부 수립운동

1) 제2차 세계대전의 종식과 38선 분할

1941년 일본이 하와이 진주만을 기습공격하면서 시작된 태평양전쟁은 1945년 8월 15일 일본 천황이 무조건 항복을 선언함으로써 일본의 패전으로 끝났다. 1895년 청일전쟁, 1904년 러일전쟁, 1931년 만주침략, 1937년 중일전쟁을 거치면서 승승장구하던 일본이 1941년 일으킨 태평양 전쟁에서는 미국과 소련의 반격을 받고 참담한 패전을 경험한 것이다. 일본의 패망에 결정적인 영향을 준 것은 1945년 8월 6일 히로시마

(廣島), 8월 9일 나가사키(長崎)에 원자탄이 투하되고, 8월 9일에 소련이 참전하여 만주지방으로 밀고 들어온 것이었다.

이보다 앞서 유럽에서 일본과 동맹국을 맺고 있던 히틀러의 나치 독일이 1939년 폴란드를 침공하면서 시작된 제2차 세계대전도 독일이 영국, 프랑스, 소련 등 연합군에게 밀려 1945년 5월 9일에 해체되고, 이탈리아의 독재자 무솔리니도 4월에 살해되어 파시즘 독재

8·15 광복 항복문서에 서명하는 일본 천황

광복의 기쁨

체제가 무너졌다.

제2차 세계대전은 파시즘과 군국주의를 따르는 독일, 이탈리아, 오스트리아, 헝가리, 오스만, 불가리아, 루마니아 등 전체주의 국가 동맹국과 민주주의[공산주의 포함]를 지지하는 49개국의 연합국 간의 전쟁으로 결국 민주주의가 전체주의를 이긴 결과를 가져왔다. 경제적으로 보면, 선진자본주의 국가가 후진자본주의 국가를 누른 것이기도 했다. 후진자본주의 국가가 전체주의를 선택한 것은 제1차 세계대전 이후 일어난 경제불황과 그로 인한 사회갈등을 해소시키기 위해 국가권력으로 국민을 통합시키고, 신속하게 해외시장을 개척하기 위한 것이었다. 그러나 경제력의 열세는 군사력의 열세를 가져오고, 인권탄압으로 국민의 신뢰를 잃은 것이 결정적인 패인이었다.

연합국이 승리하면서 전 세계는 연합국이 원하는 질서로 개편되었다. 그러나 연합국 사이에 자유주의 진영과 공산주의 진영의 이해가 엇갈리면서 새로운 긴장이 조성되었다. 가장 큰 피해를 입은 것이 바로 한국이었다.

미국[루스벨트 대통령]과 영국[처칠 수상]은 이미 1943년 11월에 열린 '카이로회담'에서 중국[장개석 총통]과 더불어 전후 처리 문제를 논의하는 가운데 한국에 대해서는 "현재 한국인이 노예상태에 놓여 있음을 유의하여 앞으로 '적절한 절차'(in due course)에 따라 한국에 자유와 독립을 준다"고 합의했다. 이는 장차 연합국이 한국에 간여할 여지를 남긴 것이다.

1945년 2월 소련 흑해연안에서 열린 '얄타회담'에서도 미국, 영국, 소련[스탈린]은 '카이로회담'에서 합의된 사항을 재확인했다. 이는 한반도에 간여하려는 미국과 소련의 뜻이 반영된 것이다. 더욱이 미국이 남한에 진주하고 소련이 한반도 북부로 진주하면서 두 나라의 이해관계가 충돌하자 그 타협안으로 북위 38도선을 경계로 하는 군사분계선을 정하는 데 합의했다. 그리하여 미국과 소련은 남과 북에 진주하여 군정(軍政)을 펴기 시작했다. 연합국은 우리 민족에게 광복의 기쁨을 안겨주면서 동시에 분단의 비극을 넘겨주었다.

여기서 남북분단의 직접 책임은 미국과 소련에 있음이 분명하지만, 일제가 한반도를 강점하지 않았더라면 연합군이 진주할 이유가 없었으므로 한반도 분할의 근본원인은 일본이 제공했다고 할 수 있다.

2) 광복 후 정당의 난립

앞서 설명한 바와 같이 국내외의 독립운동가들은 8·15 광복 이전에 이미 통일정부 수립을 위한 좌우합작운동을 벌이고, 건국강령도 준비하고 있었다. 그러나 독립운동 단체들이 국내와 해외로 나뉘어져 있고, 해외조차도 중국 남부, 동북부, 만주지역으로 흩어져 있고, 미국에서도 활동하였으므로 명실상부한 통일단체는 조직되지 못하고 있었다.

8·15 광복 후 이들 단체는 서로 건국의 주도권을 잡기 위해 경쟁했는데, 그중에서도 국내파가 가장 빠르게 움직였다. 국내에서는 이미 1944년 8월에 중도 좌파의 여운형(呂運亨; 1886~1947)이 주도하여 중도 우파와 온건 좌파가 연합하여 '건국동맹(建國同盟)'을 조직한 바 있었는데, 이들은 8·15 광복 직후 '조선건국준비위원회'(약칭 건준)를 조직하고, 바로 건국준비에 들어갔다. 그러나 건준의 지방조직을 좌파가 장악하자 우파가 탈퇴하여 조직이 무너지자, 좌파는 미군이 진주하기 직전인 9월 6일 서둘러 '조선인민공화국'(약칭 인공)을 선포했다.

우남 이승만과 백범 김구

우파가 탈퇴하여 대표성이 약해진 '인공'은 약점을 보완하기 위해 미국에서 아직 귀국하지도 않은 이승만(李承晩)을 주석으로 추대하고, 부주석에 여운형, 국무총리에 허헌(許憲)을 각각 추대했다. 그러나 실권은 9월 16일 '조선공산당'을 재건한 박헌영(朴憲永)이 장악하여 실제로는 좌익정부나 다름없었다.

'인공'이 대표정부가 될 수 없었던 또 하나의 약점은 대한민국임시정부의 참여가 없었다는 점이다. 김구(金九)를 주석으로 하는 충칭(重慶)의 대한민국임시정부는 실질적으로 독립운동단체를 대표하는 구심체 역할을 하였지만, 연합국의 승인을 얻지 못하여 임정요인들은 개인 자격으로 귀국할 수밖에 없었고, 게다가 거리가 멀어 귀국하는 데 시간이 많이 걸렸다.

대한민국 초대대통령 이승만

'인공'이 선포되던 날(9월 6일)에 서울에 진주한 미군은 사령관 하지(John R. Hodge) 중장이 즉각 군정(軍政)을 선포했다. 북한에 진주

대한민국임시정부 요인 환국 환영대회(1945. 12. 19)

한 소련군도 8월 24일 평양에 사령부[사령관 치스차코프]를 설치하여 권력을 장악하고 '인민위원회'를 조직하여 권력을 넘겨줄 준비를 하고 있었다. 그러나 북한은 원래 서울과 달리 정치중심지가 아니었기에 남한처럼 쟁쟁한 권력경쟁자가 적어서 소련군의 신임을 받고 있던 김일성의 권력 장악이 순조롭게 진행되고 있었다.

미군정은 좌익단체인 '인공'을 인정하지 않고, 그렇다고 '임시정부'도 탐탁하게 여기지 않았다. '임정'은 중국과 친할 뿐 아니라 민족주의 성향이 강했기 때문이었다. 그래서 주석 김구가 귀국할 때 개인자격으로만 들어올 수 있도록 허용했다(11. 23). 그 대신 자유민주주의를 신봉하는 정권을 세우기 위해 미국에서 공부하고 돌아온 장덕수(張德秀; 1895~1947), 조병옥(趙炳玉; 1894~1960), 그리고 일본 유학파인 송진우(宋鎭禹; 1890~1945), 백관수(白寬洙; 1889~1961), 원세훈(元世勳; 1887~1959), 김병로(金炳魯) 등이 조직한 '한국민주당'(9. 16 창립) 인사들을 신임하였다. 그러나 '임정'만큼 권위를 지니지 못한 '한국민주당'은 '임정'의 법통을 잇고자 하여 군정과 입장을 달리했다.

이렇게 미군정이 마땅한 정당을 찾지 못하고 있는 동안 서울에는 우후죽순처럼 정당이 조직되었다. '조선공산당'(9. 16), '한국민주당'(9. 16) 이외에도 김구가 조직한 '한국독립당', 신간회를 주도했던 안재홍(安在鴻)이 조직한 중도우파의 '국민당'(9. 24), 중도좌파의 여운형(呂運亨)이 주도한 '조선인민당'(11. 12) 등이 난립하였다. 특히 '국민당'은 안재홍의 '신민족주의와 신민주주의' 정치이념을 내세워 좌우이념을 통합하려 했다.

3) 신탁통치안을 둘러싼 좌우갈등

좌우파의 정당들이 난립하여 정권경쟁을 벌이던 1945년 말에 미국, 소련, 영국의 외상(外相)이 모스크바에 모여 '3상회의(三相會議)'(12. 28)를 열고 '한국문제에 관한 4개 항의 결의서'를 발표했다. 이를 보통 '신탁통치안'[1]이라 부른다. 이 결의에는 한국에 '임

---

1) 신탁통치안의 주요 내용은 다음과 같다.
(1) 민주주의 원칙 아래 독립국가를 건설하기 위해 임시정부를 수립할 것
(2) 임시정부 수립을 원조하기 위해 미소공동위원회를 둔다.
(3) 미국, 영국, 소련, 중국은 한국을 최고 5년간 공동관리[신탁통치]할 것
(4) 2주일 안에 미국, 소련 사령부의 대표회의를 개최할 것

시정부'를 세우고, '미소공동위원회'를 만들어 임시정부 수립을 후원하며, 앞으로 최고 5년간 미국, 영국, 소련, 중국이 한국을 '공동관리' 한다는 내용을 담았다. 여기서 공동관리란 '신탁통치'를 말하는 것이었다. '3상회의'에서 신탁통치안을 만든 것은 한국을 '적당한 절차'에 따라 독립시킨다는 '카이로회담'과 '얄타회담'의 방침에 따른 것이었다.

신탁통치 반대운동

연합국의 신탁통치안이 국내에 알려지자 즉각적인 독립을 바라던 한국인에게 큰 실망감을 안겨주었다. 이승만, 김구 등 우익세력은 즉각 반대하고 나선 반면 좌익세력은 소련의 지령에 따라 신탁에 찬성하였다. 1946년과 1947년은 신탁문제로 좌우가 격렬하게 대립했다.

그러나 우리의 의사와는 관계없이 미국과 소련은 신탁을 실천하기 위해 '미소공동위원회'를 두 차례 열었는데, 임시정부에 어떤 정당을 참여시킬 것인가를 놓고 의견이 갈려 결론을 내지 못했다. 미국은 신탁을 반대하는 우익정당을 참여시키자고 주장했고, 소련은 신탁반대 우익정당을 배제하자고 주장했기 때문이다.

덕수궁에서 열린 미소공동위원회(1946)

신탁과 반탁의 갈등으로 임시통일정부 수립이 지연되는 가운데 북한에서는 김일성의 권력 장악이 빠른 속도로 진행되고 있었다. 이에 초조해진 남한의 일부 우익세력은

박헌영과 여운형

남한만이라도 자유민주주의를 신봉하는 단독정부를 세울 필요성을 절감했다. 이런 분위기를 타고 국제 감각이 뛰어난 이승만은 1946년 6월 3일 정읍(井邑)에서 남한단독정부 수립을 촉구하는 연설을 하여 파문을 일으켰다.

이승만의 선택은 결국 남북분단으로 가자는 것으로, 이상적인 선택은 아니었으나, 당시의 국제적 현실로서는 불가피한 일이었다. 한국민주당은 이승만의 노선을 지지했다. 그러나 통일정부를 희망하던 김구의 '한국독립당'과 여운형의 '조선인민당', 박헌영의 '조선공산당' 등은 이승만 노선을 적극 반대했다. 반대파들은 김규식(金奎植)을 중심으로 1946년 7월에 10인으로 구성된 '좌우합작위원회'를 만들고, 10월에 '좌우합작 7원칙'을 발표했다. 미군정은 모스크바 3상회의를 존중하는 '좌우합작위원회'와 미군정이 신임하는 한국민주당 인사를 함께 묶어 1946년 12월 12일에 '남조선과도입법의원'(의장 김규식)을 구성했다. 여운형은 단독정부를 찬성하는 한국민주당의 참여에 불만을 품고 탈퇴했다가 1947년 7월 19일 혜화동에서 자객에게 피살되고 말았다.

미군정은 이어 1947년 2월 5일 민정장관(民政長官)에 안재홍을 임명하고, 5월 17일 '남조선과도정부'를 설치했다. 이로써 모스크바 3상회의 결의안대로 임시정부가 수립된 것이다.

4) 남북협상 실패와 5·10 총선거

1947년 5월 임시정부로 '남조선과도정부'가 수립되고, 북한에서도 김일성 정권수립이 거의 기정사실로 굳어질 무렵 미국의 트루먼 대통령이 그리스와 터키에서 공산주의가 확산되는 것을 막기 위해 '트루먼독트린'을 발표하자 미소 간의 냉전이 시작되었다. 이에 따라 한반도정책도 공산당을 적극적으로 배제하는 정책으로 선회하여 좌우합작에 대한 지원을 포기하고 한국문제를 미국이 주도하는 국제연합(유엔)으로 끌고 갔다.

5·10 총선거 우리나라 최초로 실시된 총선거

김구의 저택 1946년 반탁운동 시위가 벌어졌던 당시의 경교장 모습(서대문구 소재)

국제연합은 1947년 11월 14일 유엔의 감시 아래 남북총선거를 통한 한국통일안을 가결했다. 그러나 인구가 남한보다 적은 북한이 총선거에 불리하다고 판단한 소련이 반대하고 나서자, 유엔소총회는 1948년 3월 남한만의 선거를 치르기로 결의했다. 분단은 이제 국제적으로 승인된 것이다. 총선거는 이해 5월 10일로 정해졌다.

이렇게 국내외정세가 분단으로 굳어져 가자 '한국독립당'의 김구(金九; 1876~1949)와 '민족자주연맹'(1947. 12. 20)의 김규식(金奎植; 1881~1950, 본관 청풍, 동래 출신) 등은 통일정부 수립을 위한 마지막

카드를 꺼냈다. 김일성에게 '남북지도자회의'를 열어 통일정부 수립을 논의하자고 제안한 것이다. 북한은 남북의 모든 정당, 사회단체의 대표자들이 평양에 모여 대중집회를 열어 문제를 논의하자고 수정 제의했다. 김구와 김규식은 이 수정 제의를 받아들여 1948년 4월 하순 드디어 남북의 56개 정당과 사회단체 대표 695명이 평양에 모여 열흘에 걸친 회의 끝에 남한 단독정부 수립 반대와 미소양군의 철수를 요구하는 결의문을 채택했다.

회의를 마치고 돌아온 김구와 김규식은 '5·10 총선거'에 불참하고, 1948년 7월 21일 '통일독립촉성회'를 조직하여 남한 단독정부수립을 반대하는 운동을 벌였다. 그리고 "38선을 베고 죽겠다"는 굳은 결의를 보였던 74세의 노정객 김구(金九)²는 1949년 6월 26일 자택인 서대문 경교장(京橋庄, 적십자병원 뒷편)에서 육군소위 안두희(安斗熙)의 총탄을 맞고 쓰러졌다. 김구는 이승만과 더불어 쌍벽을 이루는 독립운동가로서 대한민국임시정부를 이끌어왔는데, 이승만이 국제 감각이 뛰어난 현실주의자라면, 김구는 통일정부를 추구했던 이상주의자의 길을 걸어왔다.

결국 유엔 결의대로 1948년 5월 10일 총선거가 실시되어 198명의 제헌국회의원이 선출되고, 이어 7월 12일 제헌국회에서 〈대한민국헌법〉을 제정하고 7월 17일 공포했다. 이 날을 제헌절(制憲節)로 정했다. 제헌국회의원을 정당별로 보면, 이승만이 이끄는 독립촉성국민회가 56명, 한국민주당 29명, 조선민주당 1명, 국민당 1명, 한국독립당 1명, 그리고 무소속이 83명으로 가장 많았는데 무소속 의원들은 대부분 중도성향을 지니고 있었다.

---

2) 김구는 인조 때 권신인 김자점(金自點; 안동김씨)의 11대 방계후손으로 황해도 해주에서 출생했다. 김자점의 옥사가 일어나자 그 후손이 화를 피하여 해주로 이주하여 대대로 평민으로 살았다. 호는 백정(白丁)과 범인(凡人)의 두 글자를 합하여 백범(白凡)이라 하여 스스로 평민 출신임을 드러냈다. 어려서 한학을 배우고, 17세에 과거에 응시했다가 실패한 후 18세에 동학(東學)에 들어가 접주가 되어 동학농민전쟁 때 해주성을 공격했다. 1895년 을미사변 때 충격을 받아 일본 중위를 맨손으로 처단하고 체포되어 사형선고를 받았으나 1897년에 탈옥하여 승려생활을 하다가 기독교에 입교했다. 1905년 을사늑약에 분개하여 서울에 와서 늑약 철회투쟁을 전개하고, 1907년에 신민회에 가담했다. 1911년 총독암살 모의사건에 연루되어 체포되어 17년 형을 받았으나 1917년에 가출옥했다. 3·1 운동 이후 상하이로 건너가 대한민국임시정부의 경무국장, 내무총장, 국무총리대리를 거쳐 1926년 국무령이 되었다. 1930년 한국독립당을 창건하고, 1931년 한인애국단을 조직하여 윤봉길, 이봉창 의거를 주도하고, 1939년 임시정부 주석에 올랐다. 다음해 중경[충칭]에서 광복군을 조직하여 1941년 태평양전쟁이 일어나자 대일항전을 지휘하다가 1945년 광복이 되어 귀국했으나, 미군정이 임시정부의 주석자격으로 입국하는 것을 불허하여 11월에 개인자격으로 귀국했다. 그의 저서로 자서전인 《백범일지(白凡逸志)》가 있는데 춘원 이광수가 윤문했다고 알려져 있다

2. 대한민국의 재건[건국]과 김일성 정권의 등장(1948)

1) 대한민국의 재건과 유엔의 승인

대한민국 정부수립 중앙청

1948년은 1천 년간 통일국가를 운영해오던 우리 민족이 다시금 남북국시대로 되돌아간 비극의 해였다. 이해 8월 15일 38선 이남에 대한민국이 재건되고, 9월 9일 38선 이북에서는 김일성 정권[조선민주주의인민공화국]이 등장했다. 그러나 불행 중 다행인 것은 비록 분단국가이지만, 자유민주주의의 보금자리인 대한민국이 재건된 것이다.

대한민국의 탄생은 얼핏 보면 분단의 책임이 대한민국에 있는 것처럼 보인다. 북한보다 먼저 정부수립을 선포했기 때문이다. 그러나 실상은 그와 반대다. 북한은 대한민국보다 한층 빠르게 실질적인 국가를 조직하고서 그 선포를 미루고 있었을 뿐이었다.

대한민국은 〈제헌헌법〉 전문(前文)에서 다음과 같이 대한민국의 역사적 정통성을 내세웠다.

"유구한 역사와 전통에 빛나는 우리들 대한민국은 기미 3·1 운동으로 대한민국을 건립하여 세계에 선포한 위대한 독립정신을 계승하여 이제 민주독립국가를 재건함에 있어서 정의인도(正義人道)와 동포애로써 민족의 단결을 공고히 하며, 모든 사회적 폐습을 타파하고 민주주의제도를 수립하여 정치, 경제, 사회, 문화의 모든 영역에 있어서 각인의 기회를 균등히 하고 능력을 최고도로 발휘케 하며, 각인의 책임과 의무를 완수케 하여 안으로는 국민생활의 균등한 향상을 기하고, 밖으로는 항구적인 국제평화의 유지에 노력하여 우리들과 우리들의 자손의 안전과 자유와 행복을 영원히 확보할 것을 결의하고, 우리들의 정당 또 자유로히 선거된 대표로써 구성된 국회에서 단기 4281년[서기 1948년] 7월 12일 이 헌법을 제정한다."

여기서 대한민국은 3·1 운동 직후 건립된 대한민국[임시정부]의 '위대한 독립정신'을 계승하여 '민주독립국가를 재건한다'고 표방함으로써 정신적으로, 그리고 역사적으로

1919년에 건립된 대한민국을 계승한다고 선언했다. 이 선언에서는 임시정부를 법적으로 계승한다는 언급은 하지 않았다. 임시정부의 주석이던 김구가 남한 단독정부수립을 반대하여 '임시정부의 법통'이 끊어졌기 때문이다. 그래서 대한민국은 1919년의 대한민국을 재건했으나 정권은 새로 수립되었다는 뜻에서 '대한민국정부수립'이라고 선포했다. 또 임시정부는 국가와 영토와 주권을 잃은 상태에서 일부 망명인사들이 수립한 일종의 '종이정부'였으므로 국민의 총선거로 구성된 정부도 아니었다. 이에 반해 1948년에 탄생한 대한민국은 국가와 주권과 국민을 가진 상태에서 국민의 총선거로 구성된 국회에서 헌법을 새로 만들어 탄생했기 때문에 실질적으로는 '건국'과 다름이 없었다.

현행 헌법은 1987년에 다시 만들어진 것인데, 여기서는 전문(前文)에 '대한민국이 임시정부의 법통(法統)을 계승한다'고 밝혔다. 제헌헌법에서 빠졌던 임시정부가 처음으로 언급된 것이다. 그런데 여기서 말하는 '법통'이 무슨 뜻인지 명확하지 않다. 원래 '법통'이란 법률적 용어가 아니라 불교에서 '불법(佛法)의 계승'을 말하는 것으로 정신적인 계승관계를 가리킨다. 유교에서 말하는 '도통(道統)'과도 비슷하다. '법통'의 뜻을 이렇게 해석한다면 현행헌법에서 '임시정부의 법통을 계승한다'는 뜻도 '대한민국의 독립정신을 계승한다'는 제헌헌법의 뜻과 크게 다르지 않다고 보인다.

대한민국은 이렇게 1919년의 대한민국을 재건하고 임시정부의 독립정신을 계승할 뿐 아니라, 대한제국과 임시정부의 국호(國號)와 태극기(太極旗)를 그대로 계승하여 역사적 정통성을 더욱 확실하게 이어갔다. 이 점은 북한이 조선총독부가 강요하여 지명으로 사용했던 '조선'을 국호로 쓴 것과 대비된다. 대한민국은 또한 조선시대 이래 수도인 서울을 그대로 수도로 계승했다는 점에서도 역사적 정통성을 높이는 데 기여했다.

이밖에 1948년 5월 10일의 남한 총선거는 우리나라 역사상 처음으로 치러진 보통선거로서 21세 이상의 모든 국민에게 동등한 투표권이 주어졌으며, '제헌헌법'에서 국민의 자유를 존중하고 모든 주권은 국민에게서 나온다는 점을 명시하여 자유민주주의 국가임을 분명하게 밝혔다.

하지만, 대한민국의 탄생과정은 순탄하지 않았다. 공산당과 통일정부를 바라는 정치세력의 방해와 반발로 매우 힘든 상황이 전개되었다. 박헌영이 이끄는 '남조선노동당'(약칭 남로당)은 북한의 지령에 따라 전국적인 방해운동을 벌였다. 그들은 이미 1946년에도 좌우합작에 반대하여 강력한 투쟁을 벌였는데, 9월 노동자 총파업에 이어, 10월 1일에는 대구폭동사건을 일으켜 경찰과 유혈충돌이 생기고, 다른 지역에서도 쌀 공출

폐지와 토지개혁, 극우 테러 반대 등을 요구하는 시위를 전개했다.

총선거가 치러진 1948년에는 좌익의 소요가 더욱 격심해졌다. 2월 7일에는 전평(全評) 산하 노동조합 30만 명이 다시 총파업을 벌여 통신, 운수, 전기공급을 중단시켰으며, 4월 3일에는 제주도에서 좌익이 주도한 폭동이 일어나 이를 진압하는 과정에서 무고한 양민 수만 명이 목숨을 잃는 불상사가 발생했다. 이를 '제주 4·3 사건'이라 부른다. 제주폭동을 진압하기 위해 5월 중순 연대병력이 출동했는데 일부 경찰과 극우청년, 출동군인의 과잉진압으로 양인의 피해가 컸다.

제주사건은 정부수립 이후에도 후유증이 남아 1948년 10월 여수(麗水)에 있는 제14연대를 투입시키려 하자 출동군인들이 오히려 반란을 일으키고 여수와 순천의 주민들까지 가세하는 형세가 되었다. 정부는 계엄령을 선포하고 군대를 투입하여 진압하려 했는데, 반란자들은 지리산, 태백산, 오대산 등지로 들어가 인민유격대(빨치산)를 조직하여 저항했다. 북한은 훈련된 게릴라를 파견하여 이들을 지도하였다. 인민유격대는 1950년 6·25 전쟁 때까지 계속되었으나 군인과 경찰토벌대에 의해서 완전히 진압되었다.

대한민국의 정부조직은 대통령중심제를 골간으로 하되 대통령을 국회에서 선출하도록 하고, 국무총리를 두어 내각제 요소를 담고 있었다. 단원제 국회에서는 대통령에 74세의 원로정객 이승만(李承晩; 1875~1965)[3], 부통령에 대한제국의 관원이자 임시정부 요인을 지낸 80세의 이시영(李始榮; 1869~1953, 본관 경주)을 각각 선출했다. 국회의장에는 와세다대학 출신으로 역시 임시정부 요인을 지낸 55세의 신익희(申翼熙; 1894~1956, 경기도 광주 출생)를 선출했다. 이승만 대통령은 청산리전투의 주역이자 임시정부 산하 광복군 참모장을 지낸 49세의 이범석(李範奭; 1900~1972, 본관 전주, 서울 출생)을 국무총리로 임명하고, 대법원장에는 일제강점기

신익희

---

3) 이승만은 양녕대군(태종의 맏아들)의 후손으로 황해도 평산에서 출생했다. 호는 우남(雩南)이다. 20세 되던 1894년 배재학당에 입학하여 다음해 영어교사가 되었다. 22세 되던 1896년 독립협회가 조직되자 이에 가담하고, 〈협성회보〉와 〈매일신문〉 기자로 활동하면서 만민공동회에 참여하다가 투옥되어 종신형을 선고받았다. 1904년 민영환의 도움으로 석방된 후 고종의 밀서를 가지고 미국에 가서 루스벨트 대통령을 만나 일본의 한국침략을 호소했으나 뜻을 이루지 못하자 미국에서 공부하기로 결심했다. 1907년 조지워싱턴대학을 거쳐 1908년에 하버드대학에서 석사학위, 36세 되던 1910년 프린스턴대학에서 박사학위를 받았다. 이해 9월 귀국하여 기독교단체에서 활동하다가 1912년에 다시 미국으로 건너가 하와이에서 활동했다. 1919년 3·1 운동 후 세워진 한성정부, 연해주정부, 상하이 임시정부 등에서 대통령, 수상, 또는 총리로 추대되었다. 당시 나이 45세였다. 1920년 12월 상하이로 가서 대한민국임시정부의 대통령에 취임했으나 반대파에 밀려 다시 1921년 미국으로 가서 외교활동에 주력하다가 1925년 임시정부 의정원의 탄핵을 받았다. 1933년 제네바에 가서 국제연맹회의에서 한국의 독립을 호소하는 등 외교활동을 계속하다가 8·15 광복이 되자 1945년 10월에 71세의 나이로 귀국했다.

인권변호사를 지내고 한국민주당 요인이던 62세의 김병로(金炳魯; 1887~1964, 본관 울산, 순창 출생)를 임명했다. 초대정부의 3부 요인이 모두 독립운동가임을 알 수 있다. 우파 성향 이 가장 강했던 한국민주당은 총선에서 2위 정당으로 밀려나 야당이 되었다.

대한민국은 1948년 8월 15일을 기해 옛 조선총독부 청사에서 정부수립 선포식을 갖고 정식으로 출범했으며, 조선총독부 청사를 '중앙청'이라 칭하고 정부 청사로 사용 하기 시작했다. 이해 12월 12일 유엔은 대한민국을 한반도에서 유일한 합법정부로 승 인했다.[4] 대한민국 헌법도 대한민국이 한반도에서 유일한 정부임을 밝혔다. 그 후 소련 과 그 동맹국을 제외한 미국 및 자유진영 50여 개국이 대한민국을 개별적으로 승인하 여 자유진영의 당당한 일원이 되었다.

2) 북한 정권의 등장

[김일성의 권력 장악]

원래 정치중심지가 아니었던 북한의 정권수립과정은 대한민국과는 달리 비교적 순탄하게 진행되었다. 미군이 1945년 9월 8일 인천 에 상륙하기 이전인 8월 9일에 소련군은 이미 두만 강을 건너 북한에 진주하여 8월 24일에 평양에 사 령부를 두고 실질적으로는 군정을 폈으나 겉으로는 '점령군'이 아닌 '해방군'을 표방하면서 각 지방에 '인민위원회'를 조직하고 김일성의 집권을 배후에 서 도와주었다. 북한지역은 남한처럼 다양한 정치 세력 간의 갈등이 적었기 때문에 김일성의 집권이 쉽게 진행되었다.

최용건, 김책, 김일, 김일성 (왼쪽부터)

---

4) 유엔총회가 선언한 내용은 크게 다음 세 가지다. (1) 유엔총회는 한반도에서 유엔한국임시위원단이 감시하고, 협의 할 수 있었고, 전체 한국인의 절대다수가 거주하고 있는 그 지역을 효과적으로 통제하고 관할할 수 있는 하나의 합 법적인 정부[대한민국]가 수립되었다. (2) 이 정부는 임시위원단의 감시 하에 한반도의 해당지역의 유권자들의 자 유로운 의지가 정당하게 표현된 선거를 통해 수립되었다. (3) 이 정부는 한반도에서 유일한 그런 정부이다. 위 내용 의 영문 원문을 소개하면 다음과 같다.

The General Assembly declares that there has been established a lawful government(The Republic of Korea) having effective control and jurisdiction over that part of Korea where The Temporary Commission was able to observe and consult and in which the great majority of the people of all Korea reside; that this government is based on elections which were a valid expression of the free will of the electorate of that part of Korea and which were observed by the Temporary Commission; and that this is the only such government in Korea.

만주에 있던 중국 공산당의 한 부대인 동북항일연군(東北抗日聯軍)에서 활동하던 약 200명의 빨치산부대를 이끌던 김일성은 태평양전쟁 시기 일본 관동군의 공세를 피하여 소련으로 들어가 소련군과 더불어 조선공작단에서 대위로 활동하다가 9월 중순에 북한으로 들어와 소련군의 지원을 받으면서 국내 공산주의자들을 누르고 권력장악에 나섰다. 광복 당시 김일성의 나이는 34세였다.

김일성은 1945년 10월 중순 '조선공산당 북조선분국'을 조직하여 책임비서가 되고, 11월 중순에는 '북조선5도행정국'을 조직하여 기초적인 행정기관이 만들어졌다. 1946년 4월 중순 '조선공산당 북조선분국'을 '북조선공산당'으로 개칭하여 서울에 본부를 둔 박헌영의 '조선공산당'에서 독립했다.

이렇게 김일성의 권력 장악이 빠른 속도로 진행된 것은 소련군의 지원이 절대적이었다. 김일성의 가장 강력한 경쟁세력으로 중국에서 활동하던 '조선독립동맹'(속칭 연안파)과 그 산하부대인 '조선의용군'의 북한입국을 소련군이 막고 무장을 해제시킨 가운데 1946년 뒤늦게 입국시킨 것은 결정적으로 김일성을 도왔다. 소련은 중국 공산당과 사이가 좋은 연안파의 집권을 원하지 않았기 때문이다.

북한의 우익은 기독교인이 많았는데, 이들은 소련군이 진주하면서 남한으로 많이 내려왔고, 우파 지도자인 조만식(曺晩植; 1883~1950)[5]은 신탁통치를 반대하다가 반동으로 몰려 제거되었다. 농민이 중심이 된 천도교 청우당(靑友黨; 1946. 2 설립)이 있었지만 큰 힘을 발휘하지 못했다. 이밖에 소련의 중앙아시아 지역에서 활동하던 공산주의자들이 북한으로 들어왔으나 토착기반이 약해 큰 세력을 형성하지 못했다. 이렇게 좌익세력이 우세한 가운데서도 1945년 11월 함흥과 신의주 등지에서는 반공학생의 궐기가 있었다.

[토지개혁과 중요산업 국유화]

북한 공산당은 1946년에 들어서자 대중적 지지기반을 확대하기 위해 재빠르게 토지개혁과 중요산업의 국유화를 위한 개혁사업에 들어갔다. 이해 2월 김일성을 위원장으로 하는 '북조선임시인민위원회'를 조직하고, '인민민주주의'를 표방하면서 이른바 '반제반봉건민주혁명'에 착수했다. 여기서 '인민민주주의'란 사회주의로 가기 위한 중

---

5) 조만식은 평안도 강서 출신으로 평양숭실학교를 졸업한 기독교인으로 메이지대학을 졸업한 뒤 정주의 오산학교 교장을 거쳐 조선일보 사장을 지냈으며 광복 직후 조선민주당을 창당하여 당수가 되었다. 평양에서 신탁통치 반대 운동을 전개하다가 처형되었다.

간단계로서 노농동맹을 중심에 두고 진보적인 우익과 일시적으로 통일전선을 형성하여 제국주의와 봉건주의를 타도하는 것을 목표로 한다는 뜻이다. 그리고 '반제반봉건 민주혁명'의 중심과업은 토지개혁과 중요산업의 국유화였다.

먼저, 1946년 3월에 토지개혁을 단행했다. 4%의 지주가 전체농지의 58%를 소유하고, 소작농이 전체 농민의 73%를 차지하고 있던 북한의 농촌경제를 개조하기 위해 무상몰수, 무상분배의 원칙에 따라 실시했다. 무상몰수의 대상이 된 토지는 일본인과 민족반역자, 5정보 이상의 토지를 가진 지주의 땅으로, 몰수된 땅은 소작농에게 무상으로 분배했다. 약 90만 정보의 토지가 42만 호로부터 몰수되어 72만 호의 농민에게 분배되어 소유권 대신 경작권을 주었는데, 이는 북한 총 농지의 53%, 지주토지의 80% 이상이 몰수된 것을 의미한다.

토지개혁 결과, 단기적으로 소작빈농은 하층 중농 수준으로 향상되어 공산당원 수를 크게 늘리는 계기가 되었다. 처음에 4천 5백여 명으로 출발한 '조선공산당 북조선분국'의 당원이 토지개혁 이후에는 27만 명으로 늘어났다. 이름을 '북조선공산당'으로 바꾸고 서울의 '조선공산당'에서 독립한 이유가 여기에 있었다. 그러나 빈농이 혜택을 입은 것과는 정반대로 하루아침에 토지를 잃은 수많은 지주들은 살아갈 희망을 잃고 고향을 떠나 남한으로 내려왔다.

한편, 1946년 8월에 단행된 중요산업의 국유화는 일본인 또는 민족자본가가 소유하던 기업소, 광산, 산림, 어장, 발전소, 운수, 체신, 은행, 상업, 문화관계 산업 등을 국유로 만든 것으로, 이는 전체 산업의 90%를 차지했다. 나머지 소규모의 개인 수공업이나 상업은 자유로운 기업활동을 허용했다. 그 결과 국영기업은 전체기업의 72.4%, 개인기업은 23.2%를 차지하게 되었다.

중요산업 국유화는 한동안 국가수입을 높여주는 효과가 있었던 것은 사실이다. 그러나 기업을 박탈당한 기업인들의 고통은 농지를 빼앗긴 지주와 다를 바 없었다. 이들 역시 38선을 넘어 새로운 삶의 터전을 마련하지 않으면 안 되었다. 북한 지주와 자본가들은 맨손으로 남한으로 내려와 천신만고의 노력 끝에 재기하여 사회 지도층으로 부상하고 반공의 보루로 자리 잡아 반공투쟁에 앞장섰다.

[조선민주주의인민공화국 수립]
이른바 민주개혁으로 대중적 지지기반을 넓힌 김일성은 공산당을 더욱 대중적 정당으로 키우기 위해 여러 파벌로 나뉘어진 좌익정당들을 통합하는 일에 나섰다.

1946년 8월 '북조선공산당'은 연안파의 김두봉(金科奉)이 주축이 된 '북조선신민당'(1946.2)을 합쳐 '북조선노동당'(약칭 북로당)을 창당했다. 이해 11월 남한에서도 박헌영의 '조선공산당'과 '조선인민당', '남조선신민당'을 통합하여 '남조선노동당'(약칭 남로당)을 창당했다. 그리하여 남북 노동당원을 합하면 거의 1백만 명에 이르렀다.

이제 노동당의 정치기반이 강화되었으므로 다음에는 행정력과 군사력을 강화하는 단계로 나아갔다. 1947년 2월에 최고행정기관으로 '북조선인민위원회'를 조직하고, 1948년 2월 8일에는 '인민군'을 창설했다. 이제 남은 것은 선거를 통해 의회를 구성하고 정부를 공식적으로 선포하는 일 뿐이었다.

1948년 5월 10일에 남한에서 총선거가 실시되고 8월 15일에 대한민국이 선포되자, 북한은 이에 대응하여 6월 하순부터 이른바 제2차 '남북제정당사회단체지도자협의회'를 열어 8월 25일에 최고인민회의 대의원선거를 실시하고, 9월 8일에 헌법[인민민주주의헌법]을 제정하고, 이어 9월 9일 '조선민주주의인민공화국'을 선포했다. 이른바 '인민민주주의'는 노동자, 농민만의 독재체제가 아니라 양심적인 지주, 자본가, 지식인도 전략적으로 포용한다는 뜻을 가진 것으로 사회주의헌법과는 조금 달랐다. 북한이 '사회주의헌법'을 만든 것은 1972년이다.

최고 권력자인 내각수상은 37세의 김일성이 맡고, 부수상 겸 외무상은 공산당 원로이자 남로당 당수인 49세의 박헌영이 맡았다. 부수상 겸 산업상에는 빨치산 출신의 김책(金策), 또 한 사람의 부수상에 홍명희(洪命憙), 최고인민회의 의장에 허헌(許憲), 최고인민회의 상임위원회 위원장에 연안파의 지도자였던 김두봉이 각각 임명되었다. 그러니까 북한 정권은 빨치산과 남로당, 연안파, 남한의 중도 좌파가 연합된 정권이라고 할 수 있다.

김책(1903~1951)

북한 정권은 지방 정권이라는 인상을 주지 않으려고 수도를 서울로 정하고, 평양을 임시수도로 정하여 서울의 역사적 권위를 계승하고자 했다. 또 최고인민회의 대의원이 북한 주민만이 참여한 것이 아니라 남한 주민도 참여한 것처럼 보이게 하려고 남한의 이른바 '제정당사회단체' 대표 1천여 명을 월북시켜 360여 명의 대의원을 뽑고, 북한주민 대표로 212명의 대의원을 선출하여 최고인민회의를 구성했다. 그리하여 최고인민회의는 남북한 주민을 모두 대표하는 기관처럼 보이게 만들었다. 그러나 남한대표는 좌익세력만을 데려간 것이므로 이들이 남한주민을 대표할 수 없음은 자명한 일이다.

북한 정권은 1948년 10월 소련의 승인을 받았으나 유엔은 이를 인정하지 않았다. 1949년 6월 북한은 북로당과 남로당을 통합하여 '조선노동당'을 창건했다. 그 결과 남로당 당원들은 대부분 북으로 넘어갔는데, 6·25 전쟁 후 박헌영을 비롯한 남로당 당원들은 대부분 숙청당했다.

3. 대한민국 초기의 개혁과 진통

1) 농지개혁과 반민족행위자 처벌 문제

좌익과의 힘겨운 투쟁을 거치면서 탄생한 대한민국은 두 가지 큰 과제를 안고 있었다. 하나는 일제 잔재 청산이고, 다른 하나는 최악의 상태에 빠진 민생을 추스르는 일이었다. 일제 식민지 잔재 청산은 끊어진 역사의 맥을 다시 이어 민족정기를 회복시켜야 한다는 점에서 대한민국의 건국이념이 되어야 할 당위성이 있으나, 현실적으로는 우파 가운데 총독부에 협력한 인사들이 많았다는 사실이 우파국가를 지향하는 대한민국의 딜레마로 작용하였다. 또 민생을 위한 개혁도 공산주의 방식이 아니라 어디까지나 자유민주주의와 시장경제에 입각해야 한다는 사실도 풀기 어려운 문제였다.

우선, 대한민국이 성립하기 전, 3년간 미군정이 실시한 정책을 대한민국은 승계할 수밖에 없었다. 미군정은 전체 농민의 절반 이상을 차지하는 소작농을 위해 소작료를 수확량의 3분의 1로 낮추는 조치를 취하고, 지주가 일방적으로 소작권을 파기하지 못하게 하여 소작권을 보호했다. 또 매점매석으로 인한 물가등귀를 막기 위해 생필품의 유통을 통제하는 정책을 폈으며, 일본인으로부터 몰수한 약 30만 정보의 토지를 소작인과 귀국동포에게 매각했다. 매각조건은 생산물 가격의 3배에 해당하는 땅값을 15년에 걸쳐 현물로 상환하도록 하는 것이었다. 어디까지나 시장경제를 따라야 하는 미군정으로서는 그 이상의 파격적인 조치는 취할 수 없었으나, 국민여론은 그보다 더 적극적인 토지개혁을 바라고 있었다.

대한민국은 여론의 압력과 북한의 토지개혁에 자극을 받아 이른바 '농지개혁안'을 만들어 국회에 상정했다. 지주 출신이 많았던 국회는 오히려 지연시키다가 1949년

6월에서야 〈농지개혁법안〉을 제정하고, 1950년 3월에 시행령을 공포하였다. 그 결과 3정보 이하의 땅은 개혁대상에서 제외하고, 총경지의 약 40%에 달하는 89만 2천 정보의 땅이 유상매입, 유상분배의 원칙에 따라 재분배되었다. 땅값은 연평균 생산액의 1.5배로 책정하고 이를 정부가 사들여서 소작인들에게 분배하고 5년간 현물로 땅값을 상환하도록 했다. 이런 조건은 소작농의 입장에서 다소 불만스러웠지만, 그래도 자작농으로 상승하는 길이 열리고, 지주들도 큰 피해를 받는 것이 아니어서 농촌경제를 안정시키는 데 기여했다. 북한과 다른 시장경제에 따른 농지개혁이 이루어진 것이다.

농촌문제는 이렇게 다소 안정을 되찾았으나 공업의 부진과 도시의 실업문제는 해결할 방법을 찾지 못했다. 공업기지가 대부분 북한에 있어서 광복 후 남한의 공업생산력은 일제강점기의 5분의 1로 감소하여 물자공급이 어려워지고, 발전시설 또한 대부분 북한에 있어 전기공급에 어려움이 컸다. 여기에 북한, 일본, 만주 등지에서 한꺼번에 들어온 동포가 수백만에 이르러 도시의 실업자 문제가 심각했다. 여기에 쌀값이 폭등하여 입에 풀칠하기조차 어려워졌다.

식민지 잔재의 청산은 우선 인적 청산이 가장 시급한 과제로 떠올랐다. 그러나 이미 미군정은 좌익의 폭동을 막는 치안확보의 필요에서 총독부에서 일한 관료와 경찰을 그대로 등용하지 않을 수 없었다. 또 정당 가운데 일본이나 미국에서 교육받은 우파인사들과 협력하지 않을 수 없었는데, 이들의 상당수가 총독부와 협력한 경력이 있는 것이 문제였다.

대한민국 정부도 미군정이 안은 딜레마를 그대로 이어받았다. 평생 독립운동에 몸바친 대통령 이승만은 감정상으로는 친일파를 좋아할 리 없었으나, 이들을 대신할 인적 자원을 얻는 것이 당장 어려웠다. 그러나 국회의원 가운데 민족정기 회복을 바라는 일부 소장파 의원들은 1948년 9월 〈반민족행위자처벌법〉(약칭 반민법)을 국회에 상정하고, 40여 명으로 구성된 '반민족행위특별조사위원회'(약칭 반민특위)와 '특별재판부'를 구성하여 약 300여 명의 인사를 체포했다.

그러나 이들의 활동은 처음부터 거센 저항을 받았다. 특히 경찰이 앞장서서 '반민특위'를 습격하는 등 활동을 방해하고, 이승만 정부도 이를 묵인하여 친일파 처단은 유야무야로 끝나고 반민특위도 1949년 8월에 해체되었다. 검찰은 친일인사 가운데 221명을 기소하고, 그 가운데 12명이 실형을 선고받았으나, 집행유예로 곧 풀려났다.

이승만 정부는 이렇게 인적 청산에는 소극적이었으나, 그 대신 정신문화적인 면으로는 일제 잔재를 청산하기 위해 교육사업에서는 나름대로 민족주의를 무시하지 않았으며, 홍익인간을 교육지표로 삼았다. 또 초창기 대한민국의 3부 요인은 독립운동가들이 부통령·국회의장·국무총리·대법원장을 맡아 친일파가 아닌 독립운동가들이 최고 위층을 구성하고 있었으므로 대한민국의 정통성을 높이는 데 크게 기여했다.

2) 교육·문화 운동의 갈등

대한민국의 교육·문화 사업은 이미 미군정기에 그 기초가 이루어졌다. 미군정은 미국식 교육을 이 땅에 심기 위해 일제강점기 동경제국대학을 나오고 총독부에서 교육행정 경험이 있는 유억겸(俞億兼; 1895~1947; 유길준의 아들)을 문교부장에 임명하고, 미국에서 교육학을 공부하고 돌아온 오천석(吳天錫; 1901~1987) 등의 협조를 받아 새로운 교육제도를 마련했다. 우선, 교육이념으로 홍익인간, 애국정신, 민주공민 육성을 내세우고, 6(국민), 3(중학), 3(고등), 4(대학)의 학제를 마련했다.

다음에 서구식 종합대학을 세우기 위해 1946년 6월에 '국립서울대학교설치안'(약칭 국대안)을 발표하여 일제가 세운 '경성제국대학'(광복 후 경성대학으로 바꿈)을 중심에 두고, 여기에 사범, 상업, 약학, 수의학, 공업, 미술, 음악 등 여러 전문대학을 합하여 종합대학을 만든다는 계획이었다. 그러나 이 안이 발표되자 우익과 좌익의 갈등이 증폭되고, 전문대학 학생과 경성대학 학생들 간의 갈등이 겹쳤다. 좌익은 교육이념과 관선이사 제도 등에 불만을 품고 격렬하게 반대하고 나섰다. 결국 '국대안'은 내용이 일부 수정된 가운데 이해 9월에 정식으로 '국립서울대학교'가 창립되기에 이르렀다. 이해 가을에 북한에서도 '김일성종합대학'이 설치되었다.

대한민국은 미군정의 교육정책을 그대로 계승하면서 민족주의와 반공교육을 강화하고, 학도호국단을 설치하여 학생들이 적극적으로 국가건설에 참여하도록 유도했다. 또 초등학교 과정을 의무교육으로 실시하여 문맹률이 급속히 감소했다. 그러나 교육자들이 대부분 일제강점기에 교육받은 인사들이어서 민족교육의 실효를 충분히 거두지는 못했다. 특히 역사교육에서 식민사관을 극복하려는 노력이 철저하지 못해 국민의 자존심을 회복하는 데 한계를 보였다.

좌우갈등은 문학·예술계에서도 나타났다. 우파 인사들은 '협회'를 만들어 활동하고, 좌파 인사들은 '동맹'을 조직하여 대립했는데, 좌파 인사들은 북한 정권이 수립되면서 대부분 북으로 올라가서 활동했다.

그러나 비록 학계 일각에서 일어난 것이지만, '신민족주의'와 '신민주주의' 운동이 일어난 것은 좌우갈등을 넘어서려는 소중한 모색이었다. 민족주의와 민주주의를 새로운 차원으로 끌어올리려는 이 운동을 정치사상으로 이론화한 것은 안재홍(安在鴻)이었으며, 역사이론으로 만든 것은 손진태(孫晋泰; 1900~?) 등이었다.

일제강점기 신간회를 통해 좌우를 통합하는 유일당 건설을 시도하고, 광복 후 '국민당'을 설립하고, 미군정기에 민정장관을 지낸 안재홍은 '국민당'의 정강정책으로 '신민족주의와 신민주주의'를 내걸었다. 이는 민족주의를 국제주의와 결합시키고, 민주주의를 어느 특정계급을 위한 민주주의가 아니라 만민공생(萬民共生)의 '다사리' 이념으로 승화시키자는 것이었다. 그는 이러한 '다사리' 이념이 우리 민족이 역사적으로 가꾸어 온 전통적 가치관이라고 해석했다. 말하자면 '다사리'는 '홍익인간' 이념을 가리킨다.

한편, 일제강점기 보성전문학교 교수로, 광복 후 서울대학교 교수로 재직한 손진태는 계급평등을 전제로 하는 민족주의를 주장하고, 이것에 따라 역사를 새롭게 해석했다. 그에 의하면 계급이 평등할 때는 민족이 단결했고, 계급이 불평등할 때는 민족이 분열되었다고 주장하여 안재홍보다 한층 평등을 강조하는 사관(史觀)을 제시했다.

그러나 불행하게도 안재홍과 손진태 등 새로운 민족주의를 모색한 인사들은 6·25전쟁 중에 북으로 끌려가서 돌아오지 못했다.

제2장 6·25 전쟁과 전후복구 사업

1. 6·25 전쟁(1950. 6~1953. 7)

1) 6·25 전쟁의 배경

대한민국은 1948년 8월 15일 정부수립을 선포했지만 경제난에다 끊임없는 좌익의 도전으로 여러 가지 불안 요인을 안고 있었다. 당시 국민소득이 정확하게 얼마인지는 통계가 없어서 알 수 없으나 경제사정이 다소 좋아진 1963년 당시의 국민소득이 87달러였으니 이로 미루어 보면 건국 직후의 경제상황이 어떠했는지는 짐작할 수 있다. 대체로 세계 최빈국의 하나인 아프리카의 소말리아와 비슷한 수준이었다. 게다가 1948년 '제주 4·3 사건'을 계기로 좌익반란이 잇달아 일어나고 여수, 순천에서 군대가 반란을 일으키고, 지리산, 오대산, 태백산 일대는 1950년 봄까지 게릴라 활동이 그치지 않아 거의 내전상태에 있었다.

이승만 정부는 군대와 경찰 그리고 1946년 북한에서 탈출한 청년단체가 조직한 '서북청년회' 등 극우 청년운동단체에 의존하여 정권을 유지하는 데 급급하였다. 이런 상황에서 1950년 5월 30일에 치른 총선거 결과는 전체 210명의 의원 가운데 이승만 지지 세력은 겨우 30석을 차지하였다.

설상가상으로 1949년 6월 미군이 군사고문단만 남겨놓고 철수하였다. 중국은 장개

장진호 전투와 중공군 포로

석(蔣介石;장제스)의 국민당이 1949년 10월 마오쩌둥(毛澤東)의 공산당에 패배하여 타이완으로 쫓겨나고, '중화인민공화국'이 수립되어 중국 전토가 공산화되었다. 북한 정권은 이에 크게 고무되었다.

이렇게 대륙정세가 한국에 불리하게 돌아갈 무렵 미국 국무장관 애치슨(D. G. Acheson)은 1950년 1월에 태평양에서의 미국 극동방위선을 알류샨열도와 일본열도, 오키나와와 필리핀을 연결하는 선으로 정하고, 그밖의 지역 안보와 관련된 군사공격에 대해서는 보장할 수 없다고 발표했다. 다시 말해 한국과 타이완[국민당 정부]은 미국의 극동방위선에서 제외되었음을 선언한 것이다. 그러나 애치슨 장관의 발언은 신문기자와의 인터뷰에서 한 말로, 실제로는 1950년 1월 26일에 한국과 미국은 '상호방위원조협정'을 맺었으므로 미국이 한국방위를 포기한 것은 아니었다. 그렇지만 협정이 이행 단계로 나가는 데는 시간이 필요했다.

한편, 한국의 어려운 사정과는 반대로 북한의 국력은 급속도로 성장하였는데, 여기에 소련의 스탈린과 중국의 마오쩌둥이 김일성의 간청을 받아들여 군사적으로 북한을 적극 지원하겠다고 약속했다. 북한은 이미 1946년부터 북한을 '민주기지'로 만들고, 장차 한국을 적화통일시키겠다는 전략을 세워놓고 소련과 중국으로부터 병력과 무기를 지원받아 한국을 압도하는 수준에 이르렀다. 소련은 비행기와 탱크 등을 보내주고, 중국은 중공군에 가담했던 '조선의용군' 5만 명을 인민군에 편입시켜 주었다. 더욱이 남한은 10만 명 규모의 국군 병력 중 절반 정도가 빨치산토벌에 투입되어 있었는데, 만약 전쟁이 일어나면 이들 남한 빨치산이 들고 일어나 호응할 것으로 북한은 기대했다. 북한은 전쟁을 일으키면 충분히 승산이 있다는 오판을 하게 된 것이다.

2) 6·25 전쟁의 경과

전쟁준비를 마친 북한은 드디어 소련과 중국의 지원을 약속받고 1950년 6월 25일 (일요일) 새벽에 38선 전역에서 일제히 공격을 개시했다. 소련제 탱크를 앞세운 북한군은 월등한 화력으로 국군을 압도하면서 사흘 만에 서울을 점령했다. 전쟁 초기의 병력은 남한이 약 10만 명, 북한이 약 20만 명으로 북한이 두 배 정도 많았을 뿐 아니라,

단 한 대의 탱크나 전투기조차 갖추지 못한 국군은 소총
과 수류탄 그리고 대포로 저항하면서 버텼으나 242대의
탱크와 211대의 비행기를 보유한 북한군을 방어하기에는
역부족이었다.

끊어진 한강 다리의 피난민 행렬(1950.6.28)

6·25 전쟁 이전 이승만 대통령은 남북관계를 '북진
통일'로 해결해야 한다고 주장해 왔으나, 실제로 이
를 실천에 옮길 만한 병력을 전혀 갖추지 못하고 있었
다. '북진통일'은 미국의 군사적 지원이 없이는 불가능
한 일이었는데, 미국은 이를 찬성하지 않아 총과 수류
탄 그리고 대포만을 지원하고, 비행기는 연습용 비행기
몇 대 뿐이었다. 그래서 '북진통일'은 국민의 반공정신
을 경각시키는 정치적 구호에 그쳤다. 6·25 전쟁이 한
국의 선제공격으로 발생했다는 북한의 주장은 전혀 설
득력이 없다.

인천상륙작전 206척의 함정이 동원됨

전쟁의 발발을 전혀 예측하지 못한 이승만 대통령
과 정부는 서울을 사수하겠다는 약속을 어기고 급히 서
울을 떠나 대전으로 내려가면서 북한군의 남하를 지연
시키기 위해 한강 인도교를 폭파하여 끊어버렸다. 이
때문에 서울시민들은 피난을 떠나지 못하고 서울에 발
이 묶이고 말았다. 지도층 인사들은 다락방이나 토굴에
숨어 살면서 고통을 이겨냈다. 북한군은 서울을 점령한

맥아더 장군과 이승만 대통령

지 두 달 만에 낙동강 일대까지 밀고 내려갔다. 그 사이 정부는 다시 부산으로 내려
가 피난했다.

이제 북한군이 낙동강을 건너면 부산까지 점령당하는 것은 시간문제였다. 국군은
낙동강을 지키기 위해 처절하게 저항하여 양쪽에 수많은 사상자를 내고 전선이 교착
상태에 빠졌다. 그 사이 자원해서 국군에 참여하는 학도병이 늘어나고 정부도 청년들
의 참전을 독려하여 병력이 크게 증강되었다.

다행스럽게도 한국은 1950년 1월 26일 이미 미국과 '상호방위원조협정'을 맺었으
므로 즉각 미국의 지원을 요청했고, 미국은 1950년 6월 26일 유엔 안전보장이사회를
소집하여 북한을 '침략자'로 규정하고, 미국을 비롯한 16개 나라가 참여한 유엔군을

6·25 때 흥남부두를 떠나는 피난민

부산 국제시장

조직하여 한국에 전투병을 파견하고, 5개국이 의료진을 파견했다.[6] 유엔군 총사령관은 태평양전쟁을 지휘했던 미국의 맥아더(Douglas MacArthur; 1880~1964) 장군이 맡았다.

특히 유엔군의 주력부대인 미군은 월등한 화력으로 9월 15일 인천상륙작전에 성공하고, 이어 9월 28일에는 서울 탈환에 성공했다. 국군도 이에 힘을 얻어 9월 22일 포항방어선에서 반격에 나서 10월 1일에는 38선을 돌파하는 전과를 올렸다. 1956년에 10월 1일을 '국군의 날'로 정해 매년 이날을 기념하고 있다. 미군의 일부는 9월 22일 왜관에서 반격을 시작하여 10월 9일에 38선을 넘은 후, 승승장구하여 압록강 연안에까지 도달했다. 마치 북진통일이 눈앞에 보이는 듯했다.

그러나 유엔군의 만주진격을 우려한 중국이 1950년 10월 하순부터 백만이 넘는 중공군을 보내 전세가 다시 역전되기 시작했다. 맥아더는 중공군을 견제하기 위해 만주를 폭격하겠다고 미국 정부에 요청했으나 확전을 우려한 트루먼 대통령은 그를 해임시켰다. 중공군의 '인해전술(人海戰術)'에 밀린 아군은 1951년 1월 4일에 다시 서울을 내주고 남으로 밀려났다. 이를 1·4 후퇴라고 한다. 이때 서울시민들은 앞다투어 피난길에 올라 영등포역에서 화물열차 지붕까지 빼곡히 올라타고 눈보라를 맞으며 경부선을 따라 내려갔다. 눈보라 치는 추운 날씨에 화물열차에 매달리거나 수백 리 길을 걸어서 떠나는 피난행렬은 민족상잔의 비극을 한층 처절하게 만들었다.

가장 많은 피난민이 모인 곳은 정부가 있는 부산이었다. 이곳에는 남한 피난민만 아니라 북한에서 내려온 피난민까지 모여 들어 국제시장을 무대로 처절한 삶을 이어

---

6) 한국에 유엔군을 전투병으로 보낸 나라는 서방세계에서 미국, 캐나다, 영국, 프랑스, 네덜란드, 그리스, 터키, 벨기에, 룩셈부르크 등 9개국이고, 오세아니아주에서 오스트레일리아와 뉴질랜드 등 2개국, 아시아에서 필리핀과 태국 등 2개국, 아프리카에서 남아프리카공화국과 에티오피아 등 2개국, 남아메리카에서 콜롬비아 등 모두 합쳐 16개국에 이르렀다. 이밖에 스웨덴, 노르웨이, 인도, 덴마크, 이탈리아 등 5개국은 의료진을 보내왔다.

갔다. 특히 1950년 12월 중순 함남 흥남부두에서 미군 함선을 타고 약 10만 명의 피난민이 북한에서 내려온 것은 가장 극적인 사건이었다. 중공군에 밀려 함남 장진호 전투에서 패배한 미군이 흥남부두에서 배를 타고 철수할 때 수십만 명의 북한 주민이 배를 타려고 몰려들어 아수라장이 되었는데 미군 제10군단 사령관은 운수물자의 수송으로 난색을 보였으나 국군 제1군단장 김백일 장군과 통역인 현봉학이 끈질기게 설득하여 대량의 군수물자를 버리고 약 10만 명의 피난민을 태우고 부산으로 내려왔다. 이 사건은 너무나 감동적이어서 노래도 나오고 최근에는 '국제시장'이라는 영화까지 만들어져 수천만 관객의 눈물을 자아냈다.

정부는 부산에 피난 온 대학생들을 한곳에 모아 천막을 치고 가르쳤는데, 이를 '전시연합대학'으로 불렀다. 서울대학교 도서관에 보관 중이던 《조선왕조실록》을 비롯한 국보급 '규장각도서'도 화물열차에 실려 부산으로 소개하여 창고에 보관했다.

1951년 1월 4일 서울을 포기한 유엔군은 평택, 오산 지역까지 밀려 내려왔으나 여기서 다시 총공세를 시작하여 1951년 초여름에는 오늘날의 휴전선까지 밀고 올라갔다. 그러나 적군의 반격도 치열하여 전선이 다시 교착상태에 빠졌다. 이렇게 전선이 굳어진 가운데 쌍방의 희생자가 크게 늘자 미국의 제의를 받아들인 소련이 유엔을 통해 휴전회담을 제의해 왔다. 그러나 전쟁 중에 작전권을 미군에 넘겨 준 한국은 휴전 당사자에서 제외되어 유엔군이 대표로 나가게 되었고, 저쪽은 북한군과 중공군이 대표로 나와 1951년 6월부터 3자간에 휴전회담이 진행되었다.

휴전회담은 쌍방이 서로 유리한 조건을 만들기 위해 설전을 계속하여 2년 동안 이어졌으나 쉽게 결론이 나지 않았다. 군사분계선을 어디에 설정할 것인가, 중립국감시기구를 어떻게 구성할 것인가, 포로교환을 어떻게 할 것인가를 놓고 의견이 맞섰다. 회담이 진행되는 도중에도 전선에서는 치열한 교전이 계속되어 한 치의 땅이라도 더 차지하려는 피나는 투쟁이 벌어졌다.

휴전회담에 대해 이승만 대통령은 북진통일을 주장하면서 휴전협정을 맹렬히 반대했고, 1953년 6월 18일 새벽에는 거제도 포로수용소를 비롯하여 여러 곳에 수용되어 있던 북한군 포로들 가운데 반공성향이 강한 포로 약 2만 7천 명을 전격적으로 석방하여 미국을 비롯한 국제사회를 놀라게 했다. 그러나 정부의 반대에도 불구하고 전쟁의 장기화를 우려한 미국과 소련의 이해가 일치되어 마침내 1953년 7월 27일 휴전협정이 체결되었다. 협정에 서명한 것은 유엔군을 대표한 미국과 중국 및 북한이었고, 작전권을 갖지 못한 한국정부는 제외되었다.

휴전협정은 단순한 정전협정(停戰協定)에 불과하여 이것으로 평화가 보장되는 것은 아니었다. 휴전협정 후에도 크고 작은 충돌이 휴전선 일대에서 계속 일어났고, 그때마다 판문점(板門店)에서 유엔군을 대표한 미군과 북한군 사이에 회담이 열렸다. 국군대표는 참고인으로 참석할 뿐이었다. 우리의 문제를 미군이 대신하는 어색한 회담이 그후 수십 년간 계속되어 지금까지 이어지고 있다.

3) 6·25 전쟁의 영향

1950년 6월 25일에서 1953년 7월 27일까지 만 3년간 지속된 6·25 전쟁은 제2차 세계대전 이후 일어난 최대의 국제전쟁이었다. 작게 보면 한국과 북한의 대결이었지만, 크게 보면 자유진영과 공산권의 대결이기도 했다. 그런데 이 전쟁은 승자도 없고 패자도 없이 무승부로 끝났을 뿐 한반도의 분단에는 아무런 변화도 가져오지 않았다. 38선을 경계로 한 남북분계선이 휴전선으로 약간의 위치변동을 한 것뿐이었다. 동부전선은 38선 이북을 넘어갔으나, 서부전선은 오히려 개성과 황해도 옹진 지역을 북한에 넘겨주게 되었다. 그러나 황해에서는 황해도 옹진반도를 마주보는 백령도를 비롯하여 5개 섬을 장악하여 그나마 다행이었다. 그런데 휴전협정 당시에는 서해바다에 대한 해상경계선이 없었으나, 정전 직후 유엔군 사령관이 독자적으로 북방한계선(Northern Limit Line, 약칭 NLL)을 설정했는데, 북한은 유엔군이 일방적으로 설정했다고 하여 이를 인정하지 않고 있다. 그래서 NLL을 둘러싼 남북간의 군사적 충돌이 끊임없이 이어져 오고 있다.

38선 대치 모습

6·25 전쟁은 쌍방에 모두 엄청난 피해를 안겨주었다. 인명피해를 보면, 우리 측은 사상자가 국군 약 23만 명, 미군 약 3만 3천여 명, 기타 유엔군 3천여 명에 이르고, 북한군 사망자 51만 명, 중공군 사망자 50만 명, 부상자는 수십만에 이르렀다. 이밖에 시민 사상자는 그 수를 헤아리기 어렵다. 대부분 미군의 비행기 폭격이나 중공군의 학살로 죽은 사람들이었다.

38선 표지석(강원도 화천시)

산업시설이나 공공건물, 개인주택도 엄청 많이 파괴

되었다. 서울은 미군의 폭격으로 거의 폐허가 되다시피 했고, 북한의 평양도 마찬가지였다. 나라를 세운지 불과 2년 만에 전국이 초토화된 것이다. 낙동강 이남 지역만이 전쟁의 피해에서 빗겨났을 뿐이다.

정신적인 피해는 물질적 피해보다 더욱 크고 그 후유증이 지금까지도 치유되지 못하고 있다. 이념이 무엇인지도 모르는 선량한 국민이 전선이 바뀔 때마다 이쪽저쪽 억지로 협력하다가 좌익으로 몰려 죽거나 우익으로 몰려 처참하게 보복을 당하여, 억울하게 죽은 영혼이 구천을 떠돌았다. 부모를 잃은 어린이들이 깡통을 차고 다니며 밥을 구걸하거나 고아원에서 찬밥을 먹으면서 자랐다.

특히 북한은 남한의 점령지에서 이른바 '인민재판'을 벌여 무고한 주민을 반동으로 몰아 처형했다. 바로 이러한 원한이 쌓이고 쌓여 남북 간, 그리고 좌우 간의 심리적 갈등과 증오는 쉽게 풀 수 없는 숙제로 남게 되었다. 한국인의 반공의식이 강하게 남아 있고, 남북통일이 지연되는 가장 큰 이유도 여기에 있다.

6·25 전쟁은 사회문화적으로도 큰 변화를 가져왔다. 서울의 고급지식인과 시민이 지방으로 피난하면서 서울문화가 지방으로 확산되는 계기가 되었다. 이에 따라 유교적인 양반문화가 급속하게 붕괴되었다. 서울에서 피난 온 우수한 대학교수와 교사들이 지방으로 내려가 중고등학교에서 학생들을 가르쳐 지방학생들이 서울의 일류대학에 입학하는 사례가 크게 늘어났다. 서울에 살던 북한 탈출민이 지방으로 피난하여 북한지역의 서민적인 전통문화가 전국에 확산되는 계기도 되었다. 예를 들어 남의 부모를 '어머니' 또는 '아버지'로 부르는 것은 남쪽 양반사회에서는 없었는데, 북한 이주민들이 그 말을 퍼뜨려 놓아 지금은 일반화되어 버렸다. 양반문화의 붕괴는 수직적인 사회를 수평적인 사회로 바꾸어 놓았다는 점에서 긍정적인 효과도 있었지만, 가문의 전통을 중시하고 도덕성을 존중하는 선비문화의 긍정적인 전통과 자부심이 무너지는 역기능도 없지 않았다.

이밖에 미국인과 미국문화를 직접 눈으로 경험한 것도 6·25 전쟁을 통해서였다. 그러나 미군을 통해서 바라본 미국문화는 미국의 고급문화는 아니었다. 이른바 'GI 문화'가 들어온 것이다. 그래서 껌이나 초콜릿, 흑인, 재즈 등이 마치 미국을 대표하는 문화인 것처럼 비쳤고, 미국은 물자가 풍부한 부자나라라는 인식을 주어 미국에 대한 무한한 동경심을 키우기도 했다.

광복 전후하여 신민족주의와 신민주주의를 내걸고 좌우대립을 지양하여 정치사상과 역사학에 참신한 기풍을 불어 넣으려고 노력했던 안재홍, 손진태 등이 전란 중에 북으로 끌려간 것도 1950년대의 지성계를 황막하게 만드는 원인이었다. 이제 미국 문화만이 최고의 가치로 자리 잡는 시대가 열렸다. 북한에서는 "소련을 향하여 배우자"는 구호가 유행한 것과 마찬가지로 한국에서는 "미국을 향하여 배우자"는 것이 시대 조류가 되었고, 미국 유학이 꿈이 되는 시대가 열렸다. 자학적이고 민족허무주의적인 식민사관이 다시 고개를 들어 이 시기에 역사교육을 받은 이들은 아직도 한국 역사를 비하하는 경향이 크다.

2. 반일외교 정책과 전후복구 사업

1) 반일외교 정책과 평화선 선포

6·25 전쟁 중에 반공포로를 석방하고 휴전회담을 반대하는 등 독자적인 행보를 펼쳐 미국을 불편하게 만들었던 이승만 대통령은 1952년 1월에 이른바 '평화선'(일명 이승만 라인)을 선포하여 또 한 번 세상을 깜짝 놀라게 했다. 평화선은 우리나라 동해연안 바다의 광물자원과 수산자원을 보호하면서 해양주권을 확보하기 위한 것으로 해안선에서부터 평균 60마일에 이르는 지역에 대해 선포한 것이었는데, 독도(獨島)가 그 안에 포함되어 있었다. 연안바다에 대한 보호조치는 세계적인 관행이었지만, 특히 어업기술이 앞서 있는 일본과의 어업분쟁을 사전에 봉쇄하고 독도를 지키려는 목적도 담겨 있었다. 그래서 평화선에 가장 민감한 반응을 보인 것은 일본이었다. 일본을 재건시키기 위해 노력하던 미국도 이를 불편하게 여겼다. 하지만, 한국정부는 이에 굴하지 않고 평화선을 침범한 수백 척의 일본 어선을 나포하면서 의연하게 지켜오다가 1965년 6월에 한일조약이 체결되면서 자동적으로 철폐되고, 새로운 형태의 배타적 경제수역[EEZ]을 만들었다.

이승만 대통령은 미국의 친일정책에 대해 강한 우려를 표명하고, 기회 있을 때마다 일본의 재침략을 경고했다. 미국은 비록 태평양전쟁에서 일본을 굴복시켰지만, 전후 일본을 자유민주국가로 재건하여 아시아의 맹주를 삼으려는 정책을 일관되게 추진했다. 그러나 이승만은 이러한 미국의 일본 중심 대아시아 정책이 대한제국 시기에 맺은 가쓰라-태프트 협약 이후로 지속적으로 추진되어 왔음을 상기시키면서 지나치게 일본을 키울 경우에는 반드시 한국에 대한 재침략이 시도될 것으로 보고 그 위험성을 미국 측에 수시로 경고했다. 그러나 미국의 노선을 고분고분 따르지 않는 이승만 대통령의 고집스런 독자 행보에 대해 미국은 매우 불편하게 여겼다.

이승만 대통령은 미국이 아시아의 여러 나라와 상호방위조약을 맺고 있으면서도 한국과의 조약을 미루고 있는 것에 대해서도 불만을 가지고 이를 강력히 요구하여 1953년 10월에 드디어 '한미상호방위조약'을 맺는 데 성공했다. 그 결과 미군의 한국 주둔이 가능해졌다.

2) 이승만 대통령의 독재체제 강화

6·25 전쟁 중 정부가 부산으로 피난하여 부산은 임시수도가 되었다. 이곳에서 이승만 대통령은 국민의 높아진 반공감정에 힘입어 자신의 장기집권을 위한 토대를 구축하려고 했다. 1951년 12월에 대통령은 자신의 세력기반이던 '대한독립촉성국민회', '대한청년단', '노동총연맹', '농민총연맹', '대한부인회' 등 우익단체를 묶어 여당인 '자유당'을 조직했다.

이승만

1952년 7월에는 계엄령을 선포한 가운데 이승만의 재선을 위한 '대통령직선제 개헌안'(속칭 발췌개헌안)을 통과시켰다. 그동안 국회에서 선출한 대통령을 국민이 직접 뽑도록 한 것이다. 이승만에 대한 인기는 농촌에서 높았고, 농촌인구가 압도적으로 많았으므로 직선제가 유리하다고 판단한 것이다. 이를 통과시키기 위해 내각제를 원하던 야당의원들을 헌병대에 연행하고, '백골단'을 비롯한 압력단체들을 동원하여 험악한 분위기를 만든 가운데 통과시킨 것이다. 이를 '부산정치파동'이라고 부른다. 그리고 새 헌법에 따라 정부통령 선거가 실시되었는데, 대통령에 이승만, 부통령에 80세의 함태영(咸台永; 1873~1964, 함경북도 무산 출생)이 당선되었다. 함태영은 1895년 설치된 법관양성소 출신으로 법관생활을 하면서 독립운동을 해오던 강직한 인물이었다.

대통령에 재선된 이승만은 다시 영구집권을 위한 정비작업에 나섰다. 자유당 안에서 가장 세력이 큰 '민족청년단' 계열의 이범석(李範奭)을 자유당에서 제거하고, 자신의 비서로 일하면서 강한 충성심을 보인 미국 유학파인 이기붕(李起鵬; 1896~1960, 괴산 출생)에게 자유당을 이끌도록 했다. 이기붕은 이승만의 조상인 양녕대군의 동생인 효녕대군의 후손이었으므로 먼 친척이었다.

이렇게 자유당을 장악한 이승만은 전쟁이 끝난 1954년 11월 27일에 대통령의 3선 중임을 막고 있는 헌법을 다시 개정하기 위해 국회에서 표결을 붙였다. 그 결과 개헌에 필요한 136표에 1표가 모자라 부결되었는데, 이틀 후 '사사오입'이라는 해괴한 논리를 앞세워 통과시켜 국민의 빈축을 샀다.[7] 이를 '사사오입개헌'이라 부른다.

새 헌법에 기초하여 1956년 5월 15일에 대통령선거가 실시되고 이승만은 세 번째로 대통령에 당선되었다. 야당인 민주당의 신익희(申翼熙) 후보는 "못살겠다. 갈아보자"는 구호를 내걸고 인기를 크게 얻어 대통령 당선이 유력해졌으나 선거를 며칠 앞두고 갑자기 세상을 떠났다. 한편 이 선거에서 평화통일과 혁신적인 노선을 걷고 있던 진보당(進步黨)의 조봉암(曺奉岩; 1899~1959)[8] 후보가 30%의 유효표를 얻어 세상을 깜짝 놀라게 했다. 부통령선거에서는 민주당의 장면(張勉; 1899~1966) 후보가 이기붕 후보를 누르고 당선되어 파란을 일으켰다. 이승만의 인기는 농촌에서 높았고, 도시에서는 야당의 인기가 높았다. 농민들은 이승만을 대통령이라기보다는 왕처럼 바라보고 있었으므로 그의 독재에 무관심했으나 도시의 지식층은 그의 정치가 자유민주주의를 훼손하는 것으로 여겼기 때문이다.

조봉암

혁신계의 인기에 놀란 이승만은 혁신계 정치인을 좌익 또는 간첩으로 몰아 탄압에 나섰는데, 이를 위해 〈신국가보안법〉(1958. 12)을 제정하고, '반공청년단'을 조직했으며, 평화통일노선을 주장하면서 냉전정치를 종식시키려던 진보당의 조봉암을 간첩혐의로 몰아 사형에 처하고(1959. 7), 야당 부통령인 장면을 지지하는 〈경향신문〉을 폐간

---

7) 당시 국회의원 정족수는 203명으로서 3분의 2의 동의를 얻어야 가결하도록 되어 있었다. 그런데 203명의 3분의 2는 정확하게 135.33명이었다. 이 경우 소수점은 1명으로 간주하여 136명으로 계산하는 것이 상식적인 판단으로서 135명의 찬성은 부결로 처리된 것이다. 그런데 수학자들까지 동원하여 '사사오입'의 원칙을 들어 소수점을 떼어버리고 135명이면 통과된 것으로 보아야 한다는 논리를 내세워 부결된 안건을 가결된 것으로 다시 선포한 것이다.

8) 조봉암은 강화도 빈농 출신으로 일본으로 유학하여 주오대학(中央大學) 정경학부에서 공부하던 중 사회주의 계열의 흑도회(黑濤會)에 가입하여 활동하다가 흑도회가 해산되자 귀국하여 조선노동총맹에 가입하여 노동운동에 투신했다. 1924년 코민테른의 지시로 모스크바 동방지도자공산대학 단기과정을 졸업하고 귀국하여 여러 사회주의 단체에 가입하여 활동하다가 좌파통합단체인 화요회(火曜會)를 주도적으로 창설했다. 1945년 2월 일본 헌병에 체포되어 수감되었다가 광복 후 풀려났다. 1946년부터 공산당과 결별하고 중도통합당을 지향하면서 1948년 5·30 선거에 인천에서 제헌국회의원으로 당선되고, 대한민국 정부 수립 후 초대 농림부장관이 되어 농지개혁을 적극 추진했다. 1950년 제2대 국회의원으로 당선되어 국회 부의장이 되고 1952년 제2대 정부통령선거에 진보당 후보로 입후보했다가 차점으로 낙선했다. 그는 이승만의 북진통일 노선을 반대하고 평화통일 노선을 주장하다가 간첩으로 몰려 1959년에 처형되었다.

시켰다(1959. 4).

이렇게 혁신계와 야당을 억압하던 이승만 정권은 1960년 3월 15일에 실시된 제4대 대통령 및 부통령선거에서 갖가지 부정한 방법을 동원하여 마침내 4·19 학생혁명을 유발하고, 대통령직을 사임하였다.

3) 미국의 지원과 전후복구사업

6·25 전쟁 직후 한국의 경제상황은 어떠했는가? 원래 대한민국 출범 초기부터 식민지유산을 물려받아 경제구조가 취약했던 한국은 6·25 전쟁으로 전국이 폐허가 되다시피 한 상태에서 실업자는 늘어난 데다가 인플레이션의 압박까지 겹쳐 물가는 올라갔다. 거리에는 깡통을 찬 어린이들이 이집저집 문을 두드리며 구걸하는 모습이 예사로운 풍경이 되었다.

이렇게 어려운 경제사정에 도움을 준 것은 미국이었다. 미 군정기에도 4억 달러 정도의 원조가 있었지만, 자유당 집권기에는 31억 달러의 원조가 제공되었다. 원조물품의 절반 정도는 원자재와 중간재였고, 4분의 1은 농산물이어서 식량사정이 호전되었다. 그러나 춘궁기에는 여전히 '보릿고개'라는 말이 유행할 정도로 쌀밥만을 먹는 사람은 거의 없었다. 또 이른바 '구호물자'라 하여 미국이 보내준 헌옷을 교회에서 얻어입는 것이 유행했다. 하지만 미국 원조액의 절반은 군사원조여서 공업재건에는 크게 기여하지 못했다.

국립서울대학교가 부산 피난살이를 접고 서울로 돌아와 다시 재기할 수 있게 된 것도 미국의 이른바 '미네소타 프로그램'의 덕을 크게 보았다. 미국은 각종 실험용 기자재를 무상으로 지원하고, 교수들을 미국으로 초빙하여 재교육시켰다. 과학 분야와 의약학 분야가 특히 원조의 힘을 크게 받았다.

미국 원조와 병행하여 소비재산업의 성장에 발동이 걸렸다. 이른바 '삼백산업(三白産業; 밀가루, 설탕, 면화)'이 일어나면서 이 분야에서 성공한 큰 기업이 나타났다. 오늘날 한국을 대표하는 대기업 중 하나인 이병철(李秉喆)의 삼성(三星)도 삼백산업으로 성장했다. 경공업의 회복에 힘입어 1950년대 말까지 5~8%의 경제성장이 이루어졌으나, 대외의존도가 90%에 이르고, 공업생산은 일제 말기의 절반 수준을 넘지 못하고 있었다. 특히 전력의 부족이 심각하여 1960년 당시 농촌가호의 82%, 서울가호의 39%가 전기의 혜택을 받

호암 이병철(1910~1987)

지 못하고 있었다. 가정에서는 야간에 촛불이나 등잔불 밑에서 생활하고, 전등 한 개를 가지고 두 개의 방을 밝히는 것이 일상화되었다.

그러나 1950년대 말부터는 경제성장에 속도가 붙고, 장기경제발전계획이 수립되었다. 1958년에 부흥부 안에 '산업개발위원회'가 설치되고, 1960년 4월 15일에는 '3개년경제발전계획시안'이 국무회의에서 승인되었다. 그러나 이 계획은 며칠 후에 4·19 혁명이 일어나고 이어 자유당 정권이 무너지면서 실행하지 못했다. 그 뒤 민주당 정권과 박정희 정권이 그 계획을 실천하기 시작한 것이다.

3. 1950년대 북한의 독재체제 강화와 사회주의개혁

1) 독재체제 강화

북한도 6·25 전쟁을 거치면서 정치와 경제 분야에서 큰 변화가 일어났다. 먼저 정치적으로는 김일성과 노동당의 독재가 한층 강화되었다. 다만, 이승만의 독재가 자유민주주의 틀 안에서 벌어진 제도 운용 상의 굴절이었던 것과는 달리 김일성의 독재는 정적을 무자비하게 제거하는 폭력적 수단에 의존한 것이었다.

북한은 정권수립 초기에는 당이나 내각에 빨치산파, 연안파, 남로당파, 소련파 등여러 계파의 인물이 어느 정도 안배되어 있었고, 헌법도 '인민민주주의'를 표방하여 노동자, 농민계급의 독재정권은 아니었다. 그러나 전쟁을 치르면서 김일성계를 제외한 다른 계파들을 차례로 숙청하기 시작했다.

먼저 허가이를 비롯한 소련파는 전쟁 중이던 1950년 10월, 당조직을 잘못 정비했다는 이유를 들어 제거되고, 이해 연말에는 평양 방위를 잘못했다는 이유로 연안파의 거물인 김무정(金武亭)을 군에서 축출하였다. 1953년부터는 부수상 박헌영(朴憲永)과 당비서 이승엽(李承燁)을 비롯한 남로당파에 대한 대대적인 숙청이 벌어졌다.[9] 이들에게는 종파분자이자 미국의 스파이로서 쿠데타 음모를 시도했다는 등의 혐의를 덮어 씌웠

---

9) 숙청당한 남로당의 주요 인사는 다음과 같다. 부수상 박헌영(1955년 사형), 상업상 장시우(張時雨), 교통상 주영하(朱寧河), 내무상 박승원(朴勝源), 외상 이강국(李康國), 무력상 김응빈(金應彬), 선전상 조일명(趙一明), 교육상 임화(林和), 노동상 배철(裵哲), 제1서기 이승엽(李承燁).

다. 이로써 남쪽에서 월북한 좌익의 원로, 중진들이 김일성과의 권력경쟁에서 완전히 밀려나게 되었다. 살아남은 인사들 중에는 그 뒤 간첩으로 남파되어 활동하다가 목숨을 잃은 이들이 적지 않았다.

김일성의 권력 강화에 가장 걸림돌이 되는 세력은 중국에서 들어온 연안파였다. 중국에서 항일투쟁을 하다가 광복 후 입북한 조선의용군 출신인 이들은 투쟁경력 면이나 인원수로 보아 가장 우세한 위치를 점하고 있었기 때문이다. 이들을 제거하는 명분으로 수정주의노선을 내세웠다. 김일성은 6·25 전쟁 후 스탈린노선을 따라 자립경제와 자립국방을 목표로 중공업과 경공업의 병행발전을 추구했는데, 연안파의 최창익(崔昌益), 박창옥(朴昌玉) 등은 집단지도체제와 인민생활 향상을 위한 경공업 우선 정책을 주장하여 갈등을 빚었다. 이들은 1953년에 스탈린이 사망하고, 흐루시초프와 브레즈네프가 등장하여 스탈린을 비판하고 나서자 이에 자극을 받아 유연한 수정주의노선을 주장하게 된 것이다. 김일성은 1956년 이들에 대하여 종파주의, 사대주의, 교조주의, 반혁명주의 등의 낙인을 찍어 권력에서 밀어냈다. 김일성이 이 무렵부터 '주체'를 내세운 것은 반스탈린을 내세운 소련의 영향을 차단하려는 목적이 담겨 있었다.

남로당과 연안파가 제거되자 다음으로 일제강점기 조국광복회(祖國光復會)를 이끌었던 '갑산파'가 제거대상으로 떠올랐다. 김일성은 이들을 군사비지출과 경제정책에 대한 이견을 이유로 1967년에 제거했다. 이로써 북한은 김일성파의 독무대로 변하게 되었다.

2) 사회주의 경제개혁

전쟁 중에 입은 피해는 미군의 집중적인 포격을 받은 북한이 남한보다 더 심각했다. 1953년의 공업생산은 전쟁 전인 1949년의 64%로 감소했다. 북한은 전후복구와 자립경제를 목표로 하여 1954년부터 '전후 인민경제 복구발전 3년 계획', 1957년부터 '1차 5개년계획'을 연속적으로 세우고, 중공업과 경공업의 병진정책을 밀고 나갔다. 소련과 중국, 동독, 체코 등 공산국가들이 많은 자금지원과 기술원조를 제공했다.

여기에 주민들의 생산노동 참여를 독려하기 위해 1957년부터 이른바 '천리마운동'을, 1958년부터

평원선 전기철도 개통 테이프 끊는 김책 부수상

'3대 혁명운동'을 벌이기 시작했다. 전자는 '하나는 전체를 위하여, 전체는 하나를 위하여'라는 구호 아래 성적이 좋은 사람에게 '영웅'의 칭호를 주어 생산경쟁을 유도한 것이다. 후자는 사상개혁, 기술개혁, 인민의 문화수준 향상을 주체의 요구를 따르는 공산주의를 창조하자는 것이었다.

이상과 같은 자체적인 노력과 공산권의 지원에 힘입어 북한 경제에서 중공업비중은 1960년 현재 70%를 넘어서고, 1954~1960년 기간 중 연평균 경제성장률 20% 안팎의 고속성장을 이룩하게 되었다. 특히 제철, 기계, 조선, 광업, 전기, 화학 분야에서는 남한과 현격한 차이를 보이게 되었다. 1950년대 후반에 남한에서 '북진통일론'이 고개를 숙이고, '혁신계'로 불리는 진보세력이 성장하면서 '평화통일론'이 등장하게 된 것은 이러한 사정과 관련이 있었다.

한편 북한의 농업도 사회주의체제로 변했다. 1946년에 이른바 '민주개혁'으로 이루어진 토지개혁은 토지사유제를 어느 정도 인정한 것으로 사회주의와는 거리가 있었다. 그러다가 전쟁이 끝난 1953년부터는 농업을 사회주의체제로 바꾸기 위해 협동농장 건설이 추진되어 1958년에 마무리됐다. 첫 단계는 토지사유제를 인정하고 생산작업을 공동으로 하다가, 두 번째 단계는 토지를 통합하고 공동경영하여 노동과 토지의 규모에 따라 수확을 분배하고, 마지막 단계에는 노동의 양에 따라 수확을 분배하여 사회주의 농업을 완료했다.

농업에서 협동농장 건설과 병행하여 모든 개인 수공업과 개인 상업을 금지시켜 협동조합 소유로 만들어 버렸다. 천리마운동은 농업과 상공업에 모두 적용되어 위에서 말한 것처럼 1950년대 말까지는 생산력의 증대를 가져왔다. 그러나 이러한 사회주의적 경제구조는 시간이 흐를수록 기술개발이 저조해지고, 자기재산을 갖지 못한 주민의 생산의욕이 떨어지면서 1960년대 중반 이후로는 생산력이 저하되는 결과를 가져왔다. 사회주의경제의 한계가 나타나기 시작한 것이다.

반대로 남한은 오히려 1960년대부터 경제개발에 속도가 붙으면서 고속성장을 거듭하여 마침내 1970년대 초에는 북한과 동등한 경제력을 갖추기에 이르렀는데, 바로 이 무렵부터 남북회담이 시작되었다.

제3장 4·19 혁명, 5·16 군사정변과 박정희 정부

1. 4·19 혁명과 이승만 정권의 붕괴(1960)

6·25 전쟁 후 이승만과 자유당 정권은 사회저변에 반공정서가 팽배하고 국가 위기관리를 위해 필요하다는 명분을 내세워 장기집권을 위한 헌법 개정을 두 차례나 무리하게 강행했다. 첫 번째 개헌은 1952년 7월 부산 피난처에서 계엄령을 선포한 가운데 국회에서 통과시켰고, 1954년 11월에는 이승만 대통령의 3선을 가능케 하는 두 번째 개헌이 국회에서 부결되었음에도 불구하고 '사사오입'이라는 해괴한 수학논리를 빌어 통과되었다고 선포하는 무리를 감행했다.

대한민국은 자유민주주의 체제를 신봉하는 국가로 건국되었음에도 불구하고 계엄령과 폭력단을 동원하여 국회를 탄압하고, 부결된 개헌을 억지논리로 통과시키는 등의 무리가 잇따르자 자유민주주의를 원하는 지식인들은 큰 실망에 빠지고 이승만 대통령

4·19 혁명

에 대한 불신이 깊어졌다. 1958년 치러진 제4대 총선에서 이승만 대통령의 자유당이 지방에서 지지를 얻은 데 반해 야당이 도시에서 압도적으로 승리하여 변화된 민심을 보여줬다.

이렇게 정치에 대한 불신이 깊어가던 1960년 3월 15일 제4대 대통령과 부통령을 뽑는 대선이 치러졌다. 이승만이 다시 후보로 나서고, 야당에서는 민주당의 조병옥(趙炳玉; 1894~1960)[10]이 후보로 나섰으나 선거를 10일 앞두고 갑자기 세상을 떠나 이승만이 단독후보가 된 가운데 선거가 치러졌다. 이 선거에서 자유당의 충성파들은 40%를 사전 투표하고 3인조 또는 5인조 공개투표를 자행하는 등 공무원과 관변단체를 동원하여 온갖 부정을 저질렀다. 또한 자유당에서 부통령으로 출마한 이기붕(李起鵬)의 표가 100%에 육박하는 결과가 나오자 이를 79%로 하향 조정하는 희극적인 행태도 벌였다.

이렇게 선거가 부정으로 얼룩지자 이에 항의하는 시위가 대구, 부산, 서울, 마산 등 대도시에서 벌어지는 가운데, 마산에서 시위 도중 최루탄을 맞고 숨진 고등학생 김주열(金朱烈)의 시체가 바다에서 발견되자 국민의 분노는 절정에 이르렀다. 이제 시위 목적은 부정선거에 대한 항의를 넘어서서 독재정권 타도로 변해갔다.

학생들이 시위의 선두에 섰는데 서울에서는 4월 18일 고려대학교 학생들이 거리로 뛰쳐나오고, 4월 19일에는 서울대학교를 위시한 서울의 주요 대학과 고등학교 학생까지 가세하고, 일반 시민도 시위에 가담하여 광화문 일대가 온통 시위대로 덮였다. 이때 시위대의 일부는 대통령 관저인 경무대(景武臺)를 향해 돌진하다가 경찰의 총격으로 100여 명이 목숨을 잃었다. 사망자의 대부분은 학생들이었다.

시위가 유혈사태로 번지자 서울의 주요 대학 교수들은 4월 25일 '학생들의 피에 보답하라'는 플래카드를 들고 거리에 나섰다. 원로교수들이 거리에 나선 것은 처음 있는 일이었다. 미국대사관[매카나기 대사]도 사태의 심각성을 느끼고 이승만의 퇴진을 권유했다. 이승만을 옹호하는 시위는 전혀 없었다. 사면초가에 빠진 이승만 대통령은 드디어 4월 26일 "국민이 원한다면 대통령직에서 물러 나겠다"는 성명서를 발표하고 하야했다. 이승만은 그뒤 하와이로 망명하여 외롭게 지내다가 1965년 7월에 91세로 세

---

10) 조병옥은 충남 천안(목천) 출생으로 평양 숭실학교를 거쳐 연희전문학교를 졸업한 뒤 미국 컬럼비아대학에서 경제학을 공부한 후 1925년 귀국하여 연희전문학교 교수로 지내다가 1927년 신간회에 참여하고, 1929년에는 학생운동의 배후조종자로 체포되어 3년간 복역했다. 광복 후 한국민주당에 참여하고, 미군정청 경무부장으로 치안을 맡고, 6·25 전쟁 중 내무장관을 지내면서 대구지방을 지키는데 큰 공을 세웠다. 1955년 이후 민주당에 참여하여 1958년에 최고위원이 되고, 1960년에 민주당 대통령후보로 출마했다.

상을 떠났다. 이로써 12년간에 걸친 이승만의 집권시대가 끝나고, 외무장관 허정(許政; 1896~1988)을 수반으로 하는 과도정부가 세워졌다.

이승만 정권을 무너뜨린 것은 정권을 담당할 능력이 없는 학생들이었으므로 정치는 야당인 민주당이 주도했다. 허정 과도정부는 야당의 주장과 여론에 따라 1960년 6월 15일 내각제(內閣制)와 양원제(兩院制)를 골자로 하는 헌법을 새로 만들고(제3차 개헌), 이에 따라 7월 29일 총선거가 실시되었다. 그 결과 1955년에 창당된 민주당(民主黨)이 민의원(民議院)과 참의원(參議院) 선거에서 압승하고, 대통령에 민주당 구파의 윤보선(尹普善; 1897~1990)[11]이 선임되고, 국무총리에는 민주당 신파의 장면(張勉; 1899~1966)[12]이 임명되었다. 실권은 국무총리가 장악했다.

허정

2. 장면의 민주당 정부와 5·16 군사정변

1) 장면의 민주당 정부(제2공화국; 1960. 8~1961. 5)

1960년 8월 23일 출범한 민주당의 장면 정권은 자유당의 이승만과 달리 충실한 자유민주주의 정치를 운영했다. 먼저 1960년 11월 29일 네번째로 헌법을 개정하여 4·19 혁명 당시 반민주행위자로 지목된 자의 처벌을 위한 특별법의 근거를 마련했다. 그 결과 이승만 정권 하에서 내무부 장관을 지내면서 3·15 부정선거를 총지휘한 최인규 등이 처벌받았다.

장면

---

11) 윤보선은 충남 아산 출생으로 윤치호(尹致昊)와 친척이다. 영국 에든버러대학에서 공부하고 돌아와 광복 후 한국민주당 창당에 참여하고, 대한민국 초대 서울시장을 거쳐 1949년 상공부장관을 지냈다. 1955년부터 야당인 민주당에 참여했는데 신익희, 조병옥 등이 사망하자 1959년 민주당 최고위원에 오르고, 민주당 구파(한국민주당계)의 중심인물로서 활동하다가 대통령이 되었다.

12) 장면은 인천 출생으로 일제 강점기 부산세관장을 지낸 장기빈의 아들이다. 1917년 수원고농을 졸업하고 영어를 잘하여 천주교단체에서 활동하다가 미국 맨해튼 가톨릭대학을 나온 후 1939년 귀국하여 동성상업학교 교장으로 취임했다. 1948년 제헌의원으로 당선된 뒤 1949년에 초대 주미대사를 지내면서 대한민국의 국제적 승인을 얻는데 크게 기여했다. 1951년에 제2대 국무총리를 지냈으나 곧 사임하고, 1955년 야당인 민주당 창당에 참여하여 신파의 지도자로 활동했다. 1956년 부통령에 당선되고, 1959년 민주당 최고위원에 선출되었다가 1960년에 내각책임제 하의 국무총리가 되었다.

민주당 정권기에는 언론이 자유를 누리고, 자유당 정권이 만든 각종 폭력단체도 해체되었으며, 모든 규제가 철폐되었다. 이른바 '혁신계'를 자처하는 좌파정치 활동도 허용되었으며, 그동안 불온서적으로 금지되었던 제3세계의 서적들이 자유롭게 들어와 중국, 소련, 북한 등 공산권에 대한 정보와 인도(네루), 쿠바(카스트로), 이집트(나세르), 인도네시아(수카르노) 등 민족주의 노선을 걷고 있던 제3세계 소식도 학원가에 널리 알려졌다.

미국을 지상천국으로 알고 식민사관에 빠져 자학적인 역사의식을 가지고 있던 학생들에게 민족주의와 사회주의가 결합된 제3세계의 정보는 충격적인 반응을 불러일으켰다.

이렇게 자유가 허용되면서 각계각층의 누적된 요구가 봇물처럼 터져 나왔다. 노동단체와 학생들은 새로운 세상에 대한 기대감을 품고 저마다 바라는 바를 요구하는 시위를 매일같이 시내 도처에서 일으키고, 그동안 억눌렸던 통일 논의와 좌파적 정치활동이 활발하게 재개되었다. 옛 진보당(進步黨)의 윤길중(尹吉重), 민주혁신당의 서상일(徐相日), 사회혁신당의 고정훈(高貞勳), 한국사회당의 김철(金哲) 등이 연합하여 1961년 1월에 '통일사회당'을 결성했다. 이 당은 민주사회주의를 정강으로 내걸고 '중립화 통일론'을 주장하고 나섰다. 이밖에 장건상(張建相)의 혁신당, 김달호(金達鎬)의 사회대중당, 최근우의 사회당 등도 활동하여 진보정당이 우후죽순처럼 나타났다.

4·19 혁명의 주역인 대학생들은 서울대학교를 중심으로 '새생활운동'을 벌여 거리에 나와 양담배를 불태우는 등 민족주의 성향을 지닌 계몽운동에 주력하다가, 1960년 말부터는 통일운동 쪽으로 방향을 바꾸었다. 민족주의 열풍이 통일운동에 불을 붙인 것이다. 통일운동의 선봉에는 서울대학교를 비롯한 여러 대학의 학생들이 1960년 11월에 조직한 '민족자주통일연맹'(약칭 민통련)이 있었다. 한편 좌파 정치인들도 '민족자주통일협의회'(약칭 민자통)를 구성하여 학생들과 손을 잡고 통일운동을 전개해 나갔다. 통일방안은 여러 갈래가 있었는데, '중립화통일론', '남북협상론', '남북교류론'이 있는가 하면, 구체적으로 남북학생들이 판문점에서 만나 통일회담을 열자는 주장도 나왔다. "가자 북으로, 오라 남으로", "한국문제는 한국인 손으로", "소련에 속지 말고, 미국을 믿지 말자"는 구호도 등장했다.

학생과 혁신계 정치인들의 통일운동은 민주당 정권에 큰 부담을 주었다. 설상가상으로 집권당 내부에 권력투쟁이 일어나 장면

윤보선

총리의 민주당 신파가 권력을 장악한데 불만을 품은 윤보선 대통령의 민주당 구파가 따로 '신민당'을 만들고 독립하여 실망을 안겨주었다.

여기에 1950년대 말 이후로 침체된 경제도 민주당 정권을 불안에 빠뜨렸다. 실업 자는 240만 명에 이르고, 1960년 말 현재 경인지역 공장의 80%가 조업 중단에 들어 갔다. 농민의 보릿고개도 해결되지 못하고 있었다. 민주당 정권은 이를 돌파하기 위해 경제제일주의를 내걸고 장기경제개발계획을 세워 1961년 봄부터 댐 건설을 비롯한 '국토개발사업'에 착수하여 차츰 사회가 안정되는 듯했다.

2) 5·16 군사정변 (1961. 5. 16)

학생과 진보세력의 급진적인 통일운동에 가장 큰 불만과 불안을 느낀 것은 군부였 다. 특히 정부가 경제제일주의를 내걸고 재원 마련을 위해 군병력을 줄이는 감군정책 을 추진하자 군부의 불만은 더욱 고조되었다. 6·25 전쟁을 치르면서 가장 강력한 조 직체로 성장한 것은 미국의 군사지원을 받은 군대조직이었으며, 미국에 유학하여 미 국식 군사행정을 가장 빨리 습득하고 돌아온 것도 군대였다. 특히 육군사관학교 출신 의 젊은 장교들은 엘리트층으로 급성장했다.

군인들은 4·19 혁명 이후의 정치 흐름을 관망하다가 1961년 5월 초 대학생들의 남북회담이 확정되고, 북한에서도 대대적인 지지를 보내는 등 혼란이 극에 이르자 육 사 8기생이 중심이 된 청년장교들이 박정희 소장
(朴正熙; 1917~1979)[13]을 앞세우고 5월 16일 새벽 드디어
3천 6백여 명의 군대를 이끌고 기습적으로 한강을
건너와 서울을 점령하고 비상계엄을 선포했다. 장
면 정권은 집권한 지 9개월 만에 무너지고 말았다.
윤보선 대통령과 장면 총리는 자택에 연금되었다.

5·16 당시 박정희 소장(오른쪽이 차지철 대위)

정변을 일으킨 군인들은 스스로 군사혁명으로 자임하면서 '군사혁명위원회'(위원장

---

13) 박정희는 고령박씨로 경북 선산군 구미면 상모리에서 빈농의 아들로 태어나 1937년 대구사범학교를 졸업하 고 문경소학교에서 교사생활을 하다가 1942년 만주 신경군관학교를 졸업하고, 다시 일본 육군사관학교에 입 학하여 1944년 졸업과 함께 관동군 소위로 복무했다. 1946년 귀국하여 조선경비사관학교(육사 전신)에 입학하 여 2기생으로 졸업하고, 대위로 임관했다. 1949년부터 육군정보국에 근무하다가 여수·순천 반란사건에 연루 되어 군법회의에서 무기징역을 언도받았으나 사면되어 육군본부 정보국에서 문관으로 근무하다가 6·25 전쟁 중에 현역소령으로 복귀했다. 1953년에 장군으로 승진하여 여러 요직을 맡다가 1961년 제2군 부사령관으로 재직 중 5·16 군사정변을 주도했다

장도영 중장)를 조직하여 정권을 장악하고 '혁명공약'¹⁴을 발표하여 반공(反共)을 국시(國是)로 하고, 기아선상의 민생고를 해결한다는 등의 내용을 담은 개혁방향을 천명했는데, 반공을 국시로 한다는 내용은 대한민국의 국시인 자유민주주의의 포기를 의미하는 것이었다. 혁명군인들은 초헌법적인 최고통치기구로 '국가재건최고회의'(1961. 6)와 그 직속기관으로 '중앙정보부'를 설치하여 본격적인 군정을 실시했다. 국가재건최고회의 의장에는 45세의 박정희, 핵심권력기관인 중앙정보부장에는 육사 8기생이자 박정희의 조카사위인 36세의 김종필(金鍾泌; 1926~)이 취임했다.

군사정권은 '혁명공약'에 따라 민생안정과 반공강화, 민족정기 정립에 최대 역점을 두고, 〈국가재건비상조치법〉, 〈반공법〉, 〈집회에 관한 임시조치법〉, 〈정치활동정화법〉 등을 잇달아 공포하여 정치, 경제, 사회, 문화 전반에 걸쳐 강권적인 조치를 신속하게 진행시켰다. 먼저 모든 기성 정치인들의 활동을 금지하고, 용공분자의 색출을 내걸고 진보정치인과 노동조합 및 학생 간부 3천여 명을 검거하여 혁명재판에 넘겼으며, 4천여 명의 폭력배를 검거하고, 3·15 부정선거 관련자들을 법에 의거하여 조치했다.

경제·사회 정책으로는 〈농어촌고리채정리법〉, 〈부정축재처리법〉, 〈농업협동조합법〉, 〈국가재건국민운동에관한법〉 등을 제정하여 구악을 청산하는 일에 나섰다. 1962년 6월에는 경제질서를 바로잡는다는 명분으로 화폐가치를 10분의 1로 줄이는 화폐개혁을 단행했는데, 이는 민생안정에 별다른 도움을 주지 못했다.

군사정권은 2년 뒤에 민간정부로 이양할 것을 약속하여 1962년 12월 17일 대통령중심제와 국회단원제를 골자로 하는 새 헌법을 제정했다. 이것이 제5차 헌법개정이지만, 공화정헌법으로서는 세번째에 해당하며, 이 헌법으로 탄생한 박정희 정부를 '제3공화국'이라 부르기도 한다. 이에 따라 1963년 1월부터 정치인들의 정치활동이 다시 허용되고, 이해 10월에 새 헌법에 따라 대통령 선거가 실시되었는데 박정희 최고회

---

14) 장도영 육군중장의 이름으로 발표된 '혁명공약'의 요지는 다음과 같다.
   첫째, 반공(反共)을 국시(國是)의 제1의로 삼고, 지금까지 형식적이고 구호에만 그친 반공태세를 재정비·강화한다.
   둘째, 유엔헌장을 준수하고, 국제협약을 충실히 이행할 것이며, 미국을 위시한 자유 우방과의 유대를 더욱 공고히 한다.
   셋째, 이 나라 사회의 모든 부패와 구악을 일소하고, 퇴폐한 국민도의와 민족정기를 바로잡기 위하여 청신한 기풍을 진작시킨다.
   넷째, 절망과 기아선상에서 허덕이는 민생고를 시급히 해결하고, 국가 자주경제 재건에 총력을 경주한다.
   다섯째, 민족의 숙원인 국토통일을 위하여 공산주의와 대결할 수 있는 실력배양에 전력을 집중한다.
   여섯째, 이와 같은 우리의 과업이 성취되면 참신하고 양심적인 정치인들에게 언제든지 정권을 이양하고 우리들은 본연의 임무에 복귀할 준비를 갖춘다.

의의장(육군대장)은 군복을 벗고 '민주공화당'(약칭 공화당) 후보로 출마하여 윤보선 후보를 15만 표라는 근소한 차이로 물리치고 대통령에 당선되었다. 윤보선은 서울과 중부지방에서 앞서고, 박정희는 경상도에서 압승하여 자기의 출신 지역에서 승리하는 현상이 처음으로 나타났다. 곧이어 치러진 총선거에서는 온갖 부정이 개입된 가운데 공화당이 압승하여 여당이 되었다.

이렇게 탄생한 제3공화국은 겉모습은 민간정부였으나, 사실은 군인들이 군복을 벗고 다시 정권을 잡은 것이다. 중앙정보부가 사전에 공화당을 조직했다는 야당의 비판을 받았다.

3. 박정희의 제3공화국(1963~1972)

1) 한일국교 재개(1965)

박정희

1963년 10월 선거를 거쳐 12월에 출범한 박정희 정권을 이승만 정권, 장면 정권에 이어 '제3공화국'이라고 부르기도 한다. 박정희 정부는 출범하자 곧 '경제제일주의'와 '조국 근대화'를 구호로 내걸고 경제건설에 필요한 재원을 마련하기 위해 한일국교 정상화와 베트남 파병에 총력을 기울였다.

일본과의 국교 재개는 일제가 불법으로 한국을 강점한 것에 대한 사죄와 피해자에 대한 충분한 배상이 반드시 실행되어야 한다는 국민의 여론에도 불구하고, 한국 측을 대표한 김종필과 일본 외상 오히라 마사요시(大平正芳)가 비밀교섭을 벌인 끝에 '대일청구권자금'이라는 이름으로 '무상 3억 달러, 유상재정차관 2억 달러, 민간상업 차관 1억 달러 이상'을 받기로 합의했다. 일본 측에서는 이것을 '독립축하금'이라 칭하며 보상의 의미를 거부했다. 이는 한국 강점이 불법적으로 이루어진 것이 아니라는 일본 측의 입장에 근거한 것이다.

일본으로부터 '독립축하금'을 받는다는 것은 식민시대에 대한 보상을 바라는 국민의 뜻과는 거리가 멀어 굴욕외교라는 비판이 일어나고, '6·3 사태'라는 거센 반대시위운동을 불러왔다. 특히 이 협정에서는 이승만 대통령이 어족자원 보호를 위해 동해에 그어놓은 '평화선'을 포기하고, 징용과 징병, 강제로 끌려간 일본군 위안부, 원폭피해자 등에 대한 보상이 제외되었으며, 일제가 약탈해 간 문화재의 반환에 대해서도 매우 허술하게 처리되었으며, 재일동포의 법적지위 보장 등을 제대로 얻어내지 못했다. 교섭과정에서 일본은 독도가 일본 영토라고 주장하면서 반환을 요구했으나, 이 주장만은 받아들이지 않았다. 일본이 독도를 일본 영토라고 주장하는 근거는 크게 두 가지다. 하나는 1905년에 독도를 일본 시마네현에 귀속시켰다는 것이고, 다른 하나는 1951년에 일본과 연합국 사이에 맺은 샌프란시스코대일평화조약에서 "일본국은 조선의 독립을 승인하며 제주도, 거문도 및 울릉도를 포함한 조선에 대한 모든 권리, 권원 (權原) 및 청구권을 버린다"는 조항이 독도의 일본 영유를 인정한 것이라는 것이다. 그러나 1905년의 독도영유는 대한제국이 이미 1900년에 독도를 울릉도의 속도로 행정적으로 편입시킨 것을 러일전쟁 기간에 강탈한 것이다. 그리고 샌프란시스코조약에서 제주도, 거문도, 울릉도를 거론한 것은 그밖의 수많은 섬들이 일본영토라는 뜻이 아님에도 불구하고, 일본은 위 세 섬에 독도가 포함되어 있지 않으므로 독도는 일본 영토라고 주장하는 것이다. 따라서 일본의 주장이 얼마나 근거 없는 억지인가는 누가 보아도 명백하다.

정부는 1965년 6월 22일 '한일협정'을 체결하고, 8월 14일에 서울 일원에 위수령을 발동한 가운데 국회에서 비준했다. 이로써 한일관계의 재정립을 숙제로 남긴 채 광복 후 20년 만에 한일국교가 재개되고, 한일협력의 시대가 열리게 되었다. 당시 한일협정에 문제가 많았지만 일본으로부터 받은 청구권 자금이 경부고속도로(1970년 개통) 건설에 쓰이는 등 경제개발에 약간의 도움을 준 것은 사실이다.

2) 베트남 전쟁 참전 (1964~1973)

한일협정이 국회에서 비준되기 하루 전인 1965년 8월 13일 베트남 파병안이 국회에서 비준되었다. 한일협정을 배후에서 종용하던 미국의 강력한 요구를 받아들인 것이다. 정부는 파병의 대가로 이른바 '브라운각서'를 통하여 국군의 전력증강과 경제개발을 위한 차관제공을 약속받았다. 주한 미국대사 브라운이 1966년 3월 7일 한국 정부에 전달한 각서에는 한국군 장비의 현대화, 베트남 특수의 허용, 미국의 한국에 대한 신규차관 등의 내용이 들어 있었다.

베트남 파병도 야당과 학생들의 거센 반발을 받았다. '젊은이의 피를 파는 행위'라는 비난도 있었다. 그러나 박 정권은 이를 강력하게 밀고나가 8년 동안 연인원 32만 명의 국군을 베트남 땅에 보냈다. 이미 1964년 9월에도 수백 명의 군의관과 태권도 교관 등을 보냈고, 1965년 3월에도 비전투 부대인 비둘기부대가 파병된 일이 있었는데, 1965년 10월에는 전투병인 청룡부대(해병대)와 맹호부대(육군)를 보내고, 1966년 9월에는 백마부대를 파견했다.

베트남 전쟁은 6·25 전쟁 이후 가장 큰 국제전쟁으로서 남북으로 분단된 베트남의 내전에 미국이

베트남 파병 장병을 환송하는 장면

관여하여 남쪽의 사이공 정권을 위해 북베트남(호치민 정권)과 '베트콩'(남베트남해방민족전선)을 상대로 싸운 데서 시작된 것이다. 그러나 베트콩의 저항이 워낙 거세어 미국이 혼자 감당하기 어렵게 되자 한국군의 파병을 요청한 것이다.

베트남 전쟁에서 한국군은 4,407명이 전사하고, 약 1만 7천여 명이 중상을 입었는데, 지금도 미군이 사용한 고엽제로 인해 고통을 받고 있는 환자가 적지 않다. 그러나 한국군은 베트남 민간인을 위한 봉사활동을 통해 좋은 인상을 심어준 것이 사실이고, 건설업체들이 진출하여 인력 수출의 길을 트게 되었다. 베트남 전쟁이 끝난 뒤에는 이들 건설업체의 인력과 장비가 중동지역으로 진출하여 한국기업의 해외진출이 비로소 본격화되었다. 현대건설과 대우건설 등이 이때 큰 기업으로 성장하는 발판을 마련하였다.

3) 박정희의 재선과 3선 그리고 남북대화의 시작

베트남 특수와 경제개발 정책에 힘입어 1960년대 중반 이후로 경제발전이 가시적인 성과를 보이기 시작하자 박정희 대통령의 인기가 올라가기 시작했다. 1967년에 4년 임기를 마친 박 대통령은 이해 5월에 치른 대통령 선거에서 윤보선 후보를 재차 누르고 압승했다. 그 다음 1971년 4월의 대통령 선거에서도 야당인 신민당의 김대중(金大中) 후보를 물리치고 3선에 성공하여 제7대 대통령이 되었다. 특히 1971년의 선거에서는 그동안 경제개발의 혜택이 많이 돌아간 영남지방과 그렇지 못한 호남지역의 표가 완전히 갈려 지역대결 양상이 다시 나타났다.

그런데 박 대통령이 3선을 하기 위해서는 대통령이 1차에 한하여 중임한다고 되어

남북조절위 공동위원장 2차 회담
오른쪽이 이후락 중앙정보부장

이후락 위원장(왼쪽)과 김일성 주석

남북 적십자회담

닉슨 중국 방문 왼쪽은 중국의 마오쩌둥 주석

있는 기존 헌법의 개정이 필요했다. 이에 1969년 9월 14일 민주공화당은 야당인 신민당과 학생들의 개헌반대 시위를 피해 국회별관에서 몰래 헌법개정안을 통과시키고, 10월 17일 국민투표를 통해 65%의 찬성을 얻어 확정했다. 이것이 6번째 헌법개정이다. 정부는 반대시위를 누르기 위해 위수령까지 발동하고, 1971년 12월에는 국가비상 사태를 선포하고 〈국가보위에 관한 특별조치법〉을 만들어 국민의 기본권을 제한하는 초강경 조치를 취하기도 했다.

그러면 남북관계는 그동안 어떻게 전개되었는가? 북한은 처음부터 반공을 국시로 내건 남한 군부의 집권을 반대하고, 한일협정과 베트남 파병에 대해서도 강한 불만을 가지고 한국정부를 붕괴시키려는 공작에 나섰다. 1968년 1월에는 특수훈련을 받은 북한 무장군인 31명이 청와대 부근까지 침투하여 교전 끝에 소탕되었으며, 울진과 삼척 등지에도 무장군인이 침투하여 국민을 불안에 떨게 만들었다.

1971년은 국제정세가 긴장완화 국면으로 돌아서고 있었다. 이해 중국이 유엔에 가입하고, 1972년에는 미국 대통령 닉슨이 중국을 방문하여 화해분위기가 조성되었으며, 베트남 내전이 위기에 몰려 공산화가 눈앞에 보이는 듯했다. 정부는 이러한 상황을 위기이자 기회로 활용하여 1970년부터 남북교류를 제의하고, 1971년 남북 간에 이산가족을 찾기 위한 적십자대표의 예비회담을 성사시켰다.

남북대화가 열리던 1972년 5월에 정부는 이후락(李厚洛) 중앙정보부장을 비밀리에 북으로 보내고, 북한은 박성철을 한국으로 보내 고위층을 만나 회담하고, 1972년 7월 4일 '7·4 남북공동성명'을 발표하여 세상을 놀라게 했다. 7개 항으로 된 조국통일 원칙을 합의하였는데 그 내용은 다음과 같다. ① 조국통일을 자주적, 평화적으로 해결하고, 사상, 이념, 제도의 차이를 초월하여 민족대단결을 도모 ② 쌍방은 긴장상태 완화, 상대방 중상비방 중지, 무장도발 중지, 불의의 군사적 충돌사고 방지 합의 ③ 남북 사이에 다방면으로 제반교류 실시 ④ 적십자 회담 성사 적극협조 ⑤ 서울과 평양 사이에 상설 직통전화 개설 ⑥ 남북조절위원회를 구성·운영 ⑦ 합의사항을 성실히 이행할 것 등이었다.

그동안 남북관계는 대결과 무장도발로 치달아 왔으나 이렇게 과감하게 서로 대화와 교류의 물꼬를 튼 것은 이 무렵 한국과 북한의 경제력이 비슷한 수준에 이르고, 국제적 데탕트가 조성되고 있는 분위기와 관련이 있었다.

4. 유신체제하의 대한민국(1972. 10 ~ 1979. 10)

1) 유신체제의 출범과 저항운동

국민의 열렬한 지지와 환호를 받은 1972년 '7·4 남북공동성명' 이후로 남북 간에는 처음으로 대화의 문이 열렸다. 이해 8월과 9월에는 적십자대표회담이 평양과 서울에서 번갈아 열려 이산가족 찾기 문제를 논의하고, 11월 30일에는 '남북조절위원회 구성 및 운영에 관한 합의서'에 서명했으며, 남북회담을 위한 직통전화도 가설되었다. 북한에 대한 호칭도 '괴뢰'에서 '북한'으로 바꾸고, 11월에는 서로 방송을 통한 비방을 중지했다.

남북 긴장완화를 계기로 정부와 민주공화당은 남북대화를 뒷받침하는 '국민총화'와 '능률의 극대화'라는 명분을 내걸고 박 대통령의 영구집권과 권력강화를 위한 헌법개정을 준비하기 시작했다. 마침 박 대통령의 3선 임기도 얼마 남지 않았으므로, 영구집권이냐 아니면 물러나느냐의 갈림길에 놓였던 것이다. 여당은 전자의 길을 택한 것이다.

헌법을 개정하여 대통령의 중임제한을 철폐하려는 논의가 등장하자 야당과 학생층의 반대여론이 다시금 거세게 일어났다. 그러자 정부는 10월 17일 비상계엄을 선포한 가운데 국회를 해산하고, 비상국무회의에서 이른바 〈유신헌법(維新憲法)〉을 제정한 다음 이해 11월 국민투표를 실시하여 확정했다. 이번 헌법개정은 일곱

비상계엄 선포 박정희 대통령의 10·17특별 선언을 전단 표제로 보도한 1972년 10월 18일자 신문의 1면

번째에 해당한다. 새 헌법에 따라 1972년 12월 23일 장충체육관에 모인 통일주체국민
회의 대의원들의 간접선거로 박정희를 8대 대통령으로 선출하였다. 그해 12월 27일
4선 대통령에 취임하였다.

'유신헌법'의 골자는 다음과 같다. 첫째, 전국에서 선출한 2,395명으로 구성된 '통
일주체국민회의'라는 새로운 주권수임기구를 만들어 그 대의원들이 대통령을 선출하
는데, 그 의장은 대통령이 맡는다. 둘째, 대통령의 중임제한을 없앤다. 셋째, 대통령이
국회해산권을 가지며, 국회의원의 3분의 1을 직접 임명하여 이를 '유신정우회(維新政友
會)'(약칭 유정회)로 부르고 임기는 2년으로 한다. 넷째, 법관에 대한 인사권을 대통령이
장악한다. 다섯째, 대통령은 '긴급조치권'을 행사할 수 있다는 것 등이었다. 말하자면
'유신체제'는 대통령이 행정부, 입법부, 사법부를 통제할 수 있는 무소불위의 독재자로
군림할 수 있도록 만든 것이 특징이었다.

정부와 여당은 〈유신헌법〉을 일컬어 '한국적 민주주의'라고 선전했으나, '유신체제'
에 대한 저항과 반발은 과거 어느 때보다도 과격한 양상을 띠었다. 특히 일부 대학생
들은 '민주청년학생연합'(약칭 민청학련)을 조직하여 전국적인 연대투쟁을 벌이기 시작하
고, 일부 언론인들은 '자유언론수호투쟁위원회'를 결성하는 등 저항의 강도를 높여갔
다. 저항운동은 야당과 종교인으로까지 확대되어 범민주진영 연대투쟁 기구인 '민주
회복국민회의'(의장 김대중)가 결성되기도 했다.

정부는 대통령의 가장 강력한 경쟁자인 김대중(金大中;
1926~2009)을 제거하기 위해 신병치료차 일본에 체류 중이던
김대중을 1973년 8월 납치하여 배에 실어 한국으로 데려온
후 납치 129시간 만에 동교동 자택 앞에서 풀어주었다가 이
내 가택연금시켰다. 바다에 수장시키려다가 미국이 감시하
여 살려주었다는 설도 있는데, 이 사건이 국내외에 던
져준 충격이 매우 컸다. 이후락 중앙정보부장은 이 사
건의 책임을 지고 해임됐고, 반정부운동이 격화됐다.

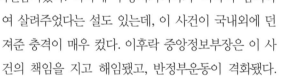

일본에서 돌아온 직후의 김대중

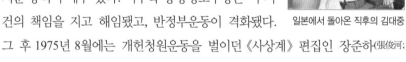

장준하

그 후 1975년 8월에는 개헌청원운동을 벌이던 《사상계》 편집인 장준하(張俊河;
1918~1975)[15]가 등산 도중 의문의 죽음을 당하기도 했다. 1974년 1월부터 정부는

---

15) 장준하는 평북 의주 출생으로 일본 동양대를 졸업하고, 일본신학교(日本神學校)를 다니다가 학도병으로 중국
에 갔는데 탈영하여 광복군에 입대한 후 광복이 되자 임시정부 주석 김구의 비서로 귀국했다. 1953년에 월간
지 《사상계》를 발간하여 1950~1960년대의 지성계에 큰 영향을 미쳤다.

'긴급조치'를 잇달아 발동하여 교수, 학생, 언론인, 종교인, 문인 등을 가리지 않고 민주화운동 인사들을 투옥 또는 해직시켰다.

이렇게 유신반대운동이 치열하게 전개되는 가운데 1974년 8월 15일 국립극장에서 열린 광복절기념행사 중에 대통령 영부인 육영수(陸英修; 1925~1974) 여사가 총탄을 맞고 숨지는 사건이 발생했다. 재일교포 청년 문세광(文世光)이 대통령 저격에는 실패했지만 영부인이 유탄을 맞은 것이다. 충북 옥천 출생으로 검소한 몸가짐으로 국민의 호감을 받고 있던 영부인의 죽음은 국민을 슬픔에 빠지게 했으며, 1965년 국교정상화 이후 한일관계를 최악의 상태로 몰아넣었다. 그 후 맏딸 박근혜(朴槿惠; 1952~)가 퍼스트 레이디 역할을 맡기 시작했다.

육영수

유신체제로 국내정치가 혼란을 거듭하던 1975년 4월 베트남이 결국 공산화되자 정부는 모든 대학에 '학도호국단'을 조직하고, '민방위대'를 창설하는 등 국방체제를 강화하면서 동시에 학원에 대한 통제를 강화하고 나섰다. '학도호국단'은 이승만 정권 때 시행되었다가 폐지되었는데 다시 부활시킨 것이다.

1978년 박 대통령은 다섯 번째로 대통령(9대)에 당선되었다. 물론 통일주체국민회의 대의원들의 간접선거를 통해서였다. 그러나 이보다 앞서 실시된 총선에서는 야당인 신민당이 여당인 민주공화당을 득표율에서 앞서는 이변이 일어나 민심이 여당을 떠났다는 것을 보여주었다. 여당 안에서도 이탈자가 늘어나고, 미국을 비롯한 국제사회에서도 인권탄압을 비판하는 목소리가 거세어 더 이상 권력을 유지하기 어려운 상황에 처했다. 이 무렵 국제 원유가격이 폭등하여 성장을 거듭하던 경제가 불황의 늪에 빠졌다. 박 대통령의 무리한 독재정치가 그런대로 유지된 것은 경제성장에 대한 기대감 때문이었는데, 이제 그것마저 설득력을 잃고 말았다.

1979년에 이르러 야당과 학생, 종교인, 언론인 등의 민주화운동은 절정에 이르렀다. 이해 5월말 야당인 신민당 당수로 선출된 김영삼(金泳三; 1927~) 총재가 적극적인 민주화투쟁을 전개하자 국회는 그해 10월 그를 제명하는 조치를 취했다. 이 사건으로 국내외 여론이 더욱 악화되고, 마침내 '부마사태(釜馬事態)'로 불리는 대규모 시위운동이 부산과 마산 일대에서 일어나 전국적으로 확산되어 갔다. 이제 정부는 국민의 저항에 굴

부마사태 당시 부산에 진주한 계엄군

복하느냐, 아니면 군대를 풀어 무력으로 진압하느냐 하는 선택의 기로에 섰다.

이렇게 사태가 급박하게 돌아가던 1979년 10월 26일 청와대 부근 궁정동에서 박 대통령은 비서실장 김계원, 청와대 경호실장 차지철(車智澈; 1934~1979), 중앙정보부장 김재규(金載圭; 1926~1980), 육군참모총장 정승화(鄭昇和; 1926~2002) 등과 함께 만찬을 가졌다. 이 때 김재규는 중앙정보부 부하들과 함께 일을 꾸며 박 대통령을 권총으로 살해하고, 이어 차지철을 사살하는 사건이 일어났다. 이를 '10·26 사건' 또는 '궁정동사건'이라 부른다. 이 사건으로 '한강의 기적'이라고 일컫는 경제발전을 이끌어왔으면서도 독재자라는 비판을 받아왔던 박 대통령 18년간의 집권이 막을 내리고 유신체제도 7년 만에 붕괴되고 말았다.

2) 박정희 집권기의 경제성장과 새마을운동

1961년 5·16 군사정변 이후 1979년 박정희 서거에 이르기까지 대한민국의 경제는 비약적인 발전을 거듭했다. 1963년 당시 1인당 국민 총소득은 104달러였으나, 1979년의 1인당 국민 총소득은 약 1,709 달러로 증가했다. 연평균 경제성장률은 9% 내외를 기록했다. 이는 전 세계적으로 가장 빠른 성장에 속한다. 세계 최빈국 중 하나였던 한국이 중진국 대열에 올라선 것이다.

경제정책의 큰 원칙은 외국자본과 기술을 도입하여 공업을 육성하고, 양질의 값싼 노동력을 이용하여 생산된 제품을 수출하고 자본을 축적해간다는 전략이었다. 말하자면 수출주도형 경제발전 전략이었다. 자연자원이 부족한 한국으로서는 불가피한 선택이었다.

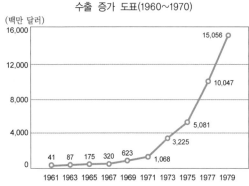

수출 증가 도표(1960~1970)

(백만 달러)

16,000 — 15,056
12,000 — 10,047
8,000
4,000 — 5,081 / 3,225
0 — 41 87 175 320 623 1,068
1961 1963 1965 1967 1969 1971 1973 1975 1977 1979

출처: 통계청(2000)

정부는 1962년부터 제1차 경제개발 5개년 계획을 세우고, 수출주도형 공업화 정책을 추진한 결과 1960년 현재 3천 3백만 달러에 불과하던 수출이 1966년에는 2억 5천만 달러로 증가하여 연 44%의 고속성장을 기록했으며, 연평균 경제성장률은 8.5%에 이르렀다. 1967년부터 다시 제2차 경제개발 5개년 계획에 착수하여 이 기간에 수출은 연평균 33.7%, 경제성장률은 연평균 10.7%에 이르러 가속도가 붙었다.

1964년에 가동되기 시작한 울산정유공장, 1969년에 조성된 마산수출자유지역, 1970년 7월에 개통된 경부고속도로는 이 시기 경제개발의 상징이 되었다. 1972년에 시작된 남북대화는 경제발전이 뒤떨어졌던 한국경제가 이러한 경제발전으로 북한을 처음으로 추월한 것이 주요한 배경으로 작용했다.

울산공업단지

1970년대 유신체제 하에서도 정부는 장기 경제개발 정책을 지속적으로 추진했다. 1972년부터 제3차 5개년 계획이, 1977년부터 제4차 5개년 계획이 시행되었는데, 경공업 중심에서 중화학공업 우선정책으로 방향을 바꾸었다. 이로써 산업구조가 고도화되어 본격적인 산업사회로 들어가게 되었다. 1973년에 준공된 '포항제철'과 1978년에 준공된 '고리원자력발전소'는 중화학공업의 상징적 사업이었다.

포항제철

1970년대의 국제적 경제여건은 좋은 편이 아니었다. 중동의 석유생산국들이 원유가격을 올려 수출에 악영향을 미쳤다. 그럼에도 수출은 꾸준히 증가하여 1977년에 100억 달러를 돌파하고, 1981년에 200억 달러를 넘어섰으며, 수출상품에서 공산품 비중이 90%를 넘어서고, 중화학이 차지하는 비중은 55%에 이르게 되었다. 또 이 시기에는 베트남에 진출했던 건설업체들이 중동으로 진출하여 외화벌이에 큰 몫을 담당했다. 지금 우리나라 굴지의 기업들이 베트남과 중동특수를 타고 성장한 것이다. 한편, 실업자 해소와 외화벌이를 위해 서독에 약 8천 명의 광부(1963~1980)와 약 1만 명의 간호사(1966~1976)를 파견하기도 했다. 그러나 외형적인 경제성장의 뒷면에는 많은 부작용과 그늘이 있었다.

자본과 기술적인 면에서 미국과 일본에 대한 의존도가 높고 대기업 중심의 경제구조에서 오는 산업불균형, 대기업과 정치권의 유착에서 파생된 부정과 부패의 만연, 지역발전의 편차로 인한 지역갈등, 농촌의 피폐와 도시빈민층의 형성, 민주화운동자들에 대한 인권탄압, 그리고 각종 공해 등이 문제로 떠오르고 이러한 모순점이 학생운동과 민주화운동을 격화시키는 원인이 되었다.

정부는 상대적으로 낙후된 농촌사회의 소득을 올리고, 생활환경을 개선하기 위해 1971년부터 이른바 '새마을운동'을 펼치기 시작했다. 박 대통령이 발의하여 시작된 이 운동은 근면, 자조, 협동정신을 바탕으로 초가집 개량, 농촌도로 정비, 영농기반 조성 등을 일구어내면서 농촌사회에 활력을 불어넣어 주었으며, 도시로도 확대되어 총체적인 국가발전 전략으로 활용되었다. "새벽종이 울렸네, 새 아침이 밝았네, 너도 나도 일어나 새마을을 가꾸세"라는 노래와 "잘 살아보세, 잘 살아보세, 우리도 한 번 잘 살아보세"라는 노래는 새마을운동을 상징하는 국민가요로 전국 방방곡곡에서 울려 퍼졌고, 직장과 모든 행정단위에도 실천조직이 구성되어 관민이 다 함께 이 운동에 참여했다.

새마을 운동

새마을운동은 이처럼 1970년대의 국가발전에 기여한 점이 크지만, 동시에 박 대통령의 유신체제를 뒷받침하는 정치적 기능도 함께 지니고 있었다. 그래서 박 정권의 몰락과 함께 이 운동도 농촌사회의 친목운동으로 변질되었다.

1960년대에서 1970년대에 이르는 시기의 경제성장은 '하면 된다'는 박 대통령의 강력한 리더십과 개발과 독재라는 통치방식을 통한 추진력의 결과이지만, 그 밑바탕에는 우리 국민의 높은 교육열과 성취욕, 그리고 수천년간 선진문명을 꾸려온 문화적 잠재력이 되살아난 것이 원동력이었다.

3) 박정희 집권기의 민족주의 문화

박 대통령의 교육과 문화정책은 민족주의에 바탕을 두고 있었다. 6·25 전쟁 와중에 민족운동가들이 북으로 납치되고, 전쟁이 끝난 뒤에는 미국바람이 거세게 불면서 민족주의가 거의 사라지고, 미국 대중문화와 일제 식민사관이 교육과 문화 전반을 지배하는 시대가 되었다. 이러한 황막한 지적 풍토에 다시금 민족주의 바람을 일으킨 것은 1960년의 4·19 혁명의 주역인 '4·19 세대' 였다.

박 정권은 4·19 혁명을 전후하여 불기 시작한 민족주의 바람을 국가지도 이념으로 수용하여 교육과 문화 전반에 '주체적 민족사관'을 강조하고 나섰다. 특히 1968년

12월 5일 이른바 '국민교육헌장'[16]을 제정하여 각급 학교에서 낭송하도록 했다. 그 내용은 "우리는 민족중흥의 역사적 사명을 띠고 이 땅에 태어났다" 는 구절로 시작하여 '자주독립 정신', '협동정신', '반공민주 정신'을 강조하고, 나아가 '나라의 융성이 나의 발전의 근본'임을 깨달아 새역사 창조에 매진하자는 내용이다. '국민교육헌장' 은 한 마디로 민족주의와 국가주의, 그리

국민교육헌장 선포식

고 반공민주주의를 강조한 것으로, 개인보다는 국가와 민족의 중요성을 우선한 것으로 풀이된다. 국민교육헌장을 만드는 데 깊이 관여한 인사는 서울대학교 철학 교수로서 대통령 특별보좌관으로 있던 박종홍(朴鍾鴻) 교수로 알려지고 있다.

민족주의는 당연히 역사에 대한 사랑으로 이어져서 각급 학교에서 국사교육이 강조되었으며, '국민윤리' 라는 새로운 교과목을 만들어 필수로 가르치기 시작하고, 서울대학교에 국민윤리교육과가 신설되기도 했다. 또, 식민사관을 벗어나지 못한 국사교과서를 민족사관으로 바꾸기 위해 1974년부터 국정국사교과서를 편찬하여 사용하기 시작했다.

그밖에 전통문화 유산이 재정비되거나 성역화되었다. 특히 이순신, 윤관, 강감찬 등 애국명장, 세종대왕, 이율곡, 이퇴계 등 유학자의 유적지가 성역으로 정비되고 이들의 동상이 도처에 세워졌다.

한편, 한국학을 진흥시키고, 고급인력을 연수교육시키기 위한 연구기관으로 1978년에 경기도 성남시 운중동에 '한국정신문화연구원 '(2005년 한국학중앙연구원으로 개명)을 세웠다. 여기서 수백 명의 한국학 연구자들을 동원하여 10여 년의 작업 끝에 1988년부터 1991년에 걸쳐 27권의 방대한《한국민족문화대백과사전》을 편찬했다.

---

16) '국민교육헌장' 의 전문은 다음과 같다.
"우리는 민족중흥의 역사적 사명을 띠고 이 땅에 태어났다. 조상의 빛난 얼을 오늘에 되살려 안으로 자주독립의 자세를 확립하고, 밖으로 인류공영에 이바지할 때다. 이에 우리의 나아갈 바를 밝혀 교육의 지표로 삼는다. 성실한 마음과 튼튼한 몸으로 학문과 기술을 배우고 익히며, 타고난 저마다의 소질을 계발하고, 우리의 처지를 약진의 발판으로 삼아 창조의 힘과 개혁의 정신을 기른다. 공익과 질서를 앞세우며, 능률과 실질을 숭상하고, 경애와 신의에 뿌리박은 상부상조의 전통을 이어받아 명랑하고 따뜻한 협동정신을 북돋운다. 우리의 창의와 협력을 바탕으로 나라가 발전하며, 나라의 융성이 나의 발전의 근본임을 깨달아, 자유와 권리에 따르는 책임과 의무를 다하며, 스스로 국가 건설에 참여하고 봉사하는 국민정신을 드높인다. 반공 민주정신에 투철한 애국애족이 우리의 삶의 길이며, 자유세계의 이상을 실현하는 기반이다. 길이 후손에 물려줄 영광된 통일조국의 앞날을 내다보며, 신념과 긍지를 지닌 근면한 국민으로서 민족의 슬기를 모아 줄기찬 노력으로 새 역사를 창조하자"

《사상계》, 《창작과 비평》,
《문학과 지성》

이 사전은 국사편찬위원회에서 1978년에 완간한 24권의 《한국사》와 더불어 박 정권 최대의 학술사업으로 평가된다.

학계에서도 정부의 국학진흥 정책에 부응하여 한말~일본 강점기 활동한 신채호, 박은식 등 민족주의 역사학자들에 대한 연구도 활기를 띠었으며, 일제 식민사관을 극복하기 위한 연구가 활발히 진행되어 국민의 역사의식이 패배주의에서 벗어나 긍정적으로 바뀌고 역사에 대한 긍지와 자신감을 회복하기 시작했다.

유신체제 말기에는 대통령의 영애 박근혜가 중심이 되어 '새마음운동'을 벌이기도 했다. 새마음의 중심은 나라에 대한 충(忠)과 부모에 대한 효(孝)를 강조하는 것으로 〈국민교육헌장〉의 내용과도 서로 통하는 면이 있지만 정부는 민족주의와 주체사관을 강조하여 권력유지에 도움을 주기도 했다. 특히 유신체제를 '한국적 민주주의'라고 정당화한 것은 서구식 자유민주주의를 원하던 지식인들에게는 설득력이 부족했다.

지식인들이 즐겨 읽는 교양잡지도 바뀌었다. 자유당 시절에는 북한에서 월남한 장준하, 신상초, 장경학 등이 중심이 되어 만든 《사상계》(1953년 창간)가 주로 서구식 자유민주주의를 홍보하면서 반독재투쟁을 선도했다면, 이 시절에는 《사상계》 이외에도 1966년에 창간한 《창작과 비평》이 민족주의와 진보이념을 펴 젊은 지식인층에서 인기를 얻었는데 박 정권의 독재에는 호의적이지 않았다. 그밖에 문학작품을 주로 수록하는 《문학과 지성》(1970년 창간)도 적지 않은 호응을 얻었다.

4) 1960~1970년대 북한의 '주체노선'

1950년 6·25 전쟁 후 농업과 상공업을 사회주의체제로 바꾼 북한은 소련, 독일(동독), 체코 등 공산권의 기술지원을 받으며 1950년대 10년간 빠른 속도로 경제를 회복하여, 한국의 경제력보다 월등하게 앞서가고 있었다.

그러나 1960년대에 들어와 북한은 새로운 위기를 맞이했다. 첫째, 한국에서 군사정부가 등장하여 경제가 빠르게 성장하고, 미국의 지원을 받아 군사력이 크게 강화되었다. 둘째, 한일협정(1965)을 맺어 한국, 미국, 일본의 연합안보체제가 구축되었다. 셋째, 스탈린이 죽고 흐루시초프(집권기간: 1958~1964)와 브레즈네프(집권기간: 1964~1982)가 잇달

문화대혁명　　　　　　　　　　　　　　　　납치되는 푸에블로 호 선원

아 등장하여 미국과 평화공존 정책을 폈다. 넷째, 중국과 소련 사이에 분쟁이 격화되는 가운데 극단적 좌파운동인 '문화대혁명'(1966~1968)을 일으킨 중국이 김일성을 수정주의자, 독재자로 비난하면서 양국관계가 악화되었다. 다섯째, 1968년에 미국 군함 푸에블로 호가 북한 연안을 정탐하다가 나포되는 사건이 발생한 것이다.

북한은 고립된 위기상황을 돌파하기 위해 김일성의 권력을 강화하고, 국방건설에 총력을 기울이는 길을 택했다. 이런 이유로 1960년대 중반부터 정치적 자주(自主), 경제적 자립(自立), 군사적 자위(自衛)를 골자로 하는 이른바 '주체노선'을 내세우게 된 것이다. 그리고 김일성의 권력을 강화하기 위해 김일성의 우상화, 김일성 가계(家系)의 성역화를 추진하고, 이에 따라 근대사와 현대사를 김일성과 빨치산 중심으로 서술하고, 그 밖의 공산주의운동은 모두 종파주의로 비판했다. 김일성이 15세 되던 1926년에 조직한 '타도제국주의동맹'부터 공산주의가 인민대중과 결합되었으며, 이때부터 진정한 공산주의운동이 시작되었다고 주장했다. 역사해석도 학자의 자유를 박탈하고, 오직 김일성의 '교시'를 따라서 해석하도록 강요했다.

이렇게 주체노선이 등장하면서 김일성과 그를 따르던 항일빨치산 출신 강경파가 실권을 장악하고 국방건설을 최우선 목표로 삼고, 이른바 '4대군사노선'을 채택했다. 그 내용은 '전인민의 무장화', '전국토의 요새화', '전군(全軍)의 간부화', '전군의 현대화'인데, 이를 달성하기 위해 군수공업 발전에 박차를 가하기 시작했다. 말하자면 북한사회 전체를 병영(兵營)으로 개편한 것이다.

국방강화 정책은 과도한 국방비 지출을 초래하여 국가 예산의 약 30%를 차지할 정도로 높아지고, 경제발전이 급속도로 둔화되기 시작했다. 농업과 상공업의 사회주의화도 처음에는 생산력의 증대를 가져왔으나, 시간이 흐를수록 생산의욕을 감퇴시켰다. 박금철, 이효순 등 이른바 '갑산파'가 국방건설에 이의를 제기하고 경공업증진을 통한 생활향상을 주장했으나 부르주아 수정주의로 몰려 1967년에 숙청당했다.

북한의 대남정책은 강온양면 정책으로 나갔다. 겉으로는 평화적인 '남북연방제통일안'을 내걸고, 안으로는 '민족해방 인민민주주의 혁명'을 통해 한국을 적화시키려는 전략을 추구했다. 이는 먼저 미군을 철수시켜 민족해방을 달성하기 위해서는 한국 내의 노동자 농민뿐 아니라 양심적인 보수세력과도 손을 잡아야 한다는 것이었다. 이것은 민족해방을 우선과제로 설정하고, 공산주의혁명은 그 다음 단계로 설정한 것이다. 그리고 한국 내에 북한의 주체노선을 따르는 '통일혁명당'을 조직하여 동조세력을 모았다.

북한의 '민족해방 인민민주주의노선'과 '주체사상'은 한국의 학생운동 세력에 적지 않은 영향을 주었는데, 이들을 속칭 '주사파'라고 부른다. 1960~1970년대의 학생운동은 순수한 민주화운동도 있었으나, 이밖에 '주사파'와 노동자·농민의 해방을 추구하는 '민중해방파'가 섞여 있어 정부는 이들이 시위운동을 배후에서 주도한다고 믿었다.

북한의 강경파는 무장게릴라를 수시로 한국에 내보내 한국의 국방력을 시험하고, 사회혼란을 조성하기도 했다. 1968년에는 31명의 무장군인들을 청와대 부근까지 침투시키고, 1969년에 다시 무장게릴라를 삼척에 보내 무력도발을 감행한 것이 그것이다. 그러나 이러한 무력도발은 오히려 한국의 안보의식을 높이고 박 대통령의 권력강화와 군사통치를 강화하는 명분을 제공했다.

5) '사회주의헌법'과 김정일의 등장

1970년을 전후하여 북한은 경제적 침체를 벗어나기 위해 강경노선을 완화하면서 빨치산 세력 가운데 강경파에게 경제건설과 대남정책의 실패를 물어 숙청하고 실무형 관료와 혁명 2세대를 등장시켰다. 이 과정에서 김일성의 아들 김정일(金正日; 1942~2011)을 비롯한 김일성의 친인척이 권력의 핵심에 자리 잡았다. 김일성의 아우 김영주(金英柱), 부인 김성애(金聖愛), 사촌매부 양형섭(楊亨燮; 1925~), 조카사위 허담(許錟), 외사촌 강현수(康賢洙), 김정일의 매제인 장성택(張成澤; 1945~2013; 동생 김경희의 남편) 등이 요직을 차지했다.

이렇게 친인척이 등장하면서 김일성의 권력을 무한대로 높여주는 헌법개정이 1972년 12월에 이루어졌다. 그동안 북한의 헌법은 '인민민주주의헌법'이었으나, 이를 '사회주의헌법'으로 바꾼 것이다. 이에 따라, 내각수상을 '주석(主席)'으로 바꾸고, 주석에게 직속된 '중앙인민위원회'에 행정, 입법, 사법의 모든 권한을 집중시켰다. 또 이때 북한의 수도를 '서울'에서 '평양'으로 바꾸고, 평양을 '민족의 심장부'라고 홍보하기 시작했다. 그 과정에서 평양에 수도를 두었던 고조선과 고구려 역사에 큰 의미를 부여하고 삼국시대는 고구려를 중심에 두고 서술하는가 하면 신라를 민족을 반역한 국가로 폄하했다.

'사회주의헌법'이 1972년 12월에 제정된 것은 이해 10월 한국에서 '유신헌법'이 제정된 것에 대응하는 의미도 있었다.

1970년대 북한의 절대권력을 밑받침한 것은 김정일이었다. 김일성종합대학에서 정치경제학을 공부한 그는 30세 되던 1973년 9월에 당을 장악하고, 이때부터 '3대 혁명소조'를 조직하여 지도하면서 젊은 엘리트층을 장악하기 시작했다. '3대 혁명소조'란 당 핵심과 젊은 엘리트 집단을 작은 소조(小組)로 나누어 공장, 기업소, 협동농장에 파견하여 사상, 기술, 문화의 세 분

3대 혁명 붉은기쟁취운동 포스터

야에 걸쳐 혁명을 지도하게 한 운동을 말한다. 이 운동은 주체사상을 대중 속에 뿌리 내리게 하는 데 목적이 있었다.

김정일은 그 후 1974년 2월 조선노동당 정치위원회 위원으로서 김일성의 유일한 후계자로 공인되어 '당 중앙'으로 불렸으며, 이때부터 '대를 이어 충성하자'는 구호 아래 김정일 세습체제를 대중 속에 홍보하기 시작했다. 그 후 조선노동당 대남담당 비서(1975)를 거쳐 정치국 비서(1980)를 담당했는데, 이 무렵부터 '주체사상'을 더욱 심층적으로 이론화하는 데 앞장섰다. 그리하여 1985년에 전 10권으로 된 《위대한 주체사상총서》를 발간하여 주체의 사상, 이론, 방법이 마무리되었다. 주체사상을 이론화하는데 실제로 도움을 준 사람은 김일성대학 총장을 지낸 황장엽(黃長燁; 1923-2010)이었다. 그는 김정일 정치에 실망하여 1997년 대한민국으로 망명했다.

황장엽

《주체사상총서》에서 가장 중요한 내용은 수령은 오류가 없으므로 인민은 절대복종해야 한다는 것, 인민은 육체적 생명은 부모로부터 받고 정치적 생명은 수령으로부터 받는데 정치적 생명이 육체적 생명보다 더 위대하다는 것, 역사의 주체는 인민이며 인민의 정신이 역사를 움직이는 원동력이라는 것 등이다. 이러한 내용은 고전적인 마르크스–레닌주의와는 다른 것으로 이때부터 주체사상을 '유일사상'으로 선전하면서 수령을 인간이 아닌 신으로 떠받들기 시작했다.

1970년대 북한의 경제는 여전히 침체를 면치 못했다. 6개년 계획(1971~1977)과 7개년 계획(1978~1984)을 잇달아 추진했으나 연평균 성장률은 2%를 넘지 못했다. 이 시기

한국이 10% 내외의 성장을 한 것과는 대조를 보인다. 북한은 생산력을 높이기 위해 '3대 혁명 붉은기쟁취운동'과 '기업의 독립채산제' 등을 실시했으나 별다른 성과를 얻지 못했다. 기술혁신이 부족하고, 외국 원조의 감소, 대외무역의 부진, 전력과 석유 등 에너지 부족을 돌파하지 못하고 오직 노동력 동원에 의한 경제건설이 한계를 드러낸 것이다.

1972년에 역사적인 남북대화가 열리면서 남북관계는 어느 때보다도 안정되었으나, 한국에 대한 적화통일 전략은 변함없이 지속되었다.

제4장 전두환 정부(제5공화국)와 노태우 정부(제6공화국)

1. 전두환 정부(제5공화국; 1980. 12 ~ 1988. 2)

1) 신군부의 군사정변과 전두환 정부

1979년 10월 26일에 일어난 궁정동사건으로 박 대통령이 피살되자 계엄이 선포되고, 최규하(崔圭夏; 1919~2006)[17] 국무총리가 대통령 권한대행을 맡았다가 이해 12월 6일에 '유신헌법'에 따라 장충체육관에 모인 통일주체국민회의 대의원들에 의해 제10대 대통령으로 선출되어 12월 21일 취임했다. 당시 여론은 최 대통령이 과도정권을 운영하면서 '유신헌법'을 철폐하고 민간정부가 회복되기를 기대했다. 그동안 야당을 이끌어 온 김영삼(金泳三), 김대중(金大中), 그리고 박 정권 하에서 오랫동안 2인자 자리를 지켜온 김종필(金鍾泌) 등 이른바 3김씨 가운데 한 사람이 국민직선제를 통해 정권을 인수할 것으로 전망했다.

그런데 최 대통령이 권한대행을 맡은 지 6일 만인 12월 12일 뜻밖에 군사정변이 또 일어났다. 당시 국군보안사령관으로서 계엄사령부 합동수사본부장을 맡고 있으면서 박

---

17) 최규하는 강원도 원주 출생으로 경성제일고보(현 경기고 전신)를 거쳐 1941년에 동경고등사범학교를 나온 뒤 1943년 만주 국립대동학원을 졸업했다. 광복 후 서울대학교 사범대학교수를 거쳐 직업외교관으로 활동하다가 1967년 외무장관, 1971년 대통령 외교담당 특별보좌관을 지내고, 1976년 국무총리로 취임했다.

광주민주화운동 광주 금남로

계엄군의 진압 광주 금남로

국립 5·18 민주 묘지 광주 북구 민주로 200

대통령 시해사건을 수사하던 전두환(全斗煥; 1931~) 소장이 9사단장 노태우(盧泰愚; 1932~) 소장, 유학성, 정호용, 허삼수 등 육사 11기생 출신 장성들과 협의하고, 보안사령부 장교들을 움직여 계엄사령관 정승화(鄭昇和; 1926~2002) 대장을 체포하는 사건이 발생했다. 이를 '12·12 사태'라고 부른다. 당시 대통령의 사전 허락을 받았는지 여부는 아직도 확실하지 않다. 12·12 사태의 주역을 '신군부'로 부르기도 하는데, 이들은 '하나회'[18]라는 친목단체를 형성하고 있었다.

정승화 계엄사령관을 체포한 것은 그가 박 대통령 시해사건 때 김재규(金載圭; 1926~1980)와 공범이라는 것이 이유였는데, 실제로 공범은 아니었다. 이 사건을 통해 실질적으로 군권을 장악한 신군부는 차츰 정권을 잡기 위한 순서를 밟아갔는데, 1980년 4월 14일 전두환 장군이 중앙정보부장을 맡는 등 심상치 않은 분위기가 나타나자 학생들은 '민주화 대행진'을 표방하고 5월 14일부터 대규모 시위를 벌여 5월 15일에는 약 10만 명의 시위대가 서울역 앞에 모여 시위운동이 절정에 이르렀다. 이 시위는 4·19 혁명 이후 가장 큰 시위로서 '서울의 봄'이라고도 한다.

그러나 신군부는 5월 17일에 비상계엄을 전국으로 확대하고, 일체의 정치활동을 정지시킨 다음 서울의 주요 대학에 무장군인을 진주시키고, 김대중, 김종필 등 정치인들을 권력형 부정축재자로 체포하고, 야당총재인 김영삼을 상도동 자택에 연금시켰다.

민주화의 기대가 무산되자 국민의 실망이 커가는 가운데 5월 18일에는 전라남도 광주에서 대규모 학생시위가 일어났다. 신군부는 이를 진압하기 위해 처음에는 공수특전단을 투입했는데, 과잉진압으로 많은 사상자가 발생하

---

18) 하나회는 1963년 전두환, 노태우, 정호용, 김복동 등 대한민국의 육군사관학교 11기생들이 주도하여 비밀리에 결성한 조직이다. 이후 육군사관학교의 각 기수를 내려오면서 주로 경상도 출신 소장파 장교를 대상으로 3~4명씩 회원을 계속 모집하였다. 육사 31기까지도 계속 모임이 결성되었다. 1979년에는 육사 11기, 12기생을 중심으로 신군부로 발전하여 12·12 군사반란, 5·17 쿠데타를 주도하고 5·18 광주민주화운동 진압 과정에도 참여했으며, 1995년 12·12 및 5·18 사건 재판에서 신군부 핵심 인사들이 유죄판결을 받았다.

자 흥분한 학생과 시민들은 광주도청의 무기를 탈취하여 시민군을 형성하고 시가전을 벌인 끝에 5월 26일까지 광주를 장악했다. 정부는 다시 계엄군을 투입하여 5월 27일 광주는 평온을 되찾았으나 200여 명의 사망자와 900여 명의 부상자를 낸 비극의 상처는 쉽게 아물지 않았다.

그 당시 북한군이 민주화운동에 개입했다는 설도 있으나 확실하지 않다. 당시 사상자들은 한동안 폭도로 불렸으나 김영삼 정부 시절인 1995년에 국회에서 '광주민주화운동'으로 규정하고 피해자에 대한 명예회복과 보상이 이루어지기 시작했다.

광주민주화운동을 진압한 신군부는 5월 31일 '국가보위비상대책위원회'(약칭 국보위)를 설치하고, 전두환이 위원장으로 취임하여 정치에 직접 개입하고 나섰다. 먼저 사회 안정을 이유로 정치인의 정치활동을 규제하고, 언론기관을 통폐합하고, 민주화에 앞장선 교수와 기자들을 직장에서 해직시켰다. 그리고 폭력배를 근절한다는 이유로 약 2만 명의 청년을 군부대 내에 설치한 '삼청교육대'라는 특수훈련장으로 보내 가혹한 훈련을 시켰다.

이렇게 정치적 정비작업을 마친 신군부는 마침내 최규하 대통령을 1980년 8월 16일 사퇴시키고, 8월 27일에 전두환 예비역대장이 통일주체국민회의에서 11대 대통령으로 선출되어 9월 1일 취임식을 가졌다. 이어 10월 17일 모든 정당을 강제로 해산시키고, 10월 27일에는 유신헌법을 일부 수정한 신헌법을 제정하여 대통령의 임기를 7년 단임으로 하고, 통일주체국민회의 대신 '대통령선거인단'이 대통령을 간접 선출하도록 했다. 이번 헌법개정은 여덟번째이자, 공화정 헌법으로는 다섯번째이어서, 이 헌법으로 탄생한 전두환 정부를 '제5공화국'으로 부르기도 한다. 1981년 1월에는 새로운 여당으로 '민주정의당(民主正義黨)'(약칭 민정당)을 창당했다. 그리고 새 헌법에 따라 1981년 2월에 장충체육관에 모인 선거인단에 의해 민주정의당 후보로 나선 전두환(全斗煥)[19]이 제12대 대통령으로 선출되어 3월 3일 취임했다.

---

19) 전두환 대통령은 경상남도 합천 출생으로 호는 일해(日海)다. 1947년 대구공업중학교에 입학하고, 1951년 대구공업고등학교를 졸업한 후 육군사관학교에 진학, 1955년 졸업하여 육사 11기로 소위로 임관했다. 1961년 5·16 군사정변 후 박정희장군의 비서관을 거쳐 1970년 육군대령으로 베트남 전쟁에 연대장으로 참전하고, 1978년 제1사단장을 지냈다. 장성으로 구성된 하나회를 조직하여 군부 내 인맥을 형성하고, 1979년 3월 국군보안사령부사령관이 되었다가 이래 10·26 사건으로 박 대통령이 피살되자 새로운 권력자로 등장했다.

2) 전두환 정부(제5공화국)의 정치와 경제

1981년 3월 3일 출범한 전두환 정부는 정의사회 구현과 복지사회 건설을 국정지표로 내걸었는데, 육사출신의 고급장교들을 전역시켜 주요 관공서와 정부투자 기관의 요직에 앉혀 육사출신 엘리트의 힘을 빌렸다.

전두환 대통령 취임식

그러나 '12·12 군사정변'과 '5·18 광주민주화운동'의 후유증, 간접선거를 통한 대통령 당선 등 정통성의 취약점을 지닌 5공 정부는 재야세력과 학원가의 격렬한 저항에 부딪쳤다. 여기에 5·18 때 미국이 계엄군 진주를 묵인했다는 이유로 반미운동이 반정부운동과 겹쳐진 것이 새로운 양상이었다.

5공 시절의 학생운동은 크게 두 갈래가 있었다. 하나는 미군 철수에 초점을 맞춘 반미자주화운동으로 이를 'NL계'(National Liberation)라 불렀는데, 북한의 주체사상에 입각한 대남통일 전략과 비슷하여 흔히 '주사파'(주체사상파)라고도 불렸다. 다른 하나는 노동자, 농민, 도시빈민층의 지위향상에 초점을 맞춘 것으로 흔히 '민중해방파', '제헌의회파', '삼민투쟁파', 또는 PD파(People's Democracy)로도 불렸다. 여기서 삼민(三民)은 민족, 민주, 민중(노동자, 농민, 도시빈민층)을 가리킨다.

정부는 학생운동을 초장에 진압하기 위해 1984년 3월까지 대학캠퍼스 안에 사복경찰을 상주시키고 시위가 일어나면 경찰을 직접 강의실까지 투입시켜 검거했다. 이것도 새로운 모습이었다. 이 때문에 80년대의 학원은 매우 살벌한 분위기 속에서 최루탄 가스가 그칠 날이 없었고, 시위 도중 분신자살을 시도하거나 옥상에서 투신자살하는 등 격렬한 투쟁양상을 보이기도 했다. 정부는 난립한 언론매체를 통폐합하고 재정비한다는 명분으로 반정부성향 기자들을 대거 해직시킴으로써 언론자유가 크게 위축되었다.

정부는 대학의 면학분위기를 조성하고 대학 재수생을 구제한다는 명분을 세우고 '졸업정원제'를 실시했다. 이 제도는 입학정원을 크게 늘리는 대신 졸업생 수는 축소시켜 성적이 불량한 학생은 졸업할 수 없도록 한 것이다. 면학분위기를 조성하여 시위운동이 수그러들기를 기대했던 것이다. 그러나 이 제도를 시행한 결과 갑자기 늘어난 학생으로 교육의 질이 떨어지고, 오히려 시위 규모만 커지는 등 부작용이 나타나자 1986년에 폐지했다.

그러나 정부는 민심수습의 필요에서 유화정책을 쓰기도 했다. 정치규제자를 단계적으로 해금하고, 그동안 이미지가 나빴던 중앙정보부를 '국가안전기획부'(약칭 안기부)로 명칭을 바꾸고(1980. 12), '반공법'을 폐지하여 '국가보안법'에 흡수했으며, 시위로 제적된 학생들을 복교시키기도 했다. 1984년에는 '학도호국단'을 폐지하고 학생자치 기구를 부활시켰다. 1980년부터 컬러 TV 방송을 허용하고, 1981년에는 해외여행이 처음으로 자유화되었으며, 1982년에는 통행금지제도가 없어졌다. 중고등학생의 교복도 자율화되었다.

제5공화국 정부의 또 하나의 시련은 1983년 10월 9일에 발생한 '아웅산 폭탄테러 사건'이었다. 동남아 순방국 중 하나인 미얀마를 방문한 전두환 대통령 일행이 수도 랭군[양곤]의 아웅산 묘소를 참배하던 중 폭탄물이 터져 부총리를 비롯한 고급 관료 17명이 사망하고,[20] 14명이 부상당하는 참사가 일어난 것이다. 이 사건의 배후에 북한 공작원이 개입했다고 알려져 남북관계가 경색되는 계기가 되었다.

아웅산묘소에서의 테러를 보도한 기사
매일경제신문 1983. 10. 10

정치적 악재에도 불구하고 제5공화국 정부는 두 가지 측면에서 큰 성과를 이루었다. 하나는 현대그룹 정주영(鄭周永) 회장 등의 노력으로 1981년에 '1988년 서울올림픽'을 유치하고, 이어 '1986년 아시안게임'을 유치한 것이다. 또 하나는 경제 분야의 성공이다. 특히 1980년대 후반기 이후로 정부의 긴축정책과 국제 원유가(原油價) 하락, 달러가치 하락, 금리(金利) 하락 등 이른바 '3저 현상'이 지속되어 물가상승률이 한 자릿수로 잡히고, 수출이 호조를 보였다. 여기에 두 개의 커다란 국제적 행사를 유치하면서 국민의 자긍심이 높아지고 경제에 활력을 불어넣었다.

삼성 반도체공장을 둘러보는 고 이병철회장

이 시기에는 자동차, 전자, 반도체 등 부가가치가 높은 첨단산업이 활기를 띠면서 성장했다. 특히 1986년에 현대자동차

현대자동차 포니엑셀

20) 아웅산묘소 폭파사건의 희생자 17명의 명단은 다음과 같다. 서석준(부총리), 이범석(외무장관), 김동휘(상공부 장관), 서상철(동자부장관), 함병춘(대통령비서실장), 심상우(민정당총재 비서실장), 김재익(청와대 경제수석비서관), 이기욱(재무부차관), 이계철(주버마대사), 하동선(해외협력위 기획단장), 민병석(대통령 주치의), 김인희(농수산부 차관), 김용한(과기처 차관), 이재관(대통령 공보비서관), 이중현(동아일보 기자), 한경희(대통령 경호원), 정태진(대통령 경호원)

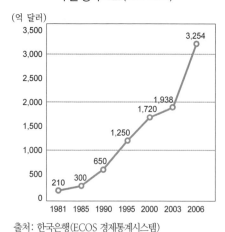

수출 증가 도표(1981~2006)

(억 달러)

- 3,254 (2006)
- 1,938 (2003)
- 1,720 (2000)
- 1,250 (1995)
- 650 (1990)
- 300 (1985)
- 210 (1981)

출처: 한국은행(ECOS 경제통계시스템)

의 포니엑셀이 미국에 수출되면서 드디어 자동차 수출국 반열에 올랐다.

한편, 선진국의 시장개방 압력이 높아지면서 공산품만 아니라 농축산물도 수입자율화의 폭이 확대되어 1986년 현재 수입자유화율은 91.5%에 이르렀으며, 외국 자본의 투자비율도 점차 확대되어 100%까지 허용되었다. 정부의 시장개방 정책은 대기업에는 유리한 환경을 제공했으나, 값싼 외국 농축산물을 수입하여 농촌경제는 심각한 타격을 입었다. 국민총생산에서 10대 대기업이 차지하는 비율은 1979년 33%에서 1989년에는 54%로 증가하고, 30대 대기업의 계열기업은 1970년 126개, 1979년에는 429개, 1989년에는 513개로 늘어났다. 외국 농산물의 수입으로 양곡 자급률은 1970년 86%에서 1985년에는 48.4%로 낮아져 식생활의 국제화가 나타나게 되었다.

5공 시절의 경제는 수출의 호조에 힘입어 국민총생산이 급속히 성장하여 매년 평균 10% 내외의 성장률을 기록했으며, 1인당 국민소득은 1988년 현재 4천 달러를 넘어서고, 1977년 100억 달러 수출이 1981년에는 200억 달러를 돌파하고, 1989년에는 629억 달러에 이르렀다.

1980년대에는 이렇듯 경제규모가 커지고 고도산업화가 진전되었으나, 시장개방이 확대되면서 농촌의 피해는 극심했다. 이로 인해 많은 농민은 농촌을 떠나 도시로 몰려들어 막노동판을 전전하거나 산업노동자 또는 서비스업에 종사했다. 이들이 저임금 도시빈민층을 형성하여 고용문제, 주택문제 같은 새로운 사회문제가 나타났다. 당시 대학생 가운데에는 도시빈민층의 자제들이 상당수를 차지하여 하루 세끼를 이어가는 것이 어려운 형편이었다. 이러한 상황이 학생운동을 더욱 좌경화시키는 원인이 되었다. 이 시기의 운동권 학생을 훗날 '386 세대'라 부른다. 1960년대에 출생하여 1980년대에 대학에 다니고, 1990년대에 30대가 되었다는 뜻이다. 지금은 이들이 50~60대 중년으로 성장하여 사회 각 분야에서 중추세력으로 활동하고 있는데, 대체로 진보성향이 강하다.

3) 제5공화국 시절의 남북관계와 문화정책

제5공화국 시절의 남북관계는 어떠했는가? 1972년의 역사적인 '7·4 남북공동성명'으로 가동되기 시작한 남북조절위원회는 1973년의 김대중 납치사건으로 중단되고, 1983년 10월의 미얀마의 '아웅산 폭탄테러 사건'으로 남북관계는 더욱 냉각되었다. 설상가상으로 1986년에 북한이 금강산댐을 건설하기 시작하자 정부는 이것이 '88 서울올림픽'을 방해하기 위한 수공작전(水攻作戰)이라고 판단했다. 즉 금강산댐을 폭파하면 서울이 삽시간에 물바다가 될 수 있다는 것이었다. 그리하여 이에 대응하는 댐을 강원도 화천(華川)에 건설하기 위한 모금운동이 벌어지고 댐 건설이 시작되었다. 그러나 일부 토목공학 전문가들은 수공작전의 위험성이 사실 이상으로 과장되었다고 주장하기도 했다. 하지만 댐 공사가 완료되어 '평화의 댐'으로 불리고 있다.

이렇게 남북관계가 악화된 가운데 북한은 새로운 통일방안으로 '고려민주연방공화국안'을 내놓았다. 이것은 총선거로 가는 과도기에 내세운 '연방제'와 달리, '1국가 2체제'를 의미하는 것이었다. 즉 남북한의 정치체제를 그대로 인정하면서 하나의 국가(고려)로 만들자는 것이다. 이에 대해 한국 정부는 1982년 '민족화합민주통일방안'을 통일안으로 내놓았다. 이는 남북대표가 모여 통일헌법을 만들고, 그것에 따라 총선거를 통해 통일정부를 구성하자는 것이다. 그러나 남북의 통일방안은 피차 선전을 위한 것이고, 내부적으로는 자신의 체제로 통일하는 것을 바라고 있었다.

이산가족상봉 1985년 9월 21일 북한 측 고향방문단의 가족상봉 현장

남북관계에서 당장 필요한 것은 이산가족의 만남이었다. 6·25 전쟁을 전후하여 가족을 버리고 북으로 간 사람과 남으로 내려온 사람들이 수십 년간 헤어져 살면서 받는 고통과 그리움은 이루 말할 수 없었다. 죽기 전에 가족과 친지의 얼굴이라도 보는 것이 1천만 이산가족의 꿈이었다. 이산가족의 재회는 이념을 떠난 인도주의로서 북한도 이를 외면할 수 없었지만, 북한은 이를 정치선전에 이용하고자 했다. 어쨌든 이 문제는 남북이 합의를 보아 1985년 9월 20~21일 드디어 쌍방 151명의 이산가족이 판문점을 넘어 서울과 평양에서 각각 만났는데, 이는 분단 후 처음으로 만난 감격적인 순간이었다.

이산가족찾기 1983년 6월 30일 KBS '이산가족을 찾습니다'

한편, 이보다 앞서 1983년 6월 KBS가 주도한 이산가족찾기 운동도 전 국민을 감동시켰다. 6·25 전쟁 중에 헤어진 부모, 형제, 자매 약 1만여 명이 방송사의 노력으로 수십 년 만에 상봉하는 모습을 지켜본 국민들은 눈물바다 속에 빠졌다.

그런데 1988년의 서울올림픽을 눈앞에 둔 1987년 11월 29일 이라크에서 서울을 향해 오던 KAL기가 미얀마 근해 상공에서 폭발하여 추락하면서 승무원과 승객 115명

대한항공기의 잔해 북한공작원 김현희가 미얀마 근해 상공에서 폭파한 대한항공기의 잔해

이 사망하는 큰 사고가 발생하면서 남북관계가 다시 냉각되었다. 정부에서 사건경위를 조사한 결과 서울올림픽을 방해하려는 북한이 공작원 김승일과 김현희를 일본인 부녀로 가장하여 KAL기를 폭파했다고 발표했다. 바레인 공항에서 탈출하려던 두 공작원 가운데 김승일은 자결하고 김현희는 체포되어 사건의 전모가 드러난 것이다. 그러나 북한은 이 사건이 남한의 자작극이라고 주장했다.

전두환 정권은 학생운동과 빈부격차 등으로 분열된 사회를 통합하기 위해 민족주의를 활용했다. 이른바 '국풍운동(國風運動)'이 그것이다. 특히 일제 강점기 대종교인들이 만든 국수주의적 역사책을 홍보하여 《환단고기(桓檀古記)》, 《단군세기(檀君世記)》 등을 널리 퍼뜨렸다. 이 책들은 단군조선의 역사를 과장되게 미화한 것으로 만주에 대한 영토의식을 고취하고, 이곳에 독립운동 기지를 만들었던 독립운동가들의 소망을 담은 것인데, 대동아공영권을 꿈꾸던 일본 극우세력이 역이용하여 국내에 퍼뜨린 책이다. .

5공 정부는 이 역사책들을 정설이라고 주장하면서 현행 국사교과서를 식민사관이라 공격하여 학계에 큰 혼란을 야기시켰다. 일부 재야사학자들은 교과서를 사법부에 고소하는 사건까지 일어났다. 그러나 허황된 역사의식은 경제인들에게 큰 자극을 주어 기업인의 만주진출이 활발해지고 일반 여행객들도 고구려유적지를 답사하면서 만주지역을 되찾아야 한다는 언행을 보였다. 이러한 상황이 중국 정부를 자극하여 오늘날 중국이 '동북공정(東北工程)'을 하게 되는 하나의 원인을 제공했다.

한국은 만주에서 경영한 고조선과 고구려 및 발해역사에 대한 역사주권을 잃어서는 안 된다. 그러나 역사를 잃지 않는다고 해서, 이미 1천 년 전에 잃은 만주를 우리 영토로 생각해서는 안 될 것이다. 한편, 중국은 현재 만주를 영토로 지배하고 있다고 하여 그 역사까지 자기 것으로 만들어서는 안 될 것이다. 이 점은 분명히 해두어야 한다. 고조선, 고구려, 발해를 중국사로 편입시키려는 '동북공정'은 그런 면에서 문제가 있다.

5공 정부 시절에는 일본 역사교과서의 수정을 둘러싸고 한일 간에 역사전쟁이 일어났다. 일본 역사교과서에 한국의 침략을 정당화하고, 고대에 한반도 남부지방을 식민지로 두었다는 임나일본부설을 주장하는 등의 왜곡된 내용이 실리자 한국인의 국민감정이 극도로 악화되었다. 정부는 이를 계기로 천안 목천에 우리 민족의 국난 극복사와 국가발전에 관한 자료를 모아 전시하는 '독립기념관' 을 세우기로 하고 성금모금운동을 벌여 1983년에 착공, 1987년에 준공했다. 그러나 기념관의 명칭과 위치를 둘러싸고 논란이 일어나기도 했다. 그러나 역사전쟁에도 불구하고 한일 간의 우호와 교류는 오히려 전보다 강화되었다. 전두환 대통령은 1984년에 대통령으로는 처음으로 일본을 공식 방문하고, 이어 '한일의원연맹' 을 조직했다. 이로써 두 나라 국회의원 사이에 공식적인 교류가 시작된 것이다.

독립기념관 천안시 동남구 목천읍

정부는 일제 강점기의 상징인 조선총독부 건물을 수리하여 국립중앙박물관으로 사용하도록 개조했다. 그 결과 일본인들이 이곳에서 일제 강점기에 대해 추억하는 등 부적절한 상황이 벌어지기도 했다. 뒷날 김영삼 정부는 조선총독부를 헐어버리고 경복궁 복원사업을 시작했으며, 용산에 새로 국립박물관을 지어 이전하여 오늘에 이르고 있다.

예술의 전당 오페라극장 서초구 남부순환로

5공 정부의 문화예술 정책으로 특기할 것은 우면산 기슭에 '예술의 전당' 을 건립하고, 과천 서울대공원 부근에 '국립현대미술관' 을 건립한 일이다. 현대미술관은 국제적 규모의 시설과 야외 조각장을 겸비하고 있다. 1986년에 준공한 '예술의 전당' 에는 오페라하우스, 서예관, 국립국악원 등이 들어서게 되었으며, 이로써 문화에 대한 갈증을 해소하는 데 기여했다.

국립현대미술관 경기도 과천시

2. 노태우 정부(제6공화국; 1988. 3 ~ 1993. 2)

1) 민주화운동의 진전: 1987년 6·29 선언과 새 헌법 제정

88 서울올림픽 잠실종합운동장

88 서울올림픽 마스코트 호돌이

1986년에 거행된 서울아시안게임과 1988년에 치른 서울올림픽은 한국의 위상을 전 세계에 드높이는데 크게 기여했다. 그동안 세계인들은 한국을 6·25 전쟁으로 거지가 우글거리는 나라, 남북이 분단된 나라, 박 대통령의 폭압정치로 인권이 탄압받는 나라로 인식하고 있었다. '한강의 기적'을 이룬 개발도상국의 모범국으로 보는 것은 소수 전문가들의 한국관이었을 뿐이었다. 그런데 아시안게임과 올림픽으로 한국의 발전된 모습이 세계에 알려지면서 부정적 이미지가 크게 개선되었다.

두 번의 큰 국제적 행사를 준비하면서 정부의 고민은 끊임없이 일어나는 민주화 시위운동이었다. 이런 혼란과 갈등 상황이 보여진다면 대회에 지장을 줄 수 있을 뿐 아니라 정부 이미지에 먹칠을 하는 결과를 가져올 것이기 때문이다. 한편, 민주화운동 세력은 이 행사를 민주화 목적을 달성할 수 있는 좋은 기회로 여겨 더욱 격렬한 시위운동을 벌였다.

1983년 5월에 야당 지도자로서 자택에 연금되어 있던 김영삼(金泳三)은 단식투쟁에 들어가 민주화운동에 불을 붙였다. 이것이 기폭제가 되어 1984년 5월에는 정치인과 재야인사들이 연합하여 '민주화추진협의회'(약칭 민추협)를 결성하고, 1985년 4월에는 전국 대학생연합조직인 '전국학생연합'(약칭 전학련)이 조직되었다. 1986년에 들어서자 대학교수와 초중등교사 사이에서도 집단적인 민주화운동이 시작되었다. 1986년 3월 고려대학교 교수 28명이 '시국선언'을 발표한 데 이어, 각 대학교 교수들이 잇달아 시국선언을 발표했으며, 1987년 4월에는 평소 정치성향이 강하지 않던 서울대학의 중진교수 122명이 개헌과 민주화를 촉구하는 시국성명을 발표하여 충격을 주었다. 그동안 민주화운동은 소수의 극렬분자들의 행동이라고 치부하던 정부로서는 충격적인 사건이 아닐 수 없었다.

학생들의 시위는 갈수록 과격해져 민주정의당 당사와 연수원을 점령하기도 하고, 분신 또는 투신자살하는 일이 빈번하게 일어났다. 1986년 한 해에 서울대학생 3명을 포함하여 4명의 학생이 스스로 목숨을 끊었는데, 이해 구속된 인사는 3,400명에 이르고, 정부의 최루탄 구입비가 60억 원에 달했다.

이렇게 시위운동이 격화되는 가운데 거국적인 민주항쟁의 도화선이 되는 사건이 1987년 1월 14일에 일어났다. 서울대학교 학생 박종철(朴鍾哲)이 경찰의 물고문을 받다가 죽은 사건이 터진 것이다. 물이 가득 찬 욕조에 머리를 처박아 죽게 만든 것이다. 이 소식이 알려지면서 국민의 분노가 치솟는 가운데 전두환 대통령은 4월 13일 모든 개헌논의를 금지한 '4·13 호헌조치'를 발표하여 타는 불에 기름을 부었다. 여기에 더하여 1987년 6월 9일에는 연세대 학생 이한열(李韓烈)이 시위 도중 경찰의 최루탄을 맞고 사망하는 사건이 또 터졌다. 이를 계기로 시위운동은 전국으로 확산되었다. 6월 26일 전국 37개 도시에서 약 백만 명이 시위에 가담했으며, 서울에서는 시가전을 방불케 하는 시위운동이 심야까지 연일 계속되었다.

6월 민주항쟁 학생과 시민들이 서울 명동 성당에서 시위를 벌이고 있다.

이한열 장례일 시청 앞 광장

정부는 더 이상 버틸 수 없음을 깨닫고 마침내 6월 29일 차기 민주정의당 대통령 후보로 지명된 노태우(盧泰愚) 민주정의당 대표로 하여금 8개 항의 '시국수습방안'을 발표하게 했다. 이를 '6·29 민주화선언'[21]이라고 하는데, 그 내용은 대통령직선제를 받아들이는 개헌을 하겠다는 것이었다.

6·29선언(1989. 6. 29)

'6·29 민주화선언'으로 1987년 10월 대통령직선제 개헌안이 국민투표로 확정되었

---

21) 8개 항으로 구성된 주요 내용은 다음과 같다. ① 여야 합의하에 조속히 대통령 직선제 개헌을 하고, 새 헌법에 의한 대통령 선거를 통해 1988년 2월 평화적으로 정권을 이양하며, ② 자유로운 출마와 공정한 경쟁이 보장되는 대통령 선거법의 개정, ③ 국민적 화해와 대단결을 도모하기 위해 김대중 씨 등의 사면복권과 극소수를 제외한 시국사범 석방, ④ 인간존엄성을 존중하기 위해 개헌안에 기본권 강화조항 보완, ⑤ 언론자유의 창달을 위해 관련제도와 관행을 획기적으로 개선하며 언론의 자율성을 최대한 보장, ⑥ 사회 각 부문의 자치와 자율을 최대한 보장, 지방자치 및 교육자치 실시, 대학의 자율화, ⑦ 정당 활동 보장, 대화와 타협의 정치풍토 조성, ⑧ 밝고 맑은 사회건설을 위해 사회정화 조치의 강구 등이다.

는데, 유신체제 이후 처음으로 민주적 절차가 정착되어 이때부터 '1987년 체제'[22]라고
도 부른다. 그런데 광복 후 아홉 번째로 바뀐 새 헌법[23]의 전문(前文)에는 '대한민국은
대한민국임시정부의 법통을 계승한다'고 명시하여 1948년의 제헌헌법에서 '기미 3·1
운동으로 대한민국을 건립하여 세계에 선포한 위대한 독립정신을 계승하여 이제 민
주독립국가를 재건한다'고 한 것과 비교하여 임시정부와의 계승관계를 한층 확실
하게 부각시켰다. 다시 말해 '대한민국[임시정부]의 독립정신을 계승한다'가 '대한민국
임시정부의 법통을 계승한다'는 것으로 바뀐 것이다. 그런데 지금 학계 일각에서는
1948년의 대한민국 출범을 '정부수립'이나 '재건'으로 보지 않고 '건국'으로 보아야 한
다는 의견이 제시되어 논란이 일어나고 있다. 1919년의 대한민국은 영토·주권·국민
이 없는 임시정부이지만, 1948년의 대한민국은 국가의 실체를 온전히 갖춘 나라로 보
기 때문이다.

지금까지도 이어지고 있는 새 헌법에 의해 1987년 12월 16일 대통령선거를 실시
하여, 민주정의당의 노태우(盧泰愚; 1932~)[24] 후보가 36%의 표를 얻어 김영삼(金泳三)과 김
대중(金大中) 후보를 물리치고 56세에 제13대 대통령으로 당선되었
다. 두 김씨가 연합하지 못한 것이 패인이었다. 1988년 4월에 실
시된 국회의원 총선에서는 김대중의 '평화민주당', 김영삼의 '통일
민주당', 김종필의 '민주공화당' 등 야당이 여당인 민주정의당을
누르고 다수 의석을 차지했는데, 야당의 득표는 당대표의 출신지
역인 전라도, 경상도, 충청도로 갈리고 있음을 보여주었다.

노태우

---

22) 1987년에 개정된 새 헌법의 골자는 대통령직선제 및 5년 단임제 도입, 국회의 국정감사권 부활, 지방자치제
부활, 기타 국민기본권의 확대 등이다.

23) 광복 후 아홉 차례 바뀐 헌법은 다음과 같다. (1) 1차 개헌: 1952년의 대통령 직선제 개헌[발췌개헌], (2) 2차 개
헌: 1954년의 대통령의 중임을 인정한 개헌[사사오입개헌], (3) 3차 개헌: 1960년 6월의 내각제개헌, (4) 4차 개
헌: 1960년 11월의 3·15 부정선거 관련자 및 부정축재자를 소급해서 처벌할 수 있도록 함, (5) 5차 개헌: 1963
년 12월의 대통령 중심제 및 국회 단원제로 복귀, (6) 6차 개헌:1969년 10월의 대통령의 임기를 4년 중임에서
3기연임이 가능하도록 함, (7) 7차 개헌: 1972년 12월의 유신헌법, 8) 8차 개헌: 1980년 10월의 선거인단에 의한
대통령간선제, 7년 단임제 도입, (9) 9차개헌: 1987년 10월의 대통령직선제 및 5년 단임제, 국회의 국정감사권
부활, 지방자치제 부활 등.

24) 노태우 대통령은 경북 대구 달성 출생으로 1955년 육사 11기로 졸업하고 임관한 후 베트남 전쟁에 참전하고,
여러 군대 요직을 거쳐 1979년 12·12사태에 가담하여 수도경비사령관에 임명되고, 1980년 국군보안사령관을
거쳐 1981년 육군대장으로 예편하여 1982년 체육부장관과 내무장관을 역임하고, 1985년 민주정의당 대표위
원을 거쳐 1987년 민주정의당 대통령후보가 되었다.

2) 노태우 정부의 북방외교

1988년 3월에 출범한 노태우 정권은 1971년 이후 16년 만에 처음으로 직선제를 통해 선출된 대통령이 집권하여 정통성을 지니게 되었다. 노태우 정권은 여섯번째 공화정 헌법에 의해 탄생하여 제6공화국이라고도 부른다. 그러나 노태우 대통령이 1979년 군사정변으로 권력을 잡은 신군부의 핵심세력에 속한 것이 걸림돌로 작용했다. 새 정권은 민주정권인 동시에 신군부정권이라는 두 가지 얼굴을 갖게 되었다. 다시 말해 5공을 계승하면서 5공을 청산해야 하는 이중의 부담을 안고 출범한 것이다. 여기에 국회를 야당이 장악한 것도 큰 부담이었다.

노태우 정부의 정치는 국회를 장악한 야당이 주도권을 쥐고 끌고 나갔다. 야당은 먼저 '5공청문회'를 열어 전두환 등 신군부의 군사정변과 5·18 광주민주화운동 당시의 학살사건, 그리고 전두환 전 대통령 일가친척의 비리를 단죄하기 시작했다. 야당의 노무현(盧武鉉) 의원은 전두환 대통령의 비리를 날카롭게 파헤쳐 청문회 스타로 떠올랐다. 전두환 부부를 구속하라는 여론도 비등했다. 정부는 야당의 공세를

5공청문회

막을 힘이 없었다. 마침내 전두환은 청문회에 불려나와 야당의 호된 질책을 받았고, 여론의 압력에 굴복하여 국민에 대한 사과문을 발표하고, 부인 이순자 여사와 함께 설악산 백담사(百潭寺)로 떠나 약 2년간 세상과 격리된 생활을 하게 되었다.

세 김씨가 주도하는 강한 야당에 끌려가던 노태우 대통령은 1990년 1월 세 김씨 가운데 김영삼 및 김종필과 손을 잡고 3당 통합을 선언하여 세상을 놀라게 했다. 어제의 적이 오늘의 동지가 되었기 때문이다. 새 정당인 '민주자유당'(약칭 민자당)의 대표는 김영삼이 맡았다. 이로써 민주자유당은 다수당이 되어 여당이 국회를 장악하게 되었으며, 야당은 김대중의 '평화민주당'만이 남게 되었다. 김영삼은 그 후 1992년 12월 18일에 실시한 대통령선거에서 민주자유당 후보로 출마하여 마침내 제14대 대통령에 오르게 되었다.

임기 5년의 노태우 대통령은 취임 몇 달 후에 88 서울올림픽을 성공적으로 치러냈다. 이를 계기로 한국의 국제적 위상이 높아지고, 국민들도 자긍심과 자신감이 높아졌다. 특히 소련을 비롯한 동구권과 중국 등 모든 사회주의 국가들이 올림픽에 참가한 것은 올림픽의 권위를 높여주고, 동서화해에 도움을 주었을 뿐 아니라, 한국이 이들

나라와 외교관계를 맺을 수 있는 좋은 분위기를 만들어 주었다.

노태우 정부는 북방외교에 총력을 기울여 1989년 2월에 헝가리  를 시발로 동유럽 국가들과 먼저 외교관계를 맺고, 이어 1990년 9월 에 소련, 1992년 8월에 중국과 차례로 외교관계를 맺는 데 성공했다. 이렇게 된 것은 우리의 노력도 작용했지만, 동시에 1980년대 말부터 동유럽 국가들이 스스로 사회주의를 무너뜨리는 대변화를 가져오고, 소련에서도 고르바초프(Mikhail Gorbachev; 1931~) 수상이 등장하여 이른바

고르바초프

'개혁개방 정책(페레스트로이카)'을 표방하면서 사회주의를 수정하고 자유진영과 우호관계

베를린 장벽 붕괴

를 추구했을 뿐 아니라, 1990년에 소련의 영향을 받아 동독이 서독에 흡수통일되는 충격적인 변화가 오면서 한국에 결정적으로 유리한 국제환경이 조성되었기 때문이었다.

공산권과의 수교는 한국 기업이 진출하는 계기가 되었고, 남북관계에서도 북한이 수세에 몰리고 한국이 절대적인 우위를 확보하는 전환기가 되었다.

3) 6공 시절의 남북화해

공산권의 붕괴와 공산권과의 수교를 통해 주도권을 장악한 한국은 북한에 대해서도 유화적인 태도를 취했다. 1988년 7월 7일 적극적인 교류를 제의하면서, 북한이 미국 및 일본과의 관계개선을 도와줄 뜻을 밝혔다. 통일방안도 '민족화합민주통일방안'을 한 단계 진전시킨 '한민족공동체통일방안'을 제시했다. 이는 남북을 각각 주권국가로 인정하면서 국가의 연합을 과도기적으로 설정한다는 점에서 북한이 제시한 '1국가2체제'를 바탕으로 한 '고려민주연방공화국안'에 한 발자국 다가선 것을 의미한다. 북한을 주권국가로 인정한 것은 그만큼 자신감을 표현한 것이다.

그동안 북한은 한국 정부당국과의 교류는 피하고 오직 민간교류만을 인정했으나 미국 및 일본과 수교하기 위해서는 남북화해가 선결문제임을 깨닫고 한국의 교류제의를 수락했다. 마침내 1990년 9월부터 총리를 대표로 하는 '남북고위급회담'이 열리기 시작했다. 이 회의가 서울과 평양에서 번갈아 열리는 동안 '범민족통일음악회'가 서울과 평양에서 번갈아 열리고, 남북의 축구팀이 통일축구대회를 서울과 평양에서

범민족통일음악회(1990)

세계탁구선수권대회 남북단일팀 출전 1991년 일본에서 열린 세계탁구선수권
대회에서 남북단일팀으로 출전, 선전하고 있는 이분희, 현정화 선수의 모습

두 차례 가졌다. 이런 화해분위기를 타고 1991년 4월 일본 지바에서 열린 세계탁구
선수권대회에 남북단일팀으로 함께 출전하였고 이해 5월에 열린 제6회 세계청소년
축구대회에도 남북한이 단일팀으로 참가했다.

남북 화해분위기는 1991년 9월 17일 남북한 동시 유엔가입이라는 결과를 가져왔
다. 그동안 북한은 남북 단일의석에 의한 유엔가입을 주장해 왔으나 이를 철회하고 상
대를 서로 주권국가로 인정하겠다는 것을 의미한다. 한국은 그 뒤 유엔의 여러 기구에
서 이사국으로 선출되고, 1995년에는 유엔안전보장이사회(약칭 안보리)의 비상임이사국
으로 진출하여 국제적 위상을 높였으며, 2007년에는 마침내 반기문 외무장관이 유엔
사무총장으로 취임하기에 이르렀다.

1991년 12월 13일 서울에서 열린 제5차 남북고위급회담에서는 '남북 간의 화해와
불가침 및 교류협력에 관한 기본합의서'(남북기본합의서)가 채택되었으며, 이해 12월 31일
에는 '한반도 비핵화(非核化) 공동선언'이 채택되었다. 특히 '남북기본합의서'에서는 남
북한이 서로 상대를 국가로는 승인하지 않지만 국가적 실체로 인정하고, 서로의 체제
를 존중하며, 내정에 간섭하지 않고 침략하지 않기로 합의했다. 여기서 서로 상대를
국가로 승인하지 않는다는 것은 남북관계를 국제관계로 끌고 가지 않고 민족 내부관
계로 한정시키겠다는 뜻이 담겨 있었다. 이는 바꿔 말해 남북문제를 자주적으로 풀어
가겠다는 뜻이기도 하다. '남북기본합의서'는 1972년의 '7·4 남북공동성명'이 발표된
이후 한 단계 더 평화적으로 남북관계를 진전시킨 것으로 중요한 의미가 있다. '한반
도비핵화공동선언'도 핵문제를 평화적으로 해결하겠다는 의지가 담긴 것이다.

1991년의 '남북기본합의서'가 바탕이 되어 1992년에는 정치, 군사, 교류협력의 3개
분과위원회가 구성되어 구체적 협의에 들어갔으며, 이해 7월에는 북한 부총리 김달현
이 서울을 방문하여 산업시설을 시찰하고 조속한 남북 경제협력추진을 요구하기도 했

다. 그러나 이렇게 순조롭게 진행되던 관계개선은 북한의 핵개발 의혹이 국제적으로 제기되면서 한국이 상호사찰을 요구하고 나서자 침체상태에 빠지고 말았다.

한편, 정부당국자 간의 교류와는 별도로 민간인도 남북교류에 참여하고 나섰다. 전국대학생협의체인 '전대협(全大協)'과 재야인사 가운데 정부의 허가를 받지 않고 방북하는 사건이 자주 발생하여 세상을 놀라게 했다. 1989년 4월에는 문익환(文益煥) 목사가 북한에 다녀온 일이 있고, 6월에는 한국외국어대학교 여학생 임수경(林秀卿)이 전대협 대표로 평양에서 열리는 세계대학생축전에 참가하고 8월 15일에 돌아와서 세상을 놀라게 했다. 특히 임수경은 북한 학생들에게 인기를 끌어 임수경 신드롬이 일어날 정도였다.

4) 6공 시절의 사회와 경제

노태우 정부는 집권 5년 동안 주택난 해소에 힘을 기울여 전국적으로 2백만 호의 아파트를 건설하고, 서울 근교의 분당, 일산, 평촌 등의 지역에 신도시를 건설했다. 전국에 아파트 바람을 불러일으킨 것이 이때다. 이로써 부동산투기와 주택난이 크게 완화되었으나, 급속한 사업추진으로 질이 낮은 건축자재가 사용되고 교통난이 악화되는 등 부작용도 없지 않았다.

노태우 정부는 정치적 민주화도 단계적으로 추진했다. 우선 정부의 통제 하에 묶여 있던 대학에 자율권을 부여하여 졸업정원제를 폐지, 대학생 선발 등 일반학사 행정을 스스로 결정하도록 하고 1989년 이후부터 대학이 자체적으로 총학장을 선출하는 것을 묵인하고, 교수재임용제도 폐지를 국회에 상정했다. 또 1987년 개정된 헌법에서 지방자치제를 실시하도록 한 것에 따라, 그 첫 단계로 1991년 3월 시(市), 군(郡), 구(區)의 의회의원을 선거하고, 이해 7월에는 광역의회 의원[도의회 의원]을 뽑는 선거를 실시했다. 그러나 시장(市長), 도지사(道知事) 등 광역단체장 선거는 김영삼 정부가 들어선 1995년에 이르러 시행되었다. 이로써 1961년 5·16 군사정변 이후로 중단되었던 지방자치제가 34년 만에 다시 부활되었다.

6공 시절의 경제는 연평균 8.5%의 고속성장을 하다가 점차 성장이 둔화되었다. 그 이유는 민주화가 진전됨에 따라 그동안 억압되었던 노동조합운동이 일어나면서 파업으로 생산활동에 차질이 오고, 노동임금이 높아짐에 따라 제품단가가 올라가 수출에 악영향을 주었기 때문이었다. 그래도 1988년 4천 달러이던 1인당 국민소득이 1993년에는 7천 달러를 넘어섰다.

　6공 시절의 노동조합운동은 기업체의 생산근로자층에서만 일어난 것이 아니라 전 사회로 확산되어 학교 교사와 대학 강사들도 조합을 결성하고 나섰다. 1987년 6월 현재 2,742개이던 노동조합이 1989년에는 7,861개로 늘어나 불과 2년 사이에 5천여 개의 노동조합이 새로 생겨난 것이다. 조합원도 같은 기간에 100여만 명에서 190만 명으로 증가했다. 그 결과 근로자의 임금과 노동환경이 전보다 많이 개선되었으나 이것이 물가상승과 수출부진의 요인으로 작용하기도 했다.

　노동조합 가운데 특히 사회적으로 큰 파장을 일으킨 것은 1989년 5월에 조직된 '전국교직원노동조합'(약칭 전교조)이었다. 초등, 중등, 고등학교 교사들로 구성된 이 조합은 단순한 임금투쟁을 목표로 한 것이 아니라 교육계 전반의 비리 척결과 참교육 실현을 내걸고 활동했는데, 사회에 상당한 충격을 주었다. 이들의 활동으로 고질적인 학교비리가 많이 시정된 것은 사실이었

전국교직원노동조합 발대식(1989. 5. 28)

으나, 일부 조합원이 좌경화된 교육을 실시하는 사례가 나타나면서 정부는 이들을 반체제적인 단체로 규정했다. 1989년 이후 수천 명의 교사가 해직당했는데, 해직된 교사들은 재야 민주화운동에 투신하거나 또는 출판업에 종사하여 출판계에 새로운 바람을 일으키기도 했다. 이후 김영삼 정부가 들어서면서 해직교사들은 대부분 학교로 돌아와 복직되었다.

5) 1980~1990년대 북한의 침체

　1970년대 초부터 정치에 참여하기 시작하여 33세 되던 1974년에 '당 중앙'으로 불리며 김일성의 후계자로 지명된 김정일(1942~2011)은 1980년대에 《위대한 주체사상총서》를 발간하여 주체사상의 이론가이자 실천가로서의 위상을 세우기 시작했다. 또한 김정일의 개인적인 덕목을 미화하여 숭배하는 운동도 전개하였다. 이는 김일성에 비해서 뚜렷이 내세울 업적이 없다는 약점을 덮기 위해 필요한 일이었다.

　우선 1987년부터 김정일의 출생에 관한 신화를 만들기 시작했다. 김정일이 태어난 곳은 소련의 연해주 지역으로 알려지고 있으나, 북한은 백두산 밀영(비밀 아지트)에서 출생했다고 선전하고, 출생 당시 빨치산(유격대원)들이 김정일의 탄생을 축하하여 나무껍

질을 벗기고 '2천만 백의민족 대통운 백두광명성 출현'과 같은 구호를 새겨 넣었다고 선전했다. 말하자면 김정일의 탄생을 '백두광명성(白頭光明星)'이 나타났다고 하여 생래적 정통성을 강조하였다. 구호나무 학습을 위해 탄생지 밀영까지 북한 청소년들이 행군하는 것이 일상화되었다.

또 김정일은 1960년대부터 지도자로서의 뛰어난 자질을 보였고, 영화이론가로서 예술부문에서도 일가를 이루었다고 선전했다.

이렇게 개인적인 숭배운동과 병행하여 김정일에게 실질적인 지도자로서 국가기관의 요직을 맡겼다. 1990년 5월에 열린 최고인민회의 제9기 1차 대회에서 그는 확대 개편된 '국방위원회의 제1부위원장'이라는 직책에 올랐다. 그리고 이어 1991년 12월에는 김일성이 맡고 있던 조선인민군 최고사령관에 추대되었다. 이어 1993년 4월에는 '군사주권의 최고지도기관'으로 격상된 국방위원회의 위원장에 취임했다. 그리고 1994년 7월에 김일성 주석이 사망하자 그동안 준비해온 대로 자연스럽게 북한의 최고 지도자 자리에 오르게 되었다. 김정일은 수십 년에 걸친 후계자수업을 착실하게 거친 끝에 단계적으로 권력을 장악하였기 때문에 김일성이 사망한 뒤에도 큰 동요가 일어나지 않았다.

더욱이 김일성이 사망한 뒤에도 주석(主席)의 자리는 여전히 김일성에게 남기고, 주석의 유훈(遺訓)에 따라 통치하는 형식을 취하여 권력의 정통성을 확보한 것도 북한사회를 유지하는 데 도움을 준 것으로 보인다.

북한은 1990년대에 들어와 '주체사상'을 한 단계 더 끌어올린 '조선민족제일주의'를 내걸고 북한주민들의 마음을 단속하기 시작했다. 이는 김일성을 수령으로 모시고 있는 조선민족이 세계에서 가장 자랑스럽고 행복할 뿐 아니라, 민족통일을 지상과제로 하여 각계각층의 인민들이 힘과 지혜를 모아 수령을 모셔야 한다는 이론이다. '조선민족제일주의'는 북한 주민뿐 아니라 남한 주민에게도 해당되는 것으로 계급과 이념을 초월하여 김일성을 중심에 두고 대동단결해야 한다는 필요성과 당위성을 강조하기 위해 만든 이론이라고 볼 수 있다.

북한은 이밖에 고조선과 고구려의 수도였고, 김일성이 출생한 평양이 역사적 정통성을 가지고 있다고 주장하면서 1993년에는 평양 부근에 있던 전설적인 단군무덤을 거대한 피라미드로 복원하는 성역화 사업을 벌였다. 그리고 이 무덤에서 나온 뼈를 단군으로 보고, 그 연대를 측정한 결과 기원전 3천 년이라고 주장했다. 그러나 단군무덤의 진실성에 대해서는 많은 학자들이 의문을 보이고 있다.

단군릉 북한 평양   단군릉 일제강점기 강동군에서 표석을 세움

1980~1990년대의 북한 경제는 어떠했는가? 북한은 이론적으로는 사회주의의 완성단계에 진입했으므로, 그들이 생각하는 역사의 발전단계로 볼 때에는 더 이상 나아갈 이상사회(理想社會)는 없는 셈이다. 그러나 현실은 그렇지 못했다. 북한경제는 1980년대 이후로 발전이 아니라 침체와 후퇴의 내리막을 걸어갔다. 1970년대에는 속도전으로 그럭저럭 경제를 움직여 왔으나, 자력갱생과 속도전의 힘이 한계를 드러냈다. 무엇보다 자원이 부족한 데다 1980년대 말기부터 사회주의 국가들이 붕괴되고, 자본주의 국가들과의 교류도 성사되지 않아 고립상태에 빠진 것이 경제난의 원인이었다.

북한은 경제난을 타개하기 위해 부분적으로 실용주의적 방법을 도입하고, 중국식 개방 정책을 부분적으로 끌어다 쓰기 시작했다. 1980년대 초반 강성산을 총리로 기용하면서 1984년 9월에는 외국기업과의 합작경영을 허용하는 이른바 〈합영법(合營法)〉을 제정했다. 1992년 10월에는 〈합작법(合作法)〉을 제정하고, 1994년 1월에는 외국인 투자가 한층 편리하도록 〈합영법〉을 개정하는 한편, 함경도의 나진, 선봉지구를 경제특구로 지정하면서 외국기업과의 합작과 자본도입을 적극 추진하기 시작했다.

그러나 이와 같은 개방 정책에도 불구하고 경제여건은 크게 개선되지 않았다. 무엇보다 에너지와 자재가 부족했다. 석유를 수입해야 하고, 원자력발전시설이 없는 관계로 전기생산량이 적어 교통, 운송, 공장가동이 제대로 되지 못했다. 여기에 기술의 낙후성까지 더해졌다. 이러한 구조적인 한계 때문에 경제는 1990년대에 들어 계속 마이너스 성장을 거듭하고 있다. 통계청이 발표한 한국은행의 추계에 따르면, 북한은 1985년에 2.7%의 경제성장을 이룩했으나, 1990년에 -3.7%, 1991년에 -5.2%, 1992년에 -7.6%, 1993년에 -4.3%, 1994년에 -1.7%, 1995년에 -4.5%를 기록했다고 한다.

설상가상으로 북한은 식량사정까지 좋지 않았다. 1995년과 1996년에 잇달아 대대적인 수해(水害)를 입은 탓도 있지만, 수해가 아니더라도 농지부족과 기술의 낙후로 식량 자급자족이 불가능했다. 북한은 이 시기를 스스로 '고난의 행군' 시기로 불렀는데, 극심한 식량난으로 배고픔을 이기지 못한 북한 주민들의 국외탈출이 봇물 터지듯 일어나 수만 명이 남한으로 들어왔다. 2015년 현재 북한을 탈출하여 남한으로 들어온 탈북민은 약 3만 명에 이르렀다. 이들이 북한 경제의 어려움을 증명해주었다.

1. 김영삼의 '문민정부'(1993. 2 ~ 1998. 2)

1) '문민정부'의 정치개혁

1992년 12월 18일 실시된 제14대 대통령선거에서 여당인 민주자유당(민자당) 후보로 출마한 김영삼(金泳三; 1927~2015)[25]은 야당 후보인 김대중 후보를 누르고 당선되어 1993년 2월 25일 국회에서 취임식을 가졌다. 당시 67세였다. 1961년 5·16 군사정변 이후 32년 만에 처음으로 민간인 출신 대통령이 탄생했다.

김영삼 대통령 취임 선서

문민정부(文民政府)를 표방한 새 정부는 도덕성 회복을 최우선 과제로 내걸고 사정(司正) 활동을 통해 5공과 6공 정부의 비리와 부정을 척결하는

---

25) 김영삼은 경상남도 거제도 출생으로 호는 거산(巨山)이다. 1952년 서울대학교 철학과를 졸업하고 국무총리 장택상의 비서를 거쳐 1954년에 28세의 최연소자로 3대 민의원에 당선된 후 5, 6, 7, 8, 9, 10, 13, 14대 국회의원에 당선되어 9선 의원의 기록을 세웠다. 그 사이 민주당 대변인, 야당 원내총무 등을 역임하고, 1974년, 1979년에 신민당 총재를 지냈다. 1980년 이후 전두환 정부에 의해 2년 동안 가택에 연금되어 정치활동을 하지 못하다가 1983년 5월 18일부터 6월 9일까지 단식투쟁을 전개하여 5공화국 시절 민주화운동의 구심적 역할을 맡았다. 1985년 김대중과 함께 '민주화추진협의회' 공동의장직을 맡았다. 1987년 통일민주당을 창당하여 총재가되고, 그해 12월 13대 대통령에 출마했으나 낙선했다. 1990년 민주정의당(노태우), 신민주공화당(김종필)과 손잡고 '민주자유당'을 창당하고 대표최고위원에 올랐다가 1992년 12월 14대 대통령선거에서 당선되었다.

데 총력을 기울였다. 이는 32년간 지속되어온 권위주의 정부의 유산을 청소하는 동시에 도덕정치를 구현한다는 의도가 담겨 있다. 그 첫 번째 조치로 1993년 3월 정부의 장·차관 이상 공직자의 재산을 공개하도록 하고, 이어 국회의원과 4급 이상 공직자에게도 적용하여 재산등록을 의무화했다. 이 과정에 부정축재와 같은 비리에 관련된 5·6공 인사들이 공직을 떠나거나 구속되었다.

또한 문민정부는 5·6공 시절 신군부를 움직여온 군부 내 사조직인 '하나회'를 뿌리 뽑기 위해 1994년 4월 '하나회' 소속 장성들의 보직을 해임했다. 이로써 전두환과 노태우 전 대통령의 세력기반이던 군부세력이 무력화되었다. 군부개혁에 이어 여당인 민주자유당 내의 신군부 출신 정치인을 솎아내기 위해 내란 및 반란죄로 기소하고 나서자, 이에 불만을 품은 김종필계가 이탈하여 1995년 3월에 '자유민주연합'(약칭 자민련)을 따로 조직했다. 1996년 2월 여당은 그동안 민주화운동을 벌여온 재야인사들을 영입하여 새로운 당을 조직하고 이름을 '신한국당'(약칭 신한당)으로 바꾸었다. 이로써 여당은 민간인 중심 정당으로 탈바꿈했다.

그동안 수차례 박 대통령과 겨루어 낙선하고, 1992년의 대통령선거에서도 고배를 마신 김대중은 정계은퇴를 선언했다가 1995년 9월 다시 정계에 복귀하여 '새정치국민회의'(약칭 국민회의)를 창당하고 총재에 취임했다. 이로써 세 김씨가 경쟁하는 시대가 다시 열렸다.

신군부가 저지른 1979년 12·12 사태와 1980년 5월 18일 광주민주화운동에 대한 평가도 새 정부가 해결해야 할 과제였다. 정부는 5·18 광주민주화운동 희생자에 대해서는 처음으로 관민 합동추모식을 거행하여 명예를 회복시켰으나, 12·12 사태에 대해서는 '쿠데타적 사건'으로 규정했을 뿐 사법처리하지 않고 '역사의 심판'에 맡긴다고 선언했다. 그러나 여론의 반발이 거세지자 1995년 11월 16일 노태우 전 대통령을 비자금조성 및 뇌물수수혐의로 기소하고, 이어 12월 3일에는 전두환 전 대통령을 12·12 사태 및 5·18 광주민주화운동과 관련하여 반란수괴 및 뇌물수수 등의 혐의로 구속·기소했다. 그 밖의 신군부 요인도 무더기로 구속·기소했다. 이때 뇌물을 제공한 혐의로 몇몇 대기업 총수들이 함께 기소되었다.

우리나라 역사상 전직 대통령이 구속된 것은 이것이 처음으로 국민의 비상한 관심 속에 1996년 3월 11일부터 공판이 진행되어 이해 8월 26일 전두환 전 대통령은 사형, 노태우 전 대통령은 징역 22년 6월이 각각 선고되었다. 그러나 이해 12월에 시행된 2심 공판에서는 전두환 피고를 무기징역으로, 노태우 피고를 17년으로 줄이는 판결을 내렸다. 그러나 임기만료 직전 차기 대통령으로 당선된 김대중의 건의를 받아들여 1997년 12월 22일 두 전직 대통령을 사면복권시켜 주었다. 다만 부정축재에 대한 추징금 환수는 그대로 추진되었다.

한편, 1995년 6월 27일에는 그동안 유보되었던 지방자치단체장 선거가 실시되어 도지사, 시장, 구청장, 군수 등 245명이 주민의 투표로 선출되어 지방자치 시대가 활짝 열렸다. 이어 1996년 4월 11일에는 제15대 총선거가 실시되었는데, 여당인 '신한국당'이 총의석의 과반수에 미달하는 사태가 벌어졌다.

2) 문민정부의 경제개혁

문민정부 시절 경제는 어떠했는가? 우선, 가장 중요한 변화는 1993년 8월 12일에 전격적으로 단행된 '금융실명제'이다. 타인의 이름으로 은행에 돈을 맡기는 차명계좌를 없애고, 모든 금융거래를 실명(實名)으로 하도록 한 이 제도는 지하경제를 없애고 금융질서를 투명하게 만들기 위한 개혁으로 단기적으로는 금융시장이 위축되고 소규모 사업자들의 자금조달이 어려워지는 등 부작용이 있었지만 장기적으로는 경제개혁의 기초를 놓았다는 점에서 국민의 환영을 받았다.

금융실명제 1993년 8월 12일 오후 김영삼대통령은 '금융실명제 실시에 관한 긴급 재정명령'을 발표

정부는 1993년 12월 수년간 끌어오던 '우루과이라운드' 협정을 타결지었다. 보호무역주의 철폐가 주 내용인 이 협정으로 우리나라는 상품, 금융, 유통, 서비스 등 모든 분야에서 외국에 문호를 개방하게 되었으며, 마찬가지로 우리 기업의 해외진출 기회도 그만큼 열리게 되었다. 정부는 시장개방 정책을 더욱 강화하기 위해 1996년 12월 12일, 선진국들이 경제발전과 세계무역 촉진을 위해 발족한 경제협력개발기구(OECD)[26]에 가입했다. 한편 시장개방에 따른 국제경쟁력을 높이기 위해 1995년 1월에 '세계화추진위원회'를 공식 출범시켜 전반적인 세계화 전략을 다듬어갔다.

우루과이라운드 반대 농민시위

---

26) OECD(Organization for Economic Cooperation and Development)는 1961년 9월 20개국을 회원국으로 한 경제협력 개발기구로 설립되었다. 그 뒤 회원국이 계속 늘어나 2015년 현재 가입국은 그리스, 네덜란드, 노르웨이, 뉴질랜드, 한국, 덴마크, 독일, 룩셈부르크, 멕시코, 미국, 벨기에, 스웨덴, 스위스, 슬로바키아, 아이슬란드, 아일랜드, 스페인, 영국, 오스트레일리아, 오스트리아, 이스라엘, 이탈리아, 일본, 체코, 캐나다, 터키, 포르투갈, 폴란드, 프랑스, 핀란드, 헝가리, 칠레, 슬로바키아, 에스토니아 등 34개국이다. 개방된 시장경제와 다원적 민주주의라는 가치관을 공유하는 국가 간 경제사회 정책협의체다. 한국은 1996년 12월 12일 회원으로 가입하였다. 본부는 프랑스 파리에 있다.

<남북한 경제 비교>(문민정부, 1993~1997)

연도	1인당 GNI (단위: 달러)		경제성장률 (단위: %)	
	남한	북한	남한	북한
1993	8,402	969	6.3	-4.5
1994	9,727	992	8.8	-2.1
1995	11,735	1,034	8.9	-4.4
1996	12,518	989	7.2	-3.4
1997	11,505	811	5.8	-6.5

출처: 한국은행(ECOS 경제통계시스템)

문민정부 시절의 한국경제는 꾸준한 성장세를 보였으나 경제규모가 커졌기 때문에 성장률은 과거에 비해 둔화되는 현상을 보였다. 1990~1991년에 9%를 넘어섰던 경제성장률은 1992년 5%, 1993년 6.3%, 1994년 8.8%, 1995년 8.9%를 보이다가 1996년에는 7.2%로 후퇴하여 다소 침체되는 경향을 보였으나, 그래도 1995년의 1인당 국민소득은 처음으로 1만 달러를 넘어서는 성과를 거두었다.

3) 문민정부의 대북관계와 김일성의 죽음

문민정부는 노태우 정권 말기에 북한의 핵문제로 정돈상태에 빠진 남북대화의 물꼬를 트기 위해 인도주의적인 접근을 시도했다. 공산주의자로서 끝까지 전향을 거부한 이인모 노인을 1993년 3월에 무조건 북한으로 보낸 것이 그것이다. 그 결과 북한은 한국이 제의한 남북정상회담을 받아들여 1994년 6월 28일 정상회담을 위한 예비접촉이 판문점에서 열렸다. 그런데 83세의 김일성 주석이 7월 8일 갑자기 세상을 떠나 정상회담이 무산되었다.

김일성 사망 보도

그런데 충격적인 김일성 주석의 사망 소식을 듣고 일부 재야 인사와 학생들이 조문을 표하자 정부는 이를 제지하고 나섰다. 이 사건을 계기로 북한은 한국정부를 비난하기 시작하여 남북관계는 다시 냉각상태로 돌아갔지만, 전부터 진행되던 남북 간 경제교류는 계속되었다. 특히 북한이 1991년에 함경북도 나진-선봉 지구를 동북아시아의 국제적인 무역, 금융, 관광기지로 건설하기 위해 자유경제무역지대로 설정했는데, 우리 기업이 참여할 뜻을 밝히기도 했으나, 1998년 북한이 남한 기업인의 방북을 거부하여 실현되지 않았다.

북한의 핵개발 문제는 1994년 10월 21일 미국과 북한이 제네바에서 합의하여 북한이 핵을 동결하는 대신 미국이 경수형 원자력발전소를 건립해주고 경제원조를 하기로 약속했다. 이에 따라 1995년 3월 북한에 경수형 원자로 제공을 위한 KEDO[한반도에너지개발기구]를 설립하고 2000년에는 원자로 건설사업이 시작되어 한국도 이에 참여했다. 그러나 이 사업은 북한이 뒤에 다시 핵개발에 착수하면서 중단되고 말았다.

북한은 김정일이 집권하던 1995년에 큰 수재(水災)를 만나 식량사정이 극도로 악화되자 정부는 인도적 차원에서 수만 톤의 쌀을 무상으로 지원했는데, 북한은 그 보답으로 한국이 수재를 만났을 때 지원을 보내주기도 했다.

남북관계가 소강상태를 이어가던 중 1996년 9월 18일 남북관계를 다시 악화시키는 사건이 발생했다. 무장군인 수십 명을 태운 북한 잠수함이 동해안을 정찰하던 중 강릉 앞 바다에 좌초했다. 이 사건을 한국에 대한 도발로 간주한 정부는 군대를 동원하여 소탕작전에 나서 1명을 생포하고 나머지 군인을 모두 사살하고 북한의 사과와 재발방지를 촉구했다. 북한은 처음에 정상적인 훈련 도중에 일어난 사고라고 주장하다가 12월 29일 사과성명을 발표하여 일단락되었다.

1997년 2월에 남북관계를 더 어렵게 만드는 또 하나의 사건이 일어났다. 북한의 여러 요직을 거치고, 주체사상을 이론화하고 홍보하는 데 큰 역할을 했던 황장엽(黃長燁; 1923~2010)[27]이 북한을 탈출하여 베이징을 거쳐 한국으로 망명한 것이다. 북한은 그의 망명이 남한의 공작정치라고 주장하면서 남한을 비난했다. 그가 온 뒤로 한국에서는 그가 가지

김영삼 대통령과 황장엽 전 노동당 비서

고 왔다는 '황장엽 리스트'가 논란의 대상이 되었다. 이 리스트에는 북한과 연계된 정관계 인사들의 명단이 들어 있다는 소문 때문이었는데, 남한에 약 5만 명의 간첩이 있다는 말도 떠돌았다. 그러나 그 명단은 공개되지 않았다.

4) 문민정부의 문화정책

문민정부는 민족정기를 바로잡고 대한민국의 정통성을 확립하기 위해 '역사바로세

27) 황장엽은 평양공립상고와 일본 중앙대학, 그리고 김일성종합대학을 졸업한 후 1949년 모스크바대학에서 철학박사 학위를 받고 돌아와 1965년 김일성종합대학 총장을 역임하고, 1984년 당중앙위원회 비서, 1987년 조선사회과학자협의회 위원장을 맡는 등 요직을 모두 거친 거물이다.

우기' 운동을 펼쳤다. 먼저 역사바로세우기 운동의 일환으로 중국에서 독립운동을 하다가 숨진 박은식, 미국에서 숨진 서재필과 전명운 등의 유해를 국내로 봉환하여 국립묘지에 안장했다. 대한민국 임시정부의 제2대 대통령 박은식의 유해가 국립묘지에 안장됨으로써 대한민국의 정통성을 높이는 데 기여했다. 1987년의 새 헌법에서 대한민국은 대한민국임시정부의 법통을 계승한다고 했으므로 임시정부 요인(要人)에 대한 선양사업은 당연한 일로써, 박은식의 유해 안장은 그런 면에서 의미 있는 일이었다.

정부는 1995년 8월 15일 광복 50주년을 기념하여 역사바로세우기운동의 일환으로 국립중앙박물관으로 사용하던 옛 조선총독부 건물을 철거하기 시작하여 1996년 11월

에 완료했다. 일부 철거 반대운동도 있었으나, 철거를 계기로 경복궁 복원사업이 본 궤도에 올랐다. 조선왕조의 상징인 5대 궁궐을 복원하여 민족문화의 자긍심을 높이고 광화문 일대의 경관을 되살린 것은 좋은 일이었다. 정부는 국립중앙박물관을 용산에 새로 짓기로 결정했는데, 1999년에 착공하여 2004년에 준공했다.

철거되는 옛 조선총독부 건물

그러나 '역사바로세우기'를 내세운 문민정부는 오히려 국사교육을 소홀히 여겨 각급 학교에서 국사교육을 축소시키고, 사법고시를 비롯한 각종 국가고시에서 국사과목을 제외시켜 오늘에 이르고 있다. 이는 세계화시대 국사교육의 중요성을 잘못 인식한 결과이다.

5) 문민정부 말기의 외환위기와 실정

문민정부의 임기가 끝나가던 1996년과 1997년은 정부의 권위와 신뢰가 크게 흔들린 해였다. 1996년 말 여당인 신한국당은 국회에서 '노동법'을 날치기로 통과시켜 여론의 지탄을 받더니 1997년 초에는 한보철강 부도사태를 계기로 정태수 회장이 구속되고, 이어 대통령의 아들[김현철]이 한보 비리를 비롯한 여러 이권과 국정에 개입했다는 혐의를 받아 구속되는 사태가 일어났다(5. 17).

설상가상으로 민심의 이탈을 가져온 결정적 사건은 1997년 11월 21일 외환위기로 인해 국제통화기금(IMF)에 200억 달러의 구제금융을 요청한 일이었다. 외채를 갚을 보유 달러가 거의 바닥이 나서 국가파산 직전에 이르렀음에도 불구하고 그에 대한 대비책을 강구하지 않고 있

IMF 구제금융 공식요청

다가 국제통화기금의 통제를 받는 치욕을 당하게 된 것이다. 구제금융으로 국가파산은 겨우 면했으나 그 후 기업체가 줄줄이 도산하고 실업자가 늘어나 149만 명에 달했다. 이로 인해 그동안 눈부시게 성장해온 경제가 허무하게 붕괴되었다.

정부는 떠난 민심을 돌리고, 1997년 12월로 예정된 15대 대통령 선거를 치러야 했다. 이해 3월 13일 대법관 출신으로 감사원장을 지낸 이회창(李會昌; 1935~)을 신한국당의 대표위원으로 영입하고, 7월 21일 전당대회에서 경선을 통해 이회창을 대통령 후보로 선출했다. 대통령 후보를 경선을 통해 선출한 것은 처음 있는 일로서 그 후 관례가 되었다. 이 경선에서 2위를 차지한 이인제(李仁濟; 1948~) 경기도지사는 신한국당을 탈당하여 '국민신당'(11. 4)을 창당하였으나 여론은 호의적이지 않았다.

혼란에 빠진 여당과는 달리 김대중 총재가 이끄는 '새정치국민회의'(약칭 국민회의)와 김종필 총재가 이끄는 '자유민주연합'(약칭 자민련)은 선거 후 연립정부 구성과 내각제 실시 등을 약속하고 김대중을 단일후보로 내세웠다. 그 후 경북지역에 기반을 가진 박태준(朴泰俊; 1927~2011) 의원이 자민련 총재가 되어 동참하자 야당은 전라도, 충청도, 경상도를 아우르게 되었다. 이를 당시 'DJT 연합'이라고 불렀는데 김대중 후보가 대선에서 승리할 수 있었던 결정적 요인이었다.

야당의 연합에 당황한 신한국당은 11월 21일 '민주당'(총재 조순)과 합당하여 '한나라당'(총재 조순)을 창당하고 선거에 임했다. 그러나 이회창 후보가 인기가 떨어진 김영삼 대통령의 탈당을 요구하여 갈등이 불거지고, 여기에 이회창 후보 두 아들의 병역문제가 드러나는 등 악재가 겹친 가운데 선거를 한 달 앞둔 시점에서 IMF 사태까지 터진 것이다.

12월 18일 치러진 15대 대통령 선거는 옥외집회가 금지되고, TV 합동토론회와 신문광고 등을 통해 선거운동을 전개한 점이 종전과 달랐다. 매스미디어를 선거에 활용하여 비교적 공정하게 치른 선거였다. 선거 결과, 김대중(金大中; 1926~2009)[28] 후보가

---

28) 김대중 대통령은 전남 목포시 신안면의 조그만 섬 하의도에서 농민의 아들로 출생했다. 1943년 목포상고를 졸업하고, 서울 일본인 상선회사 경리사원으로 일하다가 해방후 해운회사 사장을 역임, 건국준비위원회와 신민당에 잠시 참여했다가 6·25 전쟁 후 목포일보 사장을 거쳐 1956년 장면의 민주당에 입당하여 신파로 활약했다. 1963년 목포에서 제6대 국회의원으로 당선되고, 그 후 7, 8, 13, 14대 국회의원을 지내면서 반독재투쟁의 선봉에 섰다. 1971년 제7대 대통령선거에서 박정희에게 근소한 차이로 패배, 1972년 유신체제 이후 일본으로 망명했다가 1973년 동경에서 납치되어 집에 돌아온 후 연금되었고, 그 후 몇 차례 구금과 연금을 거듭하다가 1980년 12·12 사건 이후 내란음모죄로 군사재판에서 사형선고를 받았다가 형 집행이 정지되어 1982년 미국으로 망명했다. 1985년 귀국하여 김영삼과 함께 '민주화추진협의회' 공동의장이 되었다. 1987년 평화민주당 후보로 제13대 대통령에 출마하여 노태우 후보에게 패배하고, 1992년 민주당 후보로 제14대 대통령선거에 출마하여 김영삼 후보에게 패배하고 정계은퇴를 선언했다가 1997년 새정치국민회의 후보로 제15대 대통령선거에 출마하여 대통령에 당선되었다.

40.3%의 지지율을 얻어 39만 표 차로 이회창 후보를 누르고 당선되었다. 당시 72세였다. 역사상 야당이 대통령 선거에서 승리한 것은 이것이 처음이다. 김대중 당선자는 취임에 앞서 김영삼 대통령과 합의 하에 국민화합을 도모한다는 명분으로 수감 중인 두 전직 대통령을 특별사면하여 석방했다(12. 22).

문민정부 시절에는 각종 대형사고가 잇달아 일어나 많은 희생자가 나왔다. 1993년 3월 부산 구포역에서 열차가 전복하여 78명의 사망자와 198명의 부상자를 내고, 10월에는 전북 부안 앞바다에서 서해 페리호가 침몰하여 승선원 362명 중 292명이 사망하고 70명이 구조되었으며, 1994년 10월에는 서울의 성수대교가 붕괴하여 32명이 사망하고 17명이 부상당했다. 1995년 4월에는 대구 지하철 공사장에서 도시가스가 폭발하여 101명이 사망하고, 150여 명이 부상하는 참사가 일어나고, 이해 7월에는 서울의 삼풍백화점이 붕괴하여 501명의 사망자를 냈다. 이렇게 대형사고가 집중적으로 일어난 것은 각종 토목공사의 부실시공에 1차적인 책임이 있지만 정치 기강이 해이해진 데도 원인이 있었다.

2. 김대중의 '국민의 정부'(1998. 2 ~ 2003. 2)

1) '국민의 정부'의 경제개혁

1998년 2월 25일 김대중 당선자는 국회의사당 앞에서 제15대 대통령 취임식을 갖고 '국민의 정부'를 표방하고 출범했는데, '민주주의와 시장경제의 병행발전'을 정책기조로 삼았다. 국무총리는 대선 때 연합세력을 형성했던 자민련의 김종필(金鍾泌; 1926~) 총재가 맡았다.

새 정부의 당면과제는 6·25 전쟁 이후 최대의 국난으로 불리는 경제위기를 극복하는 일이었다. 1997년 말 IMF(국제통화기금; International Monetary Fund) 관리 체제 이후로 하루에 150개가 넘는 기업들이 부도를 내고 도산했으며, 이에 따라 중산층이 몰락하고, 실업자가 하루에 1만 명씩 늘어나고, 총 부채(負債)는 1,500억 달러를 넘어섰다. 1996년에 1만 달러가 넘던 1인당 국민소득(GNI; Gross National Income)이 1998년에는 7,607 달러로 떨어져 세계 40위 권으로 밀려났다. 이해 경제성장률은 -5.7%로 마이너스 성장을 기록하였다.

정부는 외환위기 극복과 기업구조조정을 통한 개혁에 발 벗고 나섰다. 대통령은 세계 각국을 방문하여 외자유치에 힘을 쏟고, 국민들은 자발적으로 외환을 보충하기 위한 '금 모으기' 운동을 벌였다. 대한제국 말기의 국채보상운동을 연상케 하는 이 운동은 전국적으로 350여만 명이 참여하여 약 227t의 금이 모였다. 한국인의 '금 모으기' 운동은 세계인을 감동시켰다.

정부와 국민의 노력으로 1999년 말 외환보유고는 700억 달러를 넘어서고, 외국인의 투자도 급증했다. 정부는 한국전력이나 포항제철 등 기간산업에 대해서도 외국인의 투자를 30% 이내에서 허용했다. 그 결과 1998년에 -5.7%의 성장을 기록했던 경제가 1998년 말부터 플러스 성장으로 돌아서서 1999년에는 10.7%의 경제성장률을 기록하여 1인당 국민소득은 9,778 달러에 이르고, 경상수지는 250억 달러의 흑자를 냈다. 수출은 반도체, 자동차, 컴퓨터, 휴대전화 등 첨단산업 제품이 주류를 이루었고, 특히 반도체 메모리 분야는 세계 최고수준에 이르렀다. 자동차도 연간 300만 대를 생산하여 미국, 일본, 독일, 프랑스에 이어 세계 5위를 기록했다. 이어 2000년에는 국민총생산이 세계 13위, 총 교역규모는 세계 12위, 1인당 국민소득(GNI)은 9,628 달러로 세계 36위를 기록했다. 그 다음 2002년에는 7%의 경제성장을 기록하여 1인당 국민소득은 11,504 달러로 늘어나 드디어 1만 달러를 다시 돌파했다.

금모으기 운동(1998. 1. 12) 명동 YWCA에서 열린 금 모으기 행사에 참석한 김수환 추기경과 송월주 스님 등 종교계 대표와 106개 단체 회원이 농협창구에 금을 맡기고 있다.

외환위기를 겪게 된 직접적인 원인은 기업들과 금융권의 부실로 인한 경상수지 적자이다. 그 중에서도 대기업의 방만한 문어발식 경영이 가장 큰 원인으로 지목되었다. 특히 계열사 사이의 상호지급보증과 기업경영의 불투명성이 큰 문제점으로 드러났다. 그 결과 대기업들이 빌려 쓴 외채(外債)를 갚을 수 없는 상황에 이른 것이다. 구조

외환보유액 추이(1997~2006)

(억 달러)

89
485
741
962
1,028
1,214
1,554
1,991
2,104
2,390

1997 1998 1999 2000 2001 2002 2003 2004 2005 2006

출처: 한국은행(ECOS 경제통계시스템)

남북한 경제 비교(국민의 정부, 1998~2002)

연도	1인당 GNI (단위: 달러)		경제성장률 (단위: %)	
	남한	북한	남한	북한
1998	7,607	573	-5.7	-0.9
1999	9,778	714	10.7	6.1
2000	11,292	757	8.8	0.4
2001	10,631	706	4.0	3.8
2002	12,100	762	7.2	1.2

출처: 한국은행(ECOS 경제통계시스템)

조정은 금융권에 부채가 많은 대기업에 집중되었으며, 30대 대기업 가운데 11개 기업이 퇴출되고 구조조정 명단에 오른 나머지 대기업도 방만한 기업운영에서 벗어나 핵심 계열사에 주력하도록 했다. 예를 들어 현대는 63개의 계열사를 32개로 줄이고, 삼성은 65개를 40개로, 대우는 41개를 10개로, LG는 53개를 32개로, SK는 49개를 22개로 줄였다. 나머지 계열사들이 독립, 청산, 매각, 빅딜 등의 형태로 처리되었다. 그 과정에서 재계 2위까지 올라섰던 대우그룹이 과도한 차입으로 1999년 8월 워크아웃을 신청하게 되었고 "세계는 넓고 할 일은 많다"고 외치면서 세계경영을 꿈꾸던 대우그룹의 김우중 회장은 물러나 해외로 도피하는 등 사회적으로 큰 충격을 주었다. 구조조정을 둘러싸고 정부와 기업 간의 갈등이 없지 않았지만 큰 방향에 대해서는 이견이 없었다.

기업에 무분별하게 자금을 빌려준 금융계도 구조조정을 피할 수 없었다. 정부는 1998년 4월에 '금융감독위원회'를 설치하고 금융구조 조정에 나서 60개에 달하는 금융기관의 간판을 내리게 했다. 국제결제은행(BIS; Bank for International Settlements)의 자기자본 비율이 8% 이하인 금융기관이 퇴출의 대상이 된 것이다. 은행 간의 합병도 추진되어 규모가 큰 신한은행(신한투자신탁이 동화은행, 조흥은행 등을 통합), 하나은행(하나은행이 충청은행, 서울은행, 보람은행을 통합), 농협중앙회, KB국민은행(국민은행이 대동은행, 주택은행을 통합), 우리은행(상업은행, 한일은행, 평화은행을 통합) 등이 새롭게 탄생했다.

기업의 구조조정으로 많은 노동자가 실직하여 노사 간의 갈등을 증폭시켰다. 갈등이 극심해지자 정부는 1998년 2월에 '노사정위원회'라는 상설기구를 설치하고 노동자와 기업, 정부가 머리를 맞대고 현안문제를 해결할 수 있도록 했다. 이 기구는 1999년 7월에 '전교조'를 합법화하는 등 상당한 성과를 이끌어냈으나, 급진적 노동단체인 '민주노총'이 탈퇴하여 큰 역할을 하지는 못했다.

공기업과 정부기관도 구조조정에서 자유롭지 못했다. 108개의 공기업에서 평균 4분의 1의 인력을 감축하고, 한국통신, 한국전력, 포항제철 등 공기업의 3분의 1 정도가 민영화되거나 통폐합되었다. 이 과정에서 정부기관의 고급공무원 채용방식은 공채로 바뀌었다.

2) 정부조직개편 및 교육개혁

국민의 정부는 앞 문민정부에 이어 민주적 개혁을 한 단계 진전시켰다. 정부조직을 바꾸는 개혁을 단행하여 1999년 1월 국가안전기획부(약칭 안기부)를 '국가정보원'(약칭 국정원)으로 바꾸고, 정치사찰보다 대북사업에 전념토록 했다. 이해 문화재관리국을 '문화재청'(차관급)으로 승격시켜 문화재 행정을 강화했으며, 2001년에는 교육부를 '교육인적자원부'(장관 한완상)로 바꾸고 장관을 부총리로 승격시켜 교육부의 위상을 높였으며, 기획예산처장관도 부총리로 높였다. 특히 이해 처음으로 '여성부'(장관 한명숙)를 신설하고, 공직인사에서 일정한 수를 여성에게 할당하도록 조치하여 여성의 공직진출이 활발해지기 시작했다.

정부의 개혁사업 가운데 가장 역점을 둔 것은 교육개혁이었다. 교육전문가가 아닌 이해찬(李海瓚) 의원이 교육부장관에 취임한 것도 의외의 인사였다. 1999년 1월 교원정년을 62세로 앞당기자 원로교사들이 무더기로 교단을 떠나고, 전체 교장의 56.5%가 학교를 떠나면서 학교 경영에 공동이 생겨나기도 했으나 세대교체를 환영하는 분위기도 없지 않았다.

대학사회에도 개혁의 바람이 거세게 불었다. 정부는 2002년부터 대학입시 제도를 획기적으로 개선하는 조치를 발표했다. 대학수학능력시험과 내신성적에 얽매인 학생들을 해방시키고 교육을 정상화시키기 위해 대학입시에서 교과성적 이외에 특기와 봉사활동, 교장의 추천서 등 다양한 기준에 의해 선발하고, 모집단위를 학과가 아닌 학부로 통합하여 학생들의 전공선택 기회를 넓혀주기도 했다.

교육개혁이 발표되자 대학에서는 학과제도를 옹호하는 반발이 일어나고, 고등학교에서 교과교육을 소홀히 하여 학생들의 실력이 낮아지고, 입시에서의 변별력이 떨어진다는 등의 비판이 일어났다. 이를 보완하기 위해 대학마다 독자적인 논술고사를 실시하는 등 새로운 대입제도가 실시되었다.

특히 대학사회에 또 하나의 혁신적인 정책은 1999년부터 시행된 '두뇌 한국 21(BK21)'

사업이었다. 이 사업은 새로운 경제성장동력인 정보기술(IT)과 생명공학(BT) 분야의 지원에 역점을 두고, 학과의 장벽을 넘어서 경쟁력이 있는 일부 대학원을 육성하는 한편 지역 우수대학을 키운 결과 정보기술과 생명공학의 발전에 기여했다. 그러나 인문, 사회, 자연 등 기초학문 분야에서는 대학을 시장논리로 바라본다고 반발하고 지원대상이 일부 대학에 한정되기 때문에 이에 대한 보완대책이 강구되었다.

또한 교육공무원 임용법을 개정하여 특정대학 출신이 전체교수의 3분의 2를 넘지 못하도록 했는데, 이는 대학사회의 폐쇄성을 막는 장점도 있으나 서울대학의 경우는 교수의 질을 떨어뜨린다는 비판도 일어났다.

3) 대북 포용정책과 남북정상의 만남

[남북긴장완화의 진전]

국민의 정부가 이전 정부와 근본적으로 다른 점은 대북정책 방향에서 나타난다. 새 정부는 남북 간의 '화해와 협력'에 바탕을 둔 적극적인 포용정책을 추구했는데, 항간에서는 이를 '햇볕정책'이라 부르기도 했다. 김대중 정부의 대북 포용정책을 미국 정부도 수용한 것이다.

북한은 1998년 김일성 주석 사망 4년 후 헌법을 일부 바꾸어 주석제(主席制)를 폐지했다. 김정일은 국방위원장의 자격으로 통치하면서 이른바 '선군정치(先軍政治)'를 표방하여 당보다도 군대를 최상위에 두어 권력을 안정시키는 정책을 추구했다. 김정일 위원장은 취임을 앞두고 1998년 8월 31일 '광명성 1호'로 불리는 로켓을 발사하여 세상을 놀라게 했는데, 북한은 이를 인공위성이라고 주장했으나 미국과 일본은 자신들을 겨냥한 장거리 미사일이라고 주장하면서 반발했다.

그런데 북한은 2000년 10월 군부 2인자인 조명록을 미국에 특사로 파견하여 장거리미사일 개발 포기를 선언하고, 그 대신 경제지원과 체제보장을 내용으로 하는 '북미공동성명(북미공동 코뮈니케)'을 발표했으며, 민주당의 빌 클린턴 대통령(Bill Clinton; 재임 1993~2001)은 북한을 방문하기 위해 10월 23일 매들린 올브라이트(Madeleine Albright) 국무장관을 북한에 보내기도 했으나 클린턴 대통령의 방북은 성사되지 않았다.

빌 클린턴 대통령

북한은 '햇볕정책'을 북한체제를 붕괴시키기 위한 술책이라고 비난하고 대화에 응

500마리의 소 떼를 몰고
북으로 가는 정주영
(1998. 6. 16)

금강산관광사업
금강산 관광 첫 출항을 하루 앞둔 1998년 11월 17일 밤 동해항 여객터미널 광장에서 시민과
현대그룹 직원 등 1만여 명이 참석한 가운데 역사적 출항을 축하하는 전야제가 열렸다.

하지 않으면서 민간교류만 허용했다. 1998년 6월 16일에 정주영(鄭周永; 1915~2001) 현대 명예회장이 500마리의 소 떼를 몰고 판문점을 거쳐 북한을 방문하고, 이어 10월 27일에도 501마리의 소와 승용차 20대를 몰고 재차 방북하여 굳게 닫혔던 판문점을 민간교류 차원에서 열어 세상을 놀라게 했다. 그 결과 현대는 숙원사업이던 금강산 관광사업을 성사시켜 1998년 11월 18일 드디어 1,418명의 관광객을 태운 금강호가 분단 후 처음으로 동해항에서 출발하여 북한의 장전항을 향해 떠났다. 현대는 관광객 1인당 300달러의 입북료를 북한에 지불했다.

정주영(1915~2001)

이렇게 민간교류의 물꼬가 터지면서 친지방문이나 사업 또는 고적답사를 위한 민간인의 북한방문도 늘어났다. 1998년 한 해에 북한을 다녀온 인사는 3,317명에 이르러, 그 이전 9년간의 북한 방문자 수인 2,408명을 넘어섰다. 북한은 방문객들로부터 거액의 대가를 받아내 실리를 취했다.

그런데 남북관계를 악화시키는 사건이 1999년 6월 7일 연평도 근해에서 일어났다. 이날 연평도 근해에서 북한 경비정 3척이 북한 꽃게잡이 어선 보호를 핑계 삼아 북방한계선(NLL)을 넘어오자 우리 해군경비정이 이를 제지하는 가운데 충돌이 일어났다. 6월 15일에는 북한 경비정이 우리 해군 고속정과 충돌하면서 먼저 사격을 가해왔다. 이에 우리 측도 대응사격한 결과 북한 경비정이 침몰·파손되었다. 이를 '제1 연평해전'이라 부른다. 이 사건은 더 이상 확대되지 않았으나 남북관계를 악화시켰다.

2000년에 이르러 남북관계는 극적인 전환을 맞이했다. 이해 6월 13~15일 남북

금강산/개성 관광객

(단위: 명)

	1999	2000	2001	2002	2003	2004	2005	2006	2007	2008
금강산 관광객	148,074	213,009	57,879	84,727	74,334	268,420	298,247	234,446	345,006	199,966
개성 관광객	–	–	–	–	–	–	1,484	–	7,427	103,122

출처: 통일부

6·15 남북공동선언 발표

정상이 평양에서 만나 5개 항의 '6·15 남북공동선언'[29]을 발표하는 쾌거를 이뤘다. 이 역사적인 사건을 전후하여 민간교류도 활발하게 전개되었다. 1999년 12월 초 북한이 빌 클린턴 미국 대통령의 동생 로저 클린턴을 초청하여 공연을 가질 때 30여 명의 한국 연예인[대중가수]이 함께 방문하여 '2000년 평화친선음악회'를 공연하고 돌아왔으며, 12월 21일에는 MBC가 평양에서 열린 통일음악회에 참석하고, 9월 말 평양에서 현대와 북한 남녀농구팀 간의 남북농구대회가 개최되었고, 12월에는 또다시 북한 선수들이 서울로 와서 통일농구가 이루어졌다. 2000년 5월 26일에는 평양 학생소년예술단이 서울의 '예술의 전당'에서 공연을 가졌고, 6월 3일에는 평양 교예단이 잠실체육관에서 공연했다. 8월에는 조선국립교향악단이 서울에 와서 한국의 성악가 조수미 등과 함께 공연을 가졌다.

조수미와 북한 테너 리영욱(2000. 8)

남북정상이 만난 뒤에는 합의사항의 이행을 위한 장관급 회담이 2000년 7월부터 12월까지 서울, 평양, 제주도를 오가며 네 차례 열렸다. 그 결과 경의선철도 복원에 합의하여 2002년 9월 18일 기공식을 가져 2006년 3월에 준공되었으며, 2007년 12월부터 문산[도라산역]과 개성을 오가는 화물열차가 개통되어 개성공단에 필요한 화물을 실어 날랐다. 그러나 이명박 정부 들어서서 남북관계가 악화되자 북한은 2008년 11월 28일부터 화물열차 통행을 중단시켰다.

남북 이산가족의 재상봉도 2000년 8월 15일, 12월 2일, 2001년 2월 26일, 2002년

---

29) '6·15 남북공동선언'의 요지는 다음과 같다. (1) 통일문제의 자주적 해결, (2) 통일을 위한 연합제와 연방제의 공통성 인정, (3) 이산가족 방문단의 교환과 비전향 장기수 문제해결을 위한 노력, (4) 경제협력을 통한 민족경제의 균형적 발전과 사회, 문화, 체육, 보건, 환경 등 제 분야의 협력과 교류의 활성화, (5) 합의사항 실천을 위한 당국 사이의 대화 개최 약속

4월 28일, 9월 16일 등 6차에 걸쳐 실현되어 매회 남북에서 각각 100명의 이산가족이 서울과 평양을 방문하여 눈물의 재회를 했다. 그러나 1천만 이산가족의 한을 풀기에는 턱없이 부족한 만남이었다.

시드니올림픽 남북선수단 공동입장

2000년 9월 15일부터 개최된 시드니올림픽 개회식에는 남북한 선수단이 한반도가 그려진 통일기를 앞세우고 똑같은 제복을 입고 함께 입장하여 세계인의 환영을 받았다. 남북이 평화로운 분위기를 이어가는 가운데 이해 12월 10일 김대중 대통령은 민주화와 인권을 위한 노력, 남북긴장 완화에 대한 공을 인정받아 노벨평화상을 수상하는 영광을 입었다. 한국인이 노벨상을 받은 것은 이것이 처음이다.

김대중 대통령 노벨 평화상 수상

[미국의 부시 정권, 일본의 고이즈미 정권 출범과 남북관계의 변화]

조지 W. 부시 대통령

2001년에 들어서자 남북관계는 점차 어려운 국면으로 접어들었다. 1월 20일에 미국의 보수정당인 공화당의 조지 부시(George Bush; 재임; 2001~2009)가 43대 대통령으로 취임하면서 대외강경 정책으로 선회하여 2월 초에 영국과 더불어 이라크의 바그다드 외곽을 공습하고, 북한에 대해서도 '악(惡)의 축'이라 부르면서 압박을 가하기 시작했다. 새해 벽두에 '신사고(新思考)'를 강조하여 개혁과 개방이라는 실용주의로 나갈 뜻을 비친 데 이어, 2016년 중국 상하이를 방문하여 천지개벽했다고 감탄하고 돌아온 김정일 위원장은 김대중 대통령의 방북에 대한 답방으로 한국을 방문할 예정이었다. 그러나 미국의 정책 변화로 북한의 태도는 다시 경직되기 시작했다.

미국의 강경책에 대한 반발은 중동에서도 일어났다. 2001년 9월 11일 뉴욕의 세계무역센터와 워싱턴 D.C.의 국방부가 비행기 테러로 붕괴되고, 수백 명이 숨지는 끔찍한 사건이 터졌는데, 그 배후에 반미적인 이슬람근본주의자 오사마 빈 라덴(Osama Bin Laden)이 있다고 알려졌다. 미국은 이에 대한 보복으로 이해 10월 아프가니스탄을 공격하여 12월 초에 이슬

오사마 빈 라덴

9·11 테러 미국 뉴욕

람근본주의자 무장단체인 탈레반(Taliban)의 항복을 받아내고, 이어 2003년 3월 20일에는 이라크 전쟁을 일으키기에 이르렀다.

미국은 북한의 핵무기개발과 장거리미사일 개발에도 깊은 우려를 표하며 이를 철저히 조사해야 한다고 주장하는 등 압박수위를 높여 갔다. 한편 일본에서도 2001년 4월 26일에 보수파인 고이즈미 준이치로(小泉純一郎; 1942~) 내각이 출범하여 태평양전쟁 전범 위패가 있는 야스쿠니 신사(靖國神社)에 참배하고 왜곡된 역사교과서 수정을 거부하는 등

고이즈미 일본 수상

한국을 자극하는 정책을 취하여 한국은 4월 10일 주일대사(최상룡)를 소환하는 조치를 취하기도 했다. 일본은 북한에 대해서도 일본인 납치사건을 공론화하는 등 강경책을 쓰기 시작했고, 11월 25일에는 일본 자위대 군함을 중동 해안에 파견하여 미국 정책에 적극적으로 동참하고 나섰다.

이렇게 진행된 미국과 일본의 보수화는 남북관계에도 영향을 미쳤다. 2001년 8월 15일 평양에서 열린 '민족통일축전'에 참가한 몇몇 인사가 국가보안법을 위반하는 행동을 하고 돌아와 구속되고, 9·11 테러 이후 한국 정부가 테러에 대비해 군사적인 비상경계조치를 취하자 북한은 이를 문제 삼아 당국자 간 남북회담을 중단시켰다.

하지만, 2002년 5월 31일 '월드컵 축구대회', 9월 29일 '부산아시안게임' 등 큰 행사를 치르게 된 한국은 '6·15 남북공동선언'을 지키려고 노력했으며, 북한도 민족공조를 내세워 미국과 일본의 압박에 대응하는 전략을 썼다. 그런데 6월 29일 한국과 터키의 월드컵 3·4위전을 치르던 날 뜻밖에 연평도 근해에서 다시 북한 경비정의 기습공격으로 교전이 시작되어 아군 6명이 사망하고 19명이 부상당하고, 경비정 1척이 침몰하는 사건이 발생했다. 이 사건은 '서해교전'이라 불리다가 2008년 4월 '제2 연평해전'으로 호칭을 바꾸었다. 이 사건은 북한 정부의 지시에 의한 것이 아니라 북한 해군이 '제1 연평해전' 때 당한 패배에 대한 보복성 도발로 드러났으며, 우발적으로 발생한 무력충돌에 대해 유감스럽게 생각한다는 북측의 사과로 일단락되었다.

한편 북한이 부산아시안게임에 참가할 뜻을 밝히자, 정부는 이에 앞서 9월 7일 북한 축구팀을 초청하여 서울 월드컵경기장에서 한국 월드컵 대표팀과 '통일축구' 경기를 가졌으며, 9월 27일에는 이미자(李美子) 등 남측 가수들이 평양 동평양대극

서울월드컵경기장 서울 상암동

장에서 특별 공연을 하여 갈채를 받았다. 이어 10월 3일에는 북한 태권도시범단이 서울에 와서 시범을 보이고 돌아갔다.

9월 29일에 개막된 부산아시안게임에서는 북한 선수단이 참가하여 9위의 성적을 거두고 돌아갔다. 특히 북한선수들을 응원하러 온 여성응원단은 빼어난 미모로 눈길을 끌었다. 이어 10월 26일에는 북한 경제시찰단 15명이 내한하여 한국의 산업시설을 견학하고 돌아갔다.

북한 응원단
2002년 부산 아시안게임

이렇게 남북 간의 문화, 예술, 스포츠, 경제 등 비정치적 분야는 교류가 원만하게 진행되었다. 그러나 한국정부가 미국의 강경정책에 동조하여 핵 문제와 탈북자·납북자 문제를 들고 나오자, 8차에 걸쳐 진행되던 장관급회담도 10월 19일 평양회담(남측대표 정세현 통일부장관)을 끝으로 중단되고 말았다.

북한은 2003년 1월 10일 핵확산금지조약(NPT; Nuclear Non-Proliferation Treaty)의 탈퇴를 선언하여 국제사회에 큰 충격을 주었다. 미국 부시 정부는 대북 강경책을 펴고 북한이 핵개발을 포기하지 않는 한 남북 간의 경제교류도 달갑게 여기지 않았다. 여기서 한국은 미국과의 공조냐, 아니면 민족 간의 공조냐를 놓고 깊은 고민에 빠지게 되었다.

4) 김대중 정권기의 스포츠와 문화

20세기를 청산하고 21세기의 문턱을 넘어서는 시기에 해당하는 김대중 정권기는 한국의 국제적 위상이 한 단계 높아졌다. 무엇보다도 2002년 월드컵을 한국과 일본이 공동으로 개최하여 '88 서울 올림픽'에 이어 한국이 다시 한 번 전 세계인의 주목을 받았다. 일본의 단독 개최가 거의 확정된 것을 공동개최로 바꾼 데에는 당시 FIFA 부회장을 맡고 있던 정몽준(鄭夢準)의 노력이 매우 컸다.

한국은 서울월드컵경기장에서 개막식을 치르고, 기대 밖으로 4강까지 오르는 성과를 거두었는데, 축구팀을 이끈 네덜

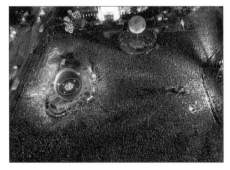

시청 앞에 모인 월드컵 군중
월드컵 4강 경기(2002. 6. 22) 때 붉은 셔츠를 입고 시청 앞 광장에서 전광판을 보며 응원하는 시민

란드 출신 히딩크 감독은 신드롬을 불러일으킬 정도로 열광적인 찬사를 받았다. 당시 광화문과 시청앞 광장에 수백만 시민이 모여 질서 있는 응원을 보인 것은 세계인을 감동시켰고, '붉은 악마'로 불리는 응원단이 외치는 '대~한민국' 응원은 세계적 유행이 될 정도였다.

월드컵에 앞서 1998년에 미국에서 이름을 떨친 야구선수 박찬호와 여성 골프선수 박세리의 활약으로 외환위기에 빠졌던 국민에게 자신감과 희망을 안겨주었다. 한국은 1980년대 이후로 역대 올림픽에서 세계 10위 권 안팎의 성적을 거두어 스포츠 강국의 면모를 보여 왔다.

한국의 관문인 인천국제공항이 착공한 지 8년 4개월 만인 2001년 3월 29일에 개항한 것도 특기할 만하다. 세계정상급이라는 평가를 받는 신공항의 개통으로 김포공항 시대가 끝났으며, 동북아 물류 중심의 기능이 한층 높아지게 되었다. 2001년 12월에는 인천과 목포를 잇는 서해안고속도로가 개통되어 서해안 지역의 교통난이 완화되었다.

인천국제공항

서해대교 평택과 당진을 연결

한국의 통신기술과 생명공학은 세계적으로 선진대열에 올라갔는데, 삼성의 반도체 메모리 부분은 세계 최첨단을 달리고 있으며, 컴퓨터와 인터넷 통신망 설치율도 세계에서 가장 앞서고 있다. 생명공학 분야에서는 서울대 황우석 교수팀이 복제 송아지 '영롱이'를 탄생시켜 화제를 모았다.

김대중 정부는 오랫동안 논란이 되어 왔던 일본 대중문화의 수입을 개방하는 조치를 내렸다. 다만, 영화, 비디오, 만화를 일차적으로 개방하고, 가요, 음반, 애니메이션(만화영화), 게임, 방송 등은 단계적으로 개방하기로 했다. 1998년 말 〈하나비〉, 〈카게무샤〉 등 두 편의 영화가 첫선을 보였으나 흥행은 저조했다. 그러나 1999년에 수입한 〈러브레터〉는 서울에서만 70만 관객을 모으는 성과를 올렸다. 반면, 한국의 대중문화도 일본에 상륙하여 인기를 얻었다. 영화 〈쉬리〉가 폭발적인 인기를 얻었으며,

러브레터

겨울연가

2003년에는 드라마 〈겨울연가〉(후유노 소나타)가 일본에서 방영되면서 엄청난 '한류 붐'이 일어나기도 했다. 영화, 드라마, 음악 등 한국 대중문화는 베트남, 중국 등지에서도 큰 인기를 끌었다.

1995년부터 한국 전통문화유산이 잇달아 유네스코가 지정하는 세계문화유산에 등록되어 세계인의 관심을 끌고 있다. 이미 1995년에 석굴암·불국사, 종묘, 해인사 장경판전(藏經版殿)이 등록된 데 이어, 1997년에는 수원 화성(華城)과 서울 창덕궁(昌德宮), 《훈민정음》(기록유산), 《조선왕조실록》(기록유산)이 등록되었고, 2000년에는 경주역사유적지구(남산, 월성, 황룡사지 등)와 고인돌지구(고창, 화순, 강화)가 등록되었으며, 2001년에는 《직지심체요절(直指心體要節)》과 《승정원일기(承政院日記)》가 기록유산으로 등록되었다.

한국의 유네스코 유산(2015년 현재)

·세계유산(문화유산, 자연유산)
해인사 장경판전, 종묘, 석굴암·불국사, 창덕궁, 수원화성, 고창·화순·강화 고인돌 유적, 경주역사지구, 제주 화산섬과 용암동굴, 조선왕릉, 한국의 역사마을: 하회와 양동, 남한산성, 백제역사유적

·인류무형유산
종묘제례 및 종묘제례악, 판소리, 강릉단오제, 강강술래, 남사당 놀이, 영산재, 제주 칠머리당 영등굿, 처용무, 가곡, 대목장, 매사냥, 줄타기, 택견, 한산모시짜기, 아리랑, 김장문화, 농악, 줄다리기

·세계기록유산(13종)
훈민정음, 조선왕조실록, 직지심체요절, 승정원 일기, 팔만대장경판, 조선왕조의궤, 동의보감, 일성록, 5·18 민주화운동 기록물, 난중일기, 새마을운동 기록물, KBS 이산가족찾기운동기록, 한국의 유학책판

5) 정치적 갈등과 시민단체의 등장

김대중 정권 집권기 5년은 끊임없는 정쟁(政爭)의 연속이었다. 과거의 정쟁은 권위주의세력과 민주화세력의 갈등이었다면, 김대중 정권기의 정쟁은 민주화세력 내부의 진보와 보수의 갈등이 중심을 이루었다. 갈등의 형태는 주로 상대방의 비리와 부정을 폭로하는 것이고, 갈등의 무대는 주로 국회였다. 그래서 국회가 파행으로 치달았다.

1998년은 재정파탄으로 인한 경제위기 극복이라는 시급한 과제로 인해 큰 정쟁이 없었으나, 1999년부터 정쟁이 타오르기 시작했다. 여당인 '새정치국민회의'[2000년 1월 20일에 '새천년민주당'으로 확대개편]는 주로 전 정권의 비리를 폭로하는 데 주력하고, 야당인 한나라당은 현 정권의 비리를 폭로하고 공격하는 데 힘을 쏟았다. 전 정권의 비리로 떠오른 것은 한나라당이 대선 때 국세청을 통해 선거자금을 모았다는 이른바 '세풍사건(稅風事件)'(1999)이었으며, 여당이 공격받은 것은 '언론장악' 문제와 대통령 측근 비리였다. 여야의 정쟁에 실망한 국민들은 점점 정치불신에 빠져들었다.

2000년 4월 13일에 실시된 제16대 총선거는 57.2%라는 저조한 투표율을 보였으며, 선거 결과 야당인 '한나라당'이 제1당(133석)으로 올라서고, 이해 1월에 '새천년민주당'으로 개편된 여당은 제2당(115석), 여당과 공조관계를 맺은 '자민련'은 17석을 얻는

데 그쳤다. '한나라당'이 다수당이 된 것은 영남지역이 '한나라당'에 몰표를 몰아준 것이 주요 원인이었다. 민주당은 영남에서 단 1석도 얻지 못하여 영남과 호남의 지역갈등이 얼마나 심각한지를 드러냈다. 자민련의 쇠퇴는 충청도가 민주당으로 선회한 데 이유가 있었다.

이번 선거의 또 다른 특징은 이른바 거물정치인들이 대부분 낙선하고, '386세대' (30대, 80년대 학번, 60년대 출생)로 불리는 젊은 신인들이 13명이나 당선된 것이었다. 순수한 민간조직이었던 '비정부시민단체(non-governmental organization, 약칭 NGO)'들이 차츰 정치단체로 변하여 선거에 적극적으로 개입한 것도 국회의원의 세대교체에 한 몫을 했다.

국회의 소수당으로 전락한 여당은 의원 몇 명을 자민련으로 당적을 옮겨 교섭단체로 만들어 줌으로써 자민련과 공조를 회복했는데, '의원꿔주기'라는 여론의 비판을 받았다. 김대중 대통령은 야당의 약진이 보수언론에 책임이 있다고 보고, 2001년 2월 언론개혁을 명분으로 보수언론사들의 세금포탈을 조사하여 5천억 이상의 세금을 추징하고, 조선일보, 동아일보, 국민일보의 대주주를 구속했다. 언론사들은 이를 언론탄압이라고 반발했다.

여당과 정부를 더욱 곤경으로 빠지게 한 것은 여당 실세와 대통령 친척의 잇따른 비리사건이 터진 것이었다. 대통령의 둘째 아들[김홍업]이 2002년 6월 비리로 구속되어 김영삼 정부 말기와 비슷한 사태가 벌어졌다.

민주당의 인기가 추락하자 소장파 의원들은 일찍부터 당풍쇄신운동을 벌이고 나오자 2001년 1월 이른바 동교동계[김대중계] 실세로서 여러 이권에 개입한 것으로 알려진 권노갑(權魯甲) 의원이 일선에서 후퇴하고, 11월에는 대통령이 민주당 총재직에서 사퇴했으며, 2002년 5월에는 민주당을 탈당했다.

2002년 12월 19일은 김대중 정권의 임기가 끝나면서 제16대 대통령 선거일로 정해졌는데 여당과 야당 모두 경선을 통해 후보를 선출하는 방법을 택했다. 먼저 여당인 새천년민주당은 봄부터 경선을 시작한 결과 4월 27일 부산 출신의 노무현(盧武鉉; 1946~2009)[30] 의원이 최종 후보로 선출되었고, 전주출신의 정동영(鄭東泳; 1953~) 의원이 2위를 차지했다. 야당인 한나라당도 경선을 통해 당 총재인 이회창(李會昌; 1935~)이 후보로

---

30) 노무현은 경남 김해 출생으로 1966년 부산상고를 졸업하고 군복무를 마친 후 사법고시에 네 번 도전했다가 1975년 합격하여 판사생활을 시작했다. 1978년 판사를 그만두고 변호사를 개업하여 요트를 즐기는 등 평범한 생활을 하다가 1981년부터 인권변호사 활동을 시작하면서 정치에 발을 들여놓았다. 1988년 부산에서 김영삼의 통일민주당 후보로 나가 13대 의원에 당선되고, 전두환 정부가 끝난 직후 열린 5공 청문회에서 죄가 없

선출되었다. 여론조사에서 한나라당 이회창 후보가 우세한 것으로 나타나 정권교체의 기대 속에 선거가 치러졌다. 그러나 결과는 의외로 57세의 노무현 후보가 48.9%의 지지를 얻어 46.6%의 지지를 얻은 68세의 이회창 후보를 누르고 당선되었다. 투표율은 역사상 가장 낮은 70.8%를 기록했다. 노무현 후보가 승리한 것은 '노사모'(노무현을 사랑하는 모임)를 비롯한 시민단체들의 지지를 얻은 데다 노무현과 공조를 약속했던 정몽준(鄭夢準; 1951~)[31] '국민통합21' 대표가 투표 전날 갑자기 공조를 철회하여 젊은 유권자들의 반발이 작용한 까닭이었다. 선거운동에 있어서 한나라당이 지나친 네거티브 전략과 아날로그 방식을 썼다면 새천년민주당은 신문광고, TV 광고, 찬조연설 등 미디어를 활용한 디지털 방식을 쓴 것도 여당이 승리한 한 요인이었다.

다고 주장하는 전두환 전 대통령을 매섭게 몰아세워 청문회 스타로 떠올랐다. 1990년에 김영삼, 노태우, 김종필이 합당하자 이를 야합으로 반대하고 나와서 활동하다가 몇 차례 낙선하고, 김대중이 1997년에 조직한 '새정치국민회의'에 들어가 1998년에 서울에서 당선되었고, 2000년 총선 때 부산에서 "지역주의 벽을 넘겠다"고 선언하고 '새천년민주당' 후보로 출마했으나 낙선했다. 이를 안타깝게 여긴 네티즌들이 '노사모'를 조직하여 그를 후원하기 시작했다. 김대중 정부가 들어서자 해양수산부장관을 지냈다.

31) 정몽준은 현대 정주영회장의 여섯째 아들로 태어나 중앙고를 졸업하고, 1970년 서울대 상대 경제학과에 입학했다. 졸업 후 ROTC 장교를 거쳐 1978년 MIT에 입학하여 경영학 석사를 마치고, 1985년에 다시 존스 홉킨스대학에 들어가 정치학을 공부하여 1993년에 박사학위를 받았다. 1988년에 13대 국회의원에 당선된 뒤로 14, 15, 16, 17대 무소속의원을 거치면서 대한축구협회 회장과 월드컵조직위원회 위원장으로 월드컵을 유치하는 데 공을 세우고, 4강 신화를 이룩하는 데 공이 커서 인기가 올라갔다. 이를 계기로 2002년 '국민통합 21'을 조직하여 대통령후보로 추대되었는데, 여론조사 결과 이회창 후보를 누를 수 없다는 것을 알고 노무현과 단일화를 시도했는데, 여론조사에서 약간 밀려 노무현이 단일후보가 되었다. 이후 노무현을 위한 선거운동을 전개하다가 노무현이 미래의 지도자로 다른 사람을 언급하자 선거 전날 밤 공조철회를 선언하여 세상을 깜짝 놀라게 했다.

제6장 노무현 정부와
이명박 정부(2003~2013)

1. 노무현의 '참여정부'(2003. 2~2008. 2)

1) 정치권의 세대교체와 이라크 참전

2003년 2월 25일 국회의사당에서 취임식을 가진 제16대 노무현 대통령은 58세로서 처음으로 해방 후 세대가 대통령이 되었다. 새 정부는 '참여정부'를 표방하며, 이전의 '국민의 정부'와 차별화를 시도했다.

박정희 대통령 이후로 역대 대통령은 영남이나 호남 등 지역주의에 바탕을 두고 선거에서 승리했다면 노무현은 세대 간 대결에서 승리한 것이 다른 점이다. 그래서 새 정부에는 386세대가 권력의 중심에 들어가고, 젊은 네티즌들의 의견이 정책에 적지 않은 영향을 주었다. 이것이 노무현 정권이 표방한 '참여'의 의미였다. 이들은 권위주의에 저항하던 진보적 학생층이었다가 이제 사회적 주도그룹이 된 것이다. 이들의 감각은 뛰어났지만, 경륜이 아직 다듬어지지 않아 미숙함을 드러냈다. 무엇보다 기성세대를 지나치게 소외시켜 세대갈등이 일어나고, 이념갈등이 필요 이상으로 증폭되었다.

새 정부의 첫 번째 과제는 2003년 3월 20일에 발발한 이라크 전쟁의 참전문제였다. 이라크가 핵무기를 비롯한 대량살상 무기를 보유하거나 개발하고 있다는 명분으로 시작된 것인데, 사찰을 통해 문제를 해결하자는 유엔의 결의를 무시하고, 미국의 부시정부는 영국 등과 연합하여 기습적으로 이라크를 공격하여 20여 일 만에 수도 바그다드를 점령했다. 그 사이 수천 명의 이라크 국민이 희생당했으나 정작 대량살상 무기가 발견되지 않아 전쟁의 명분이 설득력을 잃게 되었다. 그래서 이라크 전쟁이 석유 자원 확보와 군수산업 진흥, 종교적 갈등에서 비롯되었다는 비판도 적지 않았다.

이라크 전쟁이 비록 미국의 단기적 승리로 끝나고, 숨어 있던 사담 후세인(1937~2006) 대통령을 체포하여 처단하고(2006. 12) 친미정권을 세우는 데는 일단 성공했으나, 자살폭

사담 후세인

탄 테러로 대응하는 이라크 국민의 저항이 완강하여 미군의 피해도 컸다. 이라크의 이슬람교도는 시아파와 수니파로 나뉘어져 있는데,[32] 미국을 싫어하는 수니파가 국민의 절반을 차지하고, 우호적인 시아파가 절반을 차지하고 있다. 그러나 전 세계 이슬람교도의 절대다수는 수니파이다.

미국은 이라크 침공에 다국적군이 연합하고 있다는 명분을 만들기 위해 한국에 파병을 요청해 왔다. 정부는 국민 여론이 찬반으로 엇갈린 가운데 국회의 동의를 얻어 2003년 4월에 연인원 1만 9천 명의 공병부대와 의료부대를 파견했다. 파병부대의 공식명칭은 아랍어로 평화를 상징하는 올리브라는 뜻의 '자이툰' 부대로 정했다. 한국군은 전투지역인 이라크 남부가 아니

이라크 전쟁(2003. 3. 20 ~ 4. 14)

라 쿠르드족이 살고 있는 이라크 북부 아르빌에 주둔하여 대민봉사 활동에 주력했는데, 현지인은 '신이 준 선물'이라고 환영했다. 자이툰 부대는 4년 3개월의 임무를 마치고 2008년 12월 19일에 전원 무사히 귀국했다.

이라크 파병은 동맹국인 미국이 벌이고 있는 대테러 전쟁에 파병 요구를 무시하기 어려운 현실적 상황과 해외파병을 통해

이라크 파병식

---

32) 이슬람교의 창시자인 마호메트는 후사가 없이 사망하여 그 후계자가 누구인가를 놓고 두 파로 나뉘었다. 시아파는 마호메트의 사촌이자 사위인 알리(Ali)를 후계자로 보며, 의식을 주관하는 이맘의 '코란' 해석을 존중했다. 이에 비해 수니파는 역대 칼리프 왕조의 여러 칼리프(후계자, 계승자)를 후계자로 보며, 칼리프의 '코란' 해석을 존중했다. 수니파는 전체 이슬람교도의 85~90%를 차지하며, 사우디아라비아, 터키, 북 아프리카의 여러 나라, 우즈베키스탄, 카자흐스탄, 인도, 파키스탄, 인도네시아 등지의 이슬람이 여기에 속한다. 그런데 아프가니스탄의 수니파의 무장 세력을 '탈레반'이라고 부르는데, 9·11 테러의 배후로 지목된 빈 라덴은 바로 탈레반에 속했다. 최근 이라크, 시리아 등지에서 미국과 전쟁을 벌이고 있는 IS[이슬람국가]도 이 파에 속한다. 한편, 소수파인 시아파는 주로 이란에 많고, 이라크는 수니파와 시아파가 반반으로 서로 갈등을 일으키고 있으며, 레바논에도 시아파가 있다.

전투력을 향상시킨다는 목적이 있었다. 한국은 석유공사가 유전개발권을 얻는 실익을 취하기도 했다. 한국군의 해외파병은 1960~1970년대 베트남 파병과 1993년 아프리카 소말리아에 평화유지군 파병(공병대), 1999년 10월 동티모르에 419명의 상록수 부대를 평화유지군으로 파병, 2002~2003년에 아프가니스탄에 비전투병 파견 등이 있다.

2) 노무현 대통령 탄핵, 개혁과 반발

노무현 대통령이 새천년민주당[약칭 민주당]의 후보로 대통령에 당선되었으나, 당선된 뒤에는 원로정치인이 많은 김대중계의 영향력에서 벗어나기 위해 젊고 개혁적인 정치세력을 모아 2003년 11월 11일 '열린우리당'을 새로 창당했다. 2004년 1월에는 그 동안 새천년민주당의 정풍운동을 주도했던 51세의 정동영을 당의장으로 선출했다. 그러나 열린우리당의 국회의원은 47명에 지나지 않고, 야당이 된 새천년민주당과 한나라당 국회의원은 195명을 웃돌아 여당이 절대적인 열세에 놓이게 되었다.

국회에서 압도적인 다수당을 차지하게 된 야당은 노무현 대통령을 해직시키기 위해 집권한 지 1년 만인 2004년 3월 12일 대통령에 대한 탄핵소추를 의결했다. 역사상 현직 대통령이 탄핵을 받은 것은 이것이 처음이다. 47명의 여당은 몸을 던져 탄핵을 강력하게 저지하고 나섰으나, 경호원들에 의해 모두 밖으로 끌려 나가고, 야당의원 195명만이 참석한 가운데 193명의 찬성을 얻은 결과였다. 탄핵사유는 대통령이 4·15 총선을 앞두고 중립을 지킬 의무를 위반했다는 것과 대통령선거 당시 불법자금을 받고, 대통령의 사돈(민경찬)이 대선과 경선 당시 수백억 원을 모금했다는 것, 그리고 실정 (失政)에 따른 경제파탄 등에 대한 책임을 물은 것이다.

집권 1년간 노 대통령의 측근비리가 터지고 경제가 불안해지면서 인기가 급속도로 내려간 것은 사실이지만, 그렇다고 대선 때 이른바 '차떼기'로 도덕성을 상실한 한나라당과 대통령을 만든 새천년민주당이 대통령 탄핵에 합세 한 것은 지나치다는 것이 여론이었다. 탄핵소추를 받은 대통령은 공직수행이 정지되어 고건(高建) 총리가 권한대행을 하게 되었는데, 대통령은 헌법재판소에 소송을 낸 결과 헌법재판소는 이해 5월 14일 탄핵소추를 기각함으로써 대통령은 두 달 만에 다시금 공직을 수행할 수 있게 되었다. 이보다 앞서 4월 15일에 치른 제17대 총선거에서 열린 우리당이 다수당이 된 것이 헌법재판소의 판결에 영향을 주었다.

탄핵사건을 계기로 여당의 지지율은 올라가고 야당인 한나라당의 지지율은 떨어졌다. 그 결과가 2004년 4월 15일 국회의원 총선거에 반영되었다. '열린우리당'이 152석을 얻어 다수당이 되고, '한나라당' 121석, '민주노동당' 10석, '새천년민주당' 9석, '자민련' 4석을 얻었으며, 정몽준이 창당한 '국민통합21'은 1석을 얻는 데 그쳤다. 이 총선은 정치지형을 바꾼 중요한 선거로써 김대중계와 김종필계, 그리고 정몽준계 가 몰락하는 결과를 가져왔다.

4·15 총선으로 다수당이 되고, 탄핵이 무효화되면서 힘을 얻은 정부는 의도했던 정책을 밀고 나갔다. 행정수도를 국토의 중심부인 연기–공주 지역으로 옮기는 일, 국 가보안법을 철폐하는 일, 사립학교법을 개정하는 일, 친일 반민족 행위자를 소급해서 조사하는 일, 대북 햇볕정책을 적극적으로 추진하는 일, 보수언론을 개혁하는 일 등이 었다.

먼저 행정수도 이전은 국토의 균형발전을 도모한다는 취지로 시작되었으나, 국민 적 합의 없이 추진되면서 여론의 거센 반발을 초래했으며, 급기야 헌법재판소는 위헌 이라는 판정을 내렸다. 그래서 정부는 2005년 3월 행정수도 대신 '행정중심복합도시' 로 바꾸어 특별법을 만들고 토지보상에 들어가는 등 사업을 본격 추진하였다.

북한을 반국가단체로 규정하고 있는 국가보안법은 남북 간 화해와 협력이 이루어 지고 있는 시대흐름에 맞지 않는다는 것이 폐지의 이유였으나, 이 역시 야당과 보수단 체의 거센 반발에 부딪쳐 뜻을 이루지 못했다.

사립학교법은 사립학교의 운영과 재정이 불투명하여 만연한 사학비리와 경영자와 직원[교사] 간에 끊이지 않는 분쟁을 시정하여 운영과 재정을 투명하게 만들고, 이사진 의 4분의 1 이상을 외부에서 영입하는 이른바 개방형 이사를 선임하여 사립학교의 건 전한 발전을 도모하기 위해 2005년 12월 29일 개정되었다. 그러나 학교의 설립자나 재단 측은 사학의 자율성을 침해할 뿐 아니라 전교조 출신의 조정위원을 다수 임명했 기 때문에 좌파인재를 양성하는 데 악용할 우려가 있다는 점을 들어 완강하게 반대하

GDP 대비 공교육비 비율

(단위: %)

	2002	2003	2004	2005	2006	2007	2008
계	7.10	7.50	7.20	7.20	7.30	7.00	7.60
정부	4.20	4.60	4.40	4.30	4.50	4.20	4.70
민간	2.90	2.90	2.80	2.90	2.90	2.80	2.80

출처: OECD 「Education at a Glance」

고 나섰다. 그러나 여당은 2005년 12월 29일 이를 강행처리하여 통과시켰다.

〈친일반민족행위자진상규명법〉은 광복 직후 유야무야로 끝난 친일파에 대한 진상 규명을 다시 하여 민족정기를 바로잡겠다는 취지로 여당이 발의하여 2004년 3월 2일 에 국회에서 통과되었다. 그리고 이 법에 따라 '친일반민족행위자진상규명위원회'(위원 장 강만길, 뒤에 성대경)가 설립되어 조사에 착수해 2006년 제1차로 106명의 명단(1904~1919년 간)을 발표하고, 2007년 12월에 제2차로 195명의 명단(1919~1937년간)을 발표하여 모두 301명을 확정했다. 그 후 2009년 11월 27일 제3기 친일반민족행위자 704명을 공개했 다. 위원회가 발표한 친일인사는 모두 1,005명으로 위원회는 2009년 11월 27일《친일 반민족행위진상규명보고서》를 발간하고 11월 30일 활동을 마무리했다.

이 사업을 계기로 여당과 야당은 서로 상대방 조상의 친일행위자를 폭로하는 사태 가 벌어져 적지 않은 파장을 일으켰다. 학계에서 할 일을 정치권에서 한 데서 생긴 결 과였다. 친일행위자는 자발적인 경우도 있지만 강압과 협박에 의한 경우가 더 많고, 겉으로는 친일하고 속으로는 독립운동을 도와준 인사도 적지 않으므로, 단순히 직위 나 작위만을 가지고 친일파로 규정하는 것은 문제가 있다는 지적이 많았다. 또 대한 민국을 이끌어간 유명한 지도층인사들을 대부분 친일파로 몰아버리면 오히려 우리 민 족이 자진해서 일본의 강점을 환영한 것처럼 오해될 수 있고, 일제의 죄악에 면죄부를 줄 수도 있다는 지적도 적지 않았다.

이상 참여정부의 여러 정책은 원칙적으로 필요한 사업이었지만 방법이 조급하고 신중하지 못해 필요 이상으로 세대 간 갈등을 부추기고, 국론을 분열시키는 결과를 가 져왔다. 이런 분위기가 노인층과 보수층을 결집시켜 이명박 정권을 탄생시키는 요인 이 되었다.

3) 참여정부 시절의 남북관계

노무현 정부는 김대중 정부의 포용적 대북정책을 그대로 계승하여 화해와 협력을 위한 장관급 회담이 계속 이어지고, 이산가족상봉도 금강산에서 이루어지다가 2005년 부터는 화상상봉(畵像相逢) 방식으로 바뀌어 비용을 절감하는 효과를 거두었다.

북한과의 경제협력사업도 추진되었다. 10차례 열린 장관급회담은 경제협력 분야 에서 성과를 거두어 2003년 6월 30일 개성공단 착공식을 거행하고, 2004년 12월 15일 준공식을 가졌다. 이 사업은 현대아산이 담당하고 있는데, 2005년 3월 16일부터는 공

이산가족 교류

(단위: 건)

	민간				당국				
	생사확인	서신교환	제3국상봉	방북상봉	생사확인	서신교환	방남상봉	방북상봉	화상상봉
1991	127	193	11	–	–	–	–	–	
2001	208	579	165	5	744	623	100	100	–
2002	198	935	203	5	261	9	–	398	–
2003	388	961	280	3	963	8	–	598	–
2004	209	776	187	1	681	–	–	400	–
2005	276	843	94	1	962	–	–	397	–
2006	69	449	50	4	1,069	–	–	594	199
2007	74	413	54	1	1,196	–	–	388	80
2008	50	228	33	3	–	–	–	–	278
2009	35	61	21	2	302	–	–	195	–
2010	16	15	6	1	302	–	–	191	–

출처: 통일부

단에 필요한 전력을 한국에서 직접 공급하기 시작했다. 2007년 12월 11일 광복 후 처음으로 끊어진 경의선철도가 연결되어 문산(도라산역)에서 개성 간 화물열차 운행이 시작되었다. 한국 기업체 직원은 서울에서 매일 개성공단으로 출퇴근이 가능해지고, 2005년 출범 당시 18개 기업, 55명의 노동자로 시작된 이 사업은 해가

개성공단 착공식(2003.6.30) 김윤규, 김한길, 김옥두, 정세균, 정몽헌, 조명규, 강교식, 김창성, 이규황, 김영수, 김동근 등 남한대표와 북한대표

갈수록 규모가 커져서 2013년 공단이 폐쇄될 당시에는 123개 기업에 약 5만 3천 명의 북한노동자가 일하고, 10년간 누적된 생산량은 20억 달러를 넘어섰다. 한국 기업은 우수한 북한 노동력을 싼값으로 활용하고, 북한은 외화를 벌어들여 남북협력 사업의 좋은 선례를 만들었다. 하지만 2008년 12월 초 북한은 이명박 정부의 대북정책에 불만을 품고 한국 상주인원을 크게 줄이고, 개성–문산 간 화물열차의 운행을 중단시켰다.

남북경제협력사업이 순조롭게 진행되는 과정에 정동영 통일부장관은 2005년 6월 〈6·15 남북공동선언〉 5주년을 기념하여 북한을 방문하여 김정일 위원장을 만나고 여러 가지 협력 사업을 논의하고 돌아왔다.

1998년에 시작된 금강산관광사업도 계속되는 가운데 2003년 2월 14일부터는 육로관광이 시작되어 전보다 이동시간이 크게 절약되었다. 2007년 12월 5일부터는 개성관

광사업이 시작되어 하루 일정으로 선죽교, 개성박물관[성균관], 박연폭포 등을 둘러보고 돌아올 수 있게 되었다.

남북 간 스포츠 교류와 대중문화 교류도 계속되었다. 2003년 10월 6일에는 정주영 현대회장이 기증한 '평양유경 정주영체육관'이 준공되었으며, 이를 기념하여 현대 남녀 농구팀이 친선경기를 가졌다. 북한은 2003년 10월 23일 제주에서 열린 '민족평화축전'에 계순희(유도), 정성옥(마라톤) 등을 포함한 선수단을 보내 축구, 탁구, 마라톤 등 대항경기와 씨름, 그네, 널뛰기 등 민속경기를 통해 한 핏줄임과 문화공동체임을 확인했다.

평양유경정주영체육관 기념 메달

2005년 8월 15일에는 남북친선축구 및 광복 60주년 8·15 민족대축전을 서울에서 열었는데, 북한대표 단장이 국립현충원을 참배하고 청와대를 예방하기도 했다. 2005년 8월 26일에는 대중가수 조용필이 평양에서 공연을 가져 뜨거운 환영을 받았다.

이렇게 남북관계가 민족공조를 바탕으로 진척되는 가운데 드디어 2007년 10월 2일 두 번째 남북정상의 만남이 평양에서 이루어졌다. 노무현 대통령은 김대중 대통령이 비행기로 방북한 것과 달리 직접 걸어서 휴전선을 넘어 북한 땅을 밟는 모습을 보여주었고, 자동차로 평양에 도착하여 김정일 위원장의 영접을 받았다. 이어 10월 4일에 남북 정상은 8개 항의 '10·4 공동선언'[33]을 발표했다. 제17대 대통령 선거를 불과 두 달 앞두고 이루어진 방북과 공동선언에 대해 북한 주민의 굶주림을 더욱 심화시키고 핵무기 개발을 도와줄 뿐이라는 일부 비판적 여론도 있었으나 국민들은 대체로 환영하는 분위기였다.

하지만, 남북관계가 개선된 것과는 별개로 북한의 심각한 경제난 때문에 1990년대 이른바 '고난의 행군'이 시작되자 북한을 탈출하여 제3국을 거쳐 한국으로 넘어온

---

33) 10·4 남북공동선언 8개 항은 다음과 같다.
　　1. 통일문제의 자주적 해결
　　2. 남북관계를 상호존중과 신뢰관계로 확고히 전환
　　3. 군사적 적대관계의 종식, 불가침의무 확고히 준수
　　4. 항구적인 평화체제를 구축해야 한다는 인식을 같이함
　　5. 경제협력사업의 활성화, 지속적인 확대발전
　　6. 사회문화 분야의 교류와 협력발전
　　7. 인도주의 협력사업 적극 추진
　　8. 해외동포들의 권리와 이익을 위한 협력강화

대북지원 현황

(단위: 억 원)

		2002	2003	2004	2005	2006	2007	2008	2009	2010
정부차원	무상지원	1,140	1,097	1,313	1,360	2,273	1,983	438	294	133
	식량차관	1,510	1,510	1,359	1,787	0	1,505	0	0	0
민간차원(무상)	민간차원(무상)	576	766	1,558	779	709	909	725	377	200
총액	총액	3,226	3,373	4,230	3,926,	2,982	4,397	1,163	671	332

출처: 통일부(내부행정자료)

탈북자는 2007년 5월 현재 1만 명을 넘어서고, 2013년 약 3만 명에 이르고 있다. 유엔은 북한 주민의 인권을 보호하기 위해 2005년 11월 18일에 '북한인권결의안'을 통과시켰는데, 한국은 남북관계를 고려하여 기권했다.

군사 분계선을 넘는
노 대통령 내외

남북관계와 별도로 북한 핵문제는 답보상태를 계속했다. 2001년 1월에 대북강경 정책을 추구한 미국 공화당의 부시 정부가 출범하여 북한을 '악의 축'으로 비난하자 북한은 이에 반발하여 2003년 1월 10일 '핵확산금지조약'(NPT)에서 탈퇴했다. 미국은 핵문제를 대화로 풀기 위해 한국, 북한, 미국, 중국, 일본, 러시아 등 6개국 대표가 모여 이른바 6자회담을 만들었는데, 4월에 열린 6자회담에서 북한은 핵무기가 이미 있다고 호언하면서 불가침조약 체결을 요구했다.

개성공단을 방문한 노 대통령

2005년 2월에도 북한은 핵무기를 가지고 있다고 선언하여 미국을 압박하여 6자회담이 타결을 보지 못하다가 2007년 2월 13일에 극적인 타결을 보았다. 그 결과 북한은 핵무기를 포기하는 대신 미국 및 일본과 관계를 개선하고, 중유 100만 배럴을 제공하기로 약속했다. 이어 미국은 이해 3월 마카오 모 은행에 예금되어 있는 북한 자금 2,500만 달러에 대한 동결을 해제해 준다고 선언했다. 그러나 실제 집행과정에서 미국은 선(先) 핵무기폐기를 요구하고, 북한은 선(先) 지원을 요청하여 6자회담은 다시 원점으로 돌아갔다.

10·4 공동선언 후 남북정상
평양 백화원 영빈관에서의 환송오찬

남북한 경제 비교(참여정부, 2003~2007)

연도	1인당 GNI (단위: 달러)		경제성장률 (단위: %)	
	남한	북한	남한	북한
2003	13,460	818	2.8	1.8
2004	15,082	914	4.6	2.1
2005	17,531	1,056	4.0	3.8
2006	19,722	1,108	5.2	-1.0
2007	21,695	1,152	5.1	-1.2

출처: 한국은행(ECOS 경제통계시스템)

4) 참여정부 시절의 경제와 문화

참여정부의 사회경제 정책은 그동안 한국사회를 이끌어온 대기업과 서울 강남, 서울대 출신 등 이른바 엘리트층보다는 비주류 계층 위주의 정책을 폈다. 서울에 집중되어 있는 주요 공기업을 지방에 이전하고, 각 도마다 기업도시를 선정하는 등 지방사회 균형발전에 힘을 쏟았는데, 그 결과 최근에 이르러 주요 공기업의 지방이전이 실천에 옮겨지고 있다.

노무현 정부 시절의 경제는 여전히 침체를 벗어나지 못하여 5년 동안 평균 4~5%의 경제성장률을 보이는데 그쳤다. 그래도 2003년의 1인당 국민소득은 13,460달러, 2004년 15,082달러, 2005년 17,531달러, 2006년 19,722달러, 2007년 21,965달러에 이르러 대망의 2만 달러를 넘어섰다. 경제규모는 세계 13~14위를 기록했다.

한국은 2004년 4월 1일 칠레와 자유무역협정(FTA)이 발효되어 우리의 공산품이 들어가고 칠레의 농산물이 들어오기 시작했으며, 2007년 4월에는 한미자유무역협정 협상을 타결했으나 반대여론이 높아 국회비준이 늦어지다가 2011년 11월 22일에 비로소 국회비준을 받아 2012년 3월 15일부터 발효되기 시작했다. 미국은 한국의 자동차가 미국의 자동차산업에 미칠 영향을 우려하고, 한국은 미국의 농산물과 쇠고기 수입이 농민에게 미칠 영향을 우려하여 비준이 늦어진 것이다. 이 문제를 서로 양보하여 타결된 것이다.

한미자유무역협정(FTA) 반대
1,000인 선언(2007. 3. 27)

한국 기업 가운데 가장 국제경쟁력이 높은 것은 조선업(造船業)과 정보통신 분야, 그리고 자동차이다. 특히 조선업 분야에서는 현대중공업[울산], 삼성중공업[거제도], 그리고 대우조선[거제도]이 세계 1, 2, 3위를 기록하고 있었는데, 최근에는 중국과 치열한 경쟁을 벌여 그 순위가 수시로 바뀌고 있다. 삼성 모바일과 LG 모바일도 미국의 애플과 치열한 각축을 벌이면서 세계 2~3위를 기록하고 있으며, 현대자동차도 세계 빅 5에 들고 있다. 삼성전자는 2004년 9월에 60나노 8기가 메모리를 개발한데 이어 2005년 9월에는 12기가 낸드 반도체를 개발하여 메모리 분야에서 세계 첨단을 걷고 있다. LCD TV는 2008년 현재 삼성전자와 LG가 세계 시장의 1위와 2위를 차지하고 있다. 정보통신 산업이 전체 국민총생산에서 차지하고 있는 비중은 1996년 4.4%에서 2008년 현재 16.9%로 확대되어 한국 경제의 버팀목이 되어주고 있다. 한편, 2004년 7월부터는 근로자의 주 5일 근무제가 실시되어 주말의 여가를 즐기는 시대가 열렸다.

노무현 정부는 문화정책 면에서는 볼만한 업적이 없었다. 다만, 용산에 터를 잡은 국립중앙박물관이 착공한 지 4년 만인 2005년 10월에 준공되어 세계 10대 박물관에 드는 시대를 열었다. 2007년에는《고려대장경(高麗大藏經)》과 제경판(諸經板), 조선왕조《의궤(儀軌)》가 유네스코 세계기록유산으로 등록되어 우리나라 기록문화의 우수성이 세계적으로 인정받았다. 이밖에 종묘제례(宗廟祭禮)와 종묘제례악(宗廟祭禮樂), 판소리, 강릉 단오제(端午祭)가 유네스코 무형문화유산으로 등록되었고, 2007년에는 제주도의 한라산 천연보호구역, 거문오름 용암동굴계, 성산일출봉 등이 세계자연유산으로 등록되었다.

스포츠 분야에서는 빛나는 성과를 이룩했다. 2004년 아테네 하계올림픽에서 한국 선수단이 종합 9위를 기록하는 성과를 올리고, 2008년의 베이징 하계올림픽에서도 종합 7위를 기록하여 스포츠 강국의 전통을 그대로 이어가고 있다. 특히 베이징 올림픽에서는 역도의 장미란이 세계 신기록을 수립했으며, 수영의 박태환 선수가 2관왕을 획득하는 쾌거를 이룩했다. 여자 피겨스

장미란   박태환

케이팅 분야에서는 김연아 선수가 2006년 이후 세계 그랑프리대회에서 연이어 우승하여 국민 여동생으로 사랑을 받고 있다.

2004년 4월 1일 경부고속철도와 호남고속철도가 동시에 개통되어 시속 300km의 KTX가 서울과 부산을 3시간대로, 서울과 목포를 3시간 20분대로 달리는 시대가 열렸다. 그러나 고속철도의 개통으로 지방에서 서울로 올라와 상품을 구매하고, 병원 등을 이용하여 오히려 서울집중이 높아지는 역기능도 나타나고 있다.

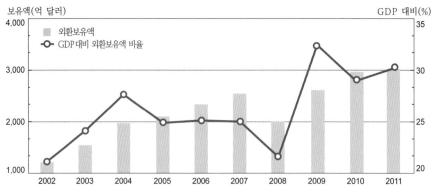

외환보유액 추이(2002~2011)

보유액(억 달러)

- 외환보유액
- GDP 대비 외환보유액 비율

출처: 한국은행(ECOS 경제통계시스템)

초고속인터넷 가입자

(단위: 천 명, %)

	2002	2003	2004	2005	2006	2007
가입자 수	10,405	11,178	11,921	12,190	14,043	14,710
전년대비 증감률	33.3	7.4	6.6	2.3	15.2	4.7
100명 당 가입자 수	21.8	23.3	24.7	25.4	29.1	30.4

출처: 방송통신위원회(통신사업자 보고자료)

IT 산업 생산 현황(2003~2007)

(단위: 십억 원)

	2003	2004	2005	2006	2007
IT 산업 생산	171,858	197,536	204,050	216,956	226,741
정보통신기기	154,477	179,983	184,866	195,894	204,609
－ 통신기기	35,623	43,138	43,378	43,286	47,383
－ 정보기기	20,845	16,914	14,535	13,124	10,079
－ 방송 및 영상음향기기	13,231	16,114	14,220	15,320	13,646
－ 전자부품	60,917	78,664	85,068	94,970	103,586
－ 정보통신응용기반기기	23,861	25,153	27,665	29,194	29,915
SW	17,381	17,553	19,184	21,062	22,132

출처: 한국전자정보통신산업진흥회

2003년 10월 이명박 서울시장은 복개되었던 청계천을 뜯어내고 하천으로 복원하여 서울의 명소로 자리 잡게 했으며, 뚝섬의 경마장을 '서울숲'으로 가꾸어 2005년에 '한일국제환경상'을 수상했다.

한국은 생명공학 분야에서도 세계적으로 두각을 나타내고 있는데, 한 가지 안타까운 것은 그동안 송아지[영롱이]와 개[스너피]를 복제하여 세계적인 화제를 모았던 서울대학의 황우석 교수팀이 세계 최초로 성공했다고 알려진 '줄기세포' 복제 위조 논란이 2005년 12월부터 일어나 기대를 가졌던 국민들을 안타깝게 만들었다.

복원된 청계천

5) 참여정부 말기의 정치와 제17대 대통령 선거

2004년 3월 12일 국회에서 노무현 대통령이 야당의 탄핵을 받아 직무수행이 중단되는 사태가 오자 한나라당의 행동이 지나쳤다는 역풍이 불면서 잠깐 지지율이 올라갔다.

그러나 2004년 5월 14일부터 정무에 복귀한 노무현 대통령은 이해 6월 이해찬 의원을 국무총리로 기용하고 행정수도 이전과 국가보안법 폐지, 취재선진화 방안이라는 명분으로 추진된 기자실 폐쇄 등을 강력하게 밀고 나가면서 다시 지지율이 하락하기 시작했다. 여기에 북한 핵문제에는 소극적으로 대처하면서 2002년 연평해전 이후 서해안의 무력충돌을 막기 위해 2004년 6월 남북정상회담에서 북방한계선(NLL)을 북한과 협의하는 모습을 보이자 보수층이 크게 반발하고 나섰다.

2007년은 노무현 정권의 임기가 끝나면서 12월에 예정된 제17대 대통령선거를 치르는 해로서 노무현 대통령과 열린우리당의 인기가 계속 하락하자 우선 노무현 대통령이 2007년 2월 열린우리당을 탈당하고, 이어 8월에는 열린우리당과 새천년민주당 탈당파, 그리고 한나라당을 탈당한 손학규(孫鶴圭; 1947~) 등을 영입하여 '대통합민주신당'을 만들었다. 그리고 바로 이어 8월 20일에는 열린우리당을 통합하여 '통합민주당'을 새로 만들어 143석에 이르렀다.

여당과 야당이 차기 대통령후보를 뽑는 당내경선은 2007년 9월부터 시작되었다. 여당에서는 한나라당을 떠난 손학규 전 경기도지사와 열린우리당의 당의장과 통일부 장관을 지낸 정동영(鄭東泳; 1953~) 등이 치열한 접전을 벌인 끝에 정동영이 '통합민주당'의 대통령 후보로 확정되었다.

한편 야당인 '한나라당'에서는 이명박(李明博; 1941~)[34] 전 서울시장이 당대표를 지낸 박근혜(朴槿惠; 1952~)[35]와 치열한 접전 끝에 근소한 차이로 후보로 당선되었다. 두 번이나 대통령 후보였다가 김대중과 노무현 후보에게 연속적으로 패배했던 이회창(李會昌; 1935~)은 새로 만든 '자유선진당' 후보로 출마했다. 민주당에서는 조순형(趙舜衡) 의원과 이인제(李仁濟) 의원이 경합 끝에 이인제 의원이 후보로 당선되었다. 2007년 12월 19일 실시된 선거결과 이명박 후보가 48.67%, 정동영 후보가 26.14%, 이회창 후보가 15.07%를 얻어 이명박 후보가 대통령에 당선되었다. 이명박은 이른바 'BBK 사건' 등으로 도덕성이 문제되어 고전할 것으로 예상되었으나, 경제 살리기에 적합한 인물일 것이라는 서민들의 기대와 지난 10년간 진보정권에 반발한 보수층이 결집한 결과였다. 그러나 역사상 가장 낮은 62.9%의 투표율을 기록하여 정치에 대한 국민의 불신과 무관심이 높음을 보여주었다.

반기문

2007년에는 반기문(潘基文; 1944~) 외무장관이 유엔사무총장에 취임하여 한국의 국위를 선양하는 데 크게 기여하고 있다.

2. 이명박 정부(2008. 2 ~ 2013. 2)

1) 쇠고기 수입 파동과 금융위기

2008년 2월 25일 제17대 이명박 대통령은 국회의사당 앞마당에서 취임식을 가지고 출범했다. 새 정부는 실용주의와 경제살리기를 국정지표로 내걸고 기업친화적인

---

34) 이명박 대통령은 1941년 일본 오사카에서 출생하여 1960년 동지상고를 졸업하고, 1965년 고려대학교 상과대학 경영학과를 졸업했다. 학생시절 상대 학생회장을 지내면서 한일회담을 반대하는 6·3 데모를 주동하고 징역 3년을 선고받고 복역했다. 1965년에 현대건설에 입사하여 정주영 회장의 신임을 받아 승승장구하여 계열사회장을 지냈다. 1992년에 민자당 제14대 전국구 국회의원이 되고, 1996년에 서울 종로에서 신한국당 후보로 제15대 국회의원에 당선되었으나 선거법으로 사퇴했다가 2002년에 한나라당 후보로 제32대 서울시장에 당선되었다. 2003년 7월부터 청계천 복원공사를 시작하여 2005년 10월 1일 준공했다. 이밖에 뚝섬경마장에 서울생태숲을 복원하고, 버스전용차로제를 실시한 것 등이 주요한 업적으로 꼽힌다.

35) 박근혜는 박정희 대통령의 맏딸로 1974년 서강대학교 전자공학과를 졸업하고 프랑스 유학을 떠났다가 이해 육영수 여사가 사망하자 귀국하여 청와대 퍼스트레이디로 활약했다. 새마을운동의 일환인 새마음운동을 주도했으며, 1979년 박 대통령이 사망한 후 1982년 육영재단, 1994년 정수장학회를 운영하다가 1998년 대구 보선에 출마하여 한나라당 국회의원에 당선되었다. 2001년 독자적인 정치세력을 만들기 위해 한나라당을 탈퇴했다가 다시 복귀했다. 2004년 3월 마침내 한나라당 대표가 되어 여당인 열린우리당과 경쟁하면서 2004년 3월 노무현 대통령 탄핵소추를 이끌었으며, 이해 4·15 총선에서 한나라당 국회의원 121석을 당선시키는 데 공헌했다.

정책을 추진하기 시작하고 각종 기업규제를 철폐하는 일
에 나섰다. 그러나 첫 내각인사에서 편중된 모습을 보여
시중에 '강부자', '고소영' 내각이라는 평을 듣기도 했다. 강
남땅부자, 고려대, 소망교회, 영남인을 중용했다는 뜻이다.

이명박 대통령 취임식

새 정부를 더욱 어렵게 만든 것은 4월 18일 미국산 쇠
고기 수입 협상이 타결되면서 시작된 촛불시위였다. 미국
산 쇠고기가 광우병위험이 있다고 일부 언론사가 보도하
면서 촛불시위가 일어났는데, 특히 이해 6월 10일 서울시
청 앞의 시위는 거의 100만 명에 이르러 민주화운동 이후
가장 규모가 컸다. 처음에는 어린이의 건강을 우려한 주부

버락 오바마 미대통령

와 어린 학생들이 시위에 참가했으나, 뒤에는 정치권이 가
세하여 전국적으로 확산되었다. 정부는 이를 계기로 쇠고
기 수입 협상을 다시 하여 위험요소를 줄였으며, 일부 방
송사의 언론보도가 사실과 다르게 과장된 것이 알려지면
서 시위가 진정되었다.

그런데 촛불시위운동이 진정되자 새 정부를 더욱 곤궁에 빠뜨린 것은 2008년 가
을부터 일어나기 시작한 미국발 금융위기였다. 미국 부동산 거품이 꺼지면서 비우량
담보대출(Sub Prime Mortgage)을 했던 금융회사들이 파산하자 연쇄적으로 금융계 전반이 위
기에 빠지고, 경기후퇴가 따라왔다. 그런데 미국 경제는 전 세계와 연계되어 있어 한
국도 그 영향을 크게 받게 되었다. 한국 경제는 1,700선까지 올라갔던 코스피 지수가
2008년 가을부터 1,000선대로 하락하고, 1달러 당 1,000원대였던 환율이 2009년 3월
현재 1,500원대를 오르내리고, 외국펀드에 투자했던 자금이 거의 바닥나는 사태가 벌
어졌다. 여기에 수출이 부진하고 내수가 위축되면서 기업과 서민이 다 함께 어려움을
겪었다. 그 결과 2008년의 경제성장률은 -0.6%로 후퇴하고, 2만 달러를 넘어섰던 국민
소득은 1만 9천 달러로 내려갔다. 경제불황의 여파는 2009년에도 이어져 경제성장률
은 1.6%를 기록하고, 국민소득은 1만 7천 달러로 더 내려갔다.

그러나 미국, 일본, 중국 등과 통화 스와프를 맺으면서 외환보유고가 늘어나고 무
역수지가 개선되면서 2010년부터는 경제가 다시 살아나기 시작했다. 그 결과 2010년
에는 경제성장률이 6.3%로 올라가고 국민소득은 다시 2만 달러로 향상되었다. 이어
2011년에는 무역규모가 1조 달러를 넘어서서 세계 9위를 기록했으며, 해마다 무역수

지 흑자가 이어졌다. 다만, 삼성의 모바일과 반도체, 가전제품, 현대의 자동차와 조선업, LG의 가전제품, SK의 정유사업 등 일부 대기업의 수출호조에 힘입어 이런 결과가 나왔으며, 중소기업과 소상인은 심각한 불황에서 벗어나지 못했다.

그래도 2011년에는 국민소득이 약 2만 2,400달러, 2012년에는 2만 2,700달러에 이르고, 수출액이 5천억 달러를 넘어서자 '세계 7대 20-50 클럽'[36]에 들어갔다. 한국은행이 보유하고 있는 외한보유액도 2008년에 약 2천억 달러로 내려갔다가 그 뒤 꾸준히 증가하여 2012년 현재 3,168억 달러로 세계 8위에 올랐다. 미국 발 금융위기로 전 세계가 경제적으로 큰 타격을 받았지만, 한국경제는 상대적으로 안정을 유지하여 그만큼 경제의 기초체력이 튼튼해졌다는 평가를 받았다.

정부는 수출을 더욱 확대하기 위해 여러 나라와 자유무역협정[FTA] 체결에 발 벗고 나섰는데, 먼저 노무현 정부 때 타결하고 비준이 미루어져 오던 한미 자유무역협정이 2011년 11월 22일 국회의 비준을 거쳐 2012년 3월 15일부터 발효되기 시작했다. 한편 유럽연합(EU)과의 자유무역협정도 2010년 10월 체결되어 2011년 7월부터 발효되기 시작했다. 그밖에 칠레, 페루, 터키 등과의 자유무역협정도 체결되었다.

2) 노무현 대통령과 김대중 대통령의 타계

2008년 2월에 임기를 마친 노무현 전 대통령은 고향인 경상남도 김해시 봉하마을로 내려가 평범한 시민으로 살아가고 있었는데, 2009년 4월 '포괄적 수뢰죄'로 검찰에 소환되어 조사를 받기 시작했다. 재임 중에 태광실업이 청와대 비서실을 통해 영부인에게 13억 원을 전달했다는 것이 주요 죄목이었다. 야당은 이것이 생계형 부정에 지나지 않는다고 옹호하고 나섰으나, 여당은 공세를 늦추지 않아 검찰조사가 시작된 것이었다.

이렇게 검찰조사가 진행되던 2009년 5월 23일 새벽에 노무현 전대통령은 봉하마을 뒷산에 있는 부엉이 바위에서 뛰어내려 스스로 목숨을 끊었다. 향년 64세였다. 전직 대통령이 자살한 사건은 역사상 처음 있는 일로써 국민에게 큰 충격을 안겨주었고, 야당 안에서는 추모의 정이 커지면서 이른바 '친노세력'이 결집했다. 노무현 정부시절 비서실장을 지낸 문재인(文在仁)이 노무현재단 이사장이 되어 추모사업을 주도하면서 친노세력의 중심인물로 떠올랐다.

---

36) 국민소득 2만 달러 이상, 수출액 5천억 달러 이상이 되는 나라를 '20-50 클럽'이라 부르는데, 여기에 속한 나라는 미국, 일본, 프랑스, 독일, 이태리, 영국, 한국이다.

노무현 대통령이 타계한지 3개월 뒤인 2009년 8월 18일에는 김대중 전 대통령이 노환으로 향년 86세에 세상을 떠났다. 장례식은 노무현 대통령과 마찬가지로 국장(國葬)으로 치러졌다. 이때 북한은 이례적으로 김기남 노동당비서와 김양건 통일전선부장을 조문단으로 서울에 보내 김정일 위원장의 조화를 전달하고 이명박 대통령을 면담하고 8월 23일 돌아갔다.

3) 4대강 사업

이명박 정부의 최대 국책사업은 4대강 사업이었다. 서울시장 재임 시 청계천을 복원하여 인기가 올라간 경험이 있는 이명박 대통령은 취임 직후부터 한반도대운하사업을 추진하기 시작했다. 그러나 경제적 효율성이 떨어지고, 생태계가 파괴될 위험이 있으며, 막대한 사업자금이 든다는 이유로 반대여론이 비등하자, 대운하사업의 명칭을 '4대강 살리기 사업'으로 바꾸었다. 한강, 낙동강, 금강, 영산강 등 4대강을 준설하여 홍수를 예방하고, 친환경 보(洑)를 쌓아 하천의 저수량을 대폭 늘려서 하천의 수질을 개선하고 생태계를 복원한다는 것이 주된 사업목표이고, 그밖에 노후한 제방을 다시 수리하고, 중소규모의 댐 및 홍수조절지를 건설하며, 하천 주변에 자전거길을 조성하여 휴식처를 만든다는 것 등을 부수적 사업목표로 내세웠다.

이 사업은 2008년 12월에 착수하여 2012년 4월에 완료되었는데 총 비용이 22조원에 달했다. 이 사업으로 만성적으로 범람하던 낙동강과 영산강의 하구가 개선되어 여름철 홍수에 별다른 피해를 주지 않았다는 것이 드러났다. 그러나 수많은 보 때문에 물 흐름이 원만하지 않아 수질이 오히려 나빠지고, 공사가 부실하여 보에 하자가 생기고, 하천주변의 문화재가 파괴되고, 공사과정에 로비자금이 오갔으며 기업체들이 담합에 의해 공사를 따냈다는 등의 비판이 일어나자 감사원이 조사에 나섰다. 그런데 감사원의 조사결과 처음에는 별문제가 없는 것으로 발표되었다가 뒤에는 이를 뒤집는 결과가 발표되는 등 오락가락하여 국민의 의혹을 풀지 못하고 있다.

낙동강 강정고령보

4) 남북관계의 냉각과 김정은의 3대 세습

보수정권의 성격을 지닌 이명박 정부는 10년간 지속되던 햇볕정책을 벗어나 개성공단을 제외한 대북지원사업을 중단했다. 북한에 대한 경제지원이 핵개발을 도와주는 결과를 가져왔다는 보수세력의 비판을 따른 것이다. 여기에 선거공약으로 '비핵개방 3000'을 내걸어 북한이 핵을 포기하고 개방정책으로 나가면 현재 1천 달러에 머물고 있는 북한 주민의 국민소득을 3천 달러가 되도록 도와주겠다는 것을 약속했다. 이러한 대북정책에 대해 북한은 싸늘한 반응을 보여 남북관계가 냉각되기 시작했다.

그런데 남북관계를 더 어렵게 만든 사건이 2008년 7월 11일 새벽에 금강산에서 발생했다. 금강산을 관광하던 한국 여성[박왕자]이 새벽에 해안가를 산책하다가 북한 초병의 총격을 받고 사망했다. 정부는 이 사건에 대한 북한의 사과와 재발방지를 강력이 요구했으나 북한은 이를 거부하자 금강산관광사업을 중단시켰다.

북한은 정부의 대북강경 정책에 맞서 김대중 정부의 〈6·15 남북공동선언〉 및 노무현 정부의 〈10·4 남북공동선언〉을 실행할 것을 요구하면서 2008년 11월 개성관광을 중단시키고, 경의선철도 운행을 중단시켰으며, 우리 기업의 개성공단 출입을 제한하고, 체류인원도 축소시켰다. 그러다가 2009년 8월 김대중 대통령 조문단이 다녀간 뒤로 남북관계가 다소 호전되어 남북이산가족 상봉이 몇 차례 이루어졌다.

그러나 2010년 3월 26일 남북관계를 최악으로 몰고 간 사건이 발생했다. 서해에서 통상적인 호국 군사훈련을 마치고 백령도 연안에서 항해 중이던 해군함정 천안함이 한밤에 폭파되어 46명의 병사가 사망하는 사건이 터졌다. 정부는 이 사건을 북한의 소행으로 보았으나 북한은 이를 부인했다. 시중에는 좌초설, 미군 함정과의 충돌설 등 여러 가지 억측이 난무했으나 정부는 외국의 전문가까지 초빙하여 정밀하게 조사한 결과 북한 잠수정이 발사한 어뢰에 의해 폭파되었다는 결론을 내렸다. 정

부는 5월 24일 그동안 해오던 식량지원을 비롯한 일체의 대북지원사업을 전면적으로 중단하는 조치를 취했다. 이를 5·24 조치라고 한다. 한편 미국도 이 사건을 유엔 안보리에 회부하고 [2010. 6. 6], 북한을 다시 테러국으로 지정하고 국제사회와 연대하여 제재하는 길에 나섰다.

천안함 폭침사건으로 남북관계가 악화된 가운데 2010년 11월 23일 또다시 북한의 무력도발이 연평도

인양되는 천안함

에서 일어났다. 연평도 근해에서 통상적인 군사훈련을 마치고 휴식하던 중 북한군이 연평도에 무차별 포격을 가하여 장병 2명과 민간인 2명이 사망했다. 한국군은 이에 대응하여 북쪽 땅에 포격을 가했으나 어느 정도의 피해를 주었는지는 알려지지 않았다. 북한군의 잇따른 도발에 대한 우리 군의 대응이 늦다는 비판이 일자 정부는 청와대의 허락을 받은 후에 대응하는 방식을 바꿔 즉각 대응한 뒤에 정부에 보고하도록 했다.

남북관계가 초긴장 상태를 이어가던 중 2011년 12월 17일 아침 70세의 북한 김정일 국방위원장이 갑자기 세상을 떠났다는 소식이 전해졌다. 그러나 북한은 이미 2010년부터 김정일의 3남 김정은(金正恩; 1983~)[37]을 후계자로 지목하여 이해 9월 28세 때 인민군 대장에 임명하고, 이어 당 중앙군사위원회 부위원장 및 노동당 중앙위원회 위원으로 만들어 놓았기 때문에 김정일이 죽자 금방 최고 권력자로 등장했다. 당시 나이 30세였다. 이복형인 김정남은 권력에서 밀려나서 외국을 전전하면서 유랑생활을 하고 있으며, 친형인 김정철은 북한에 남아 노동당 간부직을 맡았다.

김정일 사망 기사

김정은은 김정일의 추모기간이 끝난 2013년 4월 11일의 제4차 당대표자회의와 4월 13일의 최고인민회의에서 노동당 제1비서, 당정치국 상무위원, 중앙군사위원회 제1위원장에 추대되어 3대 세습을 마무리했다.

이명박 대통령은 2013년 2월에 임기가 끝나고, 2월 25일에 박근혜 정부가 출범했으므로, 두 달 뒤에 김정은 정권이 등장한 셈이다. 왕조국가가 무너진 현대 민주국가에서 권력이 3대에 걸쳐 세습된 나라는 북한 밖에 없다. 북한은 김정은이 김일성에서 김정일로 이어지는 '백두혈통'을 타고 났다는 점을 들어 3대 세습을 정당화하고 있으나 이런 주장은 민주주의와는 거리가 멀다. 특히 김정은은 정치경험이 부족하고 뚜렷한 업적도 없어 어떻게 지도력을 발휘할지 세계인의 관심이 쏠리고 있다. 처음에는 고모 김경희와 고모부 장성택(張成澤; 1946~2013)이 뒤에서 김정은을 지원하고 있었으나, 2013년 12월 12일에 국가전복 음모 등의 죄를 씌워 고모부 장성택을 처형하고, 김경희는 건강이 좋지 않아 현재는 여동생 김여정이 김정은을 도와주는 것으로 알려지고 있다.

---

37) 김정일은 부인 성혜림(1937~2002) 사이에 김정남(金正男; 1971~)을 낳고, 그 뒤 부인 고영희(1953~2004) 사이에 김정철(金正哲; 1981~)과 김정은(1983~), 그리고 딸 김여정(金與正; 1987~)을 낳았다. 따라서 김정은은 김정일의 3남이지만, 김정남은 이복형이므로 둘째 부인을 기준으로 보면 차남이다. 김정은은 어렸을 때 스위스에 유학하여 공부한 뒤 귀국했다. 김정은의 친모인 고영희는 재일동포로서 북송되어 평양 만수대예술단 단원으로 있다가 김정일의 부인이 되었다. 김정은의 부인은 은하수관현악단, 보천보관현악단 등에서 가수로 활동한 리설주(1989~)로서 2013년 2월에 딸 김주애를 출산했다.

5) 이명박 정부 시절의 스포츠와 문화

이명박 정부시절의 정치와 경제는 어두운 측면이 많았으나 스포츠와 문화 면에서는 즐거운 일들이 많았다. 2008년 8월 8일 개막된 베이징 올림픽에서 한국은 금메달 13개로 일본을 누르고 세계 7위를 기록했으며, 2012년 런던 올림픽[7. 27~8. 12]에서도 금메달 13개로 세계 5위를 기록하여 스포츠강국의 모습을 보여주었다. 스포츠에 관한 한 한국은 세계 10대 강국 안에 계속 들어갔다.

한편, 피겨 스케이트 선수 김연아는 국제대회에서 여러 차례 우승하다가 2010년 캐나다 밴쿠버 동계올림픽에서도 금메달을 차지하여 전 세계인의 찬사를 받았다. 이 대회에서는 모태범, 이상화, 이정수, 이승훈 등이 선전하면서 금메달 6개를 획득하여 세계 5위를 기록했다. 2011년 7월에는 2018년 평창동계올림픽 개최권을 획득하여 또 한 번의 개가를 올렸으며, 8~9월에는 대구에서 세계 육상선수권대회를 개최하여 국위를 높였다. 2010년 6월 남아프리카공화국에서 개최된 월드컵에도 연속적으로 출전하여 그리스를 꺾고 16강에 오르는 성과를 거두기도 했다.

(왼쪽부터) 이상화, 김연아,
2018 평창 동계올림픽
개최권 획득

문화 면에서도 한국의 국위가 크게 선양되었다. 특히 K-POP으로 불리는 대중가요가 전 세계적으로 한류 붐을 일으켰는데, 2012년 10월 가수 싸이가 부른 '강남스타일'은 폭발적인 인기를 얻어 미국의 빌보드 차트에 연속적으로 2위를 기록하는 등 전 세계에 말춤 바람을 일으켰다.

한국의 전통문화가 세계적으로 인정을 받아 유네스코 세계문화유산으로 등록되는 일이 해마다 이어지고 있는데, 2009년에는 조선왕릉 40기가 유네스코 세계문화유산으로 등록되었다. 우리나라 왕릉이 지닌 환경친화적 특성이 세계인의 주목을 받은 것이다. 또 이해 허준(許浚)이 지은 《동의보감(東醫寶鑑)》이 기록문화유산으로 등록되었다. 이 책은 동아시아에서 가장 우수한 의학서라는 평가를 받고 있다.

2010년에는 안동의 하회마을과 경주의 양동마을이 세계문화유산으로 등록되고,

2011년에는《일성록(日省錄)》과《5·18 민주화운동 기록물》이 등록되고, 박근혜 정부에 들어와서는 2013년에 이순신의《난중일기(亂中日記)》와《새마을운동 기록물》그리고 2015년에 KBS 이산가족찾기운동기록과 유학책판이 등록되어 현재 총 13종에 이르렀다. 이는 9종을 등록한 중국, 3종을 등록한 일본보다 많은 것으로 아시아에서 가장 많은 기록문화를 등록한 나라가 되었다.

원릉(조선 제21대 왕 영조와 계비 정순왕후 김씨의 무덤),
《동의보감》,
안동 하회마을,
《일성록》,
《난중일기》

그밖에 강강술래(2009), 남사당놀이(2009), 영산재(2009), 처용무(2009), 제주 칠머리당 영등굿(2009), 가곡(2010), 대목장(2010), 줄타기(2011), 택견(2011), 한산 모시짜기(2011), 매사냥술(2012), 아리랑(2012), 김장문화(2013) 등이 유네스코 인류무형문화유산으로 등록되어 모두 16종이 올라 있다.

2011년에는 병인양요 때 프랑스가 강화도 외규장각에서 약탈해간 조선왕조《의궤(儀軌)》297권이 대여형식으로 한국으로 돌아왔으며, 이해 일본이 강점기에 가져간《의궤》(81종 167책)와 이토 히로부미가 가져간 66종 938책도 반환받았다. 2012년 12월에는 옛 세종로의 문화관광부 건물을 리모델링한 '대한민국역사박물관'이 개관되어 한국근현대사를 상징하는 유물을 이해할 수 있는 교육공간으로 활용되고 있다.

2011년에 방송통신위원회에서 종합편성 채널을 허가하여 KBS, MBC, SBS 등 지상파방송 이외에 종합편성채널[종편]을 허가한 것도 중요한 변화이다. 종합편성 채널은 케이블 TV와 위성방송 등을 통해 모든 장르를 24시간 시청할 수 있는 채널로 방송수준을 높이는 데 기여한다는 이유로 허가되었는데, 조선일보[TV조선], 중앙일보[JTBC], 동아일보[채널A], 매일경제[MBN] 등 주요 신문사가 선정되어 2011년 12월 초부터 방송이 시작되었다.

종합편성 채널은 정치평론을 신속하게 다루고, 그밖에 드라마, 건강과 연예, 가정생활 등에 관련된 토크쇼를 많이 제공하여 시청률을 높여가고 있으며, 지상파방송이 주로 저녁시간에 시청률이 높은 데 비해 종합편성 방송은 낮 시청률이 높은 것이 특징이다.

6) 제18대 대통령선거

2012년 12월 19일에 제18대 대통령을 선출하는 선거가 치러졌다. 이번 선거는 직업정치인이 아닌 안철수 교수가 큰 변수로 등장한 선거라는 점에서 종전의 선거와 다른 양상을 보였다. 여당인 한나라당은 박근혜(朴槿惠; 1952~) 전 한나라당 대표가 당내 경선을 통해 최종후보로 결정되고, 야당인 민주당은 친노 그룹의 대표인 문재인(文在仁; 1953~) 초선의원이 경선을 통해 손학규(孫鶴圭; 1947~) 전 경기지사를 누르고 최종후보로 확정되었는데, 국민여론은 오히려 안철수(安哲秀; 1962~) 서울대교수의 지지율이 가장 높아 파란이 일어났다.

의학도 출신으로 컴퓨터 백신을 개발하여 젊은 층에 인기가 많았던 안철수 교수는 민생을 외면하고 기득권을 지키면서 이념대결에 몰두하고 있는 기성정치 풍토를 비판하고 중도실용적인 깨끗한 '새 정치'를 내걸고 혜성처럼 등장하여 여야 모두 싫증을 느끼던 중도성향의 유권자들에 신선한 충격을 주면서 대안세력으로 떠올랐다.

그러나 정치경험이 없고, 조직도 없는 안 후보의 인기는 거품일 가능성이 크고, 독자의 힘만으로는 승리하기 어렵다는 것을 알고 있는 야당은 서로 연대를 맺어 단일후보를 내기로 합의했다. 만약 세 후보가 모두 독자적으로 출마하면 야당의 표가 갈려 여당에 유리하다는 판단도 작용했다. 그러나 당내의 지지도는 문 후보가 높고, 여론의 지지도는 안 후보가 높아 팽팽한 신경전을 벌인 끝에 집권 후 정책 공조를 약속받고 안 후보가 사퇴하여 문재인 후보가 단일후보로 결정되었다(11. 22).

문재인과 안철수의 연대는 여당인 한나라당을 긴장시켰다. 여론조사 결과 여당과 야당은 오차 범위 내에서 승부가 갈리는 것으로 나왔다. 이에 여당은 당명을 '새누리당'으로 바꿔 이미지를 쇄신하고, 야당이 주장하는 복지정책을 상당 부분 흡수하여 선거공약으로 내놓았다. 또 여당은 야당후보가 노무현 정부시절 비서실장을 지낼 때 대통령이 북한에 대해 북방한계선(NLL)을 포기하는 듯한 발언을 한 것에 대한 책임을 물어 이념공세를 벌이고, 야당은 국가정보원 직원이 인터넷 댓글로 선거에 관여하고 있다고 공격하고, 여당이 승리하면 유신세력이 부활한다고 주장하면서 역시 이념공세를 펼쳤다.

이렇게 여야가 백중하여 결과를 예측할 수 없는 선거가 치러진 결과 박근혜 후보가 51.6%, 문재인 후보가 48%의 표를 얻어 박근혜 후보가 근소한 차이로 당선되었다. 대통령 선거역사상 가장 박빙의 승부가 이루어진 것이다. 투표율은 75.8%를 기록하여 제17대 대통령선거 때의 63%를 크게 앞질렀다. 여당이 승리한 요인 가운데는 원래 야당성향이 강한 20~30대가 보수로 많이 돌아서고, 50~70대의 장년과 노년세대에서 표를 많이 얻은 결과였다. 또 종편을 비롯한 보수언론의 지원도 한몫했다. 안철수 지지세력의 표는 여당과 야당으로 갈린 것으로 알려졌다.

제7장 박근혜 정부의 출범과 남북관계(2013. 2 ~)

1. 박근혜 정부의 출범(2013. 2 ~)

1) 험난한 남북관계와 한중우호 관계의 증진

박근혜 대통령 취임식

제18대 박근혜 대통령은 2013년 2월 25일 국회 앞뜰에서 취임식을 갖고 집무를 시작했다. '국민행복시대', '복지정책', 그리고 '탕평정치를 통한 국민화합'을 국정목표로 내걸고 공약실천에 나섰다. 대한민국 역사상 최초로 여성 대통령 시대가 열린 것이다.

큰 기대 속에 출범한 박근혜 정부는 처음부터 가시밭길을 걸어갔다. 무엇보다 북한의 핵개발과 미사일 발사가 남북관계를 극도로 악화시키는 근본적인 원인을 제공했다. 정부의 대북정책은 '한반도 신뢰 프로세스'를 바탕으로 북한이 핵을 포기하는 진정성을 보이면 2010년 천안함 사건으로 내려진 5·24 조치를 철회하는 것은 물론 대대적으로 북한을 돕겠다는 것이다.

그러나 북한은 2012년 4월 초에 출범한 김정은 시대에 들어와서 오히려 핵무기개발과 미사일개발에 더욱 박차를 가했다. 2012년 4월 13일 최고인민회의에서 헌법을 개정하여 북한이 '핵보유국'임을 명시하고, 핵무기 개발과 경제건설을 동시에 추구하겠다고 선언했다. 다시 말해 핵보유국이라는 큰 카드를 가지고 미국 및 남한과 협상하여 평화협정을 맺어 미군을 철수시키고 큰 규모의 경제지원을 얻어내겠다는 전략이었다.

북한은 핵무기를 더욱 작고 가볍게 만들고 이를 운반할 수 있는 장거리미사일을 더욱 정교하게 만들기 위해 2012년 12월 12일 광명성 3호로 불리는 장거리유도탄을 발사하여 궤도에 진입시켰는데, 북한은 이것이 실용위성이라고 선전했으나 미국은 핵무기를 운반하기 위한 대륙간 탄도유도탄이라고 보았다. 이어 2013년 2월 12일에는 제3차 핵실험을 수행하여 핵농축기술을 한 단계 끌어올리는 데 성공했다. 북한은 이제 당당한 핵보유국가로써 미국의 본토까지도 핵무기로 공격할 수 있다고 호언했다.

북한의 잇따른 탄도미사일 발사와 핵무기 실험은 국제사회로부터 맹렬한 비난을 받았다. 국경을 접하고 있는 중국도 불편한 심기를 드러냈다. 북한의 핵보유는 남한의 핵보유를 불러오고 미국 핵무기의 재반입을 가져올 것으로 보았기 때문이다. 특히 미국은 북한의 도발에 대응하여 핵잠수함과 B-52전투기 등을 동원하여 한국군과 연합하여 강도 높은 군사훈련을 몇 차례 실시했다. 북한은 이 훈련이 북한을 공격하기 위한 침략훈련이라고 주장하면서 버튼만 누르면 미국과 한국을 한꺼번에 불바다로 만들 수 있다고 잇달아 협박했다. 남한 국방부장관[김관진]은 만약 북한이 공격해오면 평양의 수뇌부를 정밀타격하겠다고 대응했다. 그러자 북한은 자신들의 '최고 존엄'을 모독했다고 트집 잡으면서 대통령에 대해서도 악담을 퍼붓고, 이에 대한 보복으로 2013년 4월 3일부터 개성공단을 폐쇄하는 조치를 취하기 시작했다.

핵과 미사일개발로 국제사회에서 완전히 고립된 김정은 위원장은 2013년 12월 12일 고모부 장성택(張成澤; 1946~2013)을 긴급체포하여 국가전복음모를 비롯한 수많은 죄를 저질렀다는 이유로 약식군사재판을 거친 뒤에 즉시 처형했다. 권력 서열 2인자이자 가장 가까운 후견인인 고모부까지도 무참하게 처형하는 김정은 위원장의 행보는 전 세계를 깜짝 놀라게 했다. 국제 감각이 있고 정치경험이 풍부하여 나이어린 지도자를 보필하면서 개혁개방으로 인도할 가능성이 크다고 기대했던 장성택의 처형으로 서방세계와 중국의 북한에 대한 실망은 한층 증폭되었다. 특히 중국은 수십 년간 지켜온 북한과의 혈맹관계를 버리고 북한에 대한 경제지원을 대폭 줄였다.

북한이 개성공단을 남한에 대한 보복수단으로 선택한 것은 그곳에 들어가 있는 123개 기업체에 대한 압박을 통해 남한경제에 타격을 주겠다는 의도였다. 그래서 2013년 4월 3일 북한은 개성공단 123개 기업체 인력의 입북을 막고, 이어 5만 3천여

개성공단 폐쇄 짐을 잔뜩 실은 차량이 개성공단을 출발해 남북출입사무소로 입경하고있다.

명의 북한근로자를 고향으로 돌려보내 공장조업을 중단시켰다. 정부는 이에 맞서 개성공단의 폐쇄까지도 각오하고 한국 측 근로자들을 모두 귀환시키고, 우리가 제공해오던 전기공급을 중단하고, 이어 완제품과 상품자재를 가져올 수 있도록 북측에 요구하면서 실무자회담을 제의했다.

개성공단이 폐쇄될 경우 피해를 보는 정도는 남한보다 북한이 더 컸다. 공단에 들어간 123개 기업체의 파산은 안타까운 일이지만, 한국의 경제규모에 비추어 보면 매우 작은 부분으로써 정부가 피해를 보상하기로 약속했다. 그러나 북한 근로자 5만 3천여 명이 실업자가 되면 약 30만 명 가족들의 생계가 어려워질 뿐 아니라 북한 정부가 벌어들이는 연간 8~9천만 달러[한화 약 1천억 원]의 수입이 사라지기 때문이다.

개성공단을 문제 삼아 남한을 압박하려 했던 북한은 남한의 예기치 않은 강경책에 놀라 남북실무자회담을 열자는 남측의 제의에 동의하여 일곱 차례에 걸친 회담 끝에 개성공단의 발전적 정상화에 합의했다. 북한의 사과와 재발방지를 요구하는 우리 측의 요구를 놓고 실무회담에서 신경전을 펼친 끝에 2013년 8월 7일 합의에 이른 것이다. 앞으로 쌍방이 공단을 공동운영하고, 쌍방의 합의가 없이는 폐쇄하지 않으며, 공단을 국제화시키고, 공단의 발전을 가로막는 3통[통행, 통신, 통관] 문제를 개선한다고 약속했다. 이로써 공단이 폐쇄된 지 166일 만인 2013년 9월 16일부터 공단조업이 재가동되었다.

개성공단 실무회담과 병행하여 금강산 관광과 이산가족상봉을 위한 장관급 당국자회담도 열기로 합의하여 2013년 6월 12일 서울에서 갖기로 했다. 그러나 북한이 대표단장을 낮추어 명단을 통보하자 우리 측은 이에 상응하여 통일부 차관을 보내겠다고 통보했다. 그러나 북한은 격이 맞지 않는다고 트집을 잡아 회담이 무산되었다. 그 뒤 다시 당국자회담이 재개되어 이산상봉 날짜까지 정했으나 상봉날짜를 며칠 앞두고 북한이 갑자기 무기한 연기를 통보하여 또 무산되었다. 북한은 비용이 많이 드는 이산가족 상봉보다는 달러가 들어오는 금강산관광 재개를 더 원했으나 우리 측이 사과와 재발방지 없이는 응할 수 없다고 하자 북한 측이 이산가족 상봉을 무산시켰다. 북한은 이산가족의 상봉을 위해 깨끗한 새 옷을 만들어 입히고 대접할 음식을 준비하는 데 적지 않은 비용이 들어가기 때문에 큰 부담을 느꼈다.

그러나 인도주의적 명분이 뚜렷한 이산가족 상봉을 외면만 할 수 없음을 깨달은 북한이 태도를 바꿔 2014년 2월에 두 차례에 걸쳐 금강산호텔에서 이산가족 상봉이 이루어졌다. 북한은 대남협박과 대화정책을 병행시키면서 5·24 조치를 풀고 경제지원을 얻어내려고 했으나, 핵의 포기와 금강산 사건에 대한 사과와 재발방지를 요구하는 남한의 일관된 태도가 서로 팽팽하게 맞서 결과적으로 남북은 모두 얻은 것이 없었다.

남북관계가 교착상태에 빠진 것과는 달리 박근혜 정부의 외교적 성과는 매우 컸다. 대통령은 2013년 5월 초 미국을 방문하여 오바마 대통령과 회담하고[5. 7], 의회에서 신뢰 프로세스에 의한 대북정책에 관한 연설을 하여 갈채를 받았으며, 이어 6월에는 중국을 방문하여 3월에 출범한 시진핑(習近平; 1953~) 주석과 회담하여[6. 27] 한반도 비핵화에 합의를 얻어냈으며, 청화대학(淸華大學)에서의 연설을 통해 한반도의 통일이 중국 동북 3성의 경제발전에 큰 도움이 된다는 것을 깨우쳐주기도 했다. 시진핑 주석은 2014년 7월 3일 한국을 국빈으로 답방하여 서울대학에서의 강연을 통해 역사적으로 한국과 중국이 문화를 공유하고 어려울 때 서로 도와준 전통을 상기시키면서 우의를 과시했다. 박 대통령은 2014년 11월 초 베이징 APEC 회의를 마친 뒤 11월 10일 한중 정상회담을 다시 갖고 한중자유무역협정[FTA]을 타결했다고 발표하여 경제적으로 더욱 가까운 사이가 되었음을 확인했다.

한국이 중국과 가까워진 배경에는 중국이 한국의 최대 수출국이자 수입국이라는 점이 크게 작용하고 있다. 그밖에 남북통일과 북핵 해결에 있어서 중국의 역할이 가장 큰 점, 그리고 2012년 12월에 출범한 일본 아베 신조[38](安倍晋三; 1954~) 정권이 과거의 침략행위를 반성하지 않으면서 평화헌법을 폐기하고 자위대(自衛隊)의 해외출병의 길을 열어가고 있는 데 대한 공동대응의 의미도 있었다. 한편, 중국의 입장에서도 한국과의 경제협력이 중요할 뿐 아니라 한·미·일(韓美日) 공조를 통해 중국을 견제하려는 미국의 동아시아 정

시진핑   아베 신조

---

38) 아베 신조는 19세기 후반 정한론자 요시다 쇼인(吉田松陰)을 비롯하여 기도 다카요시, 이토 히로부미, 이노우에 가오루, 가쓰라 다로, 데라우치 마사타케 등 한국침략의 원흉들을 배출한 야마구치현(山口縣; 옛 長州藩)에서 태어났다. 그의 집안은 그 영향을 받은 유명 정치인이 많았다. 외조부는 A급 전범자로서 총리를 지낸 기시 노부스케(岸信介), 증조부도 총리를 지낸 사토 에이사쿠(佐藤榮作), 고조부는 요시다 쇼인의 영향을 받아 1894년 경복궁을 점령한 오시마 요시마사(大島義昌)이다. 조부는 중의원이고, 아버지는 외무대신을 지낸 아베 신타로(安倍晋太郎), 남동생은 참의원인 기시 노부오(岸信夫)이다.

책에 대응하기 위해 한국과 손잡는 것이 유리하다고 판단한 것이다.

그러나 미국과 군사동맹을 맺고, 주한미군의 도움을 크게 받고 있는 한국은 한미일 공조정책에 협조하지 않을 수 없지만, 그렇다고 중국과 적대관계를 갖는 것은 국익에 도움이 되지 않기 때문에 중국과도 좋게 지내면서 미국, 일본과도 협력하는 탄력적인 외교정책을 추구해가고 있다. 그런 정책이 동아시아세계에서 생존을 유지하면서 동서갈등을 조정하는 균형자의 역할도 할 수 있기 때문이다. 또 한국이 그런 역할을 할 수 있을 만큼 국력이 커졌다는 것을 의미하기도 한다.

2014년 11월 18일 유엔총회 3위원회는 111개국의 찬성을 얻어 대북인권결의안을 통과시켰는데, 이 결의안은 북한의 최고 책임자를 반인도적 범죄를 저지른 가해자로 규정하여 국제형사재판소[ICC]에 회부할 것을 권고했다는 점에서 과거의 인권결의안과는 차원이 달랐다. 이 결의안에 중국과 러시아는 반대표를 던져 안보리에서 통과될 가능성은 없지만, 결의 그 자체만으로도 전 세계에 미치는 심리적 효과는 매우 크다. 예상했던 대로 최악의 궁지에 몰린 북한은 이 결의안에 반대하여 10만 명을 동원한 군중대회를 열어 미국과 한국을 격렬히 규탄하고 나섰고, 제4차 핵실험을 예고하기도 했다. 또 북한은 국제적 고립을 벗어나기 위해 우크라이나 사태로 서방세계와 사이가 나빠진 러시아에 특사[최룡해]를 보내 우호관계를 높이려고 애쓰고 있다.

2) 박근혜 정부의 대내정치

박근혜 정부는 대북정책과 외교정책은 비교적 무난하다는 평을 받고 있으나, 국내정치는 득과 실이 반반으로 갈리고 있다. 정부는 무엇보다 민생을 살리기 위한 경제개혁에 최대의 역점을 두고 '창조경제', '경제혁신 3개년개혁', '공기업개혁', '규제개혁', '공무원연금개혁', '기준금리인하', 'FTA 확장' 등을 강력히 촉구하는 등 강한 의욕을 보이고 있다. 이런 개혁의 기본방향은 기업이 성장할 수 있는 여건을 개선해주고, 국가의 채무를 줄이는 데 초점을 맞춘 것이다.

경제혁신을 실천하기 위한 정부기구를 개편하여 미래창조과학부를 신설하고, 기획재정부 장관을 경제부총리로 격상시키는 조치를 취했다. 특히 미래창조과학부는 종전의 교육과학기술부의 과학기술 관련업무와 방송통신위원회의 업무, 그리고 지식경제부의 일부 업무를 통합한 것으로, 과학기술과 정보통신방송, 우정사업 등을 하나로 합쳐 시너지 효과를 극대화하겠다는 취지로 만들었다.

위와 같은 경제혁신정책의 기본방향은 경제성장과 재정안정에 목표를 두고 있기 때문에 자연히 선거공약으로 내건 복지정책은 축소시키는 방향으로 수정되고 있다. 경제성장에 초점을 맞춘 이유는 무엇보다 성장동력이던 수출이 국제경제의 침체와 일본 엔화가치의 하락, 중국 상품의 약진 등으로 경쟁력이 갈수록 약화되고 있으며, 국내의 소비심리가 위축되어 내수시장도 침체되고, 이에 따라 기업인들의 생산투자가 약화되고 있기 때문이다. 전반적으로 디플레 현상이 심각하여 자칫하면 일본의 '잃어버린 20년' 처럼 될 가능성이 커지고 있다.

정부의 경제혁신 정책이 아직은 뚜렷한 가시적 성과를 보이지 않고 있지만, 그러나 통계청 발표를 따르면 2013년 현재 한국의 1인당 국민소득은 2,870만 원으로 북한[138만 원]의 20.8배, 무역규모는 1조 753억 달러로 북한[73억 달러]의 146배에 이르고 있다.

박근혜 정부는 출범 초부터 인사정책에서 문제점을 드러내 내각을 제 때에 구성하지 못했으며, 야당과의 정쟁이 끊임없이 계속되었다. 주요논쟁점은 선거당시 쟁점이 되었던 국정원의 댓글사건과 노무현 대통령의 NLL 관련 발언에 대한 공방, 복지정책을 수정하는 문제를 둘러싼 공방, 대북정책을 둘러싼 공방, 민생법안의 처리를 둘러싼 공방, 그리고 대통령의 소통부재를 둘러싼 논쟁, 청와대의 비선라인을 둘러싼 논란 등이었다.

한편, 여당과 야당을 바라보는 국민의 시각은 각각 40%대와 20%대의 지지도로 나타나고 있어 두 당이 모두 국민의 기대에 미치지 못하고 있는데, 특히 야당에 대한 시각이 더 부정적임을 보여주고 있다. 그 이유는 야당 안에 친노파와 비친노파의 주도권다툼이 끊임없이 이어지면서 자체개혁과 민생을 외면하고 있기 때문이다. 그 가운데 지난 노무현 정권시절에 종북세력으로 의심받던 통합진보당과 선거연대를 추구했던 친노파의 인기가 더 낮았다. 이를 극복하기 위해 비친노파의 김한길 민주당 대표는 2014년 3월 26일 안철수 '새정치연합' 대표와 손을 잡고 '새정치민주연합'을 창당하고 두 사람이 공동대표를 맡았다. 안철수 대표는 대통령 선거 후 노원구에서 국회의원으로 당선되어 국회로 들어갔으나 독자의 정치세력을 형성하지 못하고 있다가 민주당으로 입당하여 새정치민주연합의 공동대표가 된 것이다.

그러나 2014년 7월 30일 시행된 국회의원 재보선 선거에서 새누리당이 11석을 얻었으나 새정치민주연합은 겨우 4석을 얻는 데 그치자, 두 당대표가 책임을 지고 동시에 사퇴했다. 모든 특권을 내려놓는 깨끗한 정치를 표방하면서 국회의원 공천제도를 반대해온 안철수 대표가 실제로 새정치민주연합의 개혁에 실패한 것이 패배의 원인이었다.

그 뒤 새정치연합은 당대표를 공석으로 두고 박영선 의원을 비상대책위원장으로 뽑아 당을 이끌다가 2014년 9월에 문희상 의원으로 교체되었으며, 2015년 2월 28일 열린 전당대회에서 문재인 의원이 당대표로 선출되었다.

3) 세월호 참사 사건

2014년 4월 16일 일어난 청해진해운 소속 세월호 침몰 사건은 전 국민을 정신적 공황에 빠지게 만들었다. 인천과 제주도를 왕복하는 페리 여객선 세월호가 478명의

침몰하는 세월호

세월호 희생자 분향소

승객을 태우고 인천을 떠나 제주도로 가던 중 아침 9시 15분경 진도 팽목항 앞바다에서 침몰하여 174명이 구조되고 304명이 목숨을 잃는 대형참사가 발생했다. 그 뒤 7개월간 밤낮으로 시신 수색작업을 벌여 295명의 시신을 인양하고 9명의 시신을 찾지 못한 가운데 2014년 11월 11일 수색작업을 종료했다. 회생자의 대부분이 경기도 안산시 단원고 학생으로 알려져 국민의 가슴을 더욱 아프게 만들었다. 서울을 비롯하여 전국 각지에 마련된 빈소에는 조문객의 발길이 끊이지 않고 이어지고, 시신을 찾지 못한 수백 명의 유가족들은 진도 체육관에 몇 달간 자리를 펴고 지내면서 수색결과를 애타게 기다리고 있었다.

이 사건이 국민을 더욱 가슴 아프게 만든 것은 자연재난이 아니라 온갖 부정과 비리가 빚어낸 인재라는 점이었다. 배를 불법으로 증축 개조하여 무게중심이 낮아지고, 배에 실은 하물의 양이 규정을 크게 넘어서고, 하물을 제대로 고정시키지 않은 상태에서 급속한 회전으로 하물이 이동하여 무게중심을 잃고 침몰한 것으로 밝혀졌다.

배가 침몰할 때 선장과 선원은 승객을 대피시키지 않고, 자신들만 먼저 대피하여 해경에 구조된 것도 국민의 빈축을 크게 샀다. 해난구조의 책임을 맡은 해경의 초기대응도 미숙했다. 경찰의 수사가 진행되면서 청해진해운의 실소유주가 구원파 목사이자 전 세모그룹 회장으로 1987년 오대양사건에 연루되어 투옥된 경험이 있고, 현재에도 수많은 기업체를 거느린 유병언(兪炳彦; 1941~2014)으로 알려지면서 그의 기업인으로서의

비행이 세상에 드러났다. 경찰의 수사를 피해 3개월 간 본거지인 안성의 금수원을 떠나 도피행각을 벌이던 그는 7월 22일에 순천 지역 야산에서 변사체로 발견되었다.

세월호 사건을 계기로 전직 공무원들이 퇴직 후 기업체에 들어가 일하면서 불법 로비를 통해 각종 비리를 저지른 사실이 세상에 폭로되어 우리 사회가 총체적 도덕 불감증에 빠져 있음을 보여주었다. 국민정서가 허탈감에 빠지자 경제에 영향을 주어 소비심리가 위축되고 기업활동이 저하되기도 했으며 정치에 대한 불신도 더욱 커졌다.

4) 최근 북한의 경제사정

북한 경제는 1960년대 중반까지는 고도성장을 기록하다가 1960년대 후반기 이후부터 자본부족, 기술낙후, 과도한 군사비 지출, 주민의 생산의욕 저하 등으로 침체의 길을 걸어가서 1970년대 중반 이후로 국민총생산에서 남한에 추월당했는데, 그로부터 40년이 지난 2014년 현재 남한 국민총생산은 북한의 약 40배로 늘어나고, 1인당 국민소득은 북한이 약 1,200 달러, 남한이 약 2만 8천 달러로 약 24배의 격차를 보이고 있다. 무역총액은 남한이 1조 달러를 넘어섰으나, 북한은 40억 달러 수준에 머물고 있어 거의 250배의 격차를 보이고 있다.

북한은 경제침체를 타개하기 위해 시장개방과 시장경제의 도입이 불가피함을 깨닫고 1984년에 이른바 〈합영법〉(9월 8일)을 만들어 국내자본과 외국자본이 공동으로 투자하고 공동으로 운영하여 투자 몫에 따라 이익을 분배하도록 했다. 1990년대에는 〈합영법〉에서 한 걸음 더 나아가 '경제특구'를 만들기 시작하여 먼저 함경도의 국경지대인 나진–선봉 지역에 경제특구를 만들었다[1991]. 그러나 외국 기업의 투자가 부진한 가운데 1995년 이후에는 해마다 대홍수까지 겹치자 1990~1998년의 연평균 경제성장률은 -3.8%를 기록하고 극심한 식량난을 불러왔다. 북한은 이 시기를 '고난의 행군'으로 부르면서 주민의 인내를 강요했으나 배고픔을 이기지 못한 주민들이 목숨을 걸고 두만강과 압록강의 국경을 넘어 중국으로 탈출하는 사태가 봇물 터지듯 일어났다. 2014년 현재 남한으로 내려온 북한 이탈민은 약 3만 명에 이르고 있다.

그러나 2000년대 이후로 북한의 경제사정은 다소 나아졌다. 1998년에 남한에 김대중 정부가 들어서서 대북포용 정책을 추진하고, 이어 2003년에 노무현 정부가 들어서서 대북포용 정책을 이어가면서 북한의 경제사정이 다소 호전되어갔다. 여기에 금강산관광사업(1998)이 시작되고, 개성공단조업이 가동되고(2004), 남북 간 교역량도 늘어나서 2004년 당시 남북 간 교역량은 북한 전체교역량의 약 20%를 차지했다.

북한은 스스로 2002년 7월 1일 이른바 '7·1경제관리개선조치'를 내려 공장기업소의 책임경영제와 독립채산제를 허용하고, 식량배급제를 중단하고 시장개설을 허용했다. 이에 따라 전국적으로 시장이 들어서고 매매가 활성화되면서 2006년과 2007년을 제외하고는 경제성장률이 마이너스에서 플러스로 돌아서고, 일부 부유한 계층도 나타났다. 그러나 인플레이션으로 물가가 뛰어 오르고 빈부격차가 커지는 부작용이 일어나 체제에 대한 위협이 갈수록 커지자 2009년 12월 1일에 화폐개혁을 단행하여 100대 1로 돈을 바꾸어 주었다. 그 결과 부자들은 심각한 경제적 타격을 입었을 뿐 경제사정이 호전되지는 못했다.

북한은 경제난을 타개하기 위해 2002년에는 나진–선봉 지역에 이어 신의주에도 경제특구를 만들어 외국 기업이 들어와서 자유롭게 기업활동을 할 수 있도록 했다. 무역, 상업, 공업, 첨단과학, 관광, 오락산업 등이 모두 허용되었다. 그러나 교통과 통신 시설이 낙후되고, 전력이 부족한 데다, 미국과 일본 및 서유럽 여러 나라들은 북한을 테러 지원국으로 지정하여 투자를 하지 않고 오히려 경제제제를 가하고 있기 때문에 경제특구는 일본 조총련기업 몇 개만 들어왔다가 철수하여 실패로 돌아갔다.

2008년 이후로 남한에서 보수적인 이명박 정부가 들어서고, 이어 2013년에 박근혜 정부가 들어서자 북한의 경제사정은 더욱 악화되었다. 특히 2010년 3월 천안함 폭침 사건으로 남한이 5·24 조치를 내려 북한에 대한 경제교역과 경제지원을 전면적으로 중단하면서 북한의 경제사정은 최악의 상황을 맞이했다.

설상가상으로 2012년 김정은 정권이 등장한 뒤로 2012년 12월 12일 대륙 간 탄도탄을 발사하여 성공시키고, 2013년 2월 12일 제3차 핵실험을 감행하고, 이어 2013년 12월 12일 장성택(張成澤)이 처형되면서 이에 분개한 중국이 경제지원을 대폭 축소시키자 대외경제 의존도가 가장 큰 중국마저 등을 돌리게 되어 사면초가의 어려움에 빠지게 되었다. 북한은 2013년 현재 73억[한국의 0.41%] 달러의 무역규모를 기록했는데, 그 가운데 89%가 대중국무역이므로 중국에 대한 의존도가 얼마나 큰지를 알 수 있다. 신무기개발에 막대한 국가예산을 쏟아 붓고, 여기에 마식령 스키장, 평양 물놀이공원, 승마장 건설 등 일부 부유층을 대상으로 한 오락시설에 대한 투자가 늘면서 민생은 더욱 어려움을 겪고 있다.

책을 끝내며 – 근현대와 전근대의 새로운 접목

1. 동서문명의 충돌과 자주적 근대화

1863년 대원군의 등장과 1876년 개항을 시작으로 지금에 이르는 한국 근현대사 150년은 한국 역사상 가장 어려운 수난기인 동시에 가장 영광스런 시대이기도 하다. 19세기 말에서 20세기 전반기가 수난으로 점철되었다면, 20세기 후반기는 영광의 고지로 올라가는 역사의 중흥기라 할 수 있다.

왜 수난의 역사가 왔는가. 왜 영광의 역사가 다시 도래했는가? 이 물음은 5천 년의 기나긴 역사의 흐름 속에서 그 해답을 찾아야 한다.

한국인이 이어온 5천 년 역사는 흥망과 성쇠가 수없이 반복되어온 전력이 있었다. 왕조가 망하는 과정에는 반드시 내란과 외세의 침략이 있었으나, 한국인은 언제나 이를 슬기롭게 극복하여 새로운 중흥기를 만들어내는 불사조와 같은 생명력과 저력을 가졌다. 이렇게 흥망과 성쇠가 반복되는 과정에는 반드시 새로운 문명의 진화를 창조하여 세계사의 선진대열에 진입하는 성과를 거두었다.

한국문명은 정신문명에서 특히 탁월한 능력을 발휘했다. 이른바 '선비정신'이 그것이다. 고조선의 '홍익인간(弘益人間)'에서 비롯된 정신문명은 불교와 유교를 받아들이면서 꾸준히 진화하여 이웃 중국으로부터 '군자(君子)의 나라' 또는 '동방예의지국(東方禮義之國)'이라는 아름다운 칭호를 얻었다. '선비정신'의 알맹이는 인간과 자연의 상생, 생명사랑, 공동체정신, 공익정신, 백성사랑, 나라사랑, 치열한 교육열과 성취욕으로 집약된다. 그리고 선비정신을 정치에 구현하는 과정에 교육과 학문의 발달, 지도층의 검소한 의식주생활, 기록문화의 발달, 능력주의 인재등용[公選], 언론자유[公論], 경제정의[公田], 민족의식 등을 단계적으로 진화시켜 왔으며, 이런 조건 속에서 문화선진국으로 인정받았던 것이다.

그러나 19세기 후반에 이르러 새로운 서양문명과 만나면서 '문명의 대충돌'이 일어났다. 자신의 기독교문명만을 진정한 문명으로 자부하면서 그 밖의 문명을 '야만'으로 얕잡아보는 서양문명의 아류국가인 일본과 만나게 된 것이다. 일본은 기원후 8세기까지 한반도 이주민이 국가를 주도하고, 한국 문명의 영향 아래에서 커 왔으나, 붓문화를 발전시킨 우리와 달리 칼을 숭배하는 무사국가의 전통을 오래도록 이어오다가 16세기 중엽부터 서양인이 찾아오면서 정신은 무사도 정신, 기술은 서양화의 길을 걸어갔다. 그 결과 서양 근대문명의 열매인 산업화에 한 발 앞선 힘으로 한국의 문을 거세게 두들겼다. 그것이 1876년의 개항(開港)이다. 경제력과 군사력으로 압도하는 일본의 힘을 깨달은 우리는 전통적인 유교문화의 장점을 살리면서 주체적으로 일본을 통해 서양의 과학기술을 배우면서 힘을 키우고자 애썼다. 그것이 '동도서기(東道西器)' 또는 '구본신참(舊本新參)'이라 불리는 '자주적 근대화운동'이다.

일본과 서양이 산업화의 여세를 몰아 아시아를 정복하고, 먼저 개항한 일본이 한국을 넘볼 것을 눈치챘더라면 거기에 대한 대응책을 마련했을 것이다. 그러나 한국은 불행하게도 서양과의 직접적인 접촉이 거의 없어서 세계정세의 변화를 충분히 감지하지 못했다. 우리가 서양과의 접촉을 피한 것이 아니라 서양이 우리나라를 찾아 오지 않아 기술문명에서 일본에 뒤지게 된 것이다. 그리하여 수천 년간 누려온 '군자국'이자 '동방예의지국'이 하루아침에 '은둔국'과 '후진국'으로 비쳐지게 되었다. 성인(聖人)처럼 살아온 문화민족이 힘을 숭상하는 '오랑캐'에 짓밟히는 수난이 닥친 것이다. 한국인에게 무력(武力)을 행사하여 남의 나라를 침범하는 행위는 바로 부도덕한 '오랑캐'에 지나지 않는다. 그런데 오랑캐로부터 벗어나려면 오랑캐의 힘을 배우지 않으면 안 되었다.

그러면 왜 오랑캐인 서양과 일본을 전적으로 배우지 않고, 우리의 정신문명을 지키면서 서양의 기술을 배우려는 '동도서기'와 '구본신참'을 내세우게 되었는가? 그것은 정신문명에 관한 한 저들에게서 배울 필요가 없다고 본 것이다. 인간의 최고 이상(理想)이 도덕과 생명을 사랑하는 '군자'인 이상 '군자의 문명' 곧 '선비정신'을 버릴 이유가 없었다. 따라서 개항 이후 지도층이 추구한 자주적 개화운동은 잘못된 선택이 아니었다.

자주적 개화운동을 추진한 조선의 고종은 안으로 힘을 키우면서, 밖으로는 '이이제이(以夷制夷)'와 '원교근공(遠交近攻)'의 전략으로 국가의 생존을 유지하려고 했다. 다시 말해, 가장 거리가 가까운 적을 가장 위험한 적으로 간주하고, 거리가 먼 적을 상대적으로 덜 위험한 적으로 간주하여, 먼 적을 이용해 가까운 적을 견제한다는 전략이다. 이것이 바로 일본을 견제하기 위해 때로는 청나라, 때로는 러시아나 미국 등 서양과 우호관계를 유지한 이유다. 역사적 경험을 가지고 보더라도 우리의 생존을 가장 위협한 것은 일본이었으므로, 한편으로 일본과 친선하면서 다른 한편으로 서양세력과 우호친선을 더 적극적으로 도모한 것이다.

이러한 전략이 유효하여 개항한 지 21년이 되는 1897년에 드디어 자주적 근대국가인 '대한제국'이 탄생한 것이다. 대한제국은 근대 국제법인 '만국공법(萬國公法)'에 기초하여 완전한 주권을 가진 나라를 표방했고, 안으로는 이미 신분제도가 무너져서 국민이 탄생하고, 영토에 대한 관념도 확고했다. 주권·국민·영토는 근대국가가 갖추어야 할 조건으로 대한제국은 이를 모두 확보했다. 서양 여러 나라들은 대한제국의 탄생을 인정하고 경축했다. 물론, 그 이전에도 한국은 실질적으로는 주권국가로 살아왔으나, 형식면에서는 중국의 조공국(朝貢國)이었으므로, 서양 근대법으로 볼 때에는 한계가 없지 않았다. 대한제국은 그런 면에서 내용과 형식을 모두 갖춘 근대국가로 탄생한 것이다.

대한제국은 황제(皇帝)를 칭하여 대외적으로 천자국(天子國)인 중국이나 천황국(天皇國)인 일본, 또는 대통령(大統領)이나 왕(王)을 가진 서양과 완전히 대등한 위상을 인정받을 수 있었고, '대한(大韓)'이라는 국호(國號)를 새로 표방함으로써 삼한(三韓) 즉 삼국(三國)의 영토를 모두 아우르는 대국(大國) 건설의 이상(理想)을 추구했다. 그래서 옛 영토였던 만주대륙과 섬 지방에 대한 영토확장을 적극적으로 꾀했던 것이다.

우리는 지금 '대한민국'의 품 안에서 살고 있다. 그런데 '대한'이라는 국호는 바로 '대한제국'이 만든 것을 그대로 이어가고 있음을 잊어서는 안 된다. 아니 1948년에 탄생한 분단국 '대한민국'만이 아니라, 1919년에 탄생한 '대한민국임시정부'도 '대한제국'을 계승한 것이다. 국호를 통해서 본다면 지금의 '대한민국'은 1897년 '대한제국'의 연속선상에서 그 정통성을 이어가고 있는 셈이다. 그뿐 아니라 대한제국의 국기(國旗)인 태극기(太極旗)는 오늘날에도 대한민국의 국기(國旗)로 이어지고 있으며, 그때의 수도 서울이 지금 대한민국의 수도로 이어지고 있다. '민국'이라는 말도 조선후기 이래 '백성의 나라'로 나아가려는 민주화의 전통이 열매를 맺은 것으로, 대한제국의 목표는 '대한민국'을 지향했다. 다만 주권재민의 공화국을 세우지는 못했지만, 이는 주권수호가 급선무였던 당시의 국제환경 때문에 불가피한 일이었다.

대한제국은 안으로는 산업화에 박차를 가해 근대국가의 경제적 토대를 구축해 가고, 금융, 철도, 통신, 교육, 의료 등 여러 분야에서 근대적 인프라를 구축했다. 밖으로는 여러 국제기구에 가입하여 국제사회의 일원이 되었다. 비록 시간이 짧아 근대화의 성과가 획기적으로 진척되지는 못했지만, 그 방향만은 정확하게 포착하고 매진했다. 역사의 가정(假定)은 무의미하다고 하지만, 만약 일본의 강점이 없었다면 대한제국은 순탄한 근대국가로 발전했을 것이다. 일본이 아니었다면 한국의 근대화는 어려웠을 것이라는 일부의 주장은 그런 점에서 근거가 없다.

2. 일제 강점과 그 후유증

일제 강점기 36년의 세월은 한국 역사상 가장 치욕스런 수난의 시기였다. 한국 역사상 주권이 완전히 박탈당한 것은 이것이 처음이다. 비단 주권을 빼앗겼다는 것만이 치욕이 아니다. 역사가 지워지고 우리말과 글을 자유롭게 쓸 수 없고 성과 이름까지 바꾸어야 하는 상황에 놓인 것이 더욱 치욕스럽다. 여기에 태평양 전쟁기에 스러져간 생명과 빼앗긴 노동력, 여성의 정조, 남북분단의 원인 제공, 그리고 한국의 최고 지성인들이 덮어쓰게 된 친일의 오명(汚名) 등 정신적 피해는 무엇으로도 보상할 수 없는 일본의 죄과(罪過)이다. 일본이 한국의 근대화에 기여했다고 보는 주장은, 한국인을 자생능력이 없고 문화민족이 아닌 야만인으로 보려는 시각이 아니라면 결코 내세울 수 없는 망언이다.

'식민지 근대화'라는 말도 모순이다. '근대화'의 핵심은 '근대국민국가'이다. 그런데, 근대국민국가가 없어진 '식민지' 상태에 어떻게 '근대화'가 있는가. 이는 마치 '추악한 미녀'라는 말처럼 앞뒤가 맞지 않는 말이다. 물론, 일제 강점기의 의식주생활이나 정서생활이 많이 서양화된 것은 사실이고, 이에 대해 '근대문학'이니, '근대연극'이니, '신식여성'이니 하는 말을 많이 쓰고 있지만, 이 경우는 시간과 형식이 현재와 가장 가깝다는 뜻이지 반드시 가치평가가 들어 있는 말은 아니다. 그런데 이러한 일상적 변화가 아닌 정치, 경제를 포괄하는 가치개념으로 '근대화'라는 말을 쓰는 것은 부당하다고 보아야 한다.

백보를 양보하여 근대국가가 없어도 정치, 경제, 사회, 문화가 형식면이나 기능면에서 합리적으로 운영되었다면 그것을 '근대화'로 부를 수 있다고 할지 모르나, '형식 및 기능합리주의'가 '가치합리주의'를 수반하지 않은 한 이를 '근대화'로 부르는 것은 부당하다. 가령 지능적인 방법으로 도둑질한 도둑이 있다고 할 때 그를 '근대화된 도

둑'이라고 부를 수 있는가? 우리는 범죄자에게 '근대화'라는 호칭을 붙여도 좋은 지를 반성할 필요가 있을 것이다.

일제 강점기는 광복 후 대한민국의 발전에 크나큰 악영향을 미쳤음을 잊어서는 안 된다. 무엇보다 남북분단의 1차적 책임이 일본에게 있다. 일본에 강점당하지 않았더 라면 미국과 소련이 한반도에 진주할 필요가 없었다. 제2차 세계대전 중에 연합국이 한국의 독립을 논의하면서 '노예상태에 유의하여'라는 표현을 쓰고, 미국·소련 간에 38선 분할이 논의된 것이 모두 식민지 상태라는 전제에서 나온 것이다. 그런 점에서 남북분단의 근본적인 원인을 만든 것은 일본이다.

일제 강점은 대한민국의 민주발전을 저해하는 근원적 원인도 되었다. 총독부의 군 국주의 파쇼통치가 조선시대 발전시켜온 문치(文治)의 전통, 민본정치(民本政治)와 민국 정치(民國政治)의 전통을 부셔버렸고, '순사가 온다'고 말하면 우는 아이가 그치는 시대 를 만들어 놓은 것이다. 권력자는 백성을 짓밟는 존재로 변했고, 관존민비(官尊民卑)의 수직적 권위주의가 행정과 군대사회를 지배했다. 천황(天皇)을 신(神)으로 바라보고, 천 황을 향해서 예배하는 풍습이 조선시대에 임금과 백성 사이에는 없었다. 조선시대에 임금을 신(神)으로 떠받든 일이 있었는가?

오늘날 우리가 정당정치를 제대로 운영하지 못하는 것은 조선시대 당쟁(黨爭)의 유 습이 남아서가 아니라, 학문과 이론투쟁인 당쟁의 수준높은 전통이 일제 강점기에 무 너지고, 천황에 복종하던 습속만 남아 있기 때문이다.

일제 강점기 조장된 식민사관(植民史觀)은 일제가 남긴 가장 악독한 폐단이다. 우리 역사는 배우면 배울수록 부끄럽다고 여기는 잘못된 역사의식이 한국인의 정신세계를 지배하면서 정체성(正體性)과 자신감을 잃고 산 것이 바로 초창기 지식인의 보편적인 정서였다. 여기에 서구문화에 대한 지나친 숭모(崇慕)가 식민사관을 더욱 부채질한 측 면도 없지 않다. 그래서 대한민국이 비약적으로 발전하던 시대에는 식민사관을 극복 하려는 노력이 동반되었다는 사실을 명심하여야 한다.

3. 대한민국의 성공과 과제

1948년에 다시 탄생한 대한민국은 '분단국가'라는 한계를 안고 태어난 것이 사실 이다. 분단국가는 결코 한국인이 바라던 이상국가일 수는 없다. 그러나 한반도 북부가 공산화된 시점에서 남한만이라도 자유민주국가를 세운 것은 불행 중 다행으로 보아야 한다. 분단체제 70년의 세월이 지난 지금 어느 쪽이 옳은 선택을 했는가는 분명하게 판가름났다.

한국은 지금 경제규모에서 세계 10위 권을 오르내리는 성취를 이룩했고, 정보통신 분야와 조선(造船) 분야 등에서는 세계 최첨단을 달리고 있다. 스포츠 분야도 세계 10위권 안에 들고, 한국 대중문화의 세계화도 넓게 퍼져가고 있다. 절차적 민주주의도 뿌리를 내렸다. 산업화와 민주화라는 근대화의 양대 과제를 적어도 하드웨어 차원에서는 훌륭하게 이룩한 것이다. 대한제국이 꿈꾸었던 근대화의 과제를 36년의 수난기를 거쳐 비로소 꽃을 피운 것이다. 과거 동아시아세계에서 선진국이었던 한국이 이제는 세계적 선진국으로 도약한 것이다.

대한민국의 성공은 대한민국 국민의 노력으로 얻은 열매이기도 하지만, 멀리 보면 수천 년간 이 땅에 쌓아올린 한국인의 문화능력이 되살아난 것이기도 하다. 무엇보다 높은 교육열과 성취욕, 근면성과 민주적 전통은 우리의 조상이 물려준 '선비문화'의 전통이 아닐 수 없다. 산업화에 대한 욕구도 실학(實學)이 물려준 전통이다. 일제가 민족문화를 말살했다 해도 뿌리가 뽑힌 것이 아니었다. 역사기록이 남아 있었기에, 일제 강점기 민족문화를 지키기 위해 헌신한 역사가들이 있었기에, 그리고 대한민국 임시정부를 세워 훗날의 광복을 준비했던 독립 운동가들이 있었기에, 남아 있는 불씨가 다시 타오른 것이다.

뿌리 깊은 나무는 바람에 흔들리지 않고, 샘이 깊은 물은 가뭄에 마르지 않는다는 〈용비어천가〉의 구절은 조선왕조 개국의 저력을 표현한 말이지만, 우리의 근현대사에도 그대로 들어맞는다. 대한민국이 바로 뿌리 깊은 나무요, 샘이 깊은 물이라는 것을 명심할 필요가 있다.

그러나 세상에는 밝음이 있으면 반드시 그늘이 생기는 법이다. 그것이 음양의 조화이기도 하다. 대한민국은 산업화와 민주화의 두 마리 토끼를 한꺼번에 잡지 못했다. 40년간의 산업화에 매진하는 동안 자유민주주의는 상당 부분 유보되었다. 이른바 개발독재가 지배한 것이다. 대한민국의 경제는 6·25 전쟁 직후 세계 최빈국 중 하나로 1인당 국민소득이 70 달러에도 미치지 못했다. 그것이 40년이 지나 1만 달러를 넘어서면서 절차적 민주화가 달성된 것이다. 70년이 지난 지금에는 3만 달러에 육박하고 있어서 민주주의가 토착화될 수 있는 여건을 만들어 놓은 것이다.

이렇게 산업화와 민주화를 한꺼번에 이룩하지 못하고 산업화를 먼저 하고 민주화를 나중에 하는 데서 두 가지 목표 사이에 심각한 갈등이 일어났다. 이것이 바로 영광 뒤에 숨겨진 그늘이었다. 산업화 세대도 피를 흘려 건설했고, 민주화 세대도 피를 흘려 쟁취했건만, 두 세대 사이에는 서로를 불신하는 앙금이 쌓였다. 그것이 오늘날 경제적 위상에 걸맞은 민주주의를 내면화하는 데 어려움을 만들고 있으며, 사회통합을 저해하고 있다. 이것이 한국사회의 깊은 그늘인 동시에 나라의 품격을 떨어뜨리는 근본 원인이 되고 있다.

한국사회의 또 하나의 그늘은 남북분단과 남북불화이다. 남북 간의 경쟁이 한국의 발전을 촉진시키는 자극제가 되기도 했지만, 그 경쟁이 초기에 전쟁과 살륙으로 발산된 것은 7천만 동포에게 깊은 마음의 상처를 안겨주는 결과를 가져왔다. 좌우의 이념대결이 정치로만 나타났다면 이렇듯 큰 후유증을 낳지는 않았을 것이다. 한국의 보수와 진보가 상대를 불신하는 이면에는 일제 강점기의 아픔과 6·25 전쟁의 상처와 산업화의 그늘이 겹쳐져 있기 때문이다. 가해자와 피해자라는 감정의 골이 지역갈등과 이념갈등의 저변에 남아 있는 것이다.

여기서 대한민국의 그늘을 없애는 방법은 감정의 골을 지우고 마음의 문을 여는 일이다. 우리 모두가 가해자인 동시에 피해자라는 인식을 가질 필요가 있다. 일제 강점기와 남북분단이라는 국제사회가 만든 타율적 역사공간 속에서 살아온 우리 민족은 모두가 피해자이다. 광복 후 산업화과정과 민주화과정의 갈등은 서로에게 빚을 졌다는 것을 인정하고 서로에게 감사해야 할 것이다. 산업화가 안 되었으면 어떻게 민주화가 가능했겠는가. 민주화가 되지 않았으면 어떻게 오늘날 자유를 누리고 살아가는 것이 가능했겠는가. 그러니 서로가 빚을 지고 있는 셈이다. 이제 두 세대가 손을 잡고 함께 나아가는 시대를 열어야 할 것이다.

한국 내부의 갈등을 푸는 노력은 그대로 남북관계를 푸는 데도 유효할 것이다. 크게 보면 남북 간의 체제경쟁은 이미 끝났다. 무력으로 경쟁하는 것이 얼마나 큰 후유증을 낳는가도 뼈저리게 경험했을 것이다. 신라의 무력통일이 지금까지도 한일 간의 갈등과 지역갈등의 한 요인으로 남아 있음을 상기할 필요가 있다.

남북 간의 평화정착과 화해협력의 지름길은, 남한은 포용력을 보여주고 북한은 체제를 변화하는 것이다. 압박은 체제의 경직성을 높이고 신뢰를 떨어뜨릴 뿐이다. 북한은 중국의 경험에서 많은 것을 배울 필요가 있을 것이며, 고구려가 군사강국을 지향하면서 중국과 싸우다가 한때는 승리했지만 궁극에는 그 때문에 민심을 잃어 나라가 멸망한 사실도 기억해 두어야 할 것이다.

남북이 상생의 길을 찾는 데 소홀하면 먼 훗날 7천만 민족 전체가 더 큰 불행 속으로 빠질 위험이 크다. 역사적으로 한반도는 초강대국 중국과 일본의 중간에 위치하여 대륙세력의 일본침략을 막아주고 일본세력의 대륙침략을 막아주는 방파제구실을 했다. 근대에 와서 한반도의 힘이 약해지면서 일본이 대륙을 전쟁으로 휘어잡았는데, 이런 불행이 다시 되풀이 되지 않으려면 한반도 전체가 강해져야 할 것이다. 만약 한반도가 지금과 같은 상태로 오래 지속된다면, 남북 어느 쪽도 존경받는 선진국가가 되기는 어려울 것이며, 자칫하면 두 강대국에 흡수될 위험성도 배제할 수 없다. 이는 한민족의 불행일 뿐 아니라 동아시아세계의 불행이 될 것이다.

한국과 한반도는 동아시아세계의 균형을 잡아주는 역할뿐 아니라 세계문명의 진화를 가져올 수 있는 입지적·문화적으로 좋은 조건을 가지고 있다. 동아시아문명의 정수인 유교문명의 이상을 실천한 경험을 가진 것도 한국이요, 자본주의와 공산주의의 장단점을 최일선에서 체험한 것도 한반도이다. 우리는 서양문명이 갖지 못한 장점도 가지고 있다. 그것이 앞에서 말한 '선비문화'이다. 서양은 자유정신과 시민의식은 높으나 지나치게 개인주의가 발달하여 가족, 직장에서의 공동체의식이 부족하고, 기독교우월의식이 강하여 문명 간 공존의식이 부족하며, 여기서 국제적 갈등이 잉태한다. 한국적 공동체정신과 서양적 개인주의가 높은 차원에서 결합할 때 새로운 세계문명이 탄생할 가능성이 크다. 한국은 그런 점에서 세계문명의 진화에 기여할 만한 잠재력을 가졌음을 자각할 필요가 있을 것이다.

4. 법고창신의 길

끝으로, 한국인의 역사적 생존전략인 법고창신(法古創新)과 관련하여 법고(法古)의 핵심인 선비문화가 현대 문명과 어떻게 접목될 수 있는가를 구체적으로 알아보자. 오늘날 일반서민들 사이에는 선비정신이 문화적 유전인자로 자리잡아 교육열, 성취욕, 홍익인간의 공동체정신과 공익정신, 그리고 애국심 등으로 계승되고 있는 것이 사실이다.

그런데 아직도 정치제도나 사회 각 분야 지도층 집단의 행태에 있어서는 선비문화의 장점들이 제대로 수용되지 못하고 있다는 것을 유념할 필요가 있다. 오늘날 형식적 민주제도가 뿌리를 내렸음에도 정치와 사회지도층에 대한 국민의 불신이 심각한 수준에 이른 것은 우리의 민주주의가 아직도 미숙한 단계에 머물러 있다는 것을 단적으로 말해준다.

정치와 지도층에 대한 불신이 왜 커졌는지 몇가지 큰 사례만 들어 보자. 행정부는 대통령 한 사람만 보이고, 국회의원은 특권세력으로 변질하고, 법조인은 행정부와 입법부의 눈치에 민감하고, 감사원은 있는지 없는지를 알 수 없고, 국방의 핵심인 군수산업은 비리의 온상이 되고, 대기업은 경제기여도가 크지만 사회공헌이 미흡하다. 종교, 언론, 교육, 예술 등 정신문화를 주도하는 조직이나 단체들은 상업문화에 오염되어 본연의 순수성을 많이 상실하고 있다. 이 모든 현상들은 민주주의와 사회공익성을 저해하는 요인들로서 사회통합, 국력, 국격을 약화시키고 있다.

그런데 《조선왕조실록》을 읽어보면, 정책결정과정이나, 언론이나, 부정부패에 대한 감사기능 등이 오늘날과 판이하게 민주적으로 운영되고 있으며, 국가의 공익성을 높이려는 노력이 한층 치열한 것을 볼 수 있다. 임금과 신하 사이의 소통은 경연(經筵), 시사(時事), 차대(次對), 윤대(輪對), 상소(上疏) 등 수많은 제도장치를 통해서 이루어지고, 신하들이 임금에게 건의하는 말은 부모가 자식을 타이르고, 선생이 초등생을 훈계하는 것보다 더 직설적이고 준엄하여 임금이 불쌍하다는 생각마저 든다. 임금은 형식상으로는 무한 권력을 가지고 있지만 한 가지도 독단으로 명령을 내릴 수가 없었다.

지금은 정치인을 투표로 선거하여 형식상으로는 오늘날의 정치가 한층 민주적으로 보이지만, 그렇게 뽑힌 정치인이 과연 조선시대 과거시험으로 뽑힌 벼슬아치들보다 국가와 국민을 위해서 더 성실하게 봉사한다고 단정하기도 어렵다. 오늘날 우리 정치인 가운데 소를 타고 고향을 다녔던 맹사성이나 비새는 초가집 안에서 우산을 받쳐들고 비를 피했던 유관 등과 같은 청백리 정승이 있는가 묻고 싶다. 고관을 임명하는 인사청문회를 보면 우리 사회 지도층의 부정부패가 어느 정도인가를 단적으로 알 수 있다.

기록문화는 정치수준을 평가하는 중요한 척도가 되는데, 조선시대의 기록문화와 오늘날의 기록문화를 비교해보면 하늘과 땅 차이를 느끼지 않을 수 없다. 《조선왕조실록》이나 《의궤》나 《승정원일기》 등을 읽어본 사람이면 누구나 조선시대 정치가 한층 더 투명하고, 민주적이고, 도덕적이라는 것을 부인하지 못할 것이다.

오늘날의 경제구조는 사유재산과 자유경영을 존중하는 자본주의를 통해서 산업화와 정보화를 이루고 풍요로운 물질생활을 누리고 있는 것이 사실로서 자급자족의 농업경제였던 전근대와는 확실한 차이를 보이고 있지만, 분배구조에 있어서는 공존공영의 공동체정신이 옛날만 못하다. 조선시대에도 매매와 상속이 가능한 사유재산이 인정되었으므로 봉건사회는 아니였으며, 토지를 비롯한 재화에 대한 공개념(公槪念)이 발달하여 지식층일수록 나눔에 대한 배려가 컸다. 그래서 분배구조가 극단적으로 양극화되어 있을 때에는 대대적인 토지개혁이 이루어지면서 사회통합을 통해 새로운 왕조가 건설되는 동력을 가질 수 있었다.

그런데 지금은 돈이든 땅이든 집이든 주식이든 기업체이든 간에 사유재산은 내가 혼자 갖고 내가 마음대로 처분할 수 있다는 독점적 사고방식이 지나치게 강하여 나눔의 미덕이 부족하다. 이는 재화에 대한 공개념이 부족한데 연유한다. 물론, 사유재산을 전적으로 부인하는 사회주의가 좋다는 말은 결코 아니다. 하지만, 정신적으로 지나친 사유욕은 공동체의 안정을 해친다는 점을 유의할 필요가 있을 것이다.

대자연을 바라보는 시각도 근대에 와서 후퇴한 점이 없지 않다. 근대의 자연과학이 대자연의 본질을 심층적으로 밝혀내는데 기여했다는 것은 인정되지만, 한동안 대자연을 생명체와 무생물체, 또는 무기물과 생명체를 만드는 유기물로 나누어 보다가 최근에 와서 양자의 구별이 모호해졌다. 그러나 생명체와 무생물체로 바라보는 시각이 오랫동안 지배하면서 자연을 극복한다는 미명 아래 얼마나 많은 자연을 파괴해 왔는지를 되돌아볼 필요가 있다. 그런데 우리 조상들은 생물체와 무생물체를 구별하지 않고 모든 대자연은 음양과 오행을 지님으로써 살아 있다고 보고, 대자연과 인간이 하나의 생명공동체를 이루고 있다고 믿어 왔다. 그래서 천지인(天地人)을 하나로 보는 우주관을 지니고, 우주의 기(氣)를 한데 모을 때 생명의 에너지가 커진다고 생각했다. 따라서 미래과학은 조상들의 우주관을 다시 인정하는 방향으로 나아가고 있다고도 말할 수 있다.

인명을 대량으로 살상하는 전쟁이야말로 인간의 가장 큰 죄악에 속한다. 그런데 우리가 살아온 근현대사는 동서를 막론하고 전쟁사로 가득차 있다. 그리고 약육강식을 인정하는 사회진화론을 가지고 이를 정당화하는데 급급했다. 대자연의 질서는 반드시 약자가 강자의 먹이가 되는 것은 아니고, 강자와 약자의 상호의존과 공존공생이 더 큰 본질이다. 그럼에도 강자를 옹호하는 제국주의가 발생하면서 전쟁을 통해 약자를 짓밟는 전쟁의 길을 택한 것이다. 그러므로 우리가 비록 제국주의자의 희생물이 된 것이 근대사의 여정이라 하더라도 우리도 그 길을 따라 약자를 회생하는 길을 걸어가서는 안될 것이다.

우리는 그동안 근대와 전근대를 명확하게 구분하면서 마치 근대는 진선진미하고,

전근대는 모든 것이 근대만 못한 것으로 폄하해 왔지만, 이런 근대주의적 시각은 과학기술, 경제력. 신분구조, 주권의 소재 등을 가지고 말한다면 타당성이 없는 것이 아니지만, 정치문화와 도덕성을 가지고 말할 때에는 그 반대인 경우도 적지 않다. 오늘날 민주정치는 주권이 국민에게 있으므로 전근대보다 크게 진보했다고 생각할 수 있지만, 옛날에도 민심을 잃은 임금은 얼마든지 쫓아낼 수 있었고, 신하와 백성들의 견제를 받았으며, 부도덕한 지도층은 언론과 백성의 응징을 받는 일이 다반사였다. 그러니 주권재민 사상이 확립되어 있지 않다고 해서 마치 백성을 함부로 다루고, 백성과 동떨어진 정치를 해왔다고 말할 수는 없으며, 주권재민이 헌법에 보장되어 있다고 해서 인권유린이 없는 사회가 되었다고 말하기도 어렵다.

우리가 근현대사를 공부할 때, 가장 조심해야 할 오류는 근대는 좋고 전근대는 나쁘다는 이분법적 선입관이다. 이런 시각을 벗어나지 않으면 제국주의 강자를 비난하면서 선망하는 자기모순에 빠지게 되고, 못난 조상이 근대사의 불행을 가져왔다는 자학에 빠진다. 그런 사관의 결과는 법고창신의 길을 걸으려 했던 조상들에 대하여 수구 반동의 평가를 내리는 것으로 나타는 것이다. 그리고 우리가 나아가야 할 미래의 길도 법고창신을 거부하고, 오로지 강자의 길을 흉내내고 뒤따르자는 것으로 귀결되고 말 것이다.

하지만 우리가 살아가야 할 21세기는 강자만이 승리하는 전쟁과 야만의 시대가 되어서는 안될 것이다. 자연과 인간이 공존하고, 약자와 강자가 공존하는 제3의 문명시대가 되어야 할 것이다.

부록

참고문헌

1. 개항기~대한제국

오길보, 1968, 《갑오농민전쟁》, 북한 로동당출판사
이영래, 1968, 《한국근대토지제도사연구》, 보문각
이광린, 1969, 《한국개화사연구》, 일조각 [1974]
팽택주, 1969, 《明治初期日韓淸關係の硏究》, 塙書店
김준보, 1970·1974·1977, 《한국자본주의사연구》, 일조각
강재언, 1970, 《조선근대사연구》, 일본평론사 [1892, 《한국근대사》, 한울]
한우근, 1970, 《한국개항기의 상업연구》, 일조각
Ledyard, Gari, 1971, *The Dutch Come to Korea*, Korea Branch of the Royal Asiatic Society
정요섭, 1971, 《한국여성운동사－일제하의 민족운동을 중심으로》, 일조각
한우근, 1971, 《동학난 기인에 관한 연구》, 서울대 한국문화연구소
Choi, Ching Young, 1972, *The Rule of the Taewongun, 1864~1873*, East Asian Research Center, Harvard University, Cambridge
Cook, Harold, 1972, *Korea's 1884 Incident*, Korea Branch of the Royal Asiatic Society, Seoul
김의환, 1972, 《조선을 둘러싼 근대노일관계연구》, 통문관
조항래, 1972, 《한말사회단체사론고》, 형설출판사
신복룡, 1973, 《동학당연구》, 탐구당
이광린, 1973, 《개화당연구》, 일조각
조기준, 1973, 《한국자본주의 성립사론》, 고려대출판부
Palais, James, 1975, *Politics and Policy in Traditional Korea*, East Asian Research Center, Harvard University, Cambridge
김용섭, 1975, 《한국근대 농업사연구》, 일조각
박용옥, 1975, 《한국근대 여성사》, 정음사
안병태, 1975, 《조선근대경제사연구》, 일본평론사
이현종, 1975, 《한국개항장연구》, 일조각
김용욱, 1976, 《한국개항사》, 서문당
신용하, 1976, 《독립협회연구》, 일조각
최태호, 1976, 《개항전기의 한국관세제도》, 한국연구원
한우근, 1976, 《동학농민봉기》, 세종대왕기념사업회
Deuchler, Martina, 1977, *Confucian Gentleman and Barbarian Envoys : The Opening of Korea, 1975~1885*, University of Washington Press, Seatle
백종기, 1977, 《근대 한일교섭사연구》, 정음사
유원동, 1977, 《한국근대 경제사연구》, 일지사
高嶋雅明, 1978, 《朝鮮のおける植民地金融史の硏究》, 雄山閣
고병운, 1978, 《근대조선경제사의 연구》, 일본 웅산각
김원모, 1979, 《근대한미교섭》, 홍성사
이광린, 1979, 《한국개화사상연구》, 일조각
Swarout, Robert R. Jr., 1980, *Mandarins, Gunboats, and Power Politics : Owen Nikerson Denny and the International Rivalries in Korea*, The University Press of Hawaii, Honolulu

신용하, 1980, 《한국근대사와 사회변동》, 문학과 지성사
박일근, 1981, 《미국의 개국정책과 한미외교관계》, 일조각
전봉덕, 1981, 《한국근대법사상사》, 박영사
강재언 외, 1981, 《근대조선의 사회와 사상》, 일본 미래사
박종근, 1982, 《일청전쟁과 조선》, 청목서점 [박영재 역, 1989, 일조각]
손정목, 1982, 《한국개항기 도시사회경제사연구》, 일지사
신복룡, 1982, 《전봉준의 생애와 사상》, 양영각
안병태, 1982, 《한국 근대경제와 일본제국주의》, 백산서당
임형택, 1982, 《한국근대문학사론》, 한길사
강재언, 1983, 《근대한국사상사연구》, 한울
한우근, 1983, 《동학과 농민봉기》[1995, 일조각]
강만길, 1984, 《한국근대사》, 창작과 비평사[고쳐쓴 한국근대사]
강재언, 1984, 《근대조선의 사상》, 미래사 [1985, 한길사]
고병익, 1984, 《동아시아의 전통과 근대사》, 삼지원
김용섭, 1984, 《증보판 한국근대농업사연구, 상,하》, 일조각
김윤식, 1984, 《한국 근대문학사상사》, 한길사
박용옥, 1984, 《한국 근대여성운동사연구》, 한국정신문화연구원
윤병석, 1984, 《이상설전》, 일조각
이석륜, 1984, 《한국 화폐금융사연구》, 박영사
한국사연구회 편, 1985, 《한국근대사회와 제국주의》, 삼지원
한국정치외교사학회, 1985, 《갑신정변연구》, 평민사
강만길, 1985, 《한국민족운동사론》, 한길사
송병기, 1985, 《근대한중관계사연구》, 단국대출판부
신복룡, 1985, 《동학사상과 갑오농민혁명》, 평민사
유영렬, 1985, 《개화기의 윤치호연구》, 한길사
澤村東平, 1985, 《近代朝鮮の棉作綿業》, 未來社
波形昭一, 1985, 《日本植民地金融政策史の硏究》, 早稻田大學 出版部
권석봉, 1986, 《청말 대조선정책사연구》, 일조각
이현희, 1986, 《정한론의 배경과 영향》, 대왕사
천관우, 1986, 《한국근대사산책》, 정음문화사
최윤규, 1986, 《조선근대 및 현대경제사》, 과학백과사전출판사 [1988, 갈무지]
고병운, 1987, 《근대조선조계사의 연구》, 웅산각
김용숙, 1987, 《조선조말기 왕실복식》, 민족문화문고간행회
森山茂德, 1987, 《近代日韓關係史硏究》, 동경대출판회[김세민 역, 1994, 현음사]
신용하, 1987, 《한국근대사회사연구》, 일지사
유동준, 1987, 《유길준전》, 일조각
권태억, 1989, 《한국 근대 면업사연구》, 일조각
김영작, 1989, 《한말 내셔널리즘연구》, 청계연구소
이광린, 1989, 《개화파와 개화사상연구》, 일조각
이병천, 1989, 《북한학계의 한국근대사논쟁》, 창작과 비평사
이완재, 1989, 《초기개화사상연구》, 민족문화사
조동걸, 1989, 《한말의병전쟁》, 독립운동사연구소
유영익, 1990, 《갑오경장연구》, 일조각
윤경로, 1990, 《105인사건과 신민회 연구》, 일지사

황공률, 1990,《조선근대애국문화운동사》, 북한 과학백과사전
　　종합출판사
한국역사연구회, 1991~1995,《1894년 농민전쟁연구 1~4》, 역
　　사비평사
천관우 외, 1993,《위암 장지연의 사상과 활동》, 민음사
신용하, 1993,《동학과 갑오농민전쟁연구》, 일조각
우 윤, 1993,《전봉준과 갑오농민전쟁》, 창작과 비평사
이광린, 1993,《개화기의 인물》, 연세대 출판부
동학농민혁명기념사업회 편, 1993,《동학농민혁명과 사회변
　　동》, 한울
김경태, 1994,《한국근대경제사연구》, 창작과 비평사
김도형, 1994,《대한제국기의 정치사상사연구》, 지식산업사
한영우, 1994,《한국민족주의 역사학》, 일조각
홍순권, 1994,《한말 호남지역 의병운동사 연구》, 서울대 출판부
역사학연구소, 1994,《농민전쟁 100년의 인식과 쟁점》, 거름
한국역사연구회, 1995,《대한제국의 토지조사사업》, 민음사
한국사연구회, 1995,《근대국민국가와 민족문제》, 지식산업사
박경룡, 1995,《개화기 한성부연구》, 일지사
유영익, 1998,《동학농민봉기와 갑오경장》, 일조각
오영섭, 1999,《화서학파의 사상과 민족운동》, 국학자료원
김원모, 1999,《한미수교사 – 1883》, 철학과 현실사
정재정, 1999,《일제침략과 한국철도》, 서울대 출판부
송병기, 1999,《울릉도와 독도》, 단국대 출판부
이태진, 2000,《고종시대의 재조명》, 태학사
이태진 외, 2000,《서울상업사》, 태학사
권혁수, 2000,《19세기말 한중관계사 연구》, 백산자료원
김용구, 2001,《세계관 충돌과 한말외교사 – 1866~1882》, 문학
　　과 지성사
금장태, 2001,《화서학파의 철학과 시대인식》, 태학사
한영우, 2001,《명성황후, 제국을 일으키다》, 효형출판
이영호, 2001,《한국근대 지세제도와 농민운동》, 서울대 출판부
조재곤, 2001,《한국근대사회와 보부상》, 혜안
강창일, 2002,《근대 일본의 조선침략과 대아시아주의》, 역사
　　비평사
서영희, 2003,《대한제국 정치사연구》, 서울대 출판부
신용하, 2003,《의병과 독립군의 무장독립운동》, 지식산업사
한영우, 2005,《조선왕조 의궤 – 국가의례와 그 기록》, 일지사
이태진, 2005,《동경대생들에게 들려준 한국사》, 태학사
이태진 외, 2005,《고종황제 역사청문회》, 푸른역사
한영우 외, 2006,《대한제국은 근대국가인가》, 푸른역사
연갑수, 2008,《고종대 정치변동 연구》, 일지사
강상규, 2008,《19세기 동아시아의 패러다임 변환과 한반도》,
　　논형
한영우, 2013,《과거, 출세의 사다리 – 고종대》, 지식산업사
김용구, 2013,《약탈국주의와 한반도》, 도서출판 원
송호근, 2013,《시민의 탄생 – 조선의 근대와 공론장의 지각변
　　동》, 민음사
김도형, 2014,《근대 한국의 문명전환과 개혁론 – 유교비판과
　　변통》, 지식산업사

2. 일제강점기

국사편찬위원회, 1965~1969,《한국독립운동사》
독립운동사편찬위원회, 1970~1978,《독립운동사》
사회과학원 력사연구소, 1970,《일본군국주의의 조선침략사 –
　　1910~1945》
이해창, 1971,《한국신문사연구》, 성문각
정요섭, 1971,《한국여성운동사 – 일제하의 민족운동을 중심으
　　로》, 일조각
淺田喬二, 1972,《日本帝國主義下の民族革命運動》, 未來社
Nahm, Andrew, edt., 1973, Korea under Japanese Rule, The
　　Center for Korean Studies, Western Michigan University,
　　Kalamazoo
박경식, 1974,《일본제국주의의 조선지배》, 청목서점 [1986, 청
　　아출판사]
임중빈, 1974,《한용운일대기》, 정음사
강덕상, 1975,《관동대지진》, 중앙공론사
小林英夫, 1975,《大東亞共榮圈の形成と崩壊》, お茶の水書房
윤병석, 1975,《삼일운동사》, 정음사
이강훈, 1975,《대한민국림시정부사》, 서문당
이강훈, 1975,《무장독립운동사》, 서문당
정세현, 1975,《항일학생민족운동사연구》, 일지사
정진석, 1975,《일제하한국언론투쟁사》, 정음
박경식, 1976,《조선삼일독립운동》, 평범사
이민수, 1976,《윤봉길전》, 서문당
최 준, 1976,《한국신문사논고》, 일조각
김민수, 1977,《주시경연구》, 탑출판사
梶村秀樹, 1977,《朝鮮のおける資本主義の形成と展開》, 龍溪
　　書舍
조선무정부주의운동사 편찬위원회, 1978,《한국 아나키즘운동사》
Lee Chong-Sik, 1978, The Korean Workers Party : A Short
　　History, Hoover Institution Press fo Stanford University
김중렬, 1978,《항일노동투쟁사》, 집현사
박영석, 1978,《만보산사건연구》, 아세아문화사
서상철, 1978, Growth and Structual Change in the Korean
　　Economy : 1910~1945, Harvard University
최민지, 1978,《일제하민족언론사론》, 일월서각
강동진, 1979,《일본의 조선지배정책사연구》, 동경대출판회
　　[1980, 한길사]
신용하, 1979,《조선토지조사사업연구》, 한국연구원 [1981, 지
　　식산업사]
이구홍, 1979,《한국이민사》, 중앙일보사
이현희, 1979,《3·1운동사론》, 동방도서
조동걸, 1979,《일제하한국농민운동사》, 한길사
최문형, 1979,《열강의 동아시아정책》, 일조각
송건호 외, 1979~2006,《해방전후사의 인식》, 전6권, 한길사
박성수, 1980,《독립운동사연구》, 창작과 비평사
한정일, 1981,《일제하 광주학생민족운동》, 전예원
김윤환, 1982,《한국노동운동사 – 일제하편 1》, 청사
박영석, 1982,《한민족독립운동사연구》, 일조각
신용하, 1982,《박은식의 사회사상연구》, 서울대 한국문화연구소
이현희, 1982,《대한민국임시정부사》, 집문당
고준석, 1983,《코민테른과 조선공산당》, 동경 사회평론사 [김

영철 역, 1989, 공동체]

최홍규, 1983,《신채호의 민족주의사상》, 단재신채호선생기념
사업회

스칼라피노 외, 1983,《신간회연구》, 동녘

송건호 외, 1083~1985,《한국민족주의론》, 창작과 비평사

강재언, 1984,《일제하 40년사》, 풀빛

역사학회 편, 1984,《일본의 침략정책사연구》, 일조각

박영석, 1984,《일제하독립운동사연구》, 일조각

신용하, 1984,《신채호의 사회사상연구》, 한길사

宮田節子, 1985,《朝鮮民衆と皇民化政策》, 未來社

金森襄子, 1985,《1920年代朝鮮の社會主義運動史》, 未來社

신용하, 1985,《한국민족독립운동사연구》, 을유문화사

임영태, 1985,《식민지시대 한국사회와 운동》, 사계절

한국근대사자료연구협의회, 1985,《獨島研究》

佐佐木春隆, 1985,《朝鮮戰爭前史としての韓國獨立運動の硏
究》, 國書刊行會

川瀬俊治, 1985,《奈良·在日朝鮮人史 1910~1945》, 奈良·在日
朝鮮教育を考える會

단재신채호선생 기념사업회, 1986,《신채호의 사상과 민족독립
운동》

이재화, 1986,《한국근대민족해방운동사 1》, 백산서당

河合和男, 1986,《朝鮮における産米增殖計劃》, 未來社

이만열 외, 1986,《한국기독교와 민족운동》, 보성

강만길, 1987,《일제시대빈민생활사연구》, 창작과 비평사

정진석, 1987,《대한매일신보와 배설》, 나남

역사학회, 1987,《한국근대 민족주의운동사연구》, 일조각

국사편찬위원회, 1987,《한민족독립운동사》

川瀬俊治, 1987,《朝鮮人勞動者と大日本帝國》, Press Center

임종국, 1988·1989,《일본군의 조선침략사》, 일월서각

박영석, 1988,《재만한인독립운동사연구》, 일조각

신성려, 1988, 하와이 이민약사》, 고려대출판부

신용하, 1988,《한국근대민족운동사연구》, 일조각

이우재, 1988,《한국농민운동사》, 한울

이재화, 1988,《한국근현대민족해방운동사》, 백산서당

한석희, 1988,《일본의 조선지배와 종교정책》, 미래사

Robinson, Michael, E., 1989, *Cultural Nationalism in Colonial
Korea, 1920~1925*, University of Washington Press, Seattle

鈴木敬夫, 1989,《法を通한 朝鮮植民地 支配에 관한 硏究》, 고
려대 民族文化研究所

박영석, 1989,《만주 노령지역의 독립운동》, 독립운동사연구소

방선주, 1989,《재미한인의 독립운동》, 한림대 아시아문제연구소

손정목, 1989,《일제강점기 도시계획연구》, 일지사

신용하, 1989,《3·1독립운동》, 독립운동사연구소

이배용, 1989,《한국근대광업침탈사연구》, 일조각

이정식, 1989,《만주혁명운동과 통일전선》, 사계절[허원 역]

이한구, 1989,《일제하 한국기업설립운동사》, 청사

이현희, 1989,《한민족광복투쟁사》, 정음문화사

조동걸, 1989,《한국민족주의의 성립과 독립운동사연구》, 지식
산업사

조선일보사, 1989,《3·1운동과 대한민국임시정부 수립의 현대
적 해석》, 조선일보사

추헌수, 1989,《대한민국임시정부사》, 독립운동사연구소

이병천 편, 1989,《북한학계의 한국근대사논쟁》, 창작과 비평사

한국역사연구회, 역사문제연구소 편, 1989,《3·1민족해방운동
연구》, 청년사

동아일보사, 1989,《3·1운동과 민족통일》, 동아일보사

한국역사연구회, 1989,《3·1민족해방운동 연구》, 청년사

이현희, 1989,《임정과 이동녕연구》, 일조각

이만열, 1990,《단재신채호의 역사학연구》, 문학과 지성사

박 환, 1990,《만주한인민족운동사연구》, 일조각

윤병석, 1990,《국외한인사회와 민족운동》, 일조각

최문형, 1990,《제국주의시대의 열강과 한국》, 민음사

손정목, 1990,《일제강점기 도시계획연구》, 일지사

Carter J. Eckert, 1991, *Offspring of Empire : The Kochang Kims
and the Colonial Origins of Korean Capitalism 1876~1945*,
University of Washington Press, Seattle and London

강만길, 1991,《조선민족혁명당과 통일전선》, 화평사

박찬승, 1991,《한국근대정치사상사연구》, 역사비평사

박 환, 1991,《홍범도장군》, 연변인민출판사

飛田雄一, 1991,《日帝下の朝鮮農民運動》, 未來社

松本武祝, 1991,《植民地期 朝鮮水利組合事業》, 未來社

한국역사연구회, 1991,《일제하 사회주의운동사》, 한길사

김경일, 1992,《일제하 노동운동사》, 창작과 비평사

김용섭, 1992,《한국근현대 농업사연구》, 일조각

방기중, 1992,《한국근현대 사상사연구 - 1930~40년대 백남운
의 학문과 정치경제사상》, 역사비평사

山本有造, 1992,《日本植民地經濟研究》, 名古屋大學 出版會

桶口雄一, 1992,《協和會》, 社會評論社

이영훈 외, 1992,《근대조선 수리조합연구》, 일조각

홍성찬, 1992,《한국근대 농촌사회의 변동과 지주층》, 지식산
업사

和田春樹, 1992,《김일성과 만주항일전쟁》, 이종석 역

김기승, 1993,《배성룡의 정치경제사상연구》, 신서원

이준식, 1993,《농촌사회변동과 농민운동》, 민영사

지수걸, 1993,《일제하 농민조합운동연구》, 역사비평사

한시준, 1993,《한국 광복군 연구》, 일조각

김중섭, 1994,《형평운동연구》, 민영사

小林英夫, 1994,《植民地への企業進出 - 朝鮮會社令の分析》,
柏書房

이균영, 1994,《신간회연구》, 역사비평사

천경화, 1994,《한국인 민족교육운동사》, 백산출판사

김희곤, 1995,《중국관내 한국독립운동단체연구》, 지식산업사

지복영, 1995,《역사의 수레를 밀고 끌며 - 항일무장독립운동과
백산 지청천장군》, 문학과지성사

손정목, 1996,《일제강점기 도시사회상 연구》, 일지사

유병용 외, 1997,《한국 근대사와 민족주의》, 집문당

정재정, 1999,《일제침략과 한국철도 - 1892~1945》, 서울대 출
판부

권희영, 1999,《한인 사회주의운동 연구》, 국학자료원

강만길 외, 2000,《한국자본주의의 역사》, 역사비평사

서중석, 2000,《우사 김규식》, 한울

이호룡, 2001,《한국의 아나키즘, 사상편》, 지식산업사

서중석, 2001,《신흥무관학교와 망명자들》, 역사비평사

신용하, 2001,《3·1운동과 독립운동의 사회사》, 서울대 출판부

신용하, 2002,《일제강점기 한국민족사, 중》, 서울대 출판부

윤대원, 2006,《상해시기 대한민국임시정부 연구》, 서울대 출판부

윤해동, 2006,《지배와 자치-식민지시기 촌락의 삼국면구조》, 역사비평사
박찬승, 2007,《민족주의의 시대-일제하의 한국민족주의》, 경인문화사
정연태, 2011,《한국 근대와 식민지근대화 논쟁》, 푸른역사
임혁백, 2014,《비동시성의 동시성-한국 근대정치의 다중적 시간》, 고려대학교출판부

3. 현대사, 광복 이후

김준엽, 김창순, 1967~1975,《한국공산주의운동사》, 고려대 아세아문제연구소
고려대 아세아문제연구소, 1973,《북한공산화과정연구》, 아세아문제연구소
Cummings, Bruce, 1981, *The Origins of the Korean War*, Princeton University Press, Princeton [김주환 역, 1986,《한국전쟁의 기원》, 청사]
국사편찬위원회, 1982,《한국현대사》, 국사편찬위원회
강만길, 1982,《조소앙》, 한길사
편집부 편, 1982,《한국현대사의 재조명》, 돌베개
김낙중, 1982,《한국노동운동사-해방후편》, 청사
심지연, 1982,《한국민주당연구 1》, 풀빛
Cummings, Bruce, ed., 1983, *Child of Conflict : The Korean American Relationship, 1943~1953*, University of Washington Press, Seattle [박의경 역, 1987,《한국전쟁과 한미관계》, 청사]
김낙중, 1983,《한국노동운동사 2》, 청사
이재오, 1983,《한일관계사의 인식 1》, 학민사
한승주, 1983,《제2공화국과 한국의 민주주의》, 종로서적
강만길 외, 1983,《4월혁명론》, 한길사
한완상 외, 1983,《4·19혁명론》, 일월서각
편집부 편, 1984,《분단전후의 현대사》, 일월서각
강덕상, 1984,《朝鮮獨立運動の群像》, 青木書店
강만길, 1984,《한국현대사》, 창작과 비평사 [고쳐쓴 한국현대사]
김남식, 1984,《남로당연구》, 돌베개
송건호, 1984,《한국현대인물사론》, 한길사
심지연, 1984,《한국민주당연구 2》, 창작과 비평사
이기형, 1984,《몽양 여운형》, 실천문학사
中尾美知子, 1984,《解放後 全平勞動運動》, 春秋社
James I. Matray, 1985, *The Reluctant Crusade : American Foreign Policy in KOREA, 1941~1950*, Honolulu University of Hawaii Press, 1985 [구대열 역, 1989,《한반도의 분단과 미국》, 을유문화사]
권대복, 1985,《진보당》, 지양사
김정원, 1985,《분단한국사》, 동녘
송남헌, 1985,《해방삼십년사》, 까치
최장집, 1985,《한국현대사 1》, 열음사
한국사학회, 1986,《한국현대사론》, 을유문화사
Peter Row, 1986, The Origins of the Korean War, London [1989,《한국전쟁의 기원》, 인간사랑]

권영민, 1986,《해방직후의 민족문학운동연구》, 서울대 출판부
Bruce Cummings, 1986,《한국전쟁의 기원》, 일월서각
小此木政夫, 1986,《한국전쟁 : 미국의 개입과정》, 청계연구소
송건호, 1986,《한국현대사》, 두레
한국사학회, 1986,《한국현대 인물론》, 을유문화사
최인학, 1986,《북한의 민속》, 민족통일중앙협의회
한국사학회, 1986,《한국현대사의 제문제》, 을유문화사
김학준, 1987,《이동화평전》, 민음사
김태환 외, 1987,《한국현대사를 어떻게 볼 것인가》, 열음사
심지연, 1987,《조선혁명론연구》, 실천문학사
이기형, 1987,《여운형》, 창작과 비평사
이대근, 1987,《한국전쟁과 1950년대의 자본축적》, 까치
스칼라피노, 이정식, 1986~1987,《한국공산주의운동사》, 1992, 한홍구 역, 돌베개
박세길, 1988~1989,《다시쓰는 한국현대사 1~2》, 돌베개
D. W. Conde, 1988, *An Untold History of Modern Korea*, 사계절
John Holliday and Bruce Cummings, 1988, *Korea : The Unknown War*, London : Viking [1989,《한국전쟁의 전개과정》, 태암]
Suh, Dea-Sook, 1988, Kim Il Sung : *The North Korean Leader*, Columbia University Press, New York [서주석 역, 1989,《김일성》, 청계연구소]
김형찬, 1988,《북한교육발달사》, 한백사
이상우 외, 1988,《북한 40년》, 을유문화사
데이비드 콩드, 최지원 역, 1988,《한국전쟁, 또하나의 시각》, 과학과 사상사
버쳇, 김남원 역, 1988,《북한현대사》, 신학문사
심지연, 1988,《조선신민당연구》, 동녘
정해구, 1988,《10월 인민항쟁연구》, 열음사
최상룡, 1988,《미군정과 한국민족주의》, 나남
대한민국사편찬위원회, 1988,《대한민국사》
한국사연구협의회, 1988,《한국현대사의 전개》, 탐구당
Eric van Ree, 1989, *Socialism in One Zone : Stalin's Policy in Korea, 1945~1947*, Berg, Oxford
김학준, 1989,《대한민국의 수립》, 독립운동사연구소
강정구, 1989,《좌절된 사회혁명 : 미군정하의 남한·필리핀과 북한연구》, 열음사
김석영, 1989,《석오 이동녕연구》, 서문당
김성호·전경식·장상환·박석두, 1989,《한국농지개혁사연구》, 한국농촌경제연구원
김운근·이두순·조일환, 1989,《수복지구의 남북한 농지개혁에 관한 연구》, 한국농촌경제연구원
김학준, 1989,《대한민국의 수립》, 독립기념관 한국독립운동사연구소
김학준, 1989,《한국전쟁》, 박영사
한국정치외교사학회, 1989,《한국전쟁의 정치외교사적 고찰》, 평민사
노중선, 1989,《4·19와 통일논의》, 사계절
이병천 편, 1989,《북한학계의 한국근대사논쟁》, 창작과 비평사
서대숙, 1989,《북한의 지도자 김일성》, 청계연구소
심지연, 1989,《미·소공동위원회연구》, 청계연구소
이목, 1989,《한국교원노동조합운동사》, 푸른나무
동아일보사, 1988~1989,《현대사를 어떻게 볼 것인가》, 동아일보사
역사문제연구소, 1989,《해방 3년사 연구입문》, 까치

Bruce Cummings, 1990, *The Origins of the Korean War : Volume 2, The Roaring of the Cataract 1947~1950*, Princeton University Press, Princeton
김기원, 1990, 《미군정기의 경제구조》, 푸른산
김학준, 1990, 《한국정치론사전》, 한길사
최장집, 1990, 《한국전쟁연구》, 태암
한국정치연구회, 1990, 《북한정치론》, 백산서당
하영선, 1990, 《한국전쟁의 새로운 접근 : 전통주의와 수정주의를 넘어서》, 나남
4월혁명연구소, 1990, 《한국사회변혁운동과 4월혁명》, 한길사
김철범 편, 1990, 《한국전쟁을 보는 시각》, 을유문화사
한국정치연구회, 1990, 《한국전쟁의 이해》, 역사비평사
안병우, 도진순 편, 1990, 《북한의 한국사인식》, 한길사
서중석, 1991, 《한국현대민족운동연구 – 해방후 민족국가건설운동과 통일전선》, 역사비평사
심지연, 1991, 《인민당연구》, 경남대 출판부
안종철, 1991, 《광주·전남지방 현대사연구》, 한울
민족통일연구원 북한연구실, 1991, 《북한연구의 현황과 과제》, 민족통일연구원
정태영, 1991, 《조봉암과 진보당》, 한길사
한국역사연구회, 1991, 《한국현대사》 4권, 풀빛
홍성찬, 1992, 《한국근대농촌사회의 변동과 지주층》, 지식산업사
공제욱, 1993, 《1950년대 한국의 자본가연구》, 백산서당
김삼수, 1993, 《한국자본주의국가의 성립과정 : 1945~1953》, 동경대 출판회
염인호, 1993, 《김원봉연구》, 창작과 비평사
스즈키 마사유키, 유영기 역, 1994, 《金正一과 수령제 사회주의》, 중앙일보사
이승희, 1994, 《한국현대여성운동사》, 백산서당
김광운, 1995, 《통일·독립의 현대사》, 지성사
박태균, 1995, 《조봉암 연구》, 창작과 비평사
이종석, 1995, 《조선노동당연구 – 지도사상과 구조변화를 중심으로》, 역사비평사
정병준, 1995, 《몽양 여운형 평전》, 한울
한국정치외교사학회, 1997, 《한국 현대정치사의 재조명》
도진순, 1997, 《한국민족주의와 남북관계 – 이승만, 김구시대의 정치사》, 서울대 출판부
독도연구보전협회, 1997, 《독도영유의 역사와 국제관계》, 독도보전연구협회
독도연구보전협회, 1998, 《독도영유권과 영해와 해양주권》
한국정신문화연구원 현대사연구소, 1998, 《한국현대사의 재인식 – 해방정국과 미소군정》, 오름
한국정신문화연구원 현대사연구소, 1998, 《한국현대사연구》, 6월호, 12월호
김인걸 외, 1998, 《한국현대사강의》, 돌베개
김중순, 유석춘 역, 1998, 《문화민족주의자 김성수》, 일조각
서중석, 1999, 《조봉암과 1950년대, 상하》, 역사비평사
서중석, 2000, 《남북협상 – 김규식의 길, 김구의 길》, 한울
강만길 외, 2000, 《통일지향 우리민족 해방운동사》, 역사비평사
홍석률, 2001, 《통일문제와 정치사회적 갈등 – 1953~1961》, 서울대 출판부
도진순, 2001, 《분단의 내일 통일의 역사》, 당대
한홍구, 2003~2006, 《대한민국史》, 전4권, 한겨레출판
정용욱 외, 2004, 《1960년대 한국 근대화와 지식인》, 선인
정병준, 2006, 《한국전쟁 – 38선 충돌과 전쟁의 형성》, 돌베개
박지향 외, 2006, 《해방전후사의 재인식》, 전2권, 책세상
한영우 외, 2008, 《대한민국 60년: 성찰과 전망》, 지식산업사
국사편찬위원회, 2008, 《대한민국사연표》, 전3권, 국사편찬위원회, 경인문화사
정병준, 2010, 《독도, 1947》, 돌베개
차하순 외, 2013, 《한국현대사》, 세종대학교 세종연구원
임혁백, 2014, 《비동시성의 동시성 – 한국 근대정치의 다중적 시간》, 고려대학교출판부
박태균, 2015, 《베트남전쟁》, 한겨레출판
.

찾아보기

1853	일본, 미국과 통상조약
1860	영국과 프랑스 연합군, 베이징 점령
1863	고종 즉위, 신정왕후 조씨 수렴청정 대원군 섭정
1864	동학 교주 최제우 처형
1865	경복궁 중건
1866	《대전회통》 편찬 병인박해(프랑스인 선교사와 천주교도 처형) 미국 상선 제너럴 셔먼 호 격침 병인양요
1867	《육전조례》 반포(행정법전)
1868	독일인 오페르트 남연군 묘 도굴사건 일본 메이지유신
1871	사액서원 이외 전국의 서원 철폐 신미양요, 척화비 건립 이필제의 난
1873	고종 친정 선포
1875	일본 운요호, 강화도침범
1876	〈강화도조약(조일수호조규)〉 체결 일본에 수신사 파견(김기수 등) 〈조일수호조규 부록〉 체결
1879	지석영 종두법 실시
1880	통리기무아문 설치 원산항 개항 일본에 수신사 파견(김홍집 등) 김홍집, 고종에 황준헌의 《조선책략》 바침 리델 신부 《한불자전》 간행 최시형 《동경대전》 간행
1881	이만손 등, 〈영남만인소〉를 올려 개화정책 규탄 일본에 조사시찰단 파견 별기군 창설 청에 영선사 파견(김윤식 등)

1882	미국과 〈조미수호통상조약〉 체결 일본, 하나부사 요시모토 공사 파견 임오군란(6월), 대원군 국정 장악 청이 대원군을 톈진으로 납치 청과 〈조청상민수륙무역장정〉 체결 일본과 〈제물포조약〉 체결 일본과 〈조일수호조규 속약〉 체결
1883	인천항 개항 혜상공국 설치 태극기 국기 제정 초대 주한 미국 공사(Foote) 부임 미국에 보빙사 파견(민영익 등) 일본과 〈조일통상장정〉 체결 박문국(인쇄소), 전환국(조폐기관) 설치 원산학사 설립 〈한성순보〉 발간 영국과 〈조영수호통상조약〉 체결 서울에 동문학 설립
1884	청·불전쟁 발발(~1885) 기선회사 설립 러시아와 〈조러수호통상조약〉 체결 갑신정변(12월)
1885	일본과 〈한성조약〉 체결 미국인 선교사 알렌 건의로 광혜원(제중원) 설치 지석영 《우두신설》 간행 영국군, 거문도 점령(~1887) 청·일, 톈진조약 체결(양국 군대 조선에서 철수) 아펜젤러, 배재학당 설립 대원군 귀국 김옥균, 박영효 등 일본 망명 서울-의주 간 전신시설 건설
1886	스크랜튼, 이화학당 설립 육영공원 설립 프랑스와 〈조불수호통상조약〉 체결 노비세습제 폐지 언더우드, 경신학교 설립
1887	경복궁에 전등 시설 설치 박정양을 주미공사로 파견 영국군, 거문도에서 철수 아펜젤러, 정동교회 설립 엘레스, 정신여학교 설립

1888	《승정원일기》 화재로 361책 소실, 복원
	러시아와 〈조로육로통상조약〉 체결
	러시아에 함경도 경흥 개항
	서울-부산 간 전신시설 설치
1889	함경감사 조병식, 〈대일방곡령〉 선포
	유길준, 《서유견문》 완성
1890	미국인 다이 병조참판 임명
	도성 내 청·일 상민 용산으로 철수
	언더우드 《한영문법》 발행
1891	명동성당 착공
	서울-원산 간 전신시설 설치
1892	이운사 설립
	동학교도, 삼례집회
	약현성당(최초의 서양식 성당) 준공
	지석영, 소아 우두접종(교동)
1893	동학교도, 보은집회
1894	전봉준, 동학농민전쟁 개시(2월)
	동학농민군, 전주 점령(5월)
	일본군, 경복궁 점령(7.23)
	청일전쟁 발발(7.25)
	군국기무처 설립(7.27), 제1차 갑오개혁
	제2차 동학농민전쟁(10월)
	공주 우금치전투(12월)
	고종, 〈홍범14조〉 반포(12월)
1895	전봉준 처형(4월)
	청과 일본, 〈시모노세키조약〉 체결(4월)
	러시아·프랑스·독일, 일본 압박(삼국간섭, 4월)
	을미사변(8.20; 양력 10.8)
	제3차, 제4차 김홍집내각 성립(태양력 사용, 단발령 등)
	을미의병 발발
	춘생문사건(11.27)
1896	아관파천(2.11), 단발령 폐지, 음력 복구, 경운궁 중수
	서재필 〈독립신문〉 창간(한글. 영문판; 4월)
	민영환을 특명전권대사로 러시아 파견(5월)
	〈베베르-고무라 각서〉(5월)
	독립협회 결성(7월)
	독립협회, 독립문 건설(11월)
	각계각층에서 칭제상소운동 전개
1897	한성은행 설립
	고종 경운궁으로 이어(移御; 2.20)
	교전소 설치(3월)
	사례소 설치(6월)
	연호를 광무로 고침(8월)
	환구단에서 황제즉위식 거행, 대한제국 성립(10.12)

	명성황후 장례식, 홍릉에 안장(11.22)
1898	흥선대원군 사망(2월)
	모화관 자리에 독립관 건설(5월)
	명동성당 준공(5월)
	동학 2대 교주 최시형 처형(6월)
	황국협회 조직(7월)
	독립협회, 관민공동회 개최, 〈헌의 6조〉 채택(10월)
	독립협회 해산(12월)
	캠벨, 배화학당 설립
	경부철도 부설권 일본인에 허가
	〈황성신문〉, 〈대한신보〉, 〈제국신문〉 창간
	영학당 운동(~1899)
1899	대한천일은행 창립(1월)
	경인철도 부설권 일본에 넘김(1월)
	서대문-청량리 간 전차 개통(5월)
	법규교정소, 〈대한국국제〉 반포(8.17)
	양지아문, 양전사업으로 지계 발급(1899~1903)
	만국우편연합 가입
	〈독립신문〉 폐간(12월)
1900	독도를 울릉군 독도리로 편입
	한강철교 준공(7월)
	파리 만국박람회 참가
	활빈당 운동(~1905)
1901	이제마 《동의수세보원》 완간
	〈한국벨기에수호통상조약〉 체결
	심상소학교 《신정산술》 간행
	혜민원 설치(10월)
	이탈리아총영사관 개설
1902	원수부 설치(7월)
	경운궁에 중화전 건설
	평양에 풍경궁 건설
	정보기관 익문사 설치
	애국가 제정(에케르트 작곡)
	〈한국덴마크수호통상조약〉 체결
	정동에 손탁호텔 건축
1903	최초의 군함 양무함 도입
	오사카 만국박람회 참가
	국제적십자사 가입
	황성기독교청년회(YMCA) 발족
	모펫, 평양에 숭의여학교 설립
	장지연, 《대한강역고》 편찬
1904	대한제국, 러일전쟁 개전 전 국외중립 선언(1월)
	러일전쟁 발발(2월)
	〈한일의정서〉 체결(2월)
	보안회, 일본의 황무지개간권 저지(6월)
	〈제1차 한일협약〉 체결(8월)

영국인 베델과 양기탁, 〈대한매일신보〉 창간(한·영문)
미국인 스티븐스, 외교고문에 임명

1905
일본, 독도를 강점하여 다케시마로 명명(2월)
경부선 개통(5월)
〈태프트-가쓰라 각서〉 체결(7월)
〈화폐조례〉 공포(일본화폐 유통 공인, 7월)
러시아와 일본, 〈포츠머스조약〉 체결(9월)
〈제2차 한일협약〉(을사늑약) 체결, 외교권 박탈(11.17)
황성신문, 장지연의 〈시일야방성대곡〉 논설 게재(11.17)
민영환 자결(11월)
헌정연구회 조직(윤효정, 이준, 양한묵)
이승만, 미국 루스벨트 대통령 접견, 독립 청원
보성학교, 양정의숙 설립
을사의병(전국 각지 봉기)
손병희, 동학을 천도교로 선포

1906
통감부 초대통감 이토 히로부미 입국
대한자강회 조직(4월)
휘문의숙, 진명여학교 등 설립
최익현·임병찬, 신돌석, 기우만, 강재천 등 의병봉기
〈경향신문〉, 〈만세보〉 창간
이인직, 《혈의 누》 간행

1907
국채보상운동
항일 비밀결사 신민회 조직(4월)
고종 헤이그 만국평화회의에 이상설, 이준 등
　　특사 파견(6월)
고종황제, 순종에게 대리청정(7월)
〈한일신협약〉(정미7조약) 체결(7월)
경운궁을 덕수궁으로 개명
군대해산(8월), 전국 의병전쟁 격렬
대한협회 조직(11월)
13도창의군 결성(12월)
통감부, 〈신문지법〉 시행
황태자 이은, 도쿄 강제 유학

1908
통감부, 동양척식회사 설립(7월)
청진항 개항
〈삼림법〉 공포
장인환·전명운, 스티븐스 사살
〈사립학교령〉 시행
최남선 월간지 〈소년〉 창간
이인직의 〈은세계〉 원각사에서 공연
동양척식주식회사 설립
신채호, 〈독사신론〉 발표

1909
나철 등, 단군교[대종교] 창시
통감부, 〈출판법〉 시행
경희궁 터에 경성중학교 설립
박은식, 〈유교구신론〉 발표
일본, 청과 〈간도협약〉 체결
안중근, 하얼빈에서 이토 히로부미 사살(10.26)

창경궁에 동물원과 식물원을 짓고 창경원으로 격하

1910
안중근 뤼순감옥에서 순국(3.26)
데라우치 마사타케 통감 취임(5월)
헌병경찰제 실시
〈한일병합조약〉 체결, 국권 피탈(8.29)
조선총독부 설치(초대총독 데라우치 마사타케)
〈경향신문〉(1906~1910) 폐간
토지조사사업 실시(~1918)
〈회사령〉 공포
안악사건(~1911; 11월)

1911
105인 사건(총독암살미수사건, 7월)
안악사건 공판(8월)
규장각도서 11만 권, 왕실도서 2만 권으로 집계
압록강 철교 준공

1912
105인 사건 판결(윤치호, 양기탁 등, 7월)
임병찬, 대한독립의군부 조직(9월)
〈토지조사령〉 공포
〈경찰범처벌규칙〉 시행

1913
안창호, 흥사단 조직(미국 샌프란시스코)
환구단을 철거하고 그 자리에 철도호텔[조선호텔] 설립
한용운, 《불교유신론》 간행

1914
호남선 개통(대전~목포)
이상설, 대한광복군정부 수립
박용만, 국민군단 창설(미국 하와이)
경원선 개통(서울~원산)
총독부, 소의문(서소문) 철거
제1차 세계대전(7월; ~1918)

1915
박은식, 《한국통사》 간행(중국 상하이)
105인 사건 전원 석방
총독부, 돈의문(서대문) 철거

1916
박중빈, 원불교 창시
경복궁 내에 조선총독부 청사 신축 공사 착공

1917
세브란스연합의학전문학교 개교
창덕궁 화재로 대조전 소실
국유철도 경영권 남만주철도주식회사에 위탁
평안도에서 조선국민회 조직
러시아혁명(11월)

1918
〈서당규칙〉 공포 시행
이동휘 등, 한인사회당 조직(이후 고려공산당으로 개칭, 러시아
　　하바롭스크)
여운형 등, 신한청년당 조직(중국 상하이)
조선식산은행 설립
〈대한독립선언서〉(무오독립선언서) 선포(12월)

1919	고종 덕수궁에서 승하(1.21) 문예동인지 〈창조〉 창간(2월) 2·8 독립선언 발표(일본 도쿄, 2월) 3·1 운동 일본군 제암리 학살사건 대한민국임시정부 수립(상하이, 대통령에 이승만, 4월) 파리강화회의(6월) 모스크바에 코민테른 창설 김규식, 파리강화회의에 〈독립청원서〉 제출 중국, 5·4운동 이회영, 이시영 등, 만주에 신흥무관학교 설립(6월) 사이토 마코토 총독 부임(9월), 문화통치 표방 강우규, 사이토 마코토 폭살 시도(9월) 김원봉, 지린성에서 의열단 조직(11월)	1926	경성제국대학 법문학부·의학부 개설 고려혁명당 조직(만주 지린성, 4월) 순종, 창덕궁에서 승하(4.25) 한용운 《님의 침묵》 간행 6·10 만세운동(6월) 나운규 〈아리랑〉 개봉 조선총독부 청사 완공(10월) 나석주, 식산은행에 폭탄 투척(12월)
		1927	신간회 창립(2월) 경성방송국 개국(2월) 근우회 창립(5월) 조선질소비료주식회사 흥남공장 설립 조선노동총동맹 조직(9.6)
1920	〈조선일보〉 창간 (3월) 〈동아일보〉 창간(4월) 봉오동 전투 승리(홍범도의 대한독립군, 6월) 월간지 〈개벽〉 창간(6월) 청산리 대첩 승리(김좌진·이범석의 북로군정서, 10월) 훈춘사건(10월) 조선물산장려회 창립(평양) 박은식, 《한국독립운동지혈사》 발간	1928	홍명희, 《임꺽정》 조선일보에 연재 코민테른, 조선공산당 해체 명령
		1929	원산노동자 총파업(1-4월) 국민부 조직(4월) 조선일보 문자보급운동 전개 광주학생항일운동(10.3)
1921	자유시참변(6월) 밀산부에서 대한독립군단 조직(12월) 조선어연구회 창립	1930	홍진·이청천 등, 한국독립당 조직(상하이, 1월) 당인리발전소 준공(11월)
1922	〈신교육령〉 발표 조선민립대학기성회 조직(1월) 총독부 산하 조선사편찬위원회 조직(12월) 한국 최초 비행사 안창남 고국 방문 비행(12월) 소비에트사회주의공화국연방(USSR, 소련) 성립(12월)	1931	조선어학회 설립 신간회 해산(5월) 동아일보 브나로드운동 전개 만보산사건(7월) 김구 등, 한인애국단 조직 만주사변(9월)
1923	신채호, 〈조선혁명선언〉 작성(1월) 조선물산장려회 총회(서울, 1월) 김상옥, 종로경찰서에 폭탄 투척(1월) 임시정부, 국민대표회의 개최(1~5월) 일본 관동대학살(9월) 암태도소작쟁의(8월~1924)	1932	이봉창, 도쿄 요요기 연병장에서 히로히토에게 폭탄 투척(1월) 윤봉길, 상하이 훙커우공원에서 시라카와대장에게 폭탄 투척(4월) 쌍성보전투(9~11월) 일본, 만주국 건국(3월~1945)
		1933	조선어학회 〈한글맞춤법통일안〉 제정 백남운, 《조선사회경제사》(일문) 발간
1924	조선노농총동맹 창립 경성제국대학 예과 개교	1934	안재홍 등, 조선학운동 전개 이병도 등 진단학회 조직, 〈진단학보〉 발간
1925	신민부 조직(1월) 조선공산당 조직(서울, 4월) 〈치안유지법〉 제정 이승만, 임시정부 초대 대통령 해임(6월) 박은식, 임시정부 제2대 대통령 취임(6월) 을축년 대홍수 조선신궁 완공(6월) 총독부, 조선사편수회 설치(6월)	1935	중국 난징에서 민족혁명당 조직(7월) 김구 등, 항저우에서 한국국민당 조직(11월)
		1936	오성륜 등, 조국광복회 결성(5월) 손기정, 베를린올림픽 마라톤 우승(8월) 〈동아일보〉, 일장기 삭제 보도로 무기정간 안익태 〈한국환상곡〉 작곡

1937	최현배 《우리말본》 간행 중일전쟁 발발(7월) 조선중앙정보위원회 설치(7월) 총독부, 황국신민서사 제정(10월) 〈조선중앙일보〉 폐간(11월) 한커우에서 조선민족전선연맹 결성(12월) 난징대학살(12월~1938)
1938	한글교육 금지 〈국가총동원법〉 공포(4월) 국민정신총동원조선연맹 조직(8월), 조선반공협회 창립, 　　시국대응전선사상보국연맹 조직 조선사편수회 《조선사》 35권 완간 한커우에서 조선의용대 조직(10월) 근로보국대 설립 문세영 《조선어사전》 간행
1939	〈국민징용령〉 공포(7월)
1940	창씨개명 강요(2월) 〈조선일보〉, 〈동아일보〉 강제 폐간(8.10) 한국광복군 창설(9월) 국민총력조선연맹 조직(10월) 독일, 이탈리아, 일본 3국 동맹[추축국형성]
1941	전국 각지에 대화숙 설치(1월) 임시정부, 건국강령 발표, 대일선전 포고(12.10) 일본군, 하와이 진주만 습격으로 태평양 전쟁 발발(12월 　　~1945.8) 미국 맥아더 태평양 사령관 취임
1942	조선의용대, 한국광복군에 편입(5월) 〈조선식량관리령〉 반포(8월), 쌀과 잡곡 강제 공출 조선독립동맹 결성(7월) 청장년 국민등록 실시 조선어학회 사건(10월)
1943	〈징병제〉 공포(8월) 학도지원병제도 실시 미국(루스벨트), 영국(처칠), 중국(장제스) 〈카이로선언〉 발표 　　(11월)
1944	〈국가총동원법〉에 의거 징용제 실시 여운형 등, 건국동맹 조직(8월) 〈여자정신대근로령〉 공포(8월)
1945	미국, 영국, 소련, 얄타회담(2월) 미국(트루먼), 영국(처칠), 중국(장제스), 〈포츠담선언〉 발표(7월) 소련, 대일선전포고(8.8) 미국, 히로시마에 원폭 투하(8.6) 미국, 나가사키에 원폭 투하(8.9) 소련군, 북한에 진주(8.9) 일본 무조건 항복, 제2차 세계대전 종결

	8·15 광복 여운형, 조선건국준비위원회 발족 소련군, 평양에 사령부 설치(8.24) 조선인민공화국 선포(9.6) 미국, 군정 선포(9.6) 송진우 등, 한국민주당 결성(9.16) 안재홍, 국민당 결성(9.24) 북한, 김일성이 조선공산당 북조선분국 책임비서(10월) 여운형, 조선인민당 결성(11.12) 북한, 북조선 5도행정국 설치(11월) 임정 주석 김구 입국(11.23), 한국독립당 활동 신의주반공학생의거(11월) 미국·영국·소련, 모스크바 3상회의 결과 〈신탁통치안〉 결의(12.28)
1946	북한, 김일성이 북조선임시인민위원회 위원장 취임(2월) 북한, 토지개혁(3월), 중요산업 국유화(8월) 덕수궁에서 제1차 미소공동위원회 개최(3월) 북한, 북조선공산당 결성(4월) 미군정, 국립서울대학교설치안 발표(6.2) 이승만, 남한단독정부 수립계획 발표(6.3) 김규식, 여운형 등, 좌우합작위원회 구성(7월·1947.12) 북한, 김일성종합대학 설치(7.8) 북한, 북조선노동당[북로당] 결성(8월) 국립서울대학교 창립(9월) 공산당, 9월총파업, 대구사건(10.1) 주도 좌우합작위원회, 〈좌우합작7원칙〉 발표(10월) 박헌영, 남조선노동당[남로당] 결성(11월) 미군정, 남조선과도입법의원 개원(12월) 서북청년회 조직(12월)
1947	북한, 북조선인민위원회 결성(2월) 미군정, 안재홍을 민정장관에 임명(2월) 미국, 트루먼독트린으로 소련과 냉전 시작(3월) 제2차 미소공동위원회 결렬(5월) 미군정, 남조선과도정부 수립(5.17) 여운형 피살(7.19) 미국, 유엔 감시하의 남북총선거안 가결(11월) 좌우합작위원회 해체(12월)
1948	남로당 지령 받아 전평산하 노조 30만명 총파업(2.7) 북한, 인민군 창설(2.8) 김구, 김규식, 평양 남북지도자회의 참석, 남한단독정부 수립 　　반대 결의(4월) 북한, 남북제정당사회단체 지도자 협의회를 열어 최고인민회의 　　구성(6~7월) 남로당 지령으로 제주 4·3 사건(4월) 5·10 총선거 실시(5월), 제헌국회의원 198명 선출 〈제헌헌법〉 제정(7.17) 제헌국회에서 대통령 이승만, 부통령 이시영, 국회의장 신익희 　　선출 대한민국정부수립 선포(8.15) 국회, 〈반민족행위자처벌법〉 상정, 반민족행위특별조사위원회 　　설치(9월)

북한, 조선민주주의인민공화국 선포(9.9)
여수·순천 사건(10월)
유엔, 대한민국을 한반도 유일 합법정부로 승인(12.12)

1949
〈농지개혁법〉 제정(6월)
미군 철수(6월)
김구, 안두희 총을 맞고 절명(6.26)
중화인민공화국 수립(10월)

1950
애치슨선언(1월)
농지개혁 실시(3월)
6·25 전쟁 발발
유엔군, 인천상륙작전 성공(9.15)
9·28 서울 수복
국군, 38선 돌파(10.1), 평양 점령(10.19)
유엔군, 압록강까지 진격했다가 중공군 개입으로 후퇴
(10월 하순)

1951
1·4 후퇴로 서울이 다시 유린되고, 오산지역까지 후퇴
거창양민학살사건(2월)
서울 재수복(4.14)
휴전회담 시작(6월)
부산에서 자유당 창당(12월)

1952
이승만 '평화선' 선언(1월)
제1차 개헌(발췌개헌), 대통령 직선제 성립(7월)
정·부통령 선거, 대통령에 이승만 부통령에 함태영

1953
소련, 스탈린 사망(3.6),
《사상계》 창간(4월)
이승만대통령, 반공포로 석방(6월)
유엔군과 북한, 중국간 휴전협정 조인(7.27)
〈한미상호방위조약〉 조인(10월)
북한, 박헌영 등 남로당 숙청
북한, '협동농장' 건설 시작(~1958)

1954
제3대 민의원 선거(5.20)
제2차 개헌(사사오입개헌), 대통령 중임 제한 폐지(11.27)
북한, 〈인민경제복구발전3개년계획〉 수립

1955
국제통화기금(IMF) 가입(8월)
국제부흥개발은행(IBRD) 가입
한국민주당, 민주당으로 개편(9.18)

1956
민주당 대통령후보 신익희 유세 중 사망(5.5)
제3대 정·부통령 선거, 대통령 이승만, 부통령 장면
당선(5.15)
조봉암, 진보당 창당(11월)
북한, 최창옥 등 연안파 숙청

1957
북한, 〈1차 5개년계획〉 수립
북한, 〈천리마운동〉 시작
대한민국, 국제원자력기구(IAEA) 가입

1958
소련, 최초의 인공위성 스푸트니크 1호 발사(10.4)
소련, 흐루시초프 수상 집권
부흥부 안에 산업개발위원회 설치(4월)
제4대 민의원 선거(5.2)
국립의료원 개원(11월)
〈신국가보안법〉 제정(12월)
북한, 〈3대혁명운동〉 시작
북한, 천리마운동 시작

1959
반공청년단 조직(1월)
《경향신문》 폐간(4월)
조봉암, 간첩혐의로 사형 집행(7월)

1960
민주당 대통령후보 조병옥, 미국에서 병사(2.15)
제4대 정·부통령 선거, 대통령 이승만, 부통령 이기붕 당선
[3·15 부정선거]
4·19 혁명
이승만 대통령 하야(4.26), 미국 하와이로 망명
허정과도정부 수립(4.27~6.18)
제3차 개헌(내각제와 양원제 개헌)(6.15)
제5대 민·참의원 총선거(7.29)
국회, 대통령 윤보선 선출, 국무총리 장면 임명(8.23)
'민족자주통일협의회[민자통]' 발족(9월)
대학생들, '민족통일연맹[민통련]' 결성(11월)
제4차 개헌(〈부정선거관련자처벌법〉 제정)(11.29)
수출총액, 3,300만 달러

1961
윤길중 등 혁신계, 통일사회당 결성(1월)
장면 정부, 〈국토개발사업〉 착수(봄)
박정희 장군 등, 5·16 군사정변
국가재건최고회의 설치(6월)
중앙정보부 설치(6월)
서울텔레비전방송국(KBS TV) 개국(12월)
수출총액, 4,100만 달러

1962
〈제1차 경제개발 5개년 계획〉 시행(1월)
윤보선 대통령 사임(3.22)
정부, 화폐개혁 단행(6월)
김종필 중앙정보부장, 오히라 일본 외무상과 국교 정상화
일괄 타결
제5차 헌법개정(대통령중심제, 단원제)(12월)
북한, 4대군사노선 시작(12월)

1963
민주공화당 창당(2.26)
제5대 대통령 선거(10.15)
제6대 국회의원 선거(민주공화당 압승)(11.26)
박정희, 제5대 대통령 취임(제3공화국)(12.16)
영친왕 이은 귀국(11월)
광부 123명 독일 출국

1964	울산정유공장 가동(5월)
	6.3사태(한일협상반대시위)
	인민혁명당사건 발표(8월)
	소련, 브레주네프 서기장 집권(10월)
	박정희 대통령 서독 방문(12월)

1965	〈한일협정〉 조인(한일수교)(6.22)
	베트남 파병안 국회통과(8월)
	〈중앙일보〉 창간(9월)
	수출총액, 1억 7,500만 달러

1966	《창작과 비평》 창간(1월)
	미국, 〈브라운각서〉 약속(3월)
	〈한미행정협정〉 조인(7월)
	석가탑에서 〈무구정광대다라니경〉 발견(10.14)
	간호원 251명 독일 출국
	중국 문화대혁명(~1968)
	수출총액, 2억 5천만 달러

1967	〈제2차 경제개발 5개년 계획〉 시행
	신민당 창당(2월)
	과학기술처 신설(3월)
	제6대 대통령 선거, 윤보선을 누르고 박정희 당선(5.3)
	제7대 국회의원 선거 실시(민주공화당 압승)(6.8)
	수출총액, 3억 2천만 달러
	북한, 박금철 등 갑산파 숙청

1968	1·21사태(무장공비 31여 명 서울 침투)
	미국 푸에블로 호 북한에 피랍(1월)
	향토예비군 창설(4월)
	울진 삼척지구에 무장공비 출현(11월)
	〈국민교육헌장〉 선포(12.5)

1969	마산수출자유지역 설치(1월)
	3선개헌반대투쟁
	국회, 3선개헌안 변칙통과(9.14)
	제6차 헌법개정(대통령 3선연임 허용) 국민투표로 확정(10.17)
	경인고속도로 개통(12월)
	수출총액, 6억 2,300만 달러
	북한, 〈주체사상〉을 〈유일사상〉으로 규정

1970	새마을운동[근면,자조,협동] 시작(4월)
	경부고속도로 개통(7월)
	《문학과 지성》 창간(8월)
	전태일, 분신자살(11월)

1971	제7대 대통령 선거, 김대중을 누르고 박정희 당선(4.27)
	제8대 국회의원 선거, 204명 선출(5.25)
	무령왕릉 발굴(7월)
	이산가족 찾기 위한 남북적십자대표 예비회담(9월)
	중국 유엔 가입(10월)
	국가비상사태 선언(12.6)
	〈국가보위에 관한 특별조치법〉 국회 통과(12.27)

수출총액, 10억 6천만 달러

1972	〈제3차 경제개발 5개년 계획〉 시행
	미국 닉슨 대통령 중국 방문(2월)
	《직지심체요절》, 파리국립도서관에서 발견(5월)
	이후락 중앙정보부장, 비밀리 방북(7월)
	〈7·4 남북공동성명〉 발표
	남북적십자 회담(8월 평양, 9월 서울)
	〈전국비상계엄〉 선포(10.17), 국회 해산
	〈유신헌법〉, 국민투표 통과(11.21)
	북한 박성철 제2부수상 방한(12.5)
	통일주체국민회의 대의원 선거(12.15)
	통일주체국민회의, 박정희를 대통령으로 선출(12.23)
	제8대 박정희대통령 취임(12.27)
	북한, 〈사회주의헌법〉 제정, 주석에게 절대권력 주여(12월)

1973	제9대 국회의원 선거(2.27)
	6·23 평화통일외교정책선언
	포항제철 준공(7월)
	천마총 발굴(4~12월)
	김대중납치사건(8월)
	북한, 남북대화 중단 성명 발표(8월)
	제1차 석유파동

1974	제1차 〈긴급조치〉 선포(1.8)
	북한, 김정일 '당중앙' 으로 호칭(2월)
	문교부, 초중고 국정 국사교과서 발간
	동아일보 기자, 〈자유언론수호투위〉 결성(4월)
	'전국민주청년학생총연합[민청학련]' 관련자 구속(4월)
	제2차 인민혁명당[인혁당] 사건(5월)
	육영수여사 저격 사건(범인 문세광)(8.15)
	서울지하철1호선(서울~청량리) 개통(8월)
	'천주교 정의구현 전국 사제단' 결성(9월)
	민주회복국민회의 발족(11월)

1975	〈유신헌법〉 신임 국민투표(1.22)
	베트남공산화(4월)
	긴급조치 7호로 고려대에 휴교령(4월)
	민방위 창설(7월)
	장준하 등산 중 사망(8월)
	대학에 학도호국단 조직(9월)
	여의도 국회의사당 준공(9월)

1976	3·1민주선언(명동성당), 윤보선·김대중 등 18명 기소
	판문점 도끼만행사건(8.18), 김일성 유감 표명
	중국, 마오쩌둥 사망(향년 84세)
	신안 앞바다 해저유물 발굴(~1984)

1977	〈제4차 경제개발 5개년 계획〉 시행
	미국 카터 대통령 〈주한 미 지상군 철수계획〉 발표(4월)
	고상돈 에베레스트 등정(9월)
	수출, 100억 달러 돌파

1978	미국-중국 국교 수립(1.1)
	고리원자력발전소 가동(1971기공, 1978.4)
	통일주체국민회의, 제9대 대통령 선거(박정희 당선)(7.6)
	세종문화회관 개관(9.7)
	제10대 국회의원 선거(12.12)
	한국정신문화연구원(현 한국학중앙연구원) 설립(6월)
	국사편찬위원회, 《한국사》 전24권 완간
	제2차 석유파동
	중국, 덩샤오핑 주석 취임(~1997)

1979	YH무역농성사건(8월)
	부마민주항쟁(10월)
	박정희 대통령 서거(10·26 사태)
	통일주체국민회의, 제10대 대통령 최규하 선출(12.6)
	12·12 사태(신군부 군사정변)

1980	전국 대학생 민주화대행진(서울의 봄)(5.14~5.15)
	정부, 전국에 비상계엄령(5.17)
	김영삼 연금, 김대중·김종필 등 체포(5월)
	5·18 광주 민주화 운동
	국가보위비상대책위 설치(5.31)
	대입본고사 폐지, 졸업정원제 실시(~1986)
	최규하 대통령 하야(8.16)
	통일주체국민회의, 대통령 전두환 선출(8.27)
	제11대 전두환 대통령 취임(9.1)
	컬러TV 방송 개시(12.1)
	〈신헌법〉 제정(대통령 7년 단임, 선거인단에 의한 대통령 간선제 등)(10.27)
	〈언론기본법〉 공포(12월)
	중앙정보부를 '국가안전기획부'로 바꿈(12.31)
	〈반공법〉을 폐지하여 〈국가보안법〉에 흡수(12.31)

1981	민주정의당 창당(1.15)
	대통령선거인단 선거로 제12대 대통령 전두환 선출(2.25)
	제12대 전두환 대통령 취임(3.3)
	제11대 국회의원 선거(3.25)
	해외여행 자유화(8.1)
	수출 200억 달러 돌파

1982	야간통행금지 해제(1.5)
	부산 미국문화원 방화 사건(3.18)

1983	김영삼, 민주화 요구 단식 농성(5.18)
	민주화추진위원회 결성(5월)
	KBS, 〈이산가족찾기〉 TV 생방송 시작(6.30)
	소련 전투기, KAL기 격추사건, 269명 사망(9.1)
	미얀마 아웅산 폭탄 테러사건(10.10)
	학원자율화 조치

1984	잠실 올림픽주경기장 완공(9.29)
	학도호국단 폐지
	교황 요한 바오로 2세 방한(5.3)
	88올림픽고속도로(광주~대구) 개통(6월)

	전두환 대통령 일본 방문, 한일의원연맹 조직(8.29)
	북한, 〈합영법〉 제정(9월)

1985	전국학생연합 조직(4월)
	서울 미국문화원 점거 사건(5월)
	남북고향방문단 교류, 남북이산가족 첫 상봉(남북 각 151명) (9월)
	중학교의무교육 실시 결정
	제12대 국회의원 선거(12.18)

1986	북한, 남북대화중단 통보
	대통령직선제개헌 1천만 명 서명운동(민추협, 신민당 주도)
	고려대학교 교수 28명 〈시국선언〉 발표(3월)
	구 중앙청 청사를 국립중앙박물관으로 개조, 개관
	제10회 서울아시안게임(9.20~10.5)
	현대자동차 포니엑셀 미국 수출
	평화의 댐 건설 발표

1987	박종철 고문 치사(1.14)
	〈4·13 호헌조치〉 선언
	서울대학교 교수 122명 〈시국성명〉 발표(4월)
	이한열사망사건(6.9)
	6월 민주항쟁(6.10-6.26)
	6·29민주화선언(노태우 민정당 대표)
	대통령직선제 개헌안, 국민투표로 확정(10.27)
	북한, KAL기 폭파사건(11.29)
	삼성 창업주 이병철 타계(11.19)
	천안 독립기념관 준공
	제13대 대통령 노태우 당선(12.16)

1988	국민연금제도 도입
	남극 세종과학기지 준공(2월)
	노태우 정부 출범(2.25)
	제13대 국회의원 선거(4.26)
	노태우 대통령, 〈민족자존과 번영을 위한 대통령특별선언〉 발표(7·7선언)
	제24회 서울올림픽 개최(9.17-10.2)
	국회, 5공비리특위 청문회 개최
	전두환 전 대통령 부부 백담사 은둔(12월 이후 2년간)

1989	헝가리와 국교 수립(2.1)
	문익환 목사 방북(4월)
	분당, 일산, 평촌 등 신도시 건설 계획 발표
	전국교직원노동조합(전교조) 결성(5.28)
	전대협 대표 임수경 입북(6월)
	정부, 〈한민족공동체통일방안〉 발표
	교황 요한 바오로2세 두 번째 방한

1990	민정당, 민주당, 공화당이 〈민주자유당〉으로 통합(3당 합당) (1.22)
	소련, 고르바초프 수상 취임(3월)
	중국 천안문사태(4월)
	서울과 평양에서 남북고위급회담(9월)

범민족통일음악회 개최(서울, 평양)(9월)
소련과 국교 수립(9월)
노태우 대통령 소련 방문(12월)
미·소 정상회담, 냉전종식선언

1991
시·군·구의회의원 선거(3월)
소련 고르바초프 대통령 방한(4.19)
세계탁구선수권대회 남북단일팀 출전(4월)
광역의회의원(도의회의원) 선거(7월)
남북한 유엔 동시 가입(9.17)
한국정신문화연구원,《한국민족문화대백과사전》전27권
　완간
〈남북기본합의서〉 채택(12.13)
북한, 나진·선봉 자유경제무역지대로 설정(12.28)
〈한반도비핵화공동선언〉 채택(12.31)

1992
제14대 국회의원 선거(3.24)
황영조, 바로셀로나올림픽 마라톤 우승(8.9)
인공위성 우리별1호 발사(8.11)
중국과 국교 수립(8월)
노태우 대통령 중국 방문(9.27)
독일 통일(10월)
제14대 대통령 김영삼 당선(12.18)
베트남과 국교 수립(12.21)

1993
김영삼정부 출범(2.25)
북한, 핵확산금지조약(NPT) 탈퇴(3.12)
4급 이상 공무원 재산등록(3월)
하나회 해체(4월)
소말리아 유엔 평화유지군에 공병부대 파견 의결
대전 엑스포 개막(8.7)
금융실명제 실시(8.12)
서해 페리 호 침몰사고(10.10)
우루과이라운드협정 타결(12월)
북한, 속칭 단군릉을 피라미드로 복원

1994
북한, 국제원자력기구(IAEA) 핵사찰 수용
북한, 국제원자력기구 탈퇴 선언(3.14)
미국 카터 전 대통령 평양 방문(6.15)
남북정상회담 합의(7월 25일로 결정)
북한, 김일성 주석 사망(7.8)
서울 성수대교 붕괴(10.21)
북한과 미국, 〈제네바합의〉(핵을 동결하는 대신 원자로 제공)
　(10.21)

1995
세계무역기구(WTO) 출범(1.1)
일본 고베 대지진(1.17)
한반도에너지개발기구(KEDO) 설립(2.28)
자유민주연합(총재 김종필) 창당(3월)
대구지하철 공사장 도시가스폭발사고(4.29)
북한, 수해로 아사자 속출(고난의 행군 시작)
지방자치단체장 선거(6.27)
서울 삼풍백화점 붕괴(6.29)

통신위성 무궁화1호 발사(8.5)
구 총독부청사 철거(8.15~1996.11)
김대중, '새정치국민회의' 창당(9월)
12·12사태 및 5·18 민주화운동 관련 수사 재개
전두환·노태우 전 대통령 구속(11~12월)
수출액 1천억 달러 돌파

1996
민주자유당, '신한국당'으로 당명 변경(2월)
제15대 국회의원 선거(4.11)
북한 잠수함, 강릉 앞바다에 좌초(9.18)
경제협력개발기구(OECD) 가입(9.12)
법원, 전두환 무기징역, 노태우 징역 17년 선고(12월)
1인당 국민소득 1만 달러 돌파

1997
북한 노동당 비서 황장엽 망명(2.12)
영국, 중국에 홍콩 반환(7.1)
김대중, 김종필, 박태준 연대(10월)
세풍사건(9~12월)
외환위기로 국제통화기금(IMF)에 구제금융 요청(11.21)
제15대 대통령 김대중 당선(12.18)
전두환·노태우 특별사면(12.22)

1998
금 모으기 운동(1월)
김대중 정부 출범(2.25)
노사정위원회 설치(2월)
금융감독위원회 설치(4월)
정주영 현대그룹 명예회장, 2차에 걸쳐 소 500마리와 방북
　(6.16, 10.27)
기업구조조정 실시
박세리, LPGA챔피언십 우승(7월)
북한, 미사일 광명성1호 발사(8.31)
북한, 헌법 개정(주석제 폐지)(9월)
금강산 관광사업 시작(11.18)
일본대중문화 수입 개방

1999
유로(EURO) 체제 출범(1.1)
국가안전기획부를 '국가정보원'으로 개칭(1월)
'브레인 코리아21' 사업 시작
전국교직원노동조합 합법화
과학기술위성 우리별 3호 발사(4.21)
문화재관리국을 '문화재청'으로 승격(5.24)
제1 연평해전(6.15)
대우그룹 해체
동티모르 유엔평화유지군 참여 결정(9.15)

2000
제16대 국회의원 선거, 야당인 한나라당이 다수당(4.13)
김대중 대통령, 방북하여 김정일 위원장과 〈6·15 남북공동선언문〉
　발표
1차 남북이산가족 상봉(서울, 평양 각 100명)
남북, 음악·스포츠 등 교류활발(5~12월)(8.15)
제27회 시드니올림픽 남북공동선수단 입장(9.15~10.1)
아시아-유럽정상회의(ASEM) 서울에서 개최(10.20)
대우자동차 부도 처리, 1,750명 정리해고

김대중 대통령 노벨평화상 수상(12.10)
2차 남북이산가족 상봉(서울, 평양 각 100명)(12.2)

2001 미국, 부시정권 출범(1월)
3차 남북이산가족 상봉(서울, 평양 각 100명)(2.26)
현대그룹 창업자 정주영회장 타계(3.21)
인천국제공항 개항(3.29)
일본, 고이즈미 준이치로 내각 출범(4.26)
국가인권위원회 출범(5.24)
8·15민족통일대축전 개최(평양)
미국 뉴욕 세계무역센터 테러(9·11 테러)
서울 월드컵경기장 개장(11.10)
서해안고속도로 개통(12.21)

2002 경의선철도 복원기공식(9.18)
4차 남북이산가족 상봉(서울, 평양 각 100명)(4.28)
임권택, 칸 국제영화제 감독상(5.14)
2002 월드컵 한일 공동개최(한국 4강 진출)(5.31)
제2 연평해전(6.29)
북한, 경제관리개선조치(7.1), 시장개설 허용
8·15 서울민족통일대회 개막(남북 공동)
5차 남북이산가족 상봉(서울, 평양 각 100명)(9.16)
제14회 부산 아시안게임 개최(한국 종합 2위)(9.29)
제16대 대통령 노무현 당선(12.19)
주한미군지위협정(SOFA) 개정 촉구 촛불 집회(12월)
드라마〈겨울연가〉, 일본에서 한류열풍

2003 북한 핵확산금지조약(NPT) 탈퇴(1.10)
금강산 육로 관광 개시(2.14)
노무현 정부 출범(2.25)
미국, 이라크 전쟁(3.20)
유엔평화유지군 이라크 파병(공병부대, 의료부대)(4월)
개성공단 착공식(6.30)
서울시, 청계천 복원사업 시작(7.1)
베이징에서 북한핵 관련 6자회담 개최[한국, 북한, 미국,
  일본, 중국, 러시아](8.27)
대구 유니버시아드대회 개최(8.21~8.31)
우리별 4호 발사 성공(9.27)
〈근로기준법〉개정, 주5일 근무제(9.15)
중국, 유인우주선[선조우] 발사(10.15)
'열린우리당' 창당(11.11)

2004 주한미군, 용산기지 평택이전 합의
〈한·칠레 자유무역협정(FTA)〉 발표(4.1)
국회, 노무현 대통령 탄핵소추안 가결(3.12)
〈친일반민족행위자진상규명법〉국회 통과(3.2)
경부고속철도(4.1), 호남고속철도(4.2) 개통
제17대 국회의원 선거, 열린우리당이 다수당(4.15)
헌법재판소, 노무현 대통령 탄핵소추 기각(5.14)
남북장관급회담
아테네올림픽에서 종합 9위 달성(8.13~8.29)
헌법재판소,〈신행정수도특별조치법〉위헌 결정(10.21)
남북공동,《겨레말큰사전》편찬위원회 결성(4월)

개성공단 준공(12.15)

2005 북한 핵무기 보유 선언
호주제 개정안, 동성동본 혼인금지제도 폐지안 의결
〈행정중심복합도시 건설을 위한 특별법〉공포(3.2)
개성공단에 전력공급 시작(3.16)
청계천 복원 준공(10.1)
국립중앙박물관 용산에 이전 개관(10월)
유엔, 북한인권결의안 통과(11.18)
아시아·태평양경제협력체(APEC)정상회의 개최(부산, 11.27)
〈사립학교법〉국회 통과(12.29)

2006 일본 도쿄대학으로부터 오대산사고본《조선왕조실록》47책
  환수(7월)
북한, 핵실험 성공 발표(10.9)

2007 반기문 유엔사무총장 취임(1.1)
〈한·미 자유무역협정(FTA)〉타결(4월)
남북정상회담 개최,〈10·4 남북공동선언〉발표
개성관광사업 시작(12.5)
태안 앞바다 유조선 원유 유출 사고(12.7)
개성-문산 간 경의선철도 화물열차 운행(12.11)
제17대 대통령 이명박 당선(12.19)
1인당 국민소득, 2만 달러 돌파

2008 국보1호 숭례문, 방화로 소실(2.10)
이명박 정부 출범(2.25)
이소연 첫 우주인 탄생(4월)
미국산 쇠고기 수입타결(4.18)
미국산 쇠고기 수입반대 촛불시위(6월)
박왕자, 금강산관광 중 피살(7.11)
베이징올림픽에서 종합 7위 기록(8월)
미국, 비우량담보대출[서브프라임 모기지론] 사태 발생(9월)
개성-문산 간 화물열차 운행 중단(11월)
미국 오바마 대통령 당선(11.5)
4대강 사업 착수(12월-2012.4)

2009 노무현 전 대통령 서거(5.23)
〈미디어법〉국회 통과(7월)
김대중 전 대통령 서거(8.18)
김정은, 인민군대장, 당중앙위원회 부위원장 취임(9월)
북한, 화폐개혁(12.1)

2010 김연아, 밴쿠버동계올림픽 금메달(2월)
천안함 폭침사건(3.26)
새만금방조제 33km 준공(4.27)
대북지원사업 전면 중단(5·24 조치)
남아공월드컵에서 16강 진출(6월)
〈한·EU 자유무역협정〉 체결(10월)
북한, 연평도 포격사건(11.23)

2011 오사마 빈 라덴 사살(5월)
〈한·EU 자유무역협정〉발효(7월)

프랑스로부터 조선왕조 《의궤》 반환(8월)
〈한·미 자유무역협정〉 비준안 통과(11.22)
종합편성채널 서비스 개시(12월)
북한 김정일 사망(12.17)
무역 1조 달러 돌파, 세계7대 20-50클럽 가입

2012
한국영화관객 1억 명 돌파
김정은, 중앙군사위원회 제1위원장 취임(4.13)
세종특별자치시 출범(7월)
런던올림픽에서 종합 5위(7.27~8.12)
싸이의 〈강남스타일〉 글로벌 인기(10월)
북한, 광명성 3호 발사(12.12)
제18대 대통령 박근혜 당선(12.19)
대한민국역사박물관 개관(12월)

2013
나로 호 발사 성공(1.13)
북한, 제3차 핵실험(2.12)
박근혜 정부 출범(2.25)
중국, 시진핑 주석 취임(3.13)
북한, 영변핵시설 재가동 선언(4.2)
북한, 개성공단 폐쇄(4.3)
중국과 한반도 비핵화정책 합의
박 대통령 방미, 오바마 대통령과 회담(5.7)
박 대통령 방중, 시진핑 주석과 회담(6.27)
개성공단 조업 재개(9.16)
북한, 장성택 처형(12.12)

2014
두 차례 남북이산가족상봉(금강산 호텔)(2월, 10월)
러시아, 우크라이나 크림반도 병합(3월)
박대통령, 독일 방문(3월)
세월 호 참사 사건(4.16)
시진핑 주석 방한(7.3~4)
프란치스코 교황 방한(8월)
〈한·중 자유무역협정〉 타결(11.10)
헌법재판소, 통진당 해산 선고(12월)
IS(Islamic State), 무차별 국제 테러 공격

2015
호남선 KTX 개통(4.2)
메르스 사태(6월)
광주 유니버시아드(7월)
서부전선 DMZ에서 지뢰폭발사건(8.4)
판문점에서 남북고위급회담(8.25)
서울에서 한중일 정상회담(11.1~2)
국정국사교과서 행정고시(11.3)
김영삼 전 대통령 타계(11.22)

한영우 韓永愚

주요 경력　서울대학교 문리과대학 사학과 졸업, 서울대학교 석사·박사, 서울대학교 한국문화연구소장, 미국 하버드대학 객원교수, 한국사연구회 회장, 서울대학교 규장각 관장, 서울대학교 인문대학장, 한림대 특임교수, 문화 재위원회 사적분과 위원장, 이화여대 석좌교수 겸 이화학술원 원장, 현 서울대학교 명예교수

주요저서　정도전 사상연구(1973) / 조선전기 사학사 연구(1981) / 개정판 정도전 사상의 연구(1983) / 조선전기 사회경제 연구(1983) / 조선전기 사회사상 연구(1983) / 한국의 문화전통(1988) / 조선후기 사학사 연구(1989) / 우리역 사와의 대화(1991) / 한국민족주의 역사학(1994) / 다시찾는 우리역사(1997) / 조선시대 신분사 연구(1997) / 미래를 위한 역사의식(1997) / 정조의 화성행차, 그 8일(1998) / 왕조의 설계자 정도전(1999) / 우리 옛지도와 그 아름다움(1999) / 명성황후와 대한제국(2001) / 역사학의 역사(2002) / 창덕궁과 창경궁(2003) / 韓國社會の 歷史(2003; 다시찾는 우리 역사 일본어판) / 조선왕조 의궤(2005) / 역사를 아는힘(2005) / 21세기 한국학 어떻게 할 것인가(2005; 공저) / 대한제국 은 근대국가인가(2006; 공저) / 조선의 집 동궐에 들다(2006) / 명성황후, 제국을 일으키다(2006) / 실학의 선구자 이수 광(2007) / 다시 실학이란 무엇인가(2007) / 반차도로 따라가는 정조의 화성행차(2007) / 동궐도(2007) / 꿈과 반역의 실 학자, 유수원(2007) / 조선 수성기 제갈량 양성지(2008) / *A Review of Korean History 1, 2, 3*(2010) / 한국선비지성사 (2010) / история корéй(2010; 다시찾는 우리역사 러시아어판) / 간추린 한국사(2011) / 朝鮮王朝 儀軌(2012; 중국어 판) / 율곡 이이평전(2013) / 과거, 출세의 사다리(1권 태조~선조 대, 2권 광해군~영조 대, 3권 정조~철종 대, 4권 고종 대)(2013) / 미래와 만나는 한국의 선비문화(2014) / 朝鮮王朝 儀軌(2014; 일본어판) / *An Intellectual History of Seonbi in Korea*(2014; 한국선비지성사의 영어판)

주요수상　한국일보사 출판문화상 저작상 / 치암학술상 / 세종문화상 학술상(대통령) / 한국일보사 출판문화상 저 작상 / 한국간행물윤리위원회 저술상 / 문화유산상 학술상(대통령) / 수당학술상 / 경암학술상 / 민세 안재홍상 학술상

미래를 여는 **우리 근현대사**

2016년 1월 5일 초판 1쇄 인쇄
2016년 1월 7일 초판 1쇄 발행

저 자 **한영우**
발행인 **김영준**
발행처 **경세원**

등록일 1978. 12. 14. No.1-57
주 소 경기도 파주시 회동길 77-4
전 화 031) 955-7441~3
팩 스 031) 955-7444
홈페이지 www.kyongsaewon.co.kr
이메일 kyongsae@hanmail.net

ISBN 978-89-8341-110-5

값 25,000원